张瑞玑先生年谱

一八七二—一九二八

卫洪平 ◎ 编著

山西出版传媒集团
北岳文艺出版社·太原

## 图书在版编目（CIP）数据

张瑞玑先生年谱 / 卫洪平编著 . — 太原：北岳文艺出版社，2020.1
　ISBN 978-7-5378-6120-5

Ⅰ．①张… Ⅱ．①卫… Ⅲ．①张瑞玑（1872-1928）—年谱 Ⅳ．① K828.9

中国版本图书馆 CIP 数据核字（2020）第 015087 号

# 张瑞玑先生年谱

卫洪平　编著

//

**选题策划**
续小强　韩玉峰

**责任编辑**
韩玉峰

**书名题签**
陈巨锁

**书籍设计**
张永文

**印装监制**
郭勇

出版发行：山西出版传媒集团·北岳文艺出版社
地址：山西省太原市并州南路 57 号　邮编：030012
电话：0351-5628696（发行部）　0351-5628688（总编室）
传真：0351-5628680
网址：http://www.bywy.com　E-mail：bywycbs@163.com
经销商：新华书店
印刷装订：山西人民印刷有限责任公司

开本：787mm×1092mm　1/16
字数：490 千字
印张：30.5　彩插：24
版次：2020 年 1 月第 1 版
印次：2020 年 1 月山西第 1 次印刷
书号：ISBN 978-7-5378-6120-5
定价：108.00 元

本书版权为本社独家所有，未经本社同意不得转载、摘编或复制

張瑞玱先生年譜

张海先生题签

张瑞玑先生（1872—1928）

张瑞玑(前排左四)任临潼知县时摄于华清池

四十五岁小像自赞

张瑞玑晚年与刘氏夫人

张瑞玑之子张小衡

张瑞玑为女儿韵兰绘制的梳妆盒（1908年）

人間都道柯爛時佳山獅子頻伸久起陸龍鮫撇搩
遲殺畫羆奴怒鮫手推枰何用更尋思壁壘層次疊
海山天兵照雪下雲間生奴八部憂懸首死虜千秋悔
入閩簞尾廟清還斗柩鵷頭送喜動天顏枕戈寢
篆孤自事敢擬道逢供奉班戈船十萬指吳頭太

伯芭寒八月秋泥水共傳鳳鶴譽臺城無耶紙鳶熱
白頭難笑皆邊永黃口誰審作海鷗為報新亭吟漆
客好收殘淚覽神州
　書廈山錢蒙叟秋興草堂原韻六首雉　庚戌冬月十三日
子康仁兄大人屬　楚城張陝阿凍作北萬年官廨

任临潼知县时书四条屏（1910年）

龍虎新軍舊羽林公草木氣森森樓船蕩日三江湧
石馬嘶風九域陰掃穴金陵遶地脈埋胡紫塞慰天心
長干女唱平遼曲萬戶秋聲一息擣砧雜虜橫戈倒
載斜依然南斗是京華金銀舊識秦淮氣雲漢
新通八月博望樓黑水游魂嘯草地白山新鬼哭

胡笳十年老眼重磨洗坐看江豚蹴浪夜大火
西流漢一再暉金鳳初鳴朔聲微溝填鷸肉那堪
彎筝掛胡頭豈鮮飛高帝雄旗如在眼長沙子
弟月相違名王伴識生兵盡敢道秋高牧馬肥九
州一矢筈殘棊幅裂區分信可悲局內正當侵刧後

信步园林且诗酒自适

小额风范惟印玺犹存

张瑞玑书"信步小额"联

云间陆士龙日下荀鸣鹤

四海习凿齿弥天释道安

张瑞玑书"云间四海"联

张瑞玑为洪洞县广胜寺山门题额（1920年）

辛亥革命后太原承恩门改为首义门，张瑞玑题额（1912年）

昔执捧檄走闽中十年五过船司空亿青万碧梁携袂马头翠接玉芙蓉游
山自信腰脚健千峰百峡力非悭雇孙南人笑难住山云笑我太忽二十年
沧桑务变更百二沂山烽火红太华三峰插天碧万劫不改青濛濛拜藏我
自比陈颛献书不曾继卫公汗漫江湖吾老矣诗魂梦绕莲花峰手披两寒
生百感前事风流迥不同天公游戏真奇绝玉笏峥嵘摩苍穹骂风不断
吹落飘水莲间口冻雪封孙瞭敛述飢禽僵詩人青雪支峰一树上怒
远眺行南太白皆兒童可惜不曾凌绝顶探奇搜之玄中画师之意
吾生多幸苏玉肇之泣笔无翰鄯飘麻致借落誇洪当平
名宿多题訒搜奇问灸一时雄就中作昔詩最傑趋中越缦皇主抱沙将张孝逹
读之古搨不庭下笔未离纸才已彪剥元代王安道玉女仙掌慈游娱手画烟霏
四十幅华山三记何樊翁余州淙瀞争镇石中即冒险九虹金会洞游五
薇烟云开遇高古肖庆寒挥毫逸典夜我敧东风跨茅龙希逸峡探
仙人蛟苍龙岭掸悟军松博雪浮坐境幽记二十四潭水溶溶思二石枝风景
驱使山鬼快磨砺昌泰授书殊惋怏东坡临陰太祇松牡裁詩仙挥天翼
四方前咸咄嗟风千古奇人作奇詩呼吸真典座通无奈上帝正酣醉
幼稚亲家眼朦胧俯视尘嬷三辅諫辨注渭汧潏漕
幼稚親家老弟村外鲁人帆进先生太华衔雪图两卷兼中即與槛道人
抬埋岀作山诗分题跋之间幼稚长於前數日赴道山矣甚表
熙合舊游道人名阆谢金刚六如偶诵余之悲感又曰如也
丙寅仲冬殊室野人張瑞玑拜志

1926年张瑞玑题董文涣遗存之秦炳文《太华冲雪图》（今藏山西省博物院）

张瑞玑画《墨梅图》（1914年）

瑞玑私印　　　　　　玑　　　　　　劫余生

谁园第一主人　　　　老衡鉴定　　　　野哉

衡玉　　　　　　张衡玉　　　　　　赵城张五

张瑞玑常用印章

谁园藏书楼,右侧石榴树相传系张瑞玑手植

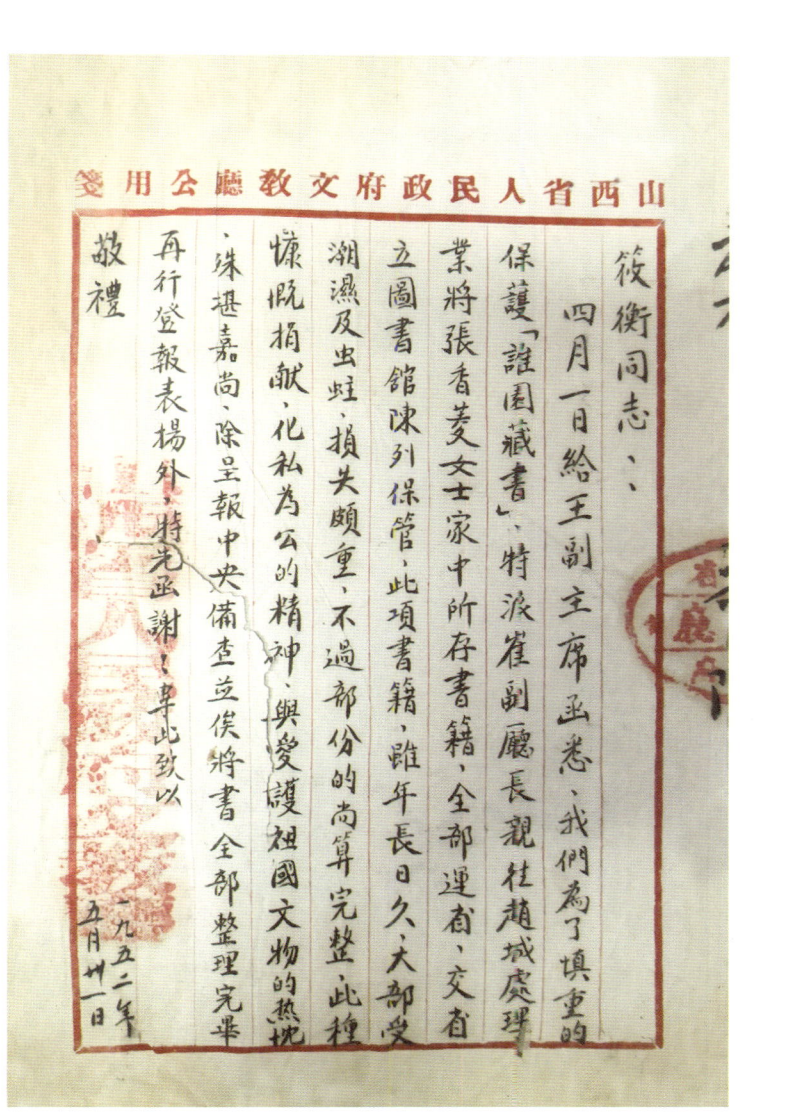

1952年山西省人民政府文教厅致函张小衡，感谢他捐献谁园藏书

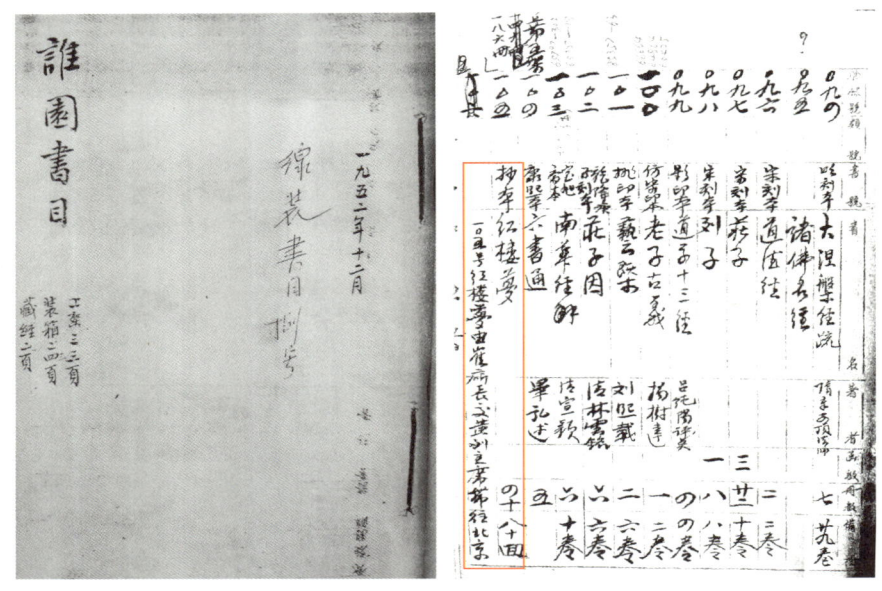

1952年山西省图书博物馆整理的《谁园书目》

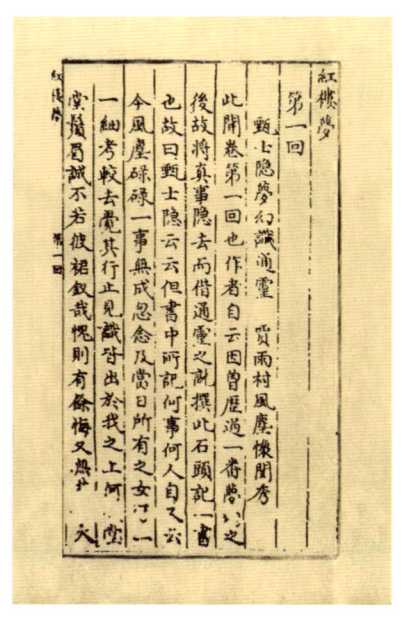

谁园藏《红楼梦》甲辰本（影印）

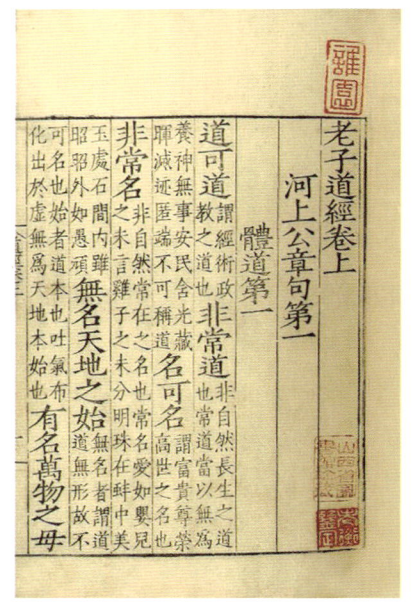

谁园藏宋版《道德经》

谁园藏何绍基、杨墨林重椠之全套石鼓文（局部拓片），原石今藏洪洞县泰云寺

谁园南院影壁砖雕

谁园嵌藏石鼓文的积古廊砖雕门额

谁园藏书楼院东侧砖雕门额

谁园藏书楼院西侧砖雕门额

谁园藏书楼一层敞廊东壁上的"酒国"雕饰

谁园藏书楼一层敞廊西壁上的"书城"雕饰

# 序

/ 刘毓庆

卫洪平君是我认识的人中一位少见的学者型官员。官员中有硕士、博士学位的人不算少,可他没有;有高级职称或者在高校兼教授、硕导、博导的官员,说来也大有人在,可他也不是。没有硕博学位,没有高级职称,而却称得起学者的官员,实在少之又少,洪平君算一位。十八年前,有一位朋友拿着洪平君在晋阳学刊发表的一篇文章给我,说是作者要我指点,当时我还不认识作者。那篇文章的题目是《章太炎绝食后复食与鲁迅无关》,当时不少研究者称引许广平说鲁迅劝太炎先生复食事,作者是针对此而发的。朋友说作者是一位行政干部,可我看了文章后,真不敢相信当下还有这样的干部。他的文章全用史料说话,学风很严谨,语言朴实无华,但很有力,有分寸,问题分析鞭辟入里。"君子以文会友",由此我们成了朋友。至于他具体是什么官,我不知道,也不去问。因为我交的是文友,而不是官。

洪平每隔一段时间就要来看我。交谈的内容有两项,一是纯学问的问题,一是他在工作中对于解决具体问题的思考以及他的思路。这我才知道了他的工作性质。在谈工作中,我看到了他的敬业精神以及正直和融通的一面,他很少考虑自己的得失,升官发财的事绝对不谈。在谈学问中,我看到了他的钻研精神,以及好学上进的一面。孔子说"学而优则仕,仕而优则学",他是属于"仕而优则学"的一类。但仕和学绝对是有联系的,凡是爱学习的官,多半都是好官,即使坏也坏不到哪里去。凡是不学无术的官,多半不是什么好官,即使好也好不到哪里去。真正人民的好官,一定是爱学习的,因为只有学习才能上进,才能知道如何更好地解决工作中的难题,为百姓谋福利。如洪平在做大同市纪检委书记时,在他的权限范围内,曾出了不少新招,解决民生问题。又为开展廉政教育,组织编写了《廉洁文化教育读本》(中学版)、《能臣廉吏栗毓美》;为地方文化建设,搜集大同历史名人资料,注释栗毓美的佚作等。体现了他作为一个学者型官员的与众不同处。

最近几年,他给我谈得最多的是张瑞玑先生,这是我们共同关注的一位民国名人。不过他是在研究,而我则是高谈阔论,因为我听到的传闻比他多。我们俩都是洪洞人,而张瑞玑先生则是百年来洪洞地方影响最大的一位奇人,这便是我们共同感兴趣的一个原因。张瑞玑先生是清末民初人,我的曾祖父与张公是朋友,故常听曾祖父说起他。曾祖父在世时,他住的窑洞后墙上挂着张瑞玑先生书的一联,上联是:但见罗友送人作郡;下联是:常恐祖生先我著鞭。中堂是其弟张瑞琦写的,因是篆书,当时我不认识,故记不起。联和中堂是"文革"中才卸下的。曾祖父是当地名医,家安在洪洞与汾西交界的山沟。张瑞玑先生是赵城城内人,祖父进城,便住他家。曾祖父生前所用的朱砂,都是张瑞玑先生给的。张瑞玑先生的儿子张尔公,20世纪50年代落魄无着,还去山沟里找过曾祖父,曾祖父给了他一定接济。我在五六年级时,便接触到了张瑞玑先生的文章,背诵他的《骂卢永祥书》,读他的《骂袁世凯书》《骂张锡銮书》。卢永祥领兵过赵城时,把赵城地方抢劫一空,这便是张瑞玑先生骂他的原因。当时只知道张是山西巡抚,袁是窃国大盗,卢是军阀走狗,他们都是当时了不起的人物,是坏蛋。而张瑞玑先生敢骂他们,而且骂得那么狠,更觉得了不起,由衷地佩服他的勇气,更膺服他的文采。如他讽刺卢永祥的抢掠行径说:"询知城内及环城各村,无论贫富贵贱,一津被抢,不余一家,不余一缕,冰雹猛雨,无此遍及,可谓大公无私矣!"又骂他:"足下为满清奴,为袁氏仆,受唝噬人,其本分也,固不足怪,独怪中国何不幸而生足下及一般盗贼也!"骂袁世凯说:"执事利用盗贼以树其威,盗贼亦利用执事以饱其欲,是执事一盗魁耳!""瑞玑目盲失鉴,而误以执事为一世之枭雄也。而今知执事枭则枭矣,雄则未也。袁公路四世三公家中枯骨,执事殆有祖风乎!"实在太解气了!袁世凯要做临时大总统,他第一个站出来反对,骂袁说:"执事娇妾美姬,列侍成行,纨绔余习,概未脱尽,器量可见矣!""执事交康梁而终变,诣荣庆而不终,品格可见矣!""执事以内阁大臣,总握戎机,麾下将士,淫掠焚杀,甚于流寇而不知禁,才略可见矣!"这是向政府一号人物挑战,不慎即会丧命,这需要多大的勇气!《西北革命史征稿》说:"世凯卒当选临时大总统,人无敢议者,独瑞玑先生之义声震天下。"在当时震动之大,也就可想而知了。

  正是因为张瑞玑先生的这种勇气和才气,这位乡贤在赵城一带几乎是家喻户晓,并产生了许多带有民间传说色彩的故事。如民间传言:张瑞玑先生骂了袁世凯后,袁世凯就想看看张瑞玑先生是个什么样的人,为何如此胆大。下令调张瑞玑先生进京"见驾"。张瑞玑先生家人感到事情不妙,阻止不让五爷去(张瑞玑先生排行老五,故人多称五爷)。但五爷一定要去,镇定自若。出行时他乘坐的是马车,穿蓝布衣。到了北京,过金水桥时,围观的人如山如海。袁世凯本想杀他,可因为五爷名气太大了,怕引起公愤,故不敢动手。为了安民心,还给他封了官。又传言:张瑞玑先生对卢永祥口诛笔伐之余,为了替赵城人出气,在南门外铸卢永祥跪状铁像,供人乘马上轿时踩踏。卢永祥知道后,给张瑞玑先生道歉,答应把抢掠的张家财产归还。张瑞玑先生说:只还我一人的不行,要还就把赵城人的全还了。卢永祥自然还不起。因此铁人在南门外跪了若干年。一次一个赶车人不小心,把铁像撞倒了,这时张瑞玑先生也解气了,这才收了场。

这些传说虽不一定真实,但反映了张瑞玑先生的为人,以及当地百姓对他的崇拜。

我听到的传闻是碎片化的,而洪平的研究则是系统的。最近几年他撰写张瑞玑先生年谱,工作之余,跑遍了各大图书馆,搜集了很多张瑞玑先生鲜为人知的资料。如在调查张瑞玑先生的藏书中,发现了《红楼梦》甲辰本就是由张瑞玑先生收藏才得以传世的。这一发现的发表,曾引起了"红学"界不小的震动。洪平每有新发现,首先要告诉我,我们一起兴奋,共享快乐。当一本几十万字的年谱完成摆在我面前的时候,那种胜利带来的欢悦,真难用语言表达。

完成此类年谱,需要两个过硬的条件。一是勤奋吃苦的精神,二是检索文献的功力。没有吃苦精神,想坐在书斋里靠手头的几本藏书,解决当年曾是新闻人物而今已作古的兼有政治与文化双重身份的名人年谱,是根本不可能的。因为曾经的新闻人物,必然隐身在已经成为历史的新闻报纸和历史档案中,这就非跑大图书馆和档案馆不可。没有文献检索功力,即使资料存在,也不知从何下手。而这两个条件,洪平都具备。在图书馆里翻阅民国时的报纸,在档案馆里查找当年的档案,在与谱主有亲友关系的朋友那里,寻找有关的文字信息与传闻信息。只要有一丝线索,就决不放弃。这种治学精神,即使大学教授,有几人能够做到?当下的大学教授,没有功利考虑的少之又少。如果花费三年时间,完成一本在高校不计算工分的年谱,大多数学者是绝对不干的。而洪平,他没有功利目的,他只是想做自己感兴趣、觉得有意义的事。

这本年谱,无虚言,无空言,全部用史料说话。所引及的图书达一百多种,引及的报纸杂志也有十几种,而涉及到的民国人物足有上百。而且作者以学者的作风,严谨的态度对待每一条资料中所涉及到的人与事。于事,则考其是否属实,用按语的方式提出己见;于人,则考其身份行事,以按语的方式简要述之。这样,这本年谱不仅使一位几乎尘封的历史风云人物,鲜活地展现在了读者面前,而且大量无人问津的史料的发现,对于民国史的研究,也有重要意义。从某种意义上说,这部年谱起到了民国断代史的作用。他通过张瑞玑先生的行事,带出了晚清与民国政权交替时期的混乱时局,以及军阀之间的斗争与国民党内部的重重矛盾。从张瑞玑先生积极投身国民革命,到辞山西民政长(相当于现在的省长)而不为,转而辞官隐退谁园,以及以"谁园"名其第,都反映了民国局势的复杂性,以及国民党内部的矛盾斗争给谱主造成的心灵伤害,以致其对未来的忧虑。如果不是洪平的搜集,现在几乎没有一个人能想到张瑞玑先生在民国时会有如此大的影响力,竟使得时人以"良吏第一""民党才子""北方学者之宗"称之;竟使得《晋阳日报》以"天塌地陷"比喻他的去世;竟使得当时的社会名流,如黎元洪、宋子文、阎锡山等,用挽联、挽诗、唁电、祭文等多种形式哀悼他。相信这本年谱的出版,不仅使人们对张瑞玑先生其人重新认识,而且其丰富的一手资料,也会帮助揭开民国时的一些历史谜团。同时张瑞玑先生勇敢正直、不畏强权的性格,也会给更多正直之士以激励,给奴颜媚骨者以羞惭。

  历史是无情的,"滚滚长江东逝水",管你什么英雄不英雄,最终都会被"浪淘尽"。百年来有多少风云人物,已经淡出了人们的记忆。而张瑞玑先生,在洪洞地方,人们仍然记着他。他的故居在一批有识之士的努力下也保护了下来。我在想一个问题:在洪洞百年来的历史中,张瑞玑先生的官并不算大,论级别只不过一厅级而已(民国时山西第一任财政司长),比他官大的大有人在。在新中国,省部级干部也出过几位,可人们却很少谈及,也很少有人知道。这是为什么?我想其中的原因不是单一的,而最主要的有两点:一是张瑞玑先生不畏强权的精神,是典型的赵城人性格,在当地具有模范意义,因而为赵城人所乐道,以致"芳心至今犹未沫";二是张瑞玑先生最后走了传统叶落归根的路,他晚年带着一身的荣耀退居赵城谁园,成为一方文化领袖,与地方文人名流饮酒赋诗,形成了当时的一道风景线，影响了一代新人的成长。现在的赵城，由原来的县治沦落为一个镇治，赵城的一批上流人物，也多在县城洪洞定居。但他们有一个共同的感受：赵城的文化氛围要远高于洪洞。这是为什么？因为张瑞玑先生的影响，是他激励了当地人学习诗文书画的热情，以致影响到现在。而其他几位高官，终老于北京。年轻时尚无名望，走出乡土，一去不复。后来纵使名满天下，可却与家乡无关了。家乡对他们没有印象，他们对家乡没贡献，两不发生关系，要让家乡人记住他，难！洪平君的《张瑞玑先生年谱》，不仅会激起洪洞人对张瑞玑先生的回忆，更会使这个名字重放光彩。

张瑞玑先生的故居谁园，已变成了一座书院，成为传播中国优秀传统和文人雅集的地方。他的事迹和精神也将会随着书院工作的开展，随着《年谱》的传播，进入更多人的视野。

2019年8月31日于椿楸园

# 目录 CONTENTS

凡例 / 001
前言 / 001

## 谱 前

家世 / 003
地望·人文 / 009

## 正 谱

**卷一　良吏第一**

1872年（清同治十年辛未腊月至十一年壬申）　　一岁　　／019
1873至1876年（清同治十二年癸酉至光绪二年丙子）
　　　　　　　　　　　　　　　　　二岁至五岁　／021

1877年至1878（清光绪三年丁丑至光绪四年戊寅）

　　　　　　　　　　　　　　六岁至七岁　　/ 021

1879年至1883年（清光绪五年己卯至光绪九年癸未）

　　　　　　　　　　　　　　八岁至十二岁　/ 024

1884年（清光绪十年甲申）　　　十三岁　　/ 024

1885年至1887年（清光绪十一年乙酉至十三年丁亥）

　　　　　　　　　　　　　　十四岁至十六岁　/ 024

1888年（清光绪十四年戊子）　　　十七岁　　/ 025

1889年（清光绪十五年己丑）　　　十八岁　　/ 026

1890年至1893（清光绪十六年庚寅至十九年癸巳）

　　　　　　　　　　　　　　十九岁至二十二岁　/ 027

1894年（清光绪二十年甲午）　　　二十三岁　　/ 027

1895年（清光绪二十一年乙未）　　二十四岁　　/ 029

1896年至1897年（清光绪二十二年丙申至二十三年丁酉）

　　　　　　　　　　　　　　二十五岁至二十六岁　/ 029

1898年（清光绪二十四年戊戌）　　二十七岁　　/ 030

1899年（清光绪二十五年己亥）　　二十八岁　　/ 031

1900年（清光绪二十六年庚子）　　二十九岁　　/ 032

1901年（清光绪二十七年辛丑）　　三十岁　　　/ 033

1902年（清光绪二十八年壬寅）　　三十一岁　　/ 035

1903年（清光绪二十九年癸卯）　　三十二岁　　/ 035

1904年（清光绪三十年甲辰）　　　三十三岁　　/ 044

1905年（清光绪三十一年乙巳）　　三十四岁　　/ 066

1906年（清光绪三十二年丙午）　　三十五岁　　/ 084

1907年（清光绪三十三年丁未）　　三十六岁　　/ 096

1908年（清光绪三十四年戊申）　　三十七岁　／099

1909年（清宣统元年己酉）　　　　三十八岁　／103

1910年（清宣统二年庚戌）　　　　三十九岁　／108

1911年（清宣统三年辛亥）　　　　四　十　岁　／115

## 卷二　民国巨子

1912年（民国元年壬子）　　　　　四十一岁　／135

1913年（民国二年癸丑）　　　　　四十二岁　／170

1914年（民国三年甲寅）　　　　　四十三岁　／190

1915年（民国四年乙卯）　　　　　四十四岁　／200

1916年（民国五年丙辰）　　　　　四十五岁　／211

1917年（民国六年丁巳）　　　　　四十六岁　／225

1918年（民国七年戊午）　　　　　四十七岁　／233

## 卷三　骑虎入关

1919年（民国八年己未）　　　　　四十八岁　／242

## 卷四　谁园夕照

1920年（民国九年庚申）　　　　　四十九岁　／350

1921年（民国十年辛酉）　　　　　五　十　岁　／358

1922年（民国十一年壬戌）　　　　五十一岁　／359

1923年（民国十二年癸亥）　　　　五十二岁　／372

1924年（民国十三年甲子）　　　　五十三岁　／375

1925年（民国十四年乙丑）　　　　五十四岁　／383

1926年（民国十五年丙寅）　　五十五岁　／388

1927年（民国十六年丁卯）　　五十六岁　／394

1928年（民国十七年戊辰）　　五十七岁　／399

## 谱　后

"天丧斯文"　／403

谁园遗韵　／424

## 附　录

章太炎《故参议院议员张君墓表》　／445

主要参考文献　／449

图片索引　／453

**后记**　／457

# 凡 例

一、本年谱以尊重历史事实为前提,钩稽谱主生平、思想、著述及政治活动等方面的资料,以期能够较为准确、客观、系统、全面地反映出谱主一生的政治理想、经世之才、人格操守、生活道路和诗文创作等。

二、谱中资料,分自述类、他述类、背景类三种。

自述类,主要是谱主的诗文、函电。

他述类,即官方或个人有关谱主的资料,包括:(一)官方记载。有官方文电,如《光绪朝东华录》《大清德宗景皇帝实录》《秦中官报》《樊山政书》,中华民国《政府公报》,国务总理钱能训、南北和议双方总代表朱启钤、唐绍仪密电等;有官方史书,如《中华民国史》《山西通史》《山西通志》《陕西省志·报刊志》《西北革命史征稿》《陕西辛亥革命史》等。(二)民国报刊资料。主要是《申报》,还有长安《曝社学谭》、太原《宗圣学报》、长沙《大公报》、上海《国闻画报》《兴华》等。(三)友朋记述和后世对张瑞玑及其诗文书画的评述。如章太炎、阎锡山、胡景翼、田桐、刘成禺、景梅九、吴宓、贾景德、高拜石、郭象升、张友桐、孙奂仑、赵炳麟、吴庚、赵圻年、董寿平等的诗文、日记。新发现的有阎锡山《祭前山西民政长张衡玉先生文》、李亮工悼诗、《刘盥训日记》、谱主曾孙张七先生家藏的《哀挽簿》等。(四)家人的记述。主要是其子张小衡《先君事略》(手稿)、《谁园集·跋》,外孙王作霖《先外祖父张瑞玑事略》《先外祖父张瑞玑事略补充》《先舅父张小衡事略》等。

背景类，即与谱主直接相关或关系切近的背景资料，多统于"是年"之后。

三、纲目确定及资料区处。纲目均从资料中提取，纲目下会编资料之多寡及全录、节录或摘句，均视情而定。具体如下：

自述类资料。凡新发现的佚文、佚诗，《申报》所载谱主电文，以及从款识中能确定年代的谱主书迹（主要是自撰或集录的联语），均予全录，佚文、佚诗均注明出处，标点系编著者所加。《张瑞玑诗文集》（北岳文艺出版社，1998年）中的自述性资料，或全录或节录，视资料所包含的谱主言行、思想、事业、交游、气魄、情感、文采之多寡而定，一般不具名，不注明出处。谱中选录已公开刊行的诗文资料，一者本陈寅恪先生所言："中国诗与外国诗不同之处，是它多具备时、地、人等特点，有很大的史料价值，可以用来研究历史并补历史书籍之缺"（见黄萱《怀念陈寅恪教授——在十四年工作中的点滴回忆》），试图"以诗证史"。再者，《张瑞玑诗文集》出版已逾二十年，印数很少，孔夫子旧书网在售数册，价高者一百零九元，谱中选录一些诗文，便于读者欣赏，感受谱主作为文学家的卓荦处。遗憾的是，陕西省博物馆当年收藏的张瑞玑两部手稿、函电底稿和《谁园集》十二卷原稿，已遍觅无踪。谱中从《张瑞玑诗文集》引录的文字，只有少数几篇，如《新乐府》《骊山布衣歌》《重修长安孔庙碑记》《越南阮鼎南来书订交并寄其所著〈桑海泪谈〉〈南枝集〉为题四律兼以作答》等，根据原刊《瞭社学谭》《宗圣学报》《来复报》作了校订。他处引录的诗文，除个别文字、标点明显有误径予改正外，悉依北岳版。《秦中官报》刊登的十一篇课艺，有九篇系《张瑞玑诗文集》未收的佚文，均予全录。其他如《晋矿·序》《山西财政司张衡玉覆实业协进会书》《祭袁世凯文》《五律一首奉答叔老》《张衡玉旅店题壁诗》（三首）等新发现的佚文、佚诗，均录入。

他述类资料。何者全录、何者节录，酌情而定。章太炎、阎锡山、田桐、胡景翼、刘盥训、贾景德、吴宓等军界、政界、学界名人的记述,关乎谱主行事思想者既大,又是一代重要文献资料,概予全录。其余则精择细录与谱主行事思想相关的内容。

背景类资料。均摘其要,力避冗繁。个别与谱主行迹直接关联的事件,按时序直接记入谱中,如1911年辛亥革命山西举义、1912年卢永祥部祸晋、1919年谱主受命赴陕划界前《申报》有关南北和议的报道等。其他与谱主关系切近的背景资料,统系于"是年"之后。

四、恪守"实事求是""无征不信"的古训。谱中详略,依资料多寡为衡。其详者,如1919年赴陕西划界占本谱四分之一篇幅,因系国是,《申报》长达四个多月做了详细的跟踪报道;中国科学院近代史研究所根据北方总代表朱启钤等要人所提供的第一手资料,编有《一九一九年南北议和资料》;南京第二历史档案馆、上海市档案馆馆藏的划界期间各方电文亦便于查阅。再如,1904、1905年陕西课吏馆时期,国家图书馆北海古籍馆所藏陈垣先生遗存的《秦中官报》七函三十二册,有十一篇课艺,其中九篇为佚文。《樊樊山诗集》也有课吏馆的记载。其略者,如谱主少年读书、青年教书的情形,中年宦秦的德政,晚年隐居谁园的交游等,资料极少,只能从略或阙如。

关于谱主安葬地,谱稿先据谱主外孙王作霖《先外祖父张瑞玑事略》录之:"藏于赵城城东磨头村之祖茔。"后听到赵城民间另有一说:张瑞玑死后没有埋到祖坟。查章太炎所撰《墓表》,仅言"藏城东磨头村",一时颇感疑惑。后来在西安张七先生(谱主曾孙)家中,见到张小衡《先君事略》手稿,上面赫然写着:"藏于城东磨头村之祖茔",这才释然了,因为谱主后事由张小衡经手。另有一事,即谱主是否染过烟癖。据王作霖说:"先外祖父对赌博鸦片皆不沾手。"而景梅九《罪案》和赵意空《诊张君病意见书》,都说到谱主曾染有烟癖,景、赵与谱主为道义之交,所记均亲见亲历,故谱中实录其事。至于张小衡《先君事略》谓,谱主常在寓室高悬"鸦雀无声"四字("鸦雀"指鸦片烟和麻雀牌),编著者认为,这应该是在谱主戒除烟癖之后了。还有一件憾事:1912年9月孙中山先生莅晋视察,在都督府与阎锡山等山西省高级军政人员合影,谱主时任山西财政司司长,理应参加。然而对这帧弥足珍贵的照片,一直未能查到照片中人物的文字说明,无法辨认哪位是谱主。为此事编著者还请教了两位民国史专家,其中一位明确表示图片中"应该有"张瑞玑,然亦未能指认;另一位说是在台湾资料中也查过,未发现这帧照片中人物的文字记载。只好付诸阙如了。

五、清代史学家章学诚(号实斋)说:"故凡立言之士,必著撰述岁月,以备后人之考证。"(转引自胡适《章实斋年谱》)谱主有浓厚的家国情怀,其志向和使命在经世致用、拯世济民,无意于立言,不屑以词章著述争名于世。当然谱主更想不到,百年后会有乡里后学为他编纂年谱。他的诗文大多即兴而来,随手散去,不留底稿,生前从未刊印过诗文集。留下来的诗文,除祝颂、碑志一类外,大都不署"撰述岁月",颇费查考。凡已考定诗文年月的,均系于谱中。

六、关于"南北和议"的称谓。中国科学院近代史研究所1962年汇编的相关资料,李新、李宗一主编的《中华民国史》,台湾辅仁大学历史系教授林桶法的专著等,都把1919年上海举行的和平会议称为"南北议和",本谱则称"南北和议"。因为谱中关于赴陕划界的资料,主要来自《申报》的报道,《申报》当年称这一历史事件为"南北和议",故从之。

七、全书分谱前、正谱、谱后、附录。谱前包括家世、地理人文环境。编著者涉猎的古今二十余种年谱,多不叙及谱主生长的地理人文环境,本谱受《梁任公先生年谱长编初稿》(丁文江、赵丰田编)的启发,增加了这一内容。正谱分为四卷,以公历纪年起首,除分别系以清朝同光宣三代纪年或民国纪年外,统系干支纪年。卷一"良吏第一"(1872—1911),记谱主由出生到出仕陕西的经历;卷二"民国巨子"(1912—1918),记民国前期谱主的经历;卷三"骑虎入关"(1919),记谱主赴陕划界始末;卷四"谁园夕照"

(1920—1928),记谱主生命的最后八年。编年记事视情而定:能详于日者,按日纪事;未能详于日者,按月纪事;未能详于月者,按季纪事;未能详于季者,按年纪事。时间不确定,经过研判认为当系于某年者,冠以"约本年"。月、日均按公历,必要时在"( )"内注明阴历。谱后所列内容,始自谱主逝世,迄于2019年5月,分"天丧斯文"和"谁园遗韵"两部分,前者为谱主逝后的哀荣及家人、友朋、官方的追思纪念,后者主要是谱主本人及其诗文书画的影响、谁园以及"谁园十万卷藏书"的命运。附录包括:章太炎《故参议院议员张君墓表》,这是太炎先生生前公开发表的最后一篇碑版文字;主要参考文献;图片索引。

八、注释多为页下注,必要的说明、旁证以"按语"出之,或以"( )"括注。引文中的异体字、通假字、误植字,在"〔〕"内括注对应的常用字、正字;字迹漫漶不清或因故隐去的,以"□"代替。

# 前　言

张瑞玑先生是民国巨子。

他是我的乡先贤,他那风骨伟岸和文章经济总能点燃我,使我神旺。二十多年来,我留心搜集他的资料,积之日多,知之愈深,仰之弥高。遂不顾一介史学门外汉,为他编起年谱来。一边采铜于山,一边爬梳剔抉,今日一毫添于眉,明日一毫加诸须,锱锱铢铢做下来,总算裒辑成编,勾勒出谱主一生的行迹。

张瑞玑(1872—1928),字衡玉,号老衡、韰窟野人,别号酒皇、谁园第一主人,山西省赵城县(今洪洞县赵城镇)人。他是中国近代民主革命家。光绪甲午(1894)中举,早年接受维新变法思想,戊戌变法失败后,赴京为"戊戌六君子"之一杨深秀敛尸,并同恤烈士遗孤。1901年任平河书院山长。光绪癸卯(1903)中进士,以即用知县分发陕西。甫入关中,即鹤立鸡群。状元出身的陕西巡抚曹鸿勋,诗名大著的陕西布政使兼按察使樊增祥,对这个同进士出身(三甲131名)的"即用知县"格外青睐,奏报朝廷"传旨嘉勉"。之后,张瑞玑历任韩城、兴平、长安、临潼、咸宁知县。离开韩城时,绅民用一双新靴换下他的旧靴,将旧靴展陈在城中鼓楼上,旁书"知县张瑞玑先生之遗靴"。《兴平县志》称他:"天才卓越,双目炯炯,豪于文,廉于吏,不避权贵,敢作敢为。"章太炎《故参议院议员张君墓表》说:"在陕西八年,民称张耶〔爷〕,为良吏第一。及中国同盟会之立,君以宰官私誓焉。"

早期同盟会员中,清朝官吏凤毛麟角,或无此志,或虽有此志而无此胆。同盟会1905年在日本成立,张瑞玑1907年即在关中加入,时任韩城知县。上述太炎先生谓"君以宰官私誓焉",着眼于"宰官";此前同盟会发起人之一田桐撰《张瑞玑》云:"同盟会成立,衡玉慨然与焉,不计其为官也。"着墨处亦在"不计其为官也"。介绍张瑞玑加入同盟会的,是"山西二景"之一、为孙中山先生草拟临时大总统宣言的景耀月。在韩城,张瑞玑"日以振兴学堂为急务",天主教教民抗出学校费用,四乡人民啧有烦言,到县衙告状。省城天主教胡教士偏袒教民,驰书韩城横加干涉。张瑞玑回复胡教士,辞色严正:"至兴办学堂而不能遍及,则有碍于敝国之政治;人皆集款而教民独抗,则有碍于敝国之法律:此皆与贵教无涉也。"(《覆省城天主教堂胡教士书》)又将教民中的冥顽之徒依法收治。胡教士怒,向巡抚告状,巡抚"密谕君息事,君不为动"。胡教士无奈,诫饬教民:"谨避'强项吏'矣!"(章太炎《故参议院议员张君墓表》)张瑞玑还因教案纠葛答复赵知府:"瑞玑于宗教一事,生平不加诋毁……今之不知自爱自重,并不知爱其国、重其国者,非独教民然也,将欲举上下社会之积习廓而清之。"(《覆赵太尊书》)

张瑞玑学兼中西。中学自不必说,西学从分发陕西后在课吏馆所作诸文可知,那时他已熟读倍根(培根)、霍布士(霍布斯)、卢梭、笛卡儿、黎普尼士(莱布尼茨)、倭儿弗(沃尔夫)、赫胥黎等,对西方的制度和文化有所研究,"洞悉中外高下异同之故"(樊增祥评语)。1904年他在一篇课艺中写道:"华盛顿之道,一国私治之道也,治美国可,治欧洲则不可,治中国则尤不可。"1905年在另一篇课艺中大声疾呼:"关不可闭,港不可锁……吾将使天下儒者悉中外利害之情也。"张瑞玑生长于中国洋务运动和世界第二次工业革命时代,他目睹甲午战争中国的惨败。显然接受了"物竞天择,适者生存"的进化论思想,认为"处争立竞存之世界,而空谈王道,是贫弱之萌芽也。登优胜劣汰之剧场,而羞言功利,是危亡之鸩毒也。"因此呼号呐喊"举数百年空疏迂阔之学说,一扫而廓清之!"(见《秦中官报》1905年乙巳四月第三期)在政治革命和思想启蒙两方面,他都身体力行之。刚到韩城,就创办了初等小学堂、农桑实验场、师范传习所,又主持编纂《韩城县乡土志》,作为各乡镇新办初等小学堂历史、地理、格致教科书,以"欣愉儿童之心志,开凿儿童之聪明"。在离太史祠十公里的韩城县学,张瑞玑与同人创办了白话报纸《龙门报》,这份近代陕西最早的县级民办报纸,思想合于新潮流,文气遥接太史公。调任兴平后,张瑞玑又与同人创办了近代陕西最早的县级官办报纸《兴平报》。这两份报纸,加上后来他与同人创办的《兴平星期报》《帝州报》《声铎公社质言》《暾社学谭》等,成为陕西开启民智、呼吁革命的重要阵地。《陕西省志·报刊志》《陕西辛亥革命回忆录》对此有翔实记载。中国新闻史学界泰斗方汉奇先生认为:"陕西同盟会在省内创办的革命刊物……以《兴平报》和《丽泽随笔》的影响为最大。前者由张瑞玑主编,原在兴平出版,后迁西安,改名《兴平星期报》,所刊'政府对于开海、陕甘两铁路加入借款之警告'及'黑世界'等论说及文学作品,都对清廷的腐朽黑暗作了尽情的揭露。"(方汉奇《中国近代报刊史》下册,山西人民出版社,1981年,第538页)同盟会中"山西二景"之一景梅九,偕同李岐山等在陕西运动革命期间,与张瑞玑交往密切。张瑞玑在县署宴请景梅九等,又邀党人曹印侯隐居县署读书,以致咸宁县署被目为革命机关,险遭满旗西安将军文瑞的"刻治"。辛亥革命西安举义后,陕西哥老会与同盟会争夺大都督一职,张瑞玑与同盟会员郭希仁挺身而出,以史譬解,化危为机,西北革命阵营始得稳固。

辛亥太原举义后,张瑞玑应招返晋。装未卸而城已封,袁世凯派卢永祥部进攻山西,赵城横遭劫掠。张瑞玑愤而上书袁世凯,"世凯得书,立招其师,秦晋得完。"(《西北革命史征稿》)嗣后,又酾资铸卢永祥跪状铁像,置于南门瓮城,任由赵城人民踩踏唾骂十余年之久。镌在铁像背上的《卢永祥铁像铭》,以及《致卢永祥书》《卢永祥铁像歌》《赵城绅民公致卢永祥函》等诗文,非雷非霆,天下震惊,当地学校作为教材,广为传诵。当袁世凯谋夺临时大总统之际,张瑞玑又作《再上袁内阁总理书》,力予阻之。文中说:"夫所谓大总统者,全国人民所公认,非一人一家之私物,一二人不能私举,亦不能私与之也。""执事果不自量,觍颜而据上座,瑞玑固无力与争,然期期以为不可也!"《西北革命史征稿》写道:"世凯卒当选临时大总统,人无敢议者,独瑞玑之义声震天下。"入民国,张瑞玑被山西临时省议会公举为首任山西财政司司长;旋被袁世凯任命为署山西民政长,他坚辞不就。山西都督阎锡山钦佩张瑞玑的人品和才能,愿与他联手治晋,对他辞民政长一职感到惋惜。张瑞玑病逝后,阎在祭文中犹述及此事:"为地择人,旋长民政。公提我挈,愿为骖靳。先生幡然,乃遁糟丘。白驹空谷,我心悠悠。"

民国二年(1913),张瑞玑以清誉当选为第一届国会参议院议员,客居京城。始则反洪宪帝制,继则反曹锟贿选。当1917年国会被解散,孙中山先生号召议员护法之际,张瑞玑毅然南下参加非常国会,拥戴中山先生为广州军政府大元帅。1919年初,北京政府与改组后的广州军政府筹组上海南北和议,而陕西问题如虎当道,亟需公推一位"德望夙著者"及"威位素重之大员",充任陕西停战划界专员。双方总代表、南北政府把目光聚焦在张瑞玑身上。其时,被陕西督军陈树藩幽囚于督署百尺楼上的陕西靖国军总指挥胡景翼将军闻讯,在日记中表露心迹,翘盼素所敬仰的"国民党巨子张衡玉"早日莅陕。这年2月到5月,《申报》连续以显著位置跟踪报道了张瑞玑骑虎入关之行。该报总主笔、著名报人陈景韩(笔名"冷")撰写的时评《张瑞玑》云:"和议之进行与否,悬于陕事之手;陕事之能了与否,悬于张瑞玑之手。"他的历史功绩已载入《中华民国史》(李新、李宗一主编)。山西大学历史系教授师道刚认为:"综观先生一生大节,荦荦可数者,曰反清,曰抗袁,曰抵制军阀。此三事又可以'革命爱国'四字

概括之。""瑞玑先生革命爱国之精神不朽矣!"(见《张瑞玑诗文集·跋》)

张瑞玑是一位文学家。百年前他在赵城筑"谁园",作《谁园记》,一时传抄纸贵。初到西安,入课吏馆学习,四十名学员中,有同科进士王景歖、吴庚,还有后来成为《大公报》主笔的"文坛巨擘,报界宗师"张季鸾等。课吏馆每月举行一次月课,藩司樊增祥亲自命题判卷。每次月课,排在前三名的课艺刊登于《秦中官报》。编著者在国家图书馆北海古籍馆查阅《秦中官报》(系陈垣先生遗存),发现十一次月课中,张瑞玑有七次被评为超等第一名,三次被评为超等第二名,一次被评为超等第三名。这十一篇"课艺",以及他在陕西期间的诗文,如《瞰社记》《〈声铎公社质言〉发刊词》《骊山布衣歌》,还有嘲讽轰动朝野卖官丑闻的七古《杨花曲》,"披我两千余年旧历史,一读一哭泪滂滂"的歌行体《醉歌行寄吴岷甫》……今日读之,犹觉刚健雄迈,瑰丽多姿,如鸿飞天外,叹为观止。他那些为时而作的诗文,刚毅奇崛,有金元之际河汾诸老诗风的余韵。《吴宓诗话·张衡玉旅店题壁诗》称:"山西张衡玉大令瑞玑久宦关中,吏治文章,有声于时。入民国为参议员,旋即归隐。壬子岁,有《旅店题壁》四律,豪迈劲爽,肖其为人。"当代诗论者或认为"他的诗的确代表了那个时代的晋阳诗词"(时新《晋阳诗踪》),或激赏其诗句,赞叹"钟声千壑定,塔影一僧归"(《由霍泉上山》)一联,"妙不可言,即唐人诗中,亦不多见"(马斗全《被埋没的优秀诗人》)。"洪洞董氏"与赵城张氏为世交姻亲,董氏后裔、著名书画家董寿平青少年时期常去谁园拜访张瑞玑,亲承謦欬。董寿平晚年撰《张瑞玑诗文集·序》谓:"先生之德性、言行、文学、才识素为国人所钦仰……其刚正不阿之精神,渊博之学问文章,及纵横豪迈豁达之风范,尤为当时学子所崇仰。每先生之文见诸报章,莫不相互抄录传诵,启我后昆者至深。"同盟会创始人之一田桐与张瑞玑为至交,张病逝后,田桐慨叹:"中国少一词人矣!"贾逸君《中华民国名人传》将张瑞玑归入"文学"类,与樊增祥、陈三立、鲁迅、郭沫若、郁达夫、沈从文、徐志摩等同列。张小衡《先君事略》:

"府君有所作多不留稿,或有之而为人携去。宦秦诸年,为南君南轩、张君升〔深〕如所收藏。后二君殉难,遂散失不可复得。不肖每归省,始一藏弄,或自他处抄录。今谨就所藏者辑为十二卷,其所散佚盖已多矣。"张小衡所辑者即《谁园集》十二卷。20世纪70年代末,《谁园集》十二卷和张瑞玑两部手稿——《张老衡诗稿》《羋窟野人诗稿》,以及《张瑞玑函电底稿》一包,全部入藏陕西省博物馆。1983年陕西省博物馆刊印孙浮生整理的《谁园集》四册,封面上印着:"赵城张瑞玑先生遗著,陕西省博物馆馆藏。"一至三册为诗六卷;第四册为增补两卷,收陕西划界函电八十通。1998年《张瑞玑诗文集》由北岳文艺出版社出版,此为张的诗文首次结集正式出版。师道刚《张瑞玑诗文集·跋》:"故此集不仅为先生诗文精魄之所存,亦为清末民初陕西、山西人民反对北洋军阀政治史之真实写照,为中国近代革命史上光辉之一页。以意识形态史言,为当时中国知识分子心态之最典型反映;以当代史料言,亦为一极珍贵之宝藏。"2011年巴蜀书社出版《二十世纪诗词文献汇编》,收录张瑞玑诗一百四十九首(见诗部第二辑第四册)。论者谓张瑞玑"志节慷慨似陈同甫,超逸不群似苏东坡,而天资高朗、音情顿挫尤似孔北海。"(张小衡《先君事略》)

　　张瑞玑是一位书画家。辛亥革命后,太原承恩门改为"首义门",张瑞玑为题匾额。柴建国《山西书法通鉴》称其"工书法。初出鲁公,又能熔裁诸家之长,劲逸飞动,不落俗程"。京剧四大名旦之一尚小云曾持扇索题,张瑞玑为题《云郎曲》。沈钧儒胞弟沈炳儒请张瑞玑为其父《牡丹图》题诗。张瑞玑有一首诗题为《董幼樵以其尊翁研樵太史〈太华冲雪图〉两卷索题,一卷为徐宝谦画,一卷为秦炳文画》,董幼樵即董寿平之父。还有一首题在京城老画师俞瘦石的《十笏园图》上,他的《赠俞瘦石》七绝有这样奇警的诗句:"有人已把中原卖,画里江山不值钱。"近年互联网、拍卖会不断有张瑞玑书迹出现,价势走高,偶见赝品。他擅画墨梅,所画者皆"胸中之梅",自云"不是案头无胭脂,让与他人画牡丹"。他给江翰画过扇面,是一幅"寒枝拗铁，老根蟠石"的墨梅，还洋洋洒洒题了一阕《望海潮》。章太炎说他"善诗书画，自谓书不如画，画不如诗，诗不如其为人，盖笃论云。"（《故参议院议员张君墓表》）

张瑞玑是一位藏书家。耸立于赵城汾河东岸的谁园主体建筑，是一座中西合璧的藏书楼。1915年张瑞玑书赠友人条幅，落款已有"书于五万卷书楼"之谓。章太炎说："君素好学，自陕西归，载书百麓，为北军略〔掠〕夺皆尽。晚又得十万卷储之，戒其子曰：所以遗女亦足矣。"（《故参议院议员张君墓表》）张瑞玑在叔伯兄弟辈行五，人称"张五"，三晋大儒郭象升《太原市上购书歌》云："赵城张五我畏友，书海一钓连六鳌。"1935年伦明（字哲如）著《辛亥以来藏书纪事诗》，录藏书家一百五十五人，附录二十八人，山西仅张籁（字贯三）、张瑞玑载录。伦明诗曰："晋水文章集百元，赵城带草绕谁园。"文曰："赵城张衡玉瑞玑，收蓄尤富，屋曰谁园，本省旧藏多并其中。"1996年薛愈编著《山西藏书家传略》，为张瑞玑立传。

1952年，张小衡将"谁园十万卷藏书"全部捐献给山西图书博物馆。几年后省立图书馆建成，钤着"张衡玉遗赠"长方朱印的"谁园藏书"搜架供读者借阅。张瑞玑有一枚白文印章，文曰"老衡鉴定"，据说西安旧书字画若是盖着它就免检了，张小衡捐献的宋版《道德经》便有这枚印章。尤可说者，无偿捐献的"谁园藏书"中，有一部《红楼梦》八十回抄本，即乾隆"甲辰本"。1953年山西省政府副主席王世英亲自把这个抄本送到北京，中央文化部社会文化事业管理局局长郑振铎又交给俞平伯先生，供校勘《红楼梦》之用。俞平伯先生把这个著名的抄本简称为"晋"，冯其庸先生称甲辰本"独标红楼梦"，"是一个具有特殊意义的本子"。

张瑞玑逝世后，《晋阳日报》谓之"天塌地陷"，军政要员、学界名流等涌往谁园吊唁。上海报纸刊登《国民党学者张瑞玑逝世》的消息，称他为"民党才子""北方之学者宗焉"。1949年陕西革命先烈褒恤委员会编辑出版《西北革命史征稿》，为一百九十名辛亥革命先烈立传，第五十八名即张瑞玑。

张瑞玑一生昂首天外,如鹰隼啸傲苍穹,搏击风尘。他生命的最后三年,是在谁园度过的。谁园,是他观世局、哀苍生、咏离骚、遣诗兴的酒国和书城。

拔地苍松有远声!

谱 前

# 家 世

张氏世居赵城西门,先祖以儒学为业。

《先妣王太夫人墓志铭》:

  吾张氏世居赵城西门,业儒而穷者数世矣。

《〈赵城西门张氏宗谱〉序》:

  吾张氏自元素公于清初由嵇村分支迁居于县城西门,今十世矣。吾祖茔尚在嵇村,吾族人之留居嵇村者尚数十家,其散居县城东门及李村、月儿湾、道觉村者亦十余家,而以西门一支为最盛,邑之人咸呼曰"西门张氏"。每岁寒食清明,吾族人例必会集于嵇村祭扫,礼竣,共酌酒为族长寿,盖亦追远亲族之遗意也。顾岁仅一聚,聚辄数百人,俎豆拜跪之余,寒暄不暇多语,相见而名字不知,昭穆不辨,行辈不分者,比比也。

曾祖父,名行简,做过绿营兵下级军官千总。

祖父,名登仕,字绶青,邑廪生。张小衡《先君事略》:

> 绶青公,讳登仕,邑廪生,有文名,邑侯杨昭节①公深器之,课士录载其文甚夥。

父,名星,字灿六,曾任辽州(今山西左权县)训导,后回到赵城,是一位资望颇高的教书先生。《先妣王太夫人墓志铭》:"先君以老宿讲授乡里,资修脯养家。"张小衡《先君事略》:

> 灿六公,讳星,以老宿教授邑里。门下常以百数,类多知名于时。同治丁卯,太平天国军入邑境,及光绪丁丑,晋省大饥,赞助县府,严守御,运漕粟,所全活尤众。邑人皆钦其才,而又重其德焉。

母,王太夫人,是赵城东街王聘之先生之女。十八岁嫁到张家,六十五岁(1914)去世。端淑温厉,在张瑞玑人生起点上发挥了重要作用。《先妣王太夫人墓志铭》:

> 先妣井臼亲操,内治井然。兄瑞璜少失恃,先妣抚之如己出。生六男一女,殇其三,惟瑞玑及瑞琅、瑞琦、瑞玭存焉。先君殁后家益落,先妣命瑞琅佐兄理家事。岁暮腊,债环逼,瑞琅向富贾贷钱十五缗,勒重息并质产书券,归而泣。先妣笑曰:"此何足较,使汝辈他日囊橐稍裕,亦知贫人艰苦也。"光绪甲午,瑞玑与表弟王泽闾同举于乡。泽闾,吾舅亮采之子也,寡言而好学,先妣素爱之。时两人皆弱冠,榜发,归颇自得。先妣曰:"汝祖及父以笃学能文,落拓终身。今

---

①赵城知县杨延亮死于曹顺起义,谥昭节。

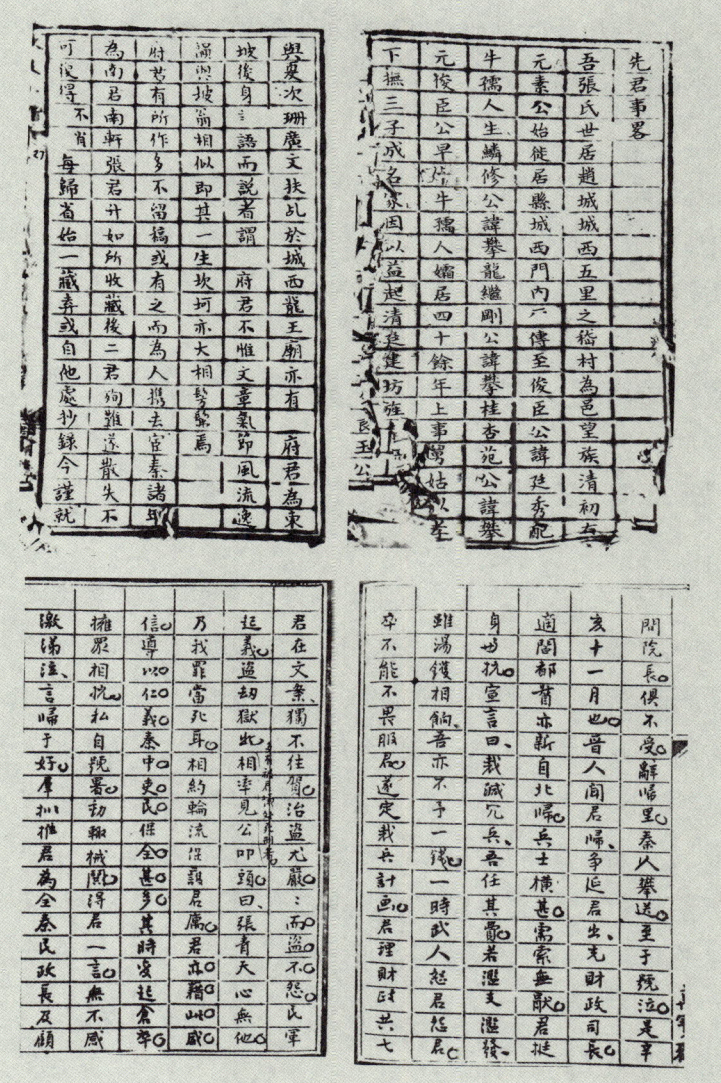

张小衡《先君事略》手稿

不学而幸获,吾为汝愧死矣!"言已而泣。瑞玑亦惭泣不已。

妻,刘氏夫人,赵城城西五里穑村刘性全先生之女。

张小衡《先君事略》:

府君年十三岁,吾母刘太夫人来归。同邑穑村处士刘公性全之女也。性严明,而遇下有恩。持家勤俭,丝缕必躬自检阅。府君奔走四方,无丝毫内顾忧者,吾母之力也。

兄,瑞璜,字渭玉,同父异母,比张瑞玑年长十八岁,既是兄长,又是严师。六十岁(1913)去世。

《先兄张渭玉墓志铭》:

兄讳瑞璜,字渭玉。前清时以副生贡于乡,绝意仕进,学邃于《易》,尤爱老庄诸子。工书法,日摹鲁公帖数十纸,然不轻为人作。性严重,寡笑语,终日危坐,家人仆妇无乱哗者。与人交,朴忱形于色,不合则去,未尝背议人过,乡里以是爱而敬之。吾父灿六公殁时,瑞玑年十七,弟瑞琅、瑞琦、瑞玭均幼稚未解事。家中食指繁,薄田弗给,儿女婚嫁之事每岁不绝,兄以一人力任其艰者二十余年,布衣粝食为家人倡。督诸弟环案而读,讲授经史,间举汉宋学说证明其义。瑞玑于学问稍窥门径,自兄始也。

《祭先兄渭玉文》:

玑年十八,放纵疏狂,才无绳墨,口有雌黄。兄为裁抑,纳之轨道,如调奔驹,如笼飞鹞。登堂承欢,慈亲破颜,诸弟方稚,啼笑满前。

灯火煌煌,书声琅琅,围案共食,和气一堂。先后宛若,相亲相爱,口无是非,胸无芥蒂。勤俭忠厚,视乎家主,众人皆甘,兄独茹苦。子妇丁男,近四十口,饮食教诲,出兄一手。分兄所学,使我成名,变产助装,捧檄西行。

姑丈,王海林,永济县训导、署理蒲州府教授。光绪丁戊山西大祲,赵城知县刘祥瀚延请他"总理账务"。大灾后,王海林把家里仅剩的粮食都作为种子分给四乡百姓。山西巡抚曾国荃称他为"义士",赠"义气干云"匾。
《海林姑丈大人墓志铭》:

公之任,与诸生砥砺名节,以文章道义相切磋……在任十二年,辞职归里,士大夫送之东郭,把袂欷歔不忍别,其遗爱可谓深矣。公家世为赵望族……光绪丁戊,岁大饥,人相食。公首倡巨捐,众皆踊跃。邑侯刘公延公总理账务,公亲驰四乡,防弊杜奸,百姓赖以存活。大祲后,天降雨,公知民力穷迫,指囷输捐,散之四乡,促民耕种。时威毅伯曾公巡抚山右,闻之曰:"义士也。"以"义气干云"四字赠匾褒嘉,其急公好义也如此。①

表伯,史禹庭,名中医。光绪丁戊大祲,赵城知县刘祥瀚延请他"入账局管其出入"。大灾后,山西巡抚曾国荃和布政使联名保荐史禹庭为六品衔。
《禹庭史公暨德配贾安人合葬墓志铭》:

每病者至,公曰愈,无不愈者。公曰某日愈,克期无不验者。凡

---

① 王作霖、山西省图书馆编《张瑞玑诗文集》,北岳文艺出版社,1998年,第173页。

病者，诸医敛手则延公，公至病辄愈，公之名遂噪一时。公又常蓄药饵以给人，登门者接踵不绝焉。贫者坚持金以谢，则斥去曰："吾岂爱此区区者。"平阳太守福公有妾病乳，痈创甚剧，福公执重贽遍召诸医，无能疗者。闻公名，延致之。公历历言其病原，如目睹者然，福公大奇之。及病愈，诸医皆贪功以待厚赠焉，公独不受谢而去。人皆以是廉公焉，公之行类如此。公善辩论，好谈谐，机警多谋，遇事有权变，士大夫与游者皆引重之。丁戊间，山右大祲，邑令刘公延公入账局管其出入。时饥民拥集，哗噪无序，公危坐执笔，分别其次而给之。以目语，以手指，终日无倦容。事竣，爵师曾公及藩宪保荐以附贡生叙六品秩。①

---

① 王作霖、山西省图书馆编《张瑞玑诗文集》，北岳文艺出版社，1998年，第171页。

# 地望·人文

## （一）

赵城县位于山西南部。西汉属彘县，东汉更名永安县，隋始置赵城县。1954年与洪洞县合并。据清道光七年（1827）《赵城县志》[①]卷之一：

县境东西广一百里，南北袤四十五里。
南至洪洞县治三十里。
北至霍州治五十里。

赵城，最早是那位给周穆王驾车有功的造父的封地。《史记·赵世家》："王使造父御，攻徐偃王，破之，乃赐造父以赵城，由此为赵氏。"

《赵城县志》记山川地理、风土民情如下：

（卷之四）霍山，在县东三十里，一名太岳山。《禹贡》"至于太岳"即此。《国语》称景霍，《史记》称霍太山，皆是也……至宋乾德中，有司

---

①［清］杨延亮纂修，洪洞县志编委会点校本，张青点校，2003年。

奏修祀典，始以霍山为中镇。

按：李商隐有五律《登霍山驿楼》①云："庙列前峰迥，楼开四望穷。""弱柳千条露，衰荷一面风。"《赵城县志》卷三十五收录金代赵城状元王纲七古《霍镇》，开首云"凤鬐鸾翔气象雄，罗山石阙几千重。"

（卷之四）罗云山，在县西四十里，即姑射山……岩壑深窅，时有云气，其间绝胜处人迹罕到，说者以为多异兽云。

罗云山南有五峰，峰各有台，人谓之小五台。北台下一洞，其深叵测，俗传可通大五台；南台下则出佛峡也，有石井泉，甚甘美，寒山、拾得尝游此。

出佛峡，在县西四十里，即罗云山石峡也，山有石皆似佛首。

按：《赵城县志》卷三十五收录清初朱彝尊七律《观佛峡图》，句云："半幅峡图流剩水，一尊岚影落丹丘。""谁说山僧无好事，溪花狼藉供床头。"

（卷之四）汾水，在西门外五里，自霍州南流历县境五十余里，入洪洞界。

按：《赵城县志》卷三十五收录清代赵南觐七律《汾水秋风》，颈联"一棹楼船横素练，千番箫鼓动名姝。"

（卷之四）霍水，出县东南四十里霍山之麓，西流入汾。

---

①姚奠中主编《咏晋诗选》，山西人民出版社，1980年，第191页。

按：霍水即广胜寺霍泉水，《水经注》记载霍泉水"发源成潭，涨七十步而不测其深。"泉西建分水亭，亭下有十一根铁柱，把泉水均分为十股，赵城七股，洪洞三股。

（卷十八《风俗》）邑左山右河，其民得山水劲直之气，性剽易怒，甚者矜懻忮，逞犷獠，败始悔。士内多颖秀，外少文饰……地少沃壤，而勤于稼穑。妇女皆任耕作，绮罗粉黛之饰弗尚也……羊豕鸡鹜延上客，不兼衣，服少裘葛，无冬夏皆着大布衣。其陶唐氏之遗民欤！
盖其人性懁急，故其音多短促，而少渭扬。言为心声，信夫！

赵城的古迹有：女娲庙、女娲陵，在县东八里侯村。中镇庙、兴唐寺，在县东三十里霍山内；广胜寺、飞虹塔，在县东南四十里。
按：唐太宗李世民七律《广胜寺赞》[①]，诗句有："鹤立蛇行势未休，五天文字鬼神愁。""儒门弟子应难识，穿耳胡僧笑点头。"

豫让桥（又名国士桥），在县南十八里下纪落村。相传那位"士为知己者死"的刺客豫让，曾匿身桥下，谋刺联合韩、魏灭掉智伯的赵襄子，为待他以国士的故主智伯报仇。
按：《赵城县志》卷三十五收录明代著名理学家、文学家、"河东学派"创始人薛瑄七律《豫让桥》，句云："季世忠臣存大节，颓波砥柱见孤标。""无限繁华俱泯灭，英名终古自难消。"

蔺相如墓，在县西北十里许村。樊哙祠、樊哙墓，在县西四十里樊村。

---

[①]姚奠中主编《咏晋诗选》，山西人民出版社，1980年，第200页。

## （二）

赵城文化底蕴深厚。金代出了一名状元王纲。明朝以前有罗云书院，清乾隆十五年（1750）在南门外新建简城书院，张瑞玑十八岁前后即在简城书院读书。

清道光元年（1821），湖南长沙杨延亮补授赵城知县。他在任十五年，颇有政声，尤致力于振兴文教，改变了嘉庆朝赵城"文风久衰歇"的状况，流泽近百年，清末山西有"南赵（城）北崞（县），文化人多"之说。赵城最后一位进士乔海峰1924年撰《重修杨昭节公墓碑记》：

> 道光元年到任，时公年二十六，遇事精明，吏不敢欺。治赵十五年，多善政，而敦俗劝农，振兴文教尤其荦荦大者。公余集多士于衙斋，校论文艺，终日无倦容。邑之秀而文者，经公栽成，多蔚为时望。所刊行有《赵城课士录》（按：已佚。前述谱主祖父登仕"有文名，邑侯杨昭节公深器之，课士录载其文甚夥"），并自为诗集，其他著作，灾患之余，概就丧失。溯嘉庆一朝，吾邑文风久衰歇，至公而振兴之。洎至清末已近百年，而历任山西学使者，犹称赵城学风为岭南诸县冠，盖公之流泽长也。[1]

按：杨延亮（1795—1835）字菊泉，湖南乡试第一，弱冠后成进士，道光七年（1827）纂修《赵城县志》，十五年（1835）推升云南南安州知州，未及启行，值赵城爆发曹顺起义，杨氏一家七口（杨母、杨妻、二子二女）罹难。

道光版《赵城县志》卷十四记载了县儒学的规模：

---

[1]《赵城县志》卷三十七，据道光七年版翻印，1924年，第17页。岭南，即韩信岭以南。

中为大成殿……又前为棂星门,为泮池。池东偏为钟楼。池三面环以墙,墙有门,左曰金声,右曰玉振。墙之外东西二坊,曰"德配天地",曰"道贯古今"。

三晋名儒张铁生少年时即得到知县杨延亮的识拔提携。张铁生名于铸,赵城城内人,"未冠,应童子试,知县长沙杨昭节公奇之,拔置第一,招入署,与诸公子同学,复授以诗古文词,悦之,遂入库。"道光十五年(1835)即杨延亮罹难之年中举。张铁生曾问学于张穆(字石州)、王筠(号箓友),历任绛县教谕和训导、蒲州府教授、光绪《山西通志》副总纂(副总纂还有杨笃、杨深秀)、令德堂襄教等职,与《山西通志》总纂、晋阳书院和令德堂主讲洪洞王轩相知最深。事具王轩《张铁生先生墓志铭》①。

## (三)

南宋抗金名将宗泽,1109年从莱州胶水县调到晋州赵城做知县。那时全国分十八路,下设州、府、军、监。宗泽从军事上考虑,认为"赵城前有并河、汾阳之固,后当晋绛、蒙坑之险,左依霍邑,右阻太行,沃野百里,可以种植,实河东用武之地。"②于是下车伊始即上奏将赵城"升县为军",迄未如愿。

清嘉庆二十五年(1820)至道光元年(1821)间,山西按察使兼署布政使陶澍到过赵城,作《赵城怀古》一首。

按:陶澍诗见《赵城县志》卷三十五。陶澍(1779—1839),湖南安化人,清代经世派主要代表人物,为官清廉,关心民瘼,革除弊政,官至两江总督。他有一名联:"绕案风清,尘埃扫除吏牍;举头日近,光明洞照吾

---

①王轩:《顾斋遗集》,《山右丛书·初编》(第三册),上海古籍出版社,2014年,第458—460页。

②转引自卫建民:《寻找丹枫阁·赵城的光荣》,中央编译出版社,1996年,第32页。

心。"论者谓陶澍的理学经世思想、吏治思想等,对"湘军三杰"曾(国藩)、左(宗棠)、胡(林翼)影响很大①。谱主"谁园藏书"中有陶澍《蜀輶日记》(光绪辛巳刻本),当亦受到陶氏经世、吏治思想的影响。

嘉庆、道光年间,赵城出了一位名宦刘体重。刘是赵城城内人,乾隆五十八年(1789)中举,嘉庆初以知县分发湖南,历任石门、衡阳、衡山等六县知县,迁升江西广信、吉安、抚州知府、江西按察使、湖北布政使。《清史稿·循吏》为其立传,称"体重廉平不苛,尤长治狱。所居吏畏民怀,讼狱日简。河北士民尤感之,殁祀名宦祠。"

张瑞玑六七岁时,赵城有一位好"父母官"刘祥瀚。光绪丁丑(1877)、戊寅(1878)山西大旱,史称"丁戊大祲"。地处韩信岭以南的赵城县是重灾区,秋天"颗粒未收,麦籽未种,更兼瘟疫流行"②。知县刘祥瀚如实上报灾情,"请发仓庾以赈穷黎,诸事尽瘁不懈,以劳致疾,卒于官。赵民怀之,请祀名宦"③。这位刘知县就是前述延请张瑞玑姑丈王海林、表伯史禹庭办理赈务的"邑侯刘公"。1878年,巡抚曾国荃奏报朝廷:"该故员等(按:即刘祥瀚等)自上年亢旱以来,朝夕祈祷雨泽,地方既已成灾,周历乡村,逐庙履勘,清查户口,劝捐筹赈。凡属可以救民之事,莫不竭力尽心,茹苦忍饥,冲风冒雪,精神因之消耗。今年疫气流行,该员等不避艰难,驰逐郊关,因而染病,卧床不起。"④光绪帝准奏,将刘祥瀚等入祀名宦祠。

大灾过后,洪洞一位快板艺人梁培才,以长篇快板《丁丑大祲清官

---

① 易用卿、陶用舒:《陶澍和湘军三杰》,《安徽史学》2005年第2期,第42—48页。
②③ 郝平:《丁戊奇荒——光绪初年山西灾荒与救济研究》,北京大学出版社,2012年,第22页,第181页。
④ 转引自杨国强:《"丁戊奇荒":十九世纪后期中国的天灾与赈济》,《社会科学》2010年第3期,第140页。

谱》①,歌咏临汾、襄陵、洪洞、汾西、赵城、绛州六名州县官。咏刘祥瀚的篇幅最长:

> 赵城县刘父母官讳祥瀚,为百姓腊月里设下雪坛。
> 城门上贴告示爱民非浅,求雪泽禁宰杀沽酒葱蒜。
> 兴唐寺求活佛命在危险,披着发赤着脚步行上山。
> ……
> 用手儿指上天一声呼唤,你为何降青锋来刺下官。
> 杀黎民斩百姓不用刀剑,八旬翁三岁童尽遭涂炭。
> 一霎时身发困难以立站,叫夫人扶伺我同上床前。
> 苍天爷不开恩民无后盼,想甘霖把我的气血亏干。
> ……
> 有气呼无气吸发缩眉绽,霎时间真气绝将星归天。

张瑞玑年少时,一定多次听姑丈、表伯讲述过这位为民请命、以身殉职的循吏的故事。

---

①郝平:《丁戊奇荒——光绪初年山西灾荒与救济研究》,北京大学出版社,2012年,第181—191页。

# 正谱

# 卷一 良吏第一

（1872—1911）

1872年（清同治十年辛未腊月至十一年壬申）一岁

1月28日（同治十年辛未十二月十九日），张瑞玑生于山西赵城县城西门的祖屋。

章太炎《故参议院议员张君墓表》：

初，君生时，母王太夫人梦巨物绕柱下，人以为龙祥。及长，治学徇敏，应事顾乐易，与昆弟四人友好无间。

张小衡《先君事略》：

先是我王母王太夫人梦巨蟒绕楹而下，遂生府君。时清同治甲申十二月十九日卯时也。府君生而傥觉负奇气，体干魁梧，神采英发。先大父甚异之，常曰："此子栋梁之材，非凡器也。"

按：小衡此处所记"同治甲申"，误。同治朝无甲申年。参以王作霖《先外祖父张瑞玑事略》所载"生于一八七二（同治十年）"，谱主应生于同治十年辛未。又，未羊与谱主自号"羦（huàn）窟野人"暗合。《山海经》："有兽焉，似羊而无口，其名曰羦，不可杀也。"

本年，洪洞董氏"三凤之目"的翘楚董文涣四十岁。

按：董文涣（1833—1877），字尧章，号砚（也作"研"）樵，山西洪洞县人，咸丰六年（1856）进士，翰林院庶吉士。他是当代著名书画家董寿平的祖父，董、张两家为世交姻亲。张瑞玑出生前一日，董文涣作《送谭文卿方伯同年之任秦中》，诗句有："哀鸿遍野豺狼偪〔逼〕，健者铤走弱者逃。""良吏得一民福百，本固贤于锁钥牢。"①张瑞玑出生前四个月，即同治十年辛未八月，时任甘肃甘凉兵备道的董文涣，得到一幅徐宝谦（1817—1897，号亚陶）画的《太华冲雪图》，遂"索同人题咏以张其事"，题咏者有潘祖荫、张之洞、李慈铭②。民国初年，董寿平的父亲董维藩（字幼樵）携《太华冲雪图》及诸公题咏往谁园索题，1926年冬张瑞玑为题七古一首。

## 是年

清廷第一批官费留学生詹天佑等三十名幼童赴美留学。英国人在上海创办《申报》。孙中山八岁，袁世凯十四岁，樊增祥二十七岁，唐绍仪十一岁，钱能训四岁，朱启钤一岁，张籁（贯三）一岁，吴庚（空山人）三岁，赵圻年（意空道人）五岁，卢永祥五岁。曾国藩去世。

---

①[清]董文涣：《砚樵山房诗稿》，李豫、李雪梅等点校，山西古籍出版社，2007年，第740页。

②李豫：《董砚樵先生年谱长编》，《清季洪洞董氏日记六种》（第六册），北京图书馆出版社，1997年，第151页。

## 1873年至1876年(清同治十二年癸酉至光绪二年丙子)二岁至五岁

同治十二年(1873),慈安、慈禧两太后撤帘,同治帝亲政。梁启超生。晚清诗人、著名书法家何绍基去世。

按:何绍基(1799—1873),字子贞,湖南道州人。张瑞玑晚年收藏何绍基题额的全套"猎碣亭"石鼓文,使这一珍贵文物得以保存至今。详见1921年谱中按语。

同治十三年(1874),清政府派出唐绍仪等三十名幼童赴美留学。黄兴、狄楼海生。

光绪元年(1875),同治帝死,改元光绪,慈安、慈禧两宫垂帘听政。

光绪二年(1876),直隶、河南、山西出现旱象。刘成禺、赵炳麟生。

## 1877年至1878年(清光绪三年丁丑至光绪四年戊寅)六岁至七岁

光绪三年丁丑(1877),山西大旱。

6月,因病刚被"开缺"的山西巡抚鲍源深开仓赈灾,上奏灾情。《光绪朝东华录》:

鲍源深奏:晋省向称财富之区,实则民无恒业。……本年入春后,迄未透雨。省北地气较寒,布种少迟,人心尚不十分忧急。省南地气甚暖,向以秋后种麦。刻值青苗长发之际,出土仅一二寸许,已就枯槁。眼见收成难望,人心咸切惊慌。以目前荒状而论,太原、汾州、平阳、霍、隰为最甚;蒲、解、绛稍次之。自冬及春,各该地方官倡捐抚恤,并劝谕殷实,各就村邻互相赈贷。原冀春雨依时,可接麦熟。讵意亢旱日久,官民捐赈,力均不支,到处灾黎,哀鸿遍野。始则卖儿鬻女以延活,继则挖草根、剥树皮以度餐。树皮既尽,亢久野草亦不复生。甚至研石成粉,和土成丸。饥饿至此,何以成活。是以道旁倒毙,无日无之,惨目伤心,无言欲涕。……臣虽病躯,蒙恩开缺,行即交卸,而目击民生疾苦情形如此,何敢稍存漠视,不亟求拯救之方!……合先将现在迫不及待开仓赈济情形,谨专折具奏报闻。①

按:鲍源深(1811—1884),字华潭,号穆堂,安徽省和县人,道光二十七年(1847)探花,同治十年(1871)任山西巡抚。鲍源深上这份奏折时,刚刚因身体原因被朝廷"开缺",新任巡抚曾国荃尚未到任。这份奏折写于丁丑四月(6月),奏报中荒状最甚者之一的"霍"即霍州,辖赵城、灵石二县(据张纪仲《山西历史政区地理》)。

**赵城县樊村八甲户家簿《记光绪三年之大荒旱》:**

赵城前半年天未落雨,不能种秋,"及秋颗粒未收,麦籽未种,更兼瘟疫流行"②。

6月,曾国荃到任山西巡抚。
7月,光绪帝御批鲍源深、曾国荃的上奏。《光绪朝东华录》:

---

① [清]朱寿朋编《光绪朝东华录》(第一册),张静庐等校点,中华书局,1958年,第61页。
② 转引自郝平:《丁戊奇荒——光绪初年山西灾荒与救济研究》,北京大学出版社,2012年,第22页。

谕。前因山西灾歉情形,经前任巡抚鲍源深奏闻,当经准照所请开仓赈济。曾国荃到任后,复谕令妥筹抚恤。兹据奏称:该省"上年秋稼未登,春夏又复亢旱,秋苗未能播种。各属自开仓放赈,饥民就食者多,仓谷不敷,亟须筹款赈济"等语。览奏情形,殊殷轸念,加恩著照所请。即将该省本年应解京饷划留银二十万两,由曾国荃饬属采买粮米,派员查明各府州署被灾轻重,分别赈恤。仍督饬该地方官认真妥办,务期实惠均沾,毋任一夫失所。①

本年,阎敬铭受命担任赈务大臣,到山西稽查赈灾。

光绪四年戊寅(1878),山西持续大旱。阎敬铭驻节运城,稽查赈务,聘蒲州府教授、居家丁继母忧的赵城人张铁生掌书记之责。赵城知县刘祥瀚因办理赈务,积劳殉职。曾国荃奏报朝廷,将刘祥瀚等救灾殉职官员入祀名宦祠。张瑞玑姑丈王海林因赈灾有功,曾国荃颁赠"义气干云"匾,又保荐另一位赈灾有功者、张瑞玑表伯史禹庭为六品衔。

约光绪丁戊间,开蒙读书。张小衡《先君事略》:

(府君)读书多颖悟,初学为文,下笔顷刻数百言,多奇语。邑老宿皆惊异之,自以为不及也。

---

① [清]朱寿朋编《光绪朝东华录》(第一册),张静庐等校点,中华书局,1958年,第72页。

## 1879年至1883年(清光绪五年己卯至光绪九年癸未)
## 八岁至十二岁

光绪五年(1879),于右任、田桐(梓琴)、沈铭昌生。

光绪六年(1880),吴禄贞、贾景德生。

光绪七年(1881),温寿泉、景耀月、郭希仁、郭象升生。

光绪八年(1882),景梅九、李亮工、刘守中、曹印侯、李述膺生。

光绪九年(1883),阎锡山生。

## 1884年(清光绪十年甲申)十三岁

与刘氏夫人结婚。张小衡《先君事略》:

> 府君年十三,吾母刘太夫人来归。

## 是年

《山西通志》副总纂、三晋名儒张铁生病逝,归葬赵城。

## 1885年至1887年(清光绪十一年乙酉至光绪十三年丁亥)
## 十四岁至十六岁

光绪十一年(1885),陈树藩、孙奂仑、王录勋生。

光绪十三年（1887），《山西通志》总纂、三晋大儒洪洞王轩病逝。

## 1888年（清光绪十四年戊子）十七岁

父灿六公病逝。

《先妣王太夫人墓志铭》："先君殁后，家益落。"

张瑞玑同胞兄弟五人。同父异母的长兄瑞璜（字渭玉）比他大十八岁，年少失恃，瑞玑母亲王太夫人视瑞璜如己出。瑞璜平时为人庄重，不苟言笑，喜欢《周易》和老庄之学，性情淡泊，绝意仕进。三弟瑞琅，四弟瑞琦，五弟瑞玭。

张瑞玑在叔伯兄弟中行五，人称"张五"。

约本年，在简城书院读书，儒学教授中有一位韩垌先生。

按：韩垌，字次郊，洪洞人，光绪戊子（1888）科举人。其《留别简城书院四首》云："水抱山环简子城，一堂弦诵集时英。""敢诩谈经崇实学，相期励志戒虚声。"[①]崇实学、戒虚声的师教影响了张瑞玑一生。韩垌后任祁县、岚县教谕，太原府教授。纂有《洪洞县志》《韩斋述闻》等。

## 是年

康有为奏请改革国政。

---

[①]孙奂仑修、韩垌纂：《洪洞县志》卷十七，洪洞县志编纂委员会，张青点校，2003年。

## 1889年(清光绪十五年己丑)十八岁

父亲去世后,与诸弟在长兄瑞璜的呵护督导下,刻苦自励,一心向学。《先兄张渭玉墓志铭》:

> (瑞璜)督诸弟环案而读,讲授经史,间举汉宋学说证明其义。瑞玑于学问稍窥门径,自兄始也。

《祭先兄渭玉文》:

> 玑年十八,放纵疏狂,才无绳墨,口有雌黄。
> 兄为裁抑,纳之轨道,如调飞驹,如笼飞鹞。

其后二十多年,瑞璜以一人之力,担起家中万事之艰。母亲王太夫人命瑞琅协助瑞璜料理家事。

按:据《先妣王太夫人墓志铭》,有一年到了年关,催债者上门环逼。情急之下,瑞琅向某富商借高利贷十五串铜钱,贷方勒要利息奇高,逼瑞琅立下字据,以张家财产作抵押。瑞琅回家哭诉,母亲王太夫人笑着说:"这有什么可计较的。等将来你们兄弟的日子宽裕了,也知道穷苦人家的艰难啊!"

子尔公(字小衡,亦作筱衡)生。

## 1890年至1893年(清光绪十六年庚寅至十九年癸巳)
## 十九岁至二十二岁

光绪十六年(1890),张之洞创办汉阳铁厂。

光绪十七年(1891),康有为刊行《新学伪经考》《孔子托古改制考》,为其变法思想建立理论根据。

光绪十八年(1892),清廷重修颐和园成。胡景翼生。

光绪十九年(1893),张之洞在湖北设自强学堂。孙中山以"驱除鞑虏,恢复华夏"为宗旨,首次倡议组织团体。

## 1894年(清光绪二十年甲午)二十三岁

秋,以廪生赴太原参加光绪甲午科乡试。

《仇吉人先生暨德配张夫人合葬墓志铭》:

> 光绪甲午,瑞玑赴试太原,遇曲沃仇吉人先生于秋闱。题纸未下,两人坐风檐下,煮酒纵谈文艺,相得甚。闱后彼此相访不值,然心仪其人未尝忘也。

与舅表弟王泽闿同榜中举,张瑞玑第十王名,王泽闿第五十二名。

《先妣王太夫人墓志铭》:

> 时两人皆弱冠,榜发归,顾自得。先妣曰:"汝祖及父以笃学能

文,落拓终身。今不学而幸获,吾为汝愧死矣!"言已而泣。瑞玑亦惭泣不已。

按:据《光绪二十年甲午科山西乡试同年全录》(湖南省图书馆藏):赵城籍同榜有王人鑑(第三十八名)、刘拱璧(第四十一名)、许柄(第四十六名)、史官箴(第六十四名);洪洞籍同榜有柴如祯(第四十七名)、刘钟英(第四十九名)。同榜中后来与张瑞玑交往密切的有乡宁吴庚①(第三十名)、浑源田应璜(第四十五名)。

冬,作《二十三岁小像自赞》,末云:

身猜明月,神想秋霞,闲中敲韵,静里不哗。
一囊诗卷,一盏茗茶,清风扫院,巾氅横斜。

# 是年

中日甲午战争爆发。孙中山在檀香山创立兴中会。吴宓生。

---

① 吴庚(1870—1917),字少兰,山西乡宁县人,与张瑞玑为同榜举人、同科进士,又一同以即用知县分发陕西。出宰临潼四年。辛亥革命前弃官归里,与赵圻年簪发作道士装束,自号空山人。擅书法,篆籀汉隶得杨秋湄真传。文有奇气,雄健排奡,陕西布政使樊增祥称张瑞玑和吴庚"文为一时瑜亮"。

## 1895年（清光绪二十一年乙未）二十四岁

约本年，女儿韵兰生。

作《二十四岁小像自赞》：

> 汝将欲隐耶？而汝素无其癖。汝将欲仕耶？而汝不遇其时。知汝者，目汝为狂；不知汝者，笑汝为痴。女行汝去，不合时宜；其穷与达，固当听人为之矣。

**是年**

中日签订《马关条约》。康有为发动"公车上书"。孙中山在香港设立兴中会总部。康有为、梁启超在上海成立强学会，创办《强学报》。

## 1896年至1897年（光绪二十二年丙申至二十三年丁酉）二十五岁至二十六岁

光绪二十二年（1896），慈禧太后下令封闭强学会。梁启超等在上海创办《时务报》，鼓吹维新变法。

光绪二十三年（1897），谭嗣同、唐才常在长沙开办湖南时务学堂。英商福公司成立，开始攫取河南、山西矿权。俄国军舰侵入旅顺，强占旅顺、大连地区。

## 1898年（清光绪二十四年戊戌）二十七岁

4月，光绪帝下诏定国是，决定变法维新。

8月，慈禧太后再出训政，幽禁光绪帝于瀛台。"百日维新"告终。

9月，"戊戌六君子"在菜市口被杀。

按：唐德刚《从晚清到民国》书中说，六君子中谭嗣同"最有殉道精神"，"是一位无私的爱国者，一位真君子，中华民族的好男儿。"接着写道："杨深秀（1849—1898）也是一位守正不阿、轻生重义的豪杰御史。他虽然也是维新派，但是在政变已成事实，西太后正式'训政'，皇帝被幽，举朝战栗之时，他本可闭口免死。但他偏要挺身而出，诘问光绪被黜之故，并抗疏坚请慈禧归政，以致被捕就义。我们试查明、清两朝千百个御史和后来专打苍蝇、穷拍马屁的所谓监察官员中，有几个杨深秀呢？孙中山就是看重像杨御史这种言官，才坚持要搞'五权'宪法呢！"①

张瑞玑亲赴菜市口，为杨深秀敛尸，周恤烈士遗孤。②

## 是年

清廷改各省省会书院为高等学堂，府城书院为中学堂，州县书院为小学堂。严复所译《天演论》木刻本印行。

---

①唐德刚：《从晚清到民国》，中国文史出版社，2015年，第199—200页。
②详见1911年谱中引录的温世霖《昆仑旅行日记》。

## 1899年（清光绪二十五年己亥）二十八岁

秋，与刘盥训（字孚若）、刘绵训（字翼若）兄弟订交。
《刘选之先生墓志铭》：

> 戊戌以来，山右言人才者，韩岭以南，首推猗氏，猗氏以刘孚若昆季为巨擘。孚若为选之先生嗣子，与其弟翼若皆受教于先生。两人年弱冠，以文章气节倾一时。岁己亥秋，孚若偕翼若自太原归里，过赵城，与贾雨生同访瑞玑。烹茶夜谈，瑞玑始得与孚若昆季交。

按：猗氏县今为临猗县。民国二年（1913），张瑞玑当选为第一届国会参议院议员，刘盥训当选众议院议员，《刘盥训日记》（未刊稿）多有与张瑞玑交往的记载。刘绵训后留学日本，加入同盟会，曾任《晋阳公报》主笔、京师大学堂图书馆馆长、山西都督府秘书厅厅长。

## 是年

康有为创立保皇会。

## 1900年(清光绪二十六年庚子)二十九岁

假馆于平阳。
《禹庭史公暨德配贾安人合葬墓志铭》：

> 表伯禹庭公之殁也,时瑞玑假馆于平阳。逾两月,表兄慎轩持公行状走平阳,丐瑞玑为文以志墓焉。且并述公之遗命曰:"非瑞玑不可铭也。"

按:史禹庭殁于光绪二十六年正月十三日(1900年2月12日)。十一年后的辛亥冬,卢永祥部南下焚掠,张瑞玑奉母避居罗云山,住在表兄史慎轩家里。

约本年,与景梅九交识。
景梅九《罪案》：

> 衡玉是庚子后我在北京交识的朋友,长我十岁,善饮酒,能诗文。

## 是年

直隶总督荣禄命樊增祥回西安,做迎銮准备。八国联军进犯北京。两宫出逃,经赵城、洪洞南下,到达西安。

## 1901年(清光绪二十七年辛丑)三十岁

任平河书院山长。张小衡《先君事略》:

辛丑,任平河书院山长。经史子集外,兼示以新学门径,故所成就者尤众。今山西大学校长王君幼宸即彼时学子也。

按:平河书院后改为平河中学堂,张瑞玑先称山长,后称平河中学堂监督。临汾县旧称平阳县、平河县。王录勋(1885—1960),字猷辰,亦作幼宸,山西省临汾县(今临汾市尧都区)人。他从平河书院考入山西大学堂预科(理科),1907年为清末山西第一批官派留英学生,获伦敦大学工程科博士学位。归国后,担任山西大学校工科第一任学长;1913年教育部举行全国留学生考试,获工科第一名;1918年至1937年担任山西大学校长二十年之久,是山大百年校史上主政时间最长的一位校长。著有《山西省汾河水域的勘测及水利资源》等。张瑞玑逝世后,王录勋到谁园吊唁,挽词为"天丧斯文",上款"衡玉张老夫子大人千古",下款"受业王录勋鞠躬敬挽"。另,落款"愚眷晚傅敏中"者挽:"尧郡施教至今桃李被惠泽;秦封敷政到处棠黍普讴歌。"上联所说便是谱主在平河书院时的教泽。

约本年仲春,乡试同年吴庚来访。

按:这次来访,吴庚作七古《赠张衡玉》。诗句有:"浩歌一发天色紫,二月汾河起秋水。""我入鄂山友草莱,君来平水师桃李。""我来绛帐听说经,入座一笑春风似。"他称赞张瑞玑:"鲸鱼海浪豫章风,磊落奇才古如此。不知谁是眼中人,十年作赋张平子。"诗中还忆及当年二人相偕游长安的往事:"忆昔同上长安游,少年文酒谈心旨。秀墅亭畔生奇风,篆竹开花干如纸。与君一言击唾壶,斗室雷鸣通四耳。纷纷余子何足云,目笑存之应尔尔。"①

吴庚还对张瑞玑说:"河汾门下"的盛况已经消失得很久了,"愿君风雅倡一宗,手辟龙门纳赤鲤",因为"文昌本来属张氏"嘛。②

按:隋末唐初大儒王通(即文中子),在家乡绛州河汾(今万荣县通化镇)设馆教学,远近来此求学者一千多人,据传房玄龄、魏徵、李靖、温大雅等都是他的门人。后人称这一盛况为"河汾门下"。

在平河书院,与平阳府学教授刘选之③朝夕过从。

《刘选之先生墓志铭》:

> 辛丑,瑞玑承乏平河中学堂,时先生为平阳府学教授,朝夕过从。先生年长瑞玑一倍,瑞玑以后辈礼相见。读书有疑难,辄走决于先生。先生于书无不读,其为学以践实为主,不拘拘汉宋门户。其言曰:"汉儒近诬,宋儒近腐,明儒近枯,我取精华而弃糟粕,道在是乎?"

## 是年

清廷正式下诏变法,开始筹办"新政"。废八股文。樊增祥擢升为陕西按察使、署理陕西布政使。袁世凯任直隶总督兼北洋大臣。慈禧、光绪回到北京。

---

①②吴庚:《空山人遗稿》卷三,赵圻年辑,1917年,第34页。
③刘选之是刘盥训、刘绵训的伯父,刘盥训为其嗣子。

## 1902年(清光绪二十八年壬寅)三十一岁

仍任平河中学堂监督。

10月10日(重阳节),平阳府学教授刘选之邀饮,谈论世风和学风。《刘选之先生墓志铭》:

> 壬寅重阳日,先生招饮于学舍。酒酣,座客谈及风气变迁之故,先生脱帽露顶,按箸而言曰:"风气不纯,学说误之也;不正学说,恐十年后不复知有孔孟矣!"言已,以箸击案作声,太息不已。座皆为欷歔。

## 是年

清廷颁发学堂章程。蔡元培、章炳麟等创立光复会。梁启超在日本创办《新民丛报》。山西大学堂创立。瑞典化学家、地质学家新常富任山西大学堂西斋教授。

## 1903年(清光绪二十九年癸卯)三十二岁

3月,赴河南开封参加癸卯科会试。

按:因庚子年北京贡院毁于八国联军,清廷决定"癸卯会试,权移河南贡院举行。"癸卯科正考官为体仁阁大学士孙家鼐,副考官为兵部尚书徐会沣、刑部尚书荣庆、吏部右侍郎张英麟。

董寿平伯父董麟赠送盘缠。

《张瑞玑诗文集·编印说明》：

> 董寿平老先生与先外祖父是世交，先外祖父赴京考试，系董老之伯父将其爱人首饰作为旅费，而我先堂舅父张尔达之爱人即董老之姐姐。董张两家既是世交，又是亲戚，交谊极深。①

4月5日，参加会试。

按：张瑞玑乡试同年、太原刘大鹏参加了癸卯科会试。据刘的日记，刘大鹏3月4日从太原动身，3月23日进入河南境，抵达开封的时间日记中未载。有两则日记记录了参考人数和考场情景：

"三月初八日〔4月5日〕山西来汴会试者二百二十九人，通共六千来人，误名不到者三百余名，申刻乃封门。"

"三月初十日〔4月7日〕巳刻，方才开门，交卷者纷纷领签而出，场门外接场者甚多，十分拥挤，有兵巡防，亦莫能逐之使远。"②

5月，会试揭榜，考中第三十二名贡士。

按：见《大公报》（天津版）载《癸卯科会试题名全录》（瀚堂近代报刊库）。另据范沛潍《清末癸卯甲辰科会试述论》，光绪癸卯科会试有重大变革："题目与以前迥异，改为第一场考中国政治史论五篇，第二场考各国政治艺学策五道，第三场考四书义二篇、五经义一篇，'凡《四书》《五经》，均不用八股文程式。'……第二场各国政治艺学策癸卯科题目为：'首题，泰

---

① 王作霖编注《张瑞玑诗文集》，油印本，1988年，第276页。
② 刘大鹏：《退想斋日记》，乔志强标注，山西人民出版社，1990年，第121页。

西最重游学,英大儒斯密氏所论游学之损益最切挚,应如何固其性质,限以年例,以期有益无损策。二题,日本学制改用西法,收效甚速,然改制之初,急求进境,不无躐等偏重之弊,东国名儒类能言之,取长舍短宜定宗旨策。三题,各国商会银行皆财政之大端,预算决算又合制用古法,然所以能行之故,必有本原,请参酌中国商贾情形,以期推行无阻策。四题,警察之法于政治关系极多,辅以宪兵尤足补警察所不及,试详言其典则事务以便仿行策。五题,工艺轮船铁路辅以兵力,各国遂以富强,其所以富强者,果持此数者欤?抑更有立国之本欤?观国者勿徒震其外,宜探其本原策。"①

6月19日(阴历五月二十四日),在保和殿参加殿试。

按:据《德宗实录》卷五百一六,光绪帝"策试天下贡士周蕴良等三百一十七人于保和殿"。策问要义是:"设官分职""明刑弼教""生财之道""环球交通","凡此四端,皆经国之大猷,保邦之要务也。多士学于古训,通于时事,其胪列见闻,详著于篇,朕将亲览焉。"

张瑞玑殿试策如下:

臣对:臣闻承平之世治国易,纷乱之世治国难;独立之国为政易,角力之国为政难。时局艰难之会,强邻窥伺之秋,所谓官职、刑法、财赋、商政诸大端,必措置悉当,而后可以图自立。然事必求本,理必探原,固不可急求速效也。钦惟皇帝陛下,以安民为心,以富国为怀,海岱不择壤流,进臣等于廷,而策之以设官、明刑、理财、通商诸政。臣愚昧寡学,不识政体,而一得半知,安敢不效刍荛之献乎!

---

①中国第一历史档案馆:《历史档案》,1993年第3期,第108页。

朝龍興遼藩人材如雲削平三藩用兵西域武布昭茶合今為烈其時文臣及詞林言官之選廣言不備美而將帥之垂續祈常者皆足以制外藏而不聞其為內患也今

陛下軫念時艱思得鎮遠之材但

仰承

諭而國威自振矣

制策又以明刑弼教為經世大政而因求歷代律令以參考東西各國法學之異同臣惟虞舜象刑周官三典漢董仲舒作春秋決獄陳寵劉校律令條法溫於甫刑者除之應劭刪定律令為漢儀至於唐律則仍隨舊代高宗詔漢律疏其要可得而舉也臣孚之張聚注律表上之謂上理不精其極其妙宋神宗設律學司馬光謂為士者果能知道自與法律睥此真探本窮原之論也今東西各國若英若法若美若德若意若俄至日本法律之學皆各設專科其法若美若德若意若俄至日本法律之學皆各設專科其大旨雖不能盡合乎古而其中亦不無可取焉要之刑法者天下之公理也刑法公則天下之是非明而人心定刑法不公則天下無是非而人心亦從可矢合隱代之律者義國趙公例人人之公理不易之經也若私法則出於強國不可言法矣使臣四集商人廣來亦應有一定之律以治之而輕治之權或屬之人或屬之地各必一是者何也蓋東西之律末通而萬國之法或有內也若夫商律尤西人所之至加意者利之所在屬克者屬其墊中絕者申其野故能首貫賣與橫絕四海今當釜法之始舉其要關財政外繁邦計民生皆消息之所不獨務在減出口稅加入口稅則工藝之業亦藉此以勤不惟此也稅及商兩象合以中例則商稼必日興矣不惟此也稅及商振之為仁政也之四者吏治民生國用邦交骨條為命

皇上再以天地之仁行日月之明立官無方而必任賢明利有典而必如慎財用開其源交沙顏棠大教後海隅蒼生熙熙然康莊高初視書曰任官惟賢左有惟人又曰總敷五教莅寬中庸曰來百工則財用足垂遠人則四方歸之義

國家萬年有道之墓其庄乎臣末學新進固應忌諱千冒宸嚴不勝戰慄隕越之至臣謹對

三甲第一百三十一名

應殿試舉人臣張瑞璣係年叁拾歲山西霍州趙城縣人由廩生應
光緒貳拾年鄉試中式由舉人應光緒貳拾玖年會試中式今應
殿試謹將三代腳色開具於後
一三代
曾祖行簡 祖登任 父玉

殿試策

應殿試舉人臣張瑞璣對

臣聞承平之世治國易紛亂之世治國難獨立之國
為政易角力之國為政難時局艱難之會強鄰覬何之秋
所謂吏治刑法財賦商政諸大端必措置悉當而後可以
圖自立然事必求本理必探原固不可急求速效也僉惟
皇帝陛下以安民為心以富國為懷海內不摧瑾流進臣等於
廷而策之以設官明刑理財通商語政臣懇眛譾學不識政
體而一得不效具竟之獻乎臣伏誦
宗寰皇帝聖訓諸進士試卷皆詞章記誦之常談所言止於儀
文末節而已非禮義廉恥之大者也具後
宗純皇帝訓讀卷大臣偏重書法又有取擇適中之
故其時文資武畧稱咸治焉盍治在乎人在乎得人而理此誠否往
之龜鑑也奉古為常懍遵大難初定之際荀得人而理此誠否往
陛下疇咨詢求不拘常格求治之心深且切矣想多士濟濟之
中豈無育坐言起行以救時難者乎伏讀
制策有曰設官分職為同官致治之本原而因求民盛代官職
益之故故周制公卿兼家宰六官以外無卿名漢置九卿漸改
古制朱子嘗曰官其實住可謂至重矣至於
漢代其制度始更古者六官以統百官百官以統其所職職以
職然左傳國語所載詢采秦宏亦常離乎諫諍也盖九
違補闕收以益良非淺鮮乎宋王安石謂非先王以賞治戰
之意理豈然乎唐初設翰林其制極詳至開元之中而學
士之名始起至於後世選用之重翰之司所在古籍尚可考
也至於藩鎮之強然為唐患而守綱謂宋之邊患由無藩

臣伏诵世宗宪皇帝圣训："诸进士试卷，皆词章记诵之常谈，所言止于仪文末节而已，非礼义廉耻之大者也。"其后，高宗纯皇帝知读卷大臣偏重书法，又有"取择适中"之谕。故其时文智武略称盛焉。盖为治在乎得人，而得人在乎试言，于古为然。值此大难初定之际，苟得人而理此，诚否往泰来之一大运会也。今陛下畴咨询采，不拘常格，求治之心深且切矣。想多士济济之中，岂无有坐言起行，以救时艰者乎？

伏读制策，有曰设官分职，为《周官》致治之本原，而因求历代官职损益之故。周制，公孤兼冢宰，统百官，其任可谓至重矣。至于汉代，其制度始更。古者六官以外无卿名，汉置九卿，渐改古制，朱子尝深讥之，盖谓其徒多劳扰也。三代无谏官之职，然《左传》《国语》所载，询采綦宏，亦未尝离乎诤谏也。盖拾遗补缺，收益良非浅鲜。乃宋王安石谓非先王以贵治贱之意，理岂然乎？唐初设翰林，其制极详，至开元之中，而学士之名始起。至于后世选用，益重职司所在，古职尚可考也。至于藩镇之强，终为唐患，而李纲谓宋之边患由无藩镇，此亦盖有至理也。藩镇之设，唐所以镇边夷也，惟藩镇强，故终唐之世不闻外患。至藩镇骄，而唐又无法以制之，乃不得不制唐矣。宋之世不闻有将帅跋扈之虞，而武略不讲镇边之材，此宋之所以受制于夷也。要之，藩镇不强，则不足以制外；藩镇强而不能制，则势必至于制内，是在善为驭之耳。我朝龙兴辽沈，人材如云，削平三藩，用兵西域，圣武布昭，于今为烈。其时文臣武将及词林言官之选，莫不备矣。而将帅之垂绩旗常者，皆足以制外敌，而不闻其为内患也。今陛下轸念时艰，思得镇边之材，但仰承祖制，而国威自振矣。

制策又以明刑弼教为经世大政，而因求历代律令，以参考东西各国法学之异同。臣惟虞舜象刑，《周官》三典，汉董仲舒作《春秋决狱》，陈宠钩校律令条法，溢于《甫刑》者除之。应劭删定律令为《汉仪》,至于《唐律》则仍隋旧也。高宗诏撰律疏,其要可得而举也。晋之张棐注律表,上之谓上理不精,莫极其妙。宋神宗设律学,司马光谓为士者果能知道,自与法律暗合,此真挈本穷原之论也。今者东西各国,若英、若法、若美、若德、若意、若俄、若日本,法律之学皆各设专科,其大旨虽不能尽合乎古,而其中亦不无可取焉。要之,刑法者天下之公理也,刑法公则天下之是非明而人心定,刑法不公,则天下无是非,而人心亦从可知矣。合历代之律者,万国之公例,人人之公理,不易之经也,若私法则出于强国,不可言沄矣。使臣四集,商人麇来,亦应有一定之律以治之。而辖治之权或属之人,或属之地,各歧一是者,何也?盖东西之律未通,而万国之法或有内外也。若夫商律,尤西人所亟亟加意者,利之所在,膺充者严其禁,中饱者申其罚,故能商贾云兴,横绝四海。今当变法之始,采其意而参合以中例,则商务必日兴矣。不惟此也,税务一宗,内关财政,外系邦交,国计民生皆视此为消息。其利在减出口税,加入口税,则工艺之业亦借此以劝,不独惠及商旅之为仁政也。之四者:吏治、民生、国用、邦交,皆依为命。皇上再以天地之仁,行日月之明。立官无方,而必任贤;明刑有典,而必知慎。财用开其源,交涉顾其大,然后海隅苍生熙熙然康乐而和亲。书曰:"任官惟贤,左右惟人。"又曰:"敬敷五教在宽。"《中庸》曰:"来百工则财用足,柔远人则四方归之。"我国家万年有道之基,其在此乎?臣末学新进,罔识忌讳,干冒宸严,不胜战栗陨越之至!

　　臣谨对。①

殿试后,张瑞玑中三甲第一百三十一名进士。与新科进士觐见光绪

---

①据美国加州大学洛杉矶分校东亚图书馆藏殿试策,卷首注明"三甲第一百三十一名",标签为:NO 210,YEAR 1903,NAME　ZHANG RUI-JI(张瑞玑)。

帝。奉旨到吏部掣签,以即用知县分发陕西。

按:癸卯科山西赴开封参加会试的二百二十九人中,金榜题名者只有十一人。某年编著者因事赴京,乘便到文庙,在漫漶不清的第六十二通进士题名碑上,依稀辨认出"张瑞玑山西赵城县人"的字样。与张瑞玑一同以即用知县分发陕西的,还有乡宁县吴庚(字少兰,后任临潼知县)、怀仁县马晋(字康侯,后任三原知县)。即用知县也称榜下知县,遇缺即可补用。其余八人,在山西近代史上声望颇著的有三位:万泉县(今万荣县)解荣辂,授翰林院庶吉士,后赴日本留学加入同盟会,归国后任山西大学堂监督、山西教育司司长;猗氏县(今临猗县)狄楼海,授刑部主事,后赴日本留学加入同盟会,与柳亚子等发起组织"南社",当选第一届国会众议院议员;榆次县常麟书,授户部主事,后辞职回乡,创办山西省第一所私立新式学校——榆次车辋常氏笃初小学堂,不久又增设女部,创山西开办女校先例。其他五位是武乡县李华炳、稷山县薛登道、猗氏县(今临猗县)荆育瓒、崞县(今原平市)曹佐武、夏县杨克烈。

同榜进士中,状元王寿彭后任山东教育厅长、为山东大学首任校长;胡嗣瑗任直隶督军公署秘书长、伪满洲国执政府秘书处长等职;陈叔通任上海商务印书馆董事、全国工商联主任委员、全国人大常委会副委员长;叶景葵为中国首位银行董事长(浙江兴业银行董事长);曾熙主讲衡阳石鼓书院,为书画巨擘,与李瑞清、沈曾植、吴昌硕并称"民初四家"。

张瑞玑与吴庚年少相识,同榜中举,又同科进士,以即用知县分发陕西。两家相处更为亲密。

《吴太夫人墓志铭》:

> 与瑞玑少相习、长相交,以文章道义相切磋者,惟乡宁吴少兰。两人亲昵如昆季,两家眷属往来如娣姒。家母之视少兰,吴太夫人之

视瑞玑,亦各如其子。瑞玑与少兰同官秦中,一二日不见必至访。见必畅谈,谈有不合必辩,辩愈烈声亦愈高。太夫人笑而解之,命婢妪备饮馔,两人对啖且谈,家人环视匿笑,声格格然。啖已,尽欢而散。家母王太夫人亦月必数至,至必经宿,漏三四下,婢媪辈咸倚辟盹睡,两老人挑灯絮絮话家常不已。以故两家盐米细碎之事,无不互知。

赴陕西前,长兄瑞璜"变产助装"。过平阳,与平阳府学教授刘选之道别。

《刘选之先生墓志铭》:

> 癸卯,瑞玑将之秦,过平阳别先生。先生以《佐治药言》一册持赠,步行之南郭,握手而别。

按:清乾隆时浙江萧山人汪辉祖因科场不利,辗转十几个州县做刑名师爷,历三十多年,写成《佐治药言》。此书当时即受到重视,一代文宗阮元为之作序,后世地方官员颇推重。

12月,樊增祥[1]再次接任陕西按察使职,并署理布政使。

冬,一场大雪。张瑞玑画一幅墨梅,遥寄代州张友桐(字晓琴)。

---

[1]樊增祥(1846—1931),字嘉父,号云门,别署樊山,湖北恩施县人,晚清著名诗人。曾任陕西省宜川、富平、长安、咸宁、渭南等县令。1899年以道员入直隶总督荣禄幕府,庚子年"献书府主,潜效西巡,愿效前驱"。荣禄派其回西安,入陕西布政使端方幕府,协作迎銮准备。两宫驻跸西安后,任"行在"政务处提调。1901年7月任陕西按察使,10月署理陕西布政使。1903年交卸陕西按察使印篆,11月朝命仍任陕西按察使,并署理布政使。布政使(藩台)管民政、财政、考核官员等,按察使(臬台)管司法、监察等。他是张瑞玑在陕西的文章知己,官场贵德。

按:题五古《画梅寄晓琴》,诗句有:"兴来画梅花,纷纷落墨雨。""恐落寻常格,不敢捡梅谱。""悬之壁上观,愈怪愈媚妩。"

张友桐作五古《衡玉惠画梅谢之衡玉时官陕西》:

故人动高致,气逸无常格。乞梅画一枝,胜于千金璧。花香不空媚,干老不空瘠。韵奇墨亦奇,乃是玉壶液。洒之胸臆间,孤山入在席。不随陇使来,遽空堕飞帛。辗转故人意,恐被俗尘隔。水鹤知我心,冰雪缅君迹。漱读枝间诗,一字香一摘。①

## 是年

袁世凯编练新式陆军。章炳麟因《苏报》案被捕入狱。黄兴、宋教仁等组织华兴会。

## 1904年(清光绪三十年甲辰)三十三岁

3月,姑丈王海林去世。

作《海林姑丈大人墓志铭》:

岁甲辰,姑丈王海林广文以疾殁于家。时瑞玑宦游秦,表兄敬亭述公行状函致关中,乞为文以志墓焉。瑞玑曰:吾闻不朽有三,德为

---

①张友桐:《西陉草堂集》卷五,1934年。

首,言与功次之。公少有远志,不屑以词章著述争名于世。及其老也,又仅以寒官冷职终其身。公固不以言与功自见,然而其德可传也。

4月18日(阴历三月二日),小雨。张瑞玑与一同分发到陕西的吴庚、马康侯等四十人入课吏馆学习。学员中还有后来成为报界巨子的张季鸾。

按:清末重视开启民智和官智,各省专设课吏馆培训地方官员。陕西课吏馆由布政司掌管,馆中设有中日教习。樊增祥《三月初二日送需次诸君入课吏馆,赋呈严廉访及分教程戟传太守、扬和甫刺史、李少愚、陈焕阶两大令》①,记载了当日情形:"嘉辰送君入,宴坐雨中久。东西列斋舍,南北开户牖。贤人刚四十,一一识谁某。升堂致吉语,禄薄意良厚。上为国桢干,下为民父母。"

约6月间,课吏馆围绕日俄之战考核学员。题目由布政使(藩宪)樊增祥自拟:

问:日本于本年五月朔,占据旅顺,俄兵屡受大创,金复海盖尽为日有。俄本大邦,日为新造,而竟大不敌小,何欤?俄皇电谕古鲁伯金不得退过辽阳。夫九连凤凰、金复海、盖大连、旅顺皆不守,独能坚守辽阳欤?俄发后备军三十万来东,俄皇拟身自督战。自去腊开战以来,俄兵号称五六十万,内有可萨克兵,号为选锋,而竟丧失至此。后备各军视常备不逮矣,视可萨克尤不逮矣,俄皇自来果能转败为功欤?俄兵倾国而出,设乱党乘机窃发,将何以待之欤?屡败不已,终有结局能言其究竟欤?日本仗义执言,自谓不贪土地,然奉天各城邑

---

①《樊樊山诗集》,上海古籍出版社,2004年,第1202页。

昔为俄踞,今为日得,我仍不能自有。则所谓局外中立者,不适以自弃其地欤?将来日俄罢战,日纵以东三省归我,仍必取偿于他省,其与沦陷于俄有以异欤?俄拒日不足,欺我则有余,若议和于日,必泄愤于我。天山南北不其危欤?为我计者,佥谓及其构兵未已,亟图练兵自强。比其罢战,我有御侮之师,则各国有所惮而不敢发。斯言是矣,然糜饷练兵三十余年,曾不能一战而欲收效于数月之间,果可自信欤?英兵入藏,法兵在龙州,德之铁路已达济南,群雄虎视,一旦日俄罢战,其究竟若何欤?夫东事之结局,有识者可逆睹而知。彼战既终,我患伊始,尤切肤之痛也。诸君子试详言之。

张瑞玑作两千余字的长文,首次被樊增祥评为"超等第一名"。此文刊登于《秦中官报》,署名"藩宪月课超等第一名张瑞玑"。兹据原刊全录如下:

  大盗劫人,人将延颈帖耳而待之,一盗出而争其利,则两盗相持,而遇盗者可以缓其害。相持不决,至于劫人之盗亦终为盗劫,则以盗制盗,而遇盗者更可以快其心。然而劫我者,盗也,利我之利者也;劫盗者亦盗也,利盗正以利我也。吾安知劫我之盗遂不敢于复为盗,且安知劫盗之盗终不至于为我盗。推其究竟,势必至劫我者挟怨以相仇,劫盗者挟恩以相胁。一盗之害未除,而两盗之害叠至也。况复群盗之环伺其旁者,皆将俟两盗分利之余,染其指而饱其欲,则甚矣。倚盗御盗者之可危也。

  今日者,俄人之占据旅奉,劫人之大盗也。日本之出师相抗,两盗之争利也。中国臣民守中立之公约,而日祝东京之捷音,倚盗御盗之故技也。夫以缓急论之,则可以使日胜也,必不可以使俄胜。以恩怨论之,则愿其使俄败也,必不愿其使日败。然试问日胜之后,辽阳数千里之舆地归中乎？归东乎？归于中，则何以酬日本？何以待俄国乎？归于东，则俄不能再索边疆，英法德能不各据地界乎？穷其终极，吾恐局外中立之说，有不可以自谈而自保者矣。

  吾闻日本旅顺之捷，窃权其两国胜负之机，以定吾中国安危之局，而为之统筹其事焉。夫以国言之，则崛起之日本不足当雄鸷之俄国也。以君言之，则明治数十年之新业，不足当夫大彼得数世之旧规也。以地言之，则旅顺一口守易而攻难。金复数州，客劳而主逸也。俄之胜日，意其可操左券矣。而乃战辄败，败辄走。歼其名将，失其险要，军力不振，国威顿失，此何说也？天下事，胜人者以志，夺人者以气，懦夫轻身则勇者退步，愚民致命则豪族失威。志与气不可挫，则势与力无所恃也。俄之经营远东也，将不利于中国也，而日本则同受其害焉。辽东者，中国之根本，日本之唇齿也。俄规东亚必先得辽东，俄得辽东必先亡日本，日本虑其国之将亡也，不得不出于战。不战必亡，战而不胜亦必亡。故国人同声疾呼，有不敢不战之情，有不可一败之虞，有不能不胜之势，而日本之士气遂驾俄人而上之矣。俄睹其强大之力，俯视地球，初以为日本之必不敢出于战也，及日本敢战，而俄之志亦沮矣，故议和议战，各相水火。乱党诽谤，政府龃龉，然犹谓日本之不能取胜也。及日本一战而胜，而俄之气更馁矣。旅顺险地也，而不能守，则辽阳诸境勿论矣。可萨克精兵也，而不能战，则后备诸军勿论矣。马考洛夫名将也，而不能自保，则古鲁伯金勿论矣。常备军五六十万至多也，而不可御敌，则三十万勿论矣。而犹曰不得退过辽阳也，是盗至庭户，责守者以抱筲，病入膏肓，谕医者以保命。其不能守可知也。而犹曰发后备军三十万以来东也，是博者负气，罄囊而赌孤注之豪；斗者受伤，发愤而作自壮之语。其不能战可知也。而犹曰俄皇身自督战也，是数战屡坐，犹欲率江东之子弟；万乘一蹶，何以见故国之河山。其不敢出可知也。况乎革命之乱党方萌,土尔基之外患未熄,皆足以牵其势而分其力。苟空其内地而远事极边,一旦有变何以相顾?以俄皇之精敏英鸷,万不至如是卤莽也。吾所以知俄皇之必不轻出,而俄兵之不易取胜也。虽然,俄不能胜,我中国之祸可以缓。俄不胜而日胜,我中国之祸又将自此始。日能败俄也,而不足以亡俄,俄虽为日败也,而必不见屈于日。两雄相持,其势难止,地球各国必起而调停于其间。英与美,日党也,英又助日以敌俄。德与法,俄党也,德又助俄以敌日。一旦议和,英美袒日,将以利日,德法袒俄,将以利俄。两争其利,必两不相允。于两不相允之际,而求一各收利益之方,势必至推咎于中国,责偿于中国而后止。此事之可以预睹者也。虽日本之抗俄也,为保大局也,非为图辽阳也,不贪土地之言似为可据。然而俄据之,日取之,日非取之于我也。俄无端而据之,日仗义竭力而取之,日之取又胜于俄之取也。其取于我也,较俄为有辞,其取于俄也,较俄之取于我也为有理。取地于俄,则于我为无涉,为我驱俄,则于我为有功。几经艰险而得之,不甚郑重而弃之,无是情也。纵或好义而还之,而赔款偿地之所失,亦必不减于辽东之数。而所谓辽东之归还于我者,必至如英之于埃及,如俄之于波兰,名为归还,而财政赋税之把持侵夺者,初未尝稍为之纵。是还者未还,而失者又失也。况乎俄不能败日也,而未尝不能败我。我不御俄也,犹之乎不能御日。日恃其德,而日索我之偿,俄怀其仇,而日寻我之隙。我两背也不可以立,我一背而一从也,仍不可以立。我两从也,势必如以财偿盗,财未罄而盗不去;以肉饲虎,肉已尽而虎未厌。将见日俄之盟方定,而若英、若法、若德皆群起而作瓜分之计。不特日据闽中、俄据葱岭而已也。曰西藏,曰粤西,曰山东,不朝暮而悉登他人之版籍矣。

　　呜呼!今日各国之于中国,犹之众虎之踞孤豚也。垂涎其旁者,莫不各思一饱,而皆有所顾忌而不敢发。一旦发之,其势必决裂而不

瀚墨月鐫超等第一名張瑞璣

始尤切膚之痛也諸君子試群喻之

大盜劫人人將延頸帖耳而待之一盜出而爭其利則兩盜相持而遇盜者可以緩其害相持不決至於劫人之盜亦終爲盜劫則以盜制盜而遇盜者更可以恃其心終而我者盜也利我之利者也劫盜之盜者亦終爲盜也吾安知劫我者盜遂不敢於復爲盜且安知劫盜之盜終不至於爲我盜推其究竟勢必至劫我者挾怨以相仇劫盜者挾恩以相脅一盜之害未除而兩盜之事豐至也況復縱盜之環伺其旁者皆將侯兩盜分利之餘染其指而飽其欲則甚矣倚盜禦盜之事豐至也今日者俄人之佔據旅奉劫人之大盜也日本之出師相抗兩盜之爭利也中國臣民守中立之公約而日視東京之擅音倚盜禦盜之故技以緩論之期可以使日勝也必不可以使俄勝以恩怨論之則願其使俄敗也必不願其使日敗急試問日勝之後遼賜數千里之輿地歸中平歸東平歸於中則何以酬日本何以待我國平歸

秦中官報 藝文存畧

十八一課吏館選印

可中止,可不惧哉?为之计者曰,日俄之战不决,天子予我以自兴之时也。我欲自兴必先练兵,伺其不暇也而练之,待其将发也而用之,则我所恃而彼有所畏,此一举而成之时也。其言非不当也,然而日本之维新,法兰西之败,创其武备之收效也,皆在数十年之久。我中国武备学堂、水师学堂,及各边水陆之军营,其设之也极多,而其为时也亦极久,而不闻一备其用焉。今仓猝数月而遂欲期其成也,不亦难乎?窃以为今日之中国之急,莫急于固人心而联士气。人心既固,则强邻不敢环视。士气既联,则外夷不敢觊觎。人心士气无形之兵也,而时事危急之秋,足以济用兵之穷。是在转移风化者为之固结其间也。虽然,有无形之兵以固其基,又必得有形之兵以振其威,而后为太平长久之计。慎勿因练兵之效难收,而遂因噎而废食也。①

文后附有一篇张瑞玑代清廷外务部草拟的照会,题为《拟外务部复日本照会》:

> 为照覆事:案准贵大臣照开奉省一带,凡以兵力所得地面,中国既不愿管领,应由日特派大员管领等因。准此,查奉省地方版隶中国,主权尚未尽失,所有地方官员自将军都统以下,皆有守土之责,并无不愿管领之事。惟自俄人侵我主权,官多虚设,贵大臣所谓不愿管领者,殆即指此。然贵国因俄人之横,始兴义师,岂可反从而效之?贵国自宣战以来,布告列国,无不知贵国之为保利权,非为贪土地。今若派员管领,是显有贪图土地之渐,以贵国之仗义执言,其何以质天下。想贵大臣亦知其窒碍也,应请仍按敝国旧法,由敝国任官管理。宾主相安,似为两全之道,相应照复。为此合照会贵大臣,请烦

---

① 《秦中官报》,第21期,1904年。

查照施行。须至照会者。①

按:照会系佚文。前文是现存青年张瑞玑救国拯世的第一篇鸿文,视野宏阔,气势如虹。"谁园藏书"有《日俄战纪》一册,应购于此时。布政使樊增祥在文后批曰:"前段正譬兼行,中段权量悉当,后幅数大段则又无意不搜,无笔不转,文章取径纯从庄韩诸子得来。至于时事之是非,中外之得失,渊微洞达,指画详明,结语归重联士气、固人心,真所谓曲终奏雅,高抱群言者矣。照会婉而多风,词笔凝壮。推论情势较然明白。仪秦之舌,晁贾之笔。弟祥读。"

约7月间,课吏馆由按察使(臬宪)樊增祥出题,考核学员读《史记·货殖列传》的心得。

作《货殖传书后》,被评为"超等第二名",刊登于《秦中官报》,署名"臬宪月课超等第二名张瑞玑"。此篇为佚文,全录如下:

周官之经市平市,今日商政之权舆也。旦圭之权变决断,今日商学之源流也。管子之通货聚财,太公之海岱鱼盐,今日通商之肇端、商战之缘起也。举泰西各国之新政例,以中国数千年之陈规,皆莫不异辙而同轨。泰西之所谓商学,中国之学而已矣。中国自秦汉以来,商学久已不讲。故自班史以迄于今,历代志传未有言及货殖者。非尽不知也,贱商故也。别商之号,贬商之籍,夺商之权,侵商之利,屈抑乎数千百年之久,而中国之商不可问矣。泰西各国起而以中国之学富其国,且以中国之学制中国。中国之人几不知其学之为自有也,于是乎古学不兴而中西之泒〔同"派"〕别,真学不出而新旧之党分。

---

① 《秦中官报》,第21期,1904年。

噫,吾愿天下之人皆读《货殖列传》,以穷中西之源而破其新旧之见也。夫货贿均平之制,九府轻重之法,平价定赋不闻有言利之讳者,重商政也。子贡、陶朱之流,以货殖名家,不闻有贱其行以为耻者,重商学也。降至于汉,而始有重儒贱商之例。士不言商,官不恤商,朝廷不劝商,举周官、管子所谓治平富强之大规,视为贱丈夫龙〔垄〕断之业,而天下皆羞称之。于是乎商政衰、商学绝矣。商政衰,则五行百产之利滞而不通;商学绝,则天道地宝之蕴闭而不发。太史公知此风一炽,天下后世必有举历代财政之书,弃置焚毁而不复延其传者,则其民之愚拙孤陋,其财之剥削穷匮,其业之窳败衰落,其国之窘促困弊,将不知底于何极也!故挟其愤懑忧伤之辞,以笔之于书,使商学留一线之传,而后世之讲兴,财政者尚得寻其端委焉。其伤时也深,其忧世也远,其立心也苦矣!

吾尝反复读之,参之以古今之义,以揭其异同之旨。窃以为苟精其理,则中西之学可以通,而新旧之党可以合。夫甘其食、美其服、安其俗、乐其业,此老子之常谈,而今日旧学之鸩毒也。劝女红极技巧,通鱼盐集人物,此太公之谟烈而今日新学之针砭也。农而食之,虞而出之,工而成之,商而通之,此中国王霸之规制,而今日泰西富强之萌芽也。合天下之人而尽为老子,则必贫必弱,而何贵乎旧学?合天下之政而尽如太公,则必富必强,而何需乎新学?合天下四民之业而尽合乎王霸之治,则无贫不富,无弱不强,而何必取法乎泰西?太史公述货殖源〔原〕委,必先抉老子之说,著太公之烈,定四民之业。然后叙经营技巧之智,以及财币流通之义。而希腊之所传,西土之所讲,悉不能出其中而别标精义。然则所谓西学者,中学而已矣;所谓泰西之新学者,中国之旧学而已矣。泰西学中国之学以为学,中国自失其学,而复学泰西之学,夫亦学其所自有之学已耳。而何必别中西之名,而何必树新旧之帜哉!

嗟乎！今日之言财政者众矣，言财政之书亦多矣。整顿商务也，则必曰学西法；振兴矿务也，则必曰绎〔译〕西书。彼以为中国无可行之法，无可读之书也。而岂知所谓西法西书，我中国千百年前已有人宣其蕴而包其义焉。果能详而求之，推而穷之，则举今日汗牛充栋之西书，即尽付祖龙之一火，而中学在是，而西学在是也，而新学旧学亦莫不在是也。世有讲富国之学者乎？吾愿其泯中西之见，化新旧之习，而深玩《货殖列传》也。①

按：文后有樊增祥批语："将古今中外财政融为一炉，从此悉力勘入，精深透辟，旁呈周浃于史公，能发其未言之秘，于当代尤为不可少之文。气如蛟宫之王。增祥。"②张文樊批俱载1904年《秦中官报》第二十三期。八年后，张瑞玑出任山西财政司司长，经纶擘画，"省库得少有余者，君一人力也"③。读此文乃知渊源有自，谱立早已"深玩《货殖列传》也"。

约8月间，课吏馆放暑假一月。

约9月间，课吏馆考核学员，布政使（藩宪）樊增祥拟题：《以黄帝大禹视华盛顿、以秦政项羽视拿破仑、以伊尹太公视毕思马克论》。

按："毕思马克"今译"俾斯麦"。据文后批语，藩台樊增祥有感于当时诸多新学家"尊西抑中，得毋太过"，故出此题。

课艺作品再次被评为"超等第一名"，刊登于《秦中官报》，署名"藩宪月课超等第一名张瑞玑"。此篇为佚文，全录如下：

---

①②《秦中官报》，第23期，1904年。
③《刘盥训日记·老衡事略》，手稿。

君主之权，五洲太平之定局也；民主之说，今日乱世之萌芽也。吾读《华盛顿传》而知民主之利，吾读《拿破仑传》而知民主之害，吾读《毕思马克传》而知君主之有利而无害。

夫泰西无所谓民主也，始于华盛顿之立国，倡于拿破仑之构兵，于是欧洲言新学者，皆骎骎乎有以民驾君之志。自毕思马克尊君抑民，以自成其中兴之伟业，而后君主之义始明。兹三人者，际遇不同，成败不同，志趣又不同。而泰西人皆津津乐道之，以为华盛顿造世之圣人也，拿破仑乱世之豪杰也，毕思马克济世之英雄也。窃尝究古今中外之事业比而论之，造中国之天下者，莫如黄帝、大禹；乱中国之天下者，莫如秦政、项羽；济中国之天下者，莫如伊尹、太公。中国之有黄帝、大禹，犹乎泰西之有华盛顿也。然黄帝不开揖让之风，大禹不守传贤之例，非私天下也，知民主之不可以治世也。黄帝大禹之道，天下公共之道也。治中国可，治欧洲可，治美国亦无不可。故俄法皆持专制之权，日英犹传世及之义，而中国无论矣。华盛顿之道，一国私治之道也，治美国可，治欧洲则不可，治中国则尤不可。故德守其旧而足以自强，法肇其难而几以自覆，而中国无论矣。然则黄帝、大禹之圣人，五洲之圣人也；华盛顿之圣人，美洲之圣人也。论其德如佛祖之与孔子，揆其规如偏安之与正统，固有不能强同者也。

中国之有秦政、项羽，犹乎泰西之有拿破仑也。其阴鸷也相同，其雄略也相同，其残民命、损国脉也亦相同。然而秦政之乱天下，为专主权也，拿破仑之乱天下，为抑主权也：则肇兵之端不同。项羽之乱天下，将夺嬴秦之主权也，拿破仑之乱天下，将平天下之主权也：则发难之旨不同。况乎秦政、项羽皆欲争天下之君也，其志不成，不过为干戈之乱；其志若成，不过为时代之乱。拿破仑则欲争天下之无君也，其志不成，已足为一时名教之乱；其志若成，且将为万世纲常之乱：则致祸之巨细又不同。至于鲸吞蚕食之威再传始熄，非若拿破仑之及身而辱；盖世拔山之烈一蹶不振，非若拿破仑之再还而败：是又不同之小而显见者也。则相同而大有不同者在也。

　　中国之有伊尹、太公，犹乎泰西之有毕思马克也。无伊尹则成汤之主权不定，无太公则周武之主权不一，无毕思马克则德意志之主权不振。三人者，皆尊主权之英雄，即创时局之英雄也。虽以心论之，伊尹、太公以衽席天下为怀，毕思马克以振兴一国为计：则公私判焉；以功论之，伊尹、太公疾夏商之虐以苏四海之困，毕思马克联列邦之好以复强邻之仇：则王霸分焉。然则俄专主权不能止革命之风，日尚尊王不能禁自由之党，毕思马克处国势颓败之余，当民心骚动之际，力讲新学，尊君权，抑议院，用收其效，以杜其弊。不闻士林有平权之社会，民间有自主之议论，而欧洲各国民权之党亦因而稍熄。然则，有毕思马克而后欧洲始有君，而后欧洲之君始有权。其学为华盛顿所不能移，其识为拿破仑所不能及。以中国之人物较之，则管仲、子产其流亚也，似不足为中国之伊尹、太公也。以泰西之人物较之，则格兰、伊藤非其俦也，不妨指为泰西伊尹、太公也。是不同而有相同者在也。

　　嗟乎！天之生黄帝、大禹造中国也，以之造五洲而有余；天之生华盛顿造美国也，以之造他国则不足。天之生秦政、项羽，中国之劫也，可以乱一时之大局；天之生拿破仑，泰西之劫也，直将乱全球之太平。天之生伊尹、太公济一时之变也，即以济万古之变。天之生毕思马克济一国之变也，即以济列邦之变。彼拿破仑之不可以有，不可以学，固勿论矣。窃以为今日之中国不可无毕思马克，而不可有华盛顿；中国之人可以学毕思马克，而必不可学华盛顿。学毕思马克，不能追黄帝、大禹、伊尹、太公之烈，犹可以免秦政、项羽、拿破仑之祸。学华盛顿，则背乎黄帝、大禹、伊尹、太公之学，必将充秦政、项羽之祸，至于为拿破仑而后已。此世界之大变，而人心之大忧也。吾故曰:君主之权,五洲太平之定局也;民主之说,今日乱世之萌芽也。①

按:樊增祥在文后批曰:"六通四辟,有功名教之文。尝见今新学家著录,谓汉高、明太不如华盛顿、拿破仑,管、晏、诸葛不如毕思马克,尊西抑中,得毋太过。故拟此题,以见古之中国未始无擎天拄地之人,其神灵材武一本于道德仁义,实外国英君贤相所不及。即暴如秦项,犹足当拿破仑而有余。此出题之本意也。诸卷尽多恢奇之作,此卷尤精纯闳肆,特非我腹中所欲出耳。增祥识。"②文中一则断言"天之生华盛顿造美国也,以之造他国则不足",再则断言"华盛顿之道,一国私治之道也,治美国可,治欧洲则不可,治中国则尤不可"。

约10月间,课吏馆考核学员,按察使(臬宪)樊增祥拟题《〈禹贡〉一篇纪山川不纪风俗、纪物产不纪人才论》,课艺作品第三次被评为"超等第一名",刊登于《秦中官报》,署名"臬宪月课超等第一名张瑞玑"。此篇为佚文,全录如下:

合风俗人才而著为成书者,史例也;合山川物产而分编其类者,志体也。中天以前,文明未辟也,无所谓史;洪水以前,地利未开也,无所谓志。故后世言史学者,皆以唐虞诸书为历代史家之祖。然观历代诸史,于一朝政治之大纲,粲然具备,而郡国、河渠、贡赋、财政之外,志其事则曰食货、曰五行、曰礼乐、曰刑法,各从其类;而婚嫁巫瞽之陋风,灾祥歌谣之杂事,莫不载焉。传其人则曰文苑、曰方技、曰隐逸、曰独行,各从其类;而医卜星象之流寓,山林泉石之高风,莫不载焉。合而言之则曰史,分而言之则曰纪、曰传、曰志、曰表。盖不可以

---

①②《秦中官报》,第25期,1904年。

一缺也。范蔚宗、陈承祚以一代史才而缺于志表,论者犹且病之。然则分史之一体则为志,合诸体而备之则为史。史固不可以无志,而徒志亦不足为史也。唐虞诸书,寥寥数篇载之典谟者,天文、历学、农务、刑政皆足,括历代史志之全,而幅员之广狭,财赋之赢绌,则缺焉不讲者,盖洪水未平,则山川之形未定,物产之利未兴也。得《禹贡》一册,而后地利之志、财政之书焕然大备矣。然使八年之游历,九州之习尚,皆采而书之,则五方民情之记,较之后世岁时风俗之杂书,必详而有据也。且使佐治之臣工,平水之方略,皆历为叙之。则一时运会之盛,较之后世功臣世系之列表,必蔚然可观也。而《禹贡》皆略而不言,此何故也?

窃以为典谟数篇,唐虞诸代之正史也;《禹贡》一篇,唐虞诸书之补志也。颂尧舜之光华,记岳牧之吁俞,此史家纪传论赞之例也,而典谟备之矣。详江河之脉络,定贡赋之盈虚,此史家沟渠税则之体也,而《禹贡》备之矣。有典谟而无纪山川物产之《禹贡》,则体例不备;有典谟而复有纪风俗人才之《禹贡》,则体例亦不精。盖分典谟、《禹贡》而读之,固各抱其缺;合典谟、《禹贡》而读之,适两得其全也。此古人著书之精意,即后世修史之定例也。况乎圣人之大宝曰地,天地之大宝曰利,治天下者,但能抚四海九州之地,以善取天地生产之利,则山川无恙,物产裕然,风俗由王化而变,人才应气运而生。不言风俗而风俗自纯,不言人才而人才自众矣。《禹贡》者,地志之祖,赋政之宗也。其大旨在于去民之害,兴民之利,而风俗人才之本不外乎是。以修史之例言之,则不可纪;以为治之道言之,则不必纪。善读《禹贡》者,观其通而会其旨可也。①

---

① 《秦中官报》,第32期,1904年。

按：文后有樊增祥批语："综全书之义，例示作史之准绳，语必透宗，言皆有物。次亦深通律意，非同掠影之谈。洪邕。增祥识。"①文中"抚"与"善取"，使"山川无恙，物产裕然"的思想值得关注。民初谱主执掌山西财政后，组织留英归国专家翻译印行瑞典化学家新常富的英文著作《晋矿》，其意即在"善取"，以广财源。

约11月间，课吏馆考核学员，布政使樊增祥拟题：

问：《周官》六典有太府，又有玉府、内府。两汉财赋曰大农者，国家之帑藏也；曰少府、曰水衡者，人主之私蓄也。唐则转运、度支之外，有琼林、大盈；宋则户部、三司之外，有封椿、内藏。与各国所谓皇室费者，用意亦略同，何以论者不以为然？试言其异同所在。②

课艺作品再次被评为"超等第二名"，刊登于《秦中官报》，署名"超等第二名张瑞玑"。此篇为佚文，全录如下：

治天下其犹治家乎？家之长安坐而理之，而子若弟耕于野，谋于市，日取其所得之赢余以奉之于家长，使之掌管，钥司出入，且供其甘旨布帛之需，而曾不敢少惜也。为之家长者，苟私蓄其财而稍有偏心焉，则家人之菲衣而薄食者，必心怨，必腹诽，必口舌争起，至于析爨破家而后已。无他，家产者家人之公产也，子弟之待治于家长，家人之公理也；家长之待养于子弟，家人之公情也。子弟公之而家长私之，则子弟必不服，而其家必不治。天下一家也，天子之于天下，一家

①《秦中官报》，第32期，1904年。
②《秦中官报》，第53—60期，1904年，第33页。

长之于子弟也。财之所在，天下之公利，非一人之私产也。善富家者，富其子弟即富其家矣，不必富其身。善富国者，富其民即富其国矣，不必富其君。民富国富，则君虽不富而亦富；民贫国贫，则君虽不贫而亦贫。是故，言治道者曰富民也，富国也，而不闻有富君之策焉。无民安有国？无国安有君？民与国皆贫矣，而君安得富？此其理无古无今，无中无外，而不可以稍易也。

乃世之谈旧学者，曰吾读《周官》六典矣，玉府、内府供王之玩好，备王之服御者也。下至于两汉、唐宋，所谓少府、水衡、琼林、大盈，以及封桩、内藏之设，皆莫不取法乎是也，此中国古今之定制也。世之谈新学者，曰吾读东西各史矣，为民主国，为君主国，为君民共主之国，国之大小不同，民之贫富不同，俸之多寡不同，而莫不有所谓皇室费也，此地球各国之公例也。考之历代则如此，证之各国则如彼。自古及今，帝王之世业而已矣，由中达外，各皇之据产而已矣。遵斯言也，则是天下者一人之天下也，天下之财即一人之财也。公之可也，私之可也，举其公而尽私之亦无不可也。势必穷欲极侈而不知惜，剥脂削膏而不知怜，集怨招谤而不知虑，众叛亲离而不知悔，沿独夫民贼之弊政，而以为天理王道之大公焉。呜呼！此《周官》之罪人，而各国所谓侵民之政策也。是岂《周官》之良法，各国之公例哉！

吾尝取古今中外之财政比□而论之。《周官》载式贡之余财，以供玩好之用，则其无玩好之正款可知也。其财之无余，而不敢遽供其玩好可知也。其所蓄之财，必仍以备天下他日之用，又可知也。秦汉以来，古意渐失，而病国蠹民之桑弘羊为之言曰：山海天地之藏宜属少府。夫山海者，君民之山海也；天地者，君民之天地也。其藏也又皆民拮劳勤苦而出之者也，乃仅宜属于少府焉？何其言之偏而小也。人君利其言而师其法，于是自两汉唐宋以迄于今，为之君者，率皆皇皇焉，日为盖藏之举。然而汉得桑孔而财政日绌，唐得杨裴而国用日穷,宋得王蔡而度支日困。其他如洛口之仓粟,适以资李密也,东都之布帛,适以畀世充也。后唐庄宗之内府山积,适以激军士之愤,而招伶人之乱也。私蓄多则为其祸也大,私蓄速则为其祸也急。其蓄财也,非蓄之也,夺之而已矣;且非蓄财也,蓄祸而已矣。以视夫东西各国,美之供其总统也,计美金五万元。俄之供其皇帝也,计一千万元,德一百万元,法二十万元,英与意各三百万元,日本二百四十万元。不苛求焉,不强迫焉,下之于议院,商之于臣民。为之民者乐为供之,喜为输之,不敢怨不敢抗,并不敢以为多。是岂外人厚而中人薄乎?外人富而中人贫乎?抑外人之知爱其君而中国不知爱,各国之能制其民而中国不能制乎?胡相去若是之远也。

吾反复而求之,窃以为有相同者焉,有相异者焉。夫以一人治天下,即以天下养一人,中外之理相同也。宫室之华,服御之侈,一人之奉必什百千万于其民,中外之势相同也。丁口有税,地亩有税,市廛关津又有税,民不敢抗而不纳焉,中外之例相同也。然而吾见夫建一官也,□一饷也,糜一费也,其君其民必往复商榷而议之,非若取之于民而不复商之于民者也:则上之所以待其下也有异;又见夫加一税也,定一赋也,征一租也,其事其费必天下斟酌而定之,非若民纳其财而不得过问其事者也:下之所以处其上也有异;且见夫深官之需,赏赉之用,狗马珠玉之费,其多其少,其奢其俭,必预算决算而知之,非若竭胼胝之苦而不能填溪壑之深者也:则上下之相通而不相隔也有异。况乎中国历代之所谓财,私蓄而已矣,名之为公费也则不可;彼日日自尊自大,以穷极人间之富贵者,固未尝或惜也。东西各国之所谓财,公费而已矣,名之为私蓄则不可;彼日日自奉自养,以别其廊庙之尊贵者,盖只此数也。于费之外而复有所蓄,蓄虽少而为私;于费之外而别无所蓄,费虽多而亦公。此中国之民所以日困,而各国之民所以乐输也。

嗟乎！以天下而奉一人可也，以一人而累天下则不可。视天下如一人可也，以一人而私天下则不可。苟天子而以天下为私也，则财之所在，宰辅私于内，监司私于外，守私于郡，牧私于州，令私于县。举天下有数之财，千分万裂而悉为众人之私蓄焉，则天下之事必穷，而天下之势不可为矣。百亩之田而众人分之，则不可以致富；千金之产而室人争之，则不可以为家。王道不外乎人情，吾愿世之治天下者，充治家之道以行之，切勿误会乎《周官》之意，而致为东西各国所笑也。①

按：文后有樊增祥批语："以仪秦之笔舌，晰惠庄之名理，博辨纵横，雄奇恢诡，后幅于中外同异之故，比较精当，论议沉着，痛快处直欲击碎唾壶。"②

12月，朝命实授樊增祥为陕西布政使。
约本月，课吏馆考核学员，题目是：

问：京房为魏郡太守，请得除用他郡人，是汉时掾属无不用本郡人。《杜氏通典》言汉县丞尉及诸曹掾，皆以本郡人为之，三辅县乃得用他郡，是用他郡人乃是破格。及隋氏革选尽用他郡人，何欤？③

课艺作品被评为"超等第三名"，刊登于《秦中官报》，署名"超等第三名即用知县张瑞玑"。此篇为佚文，全录如下：

---

①②《秦中官报》，第53—60期，1904年，第33—37页。
③同上，第242页。

铨政奚坏乎？曰坏于弊。铨政之弊奚生乎？曰生于防弊。弊可防也，而防弊之弊则不可防。天下无无弊之事，求治其事者，初不必专防其弊，其事治则其弊消矣。汲汲焉务防其弊，而不暇求治其事焉。则日挟一贪黩不肖之见以待天下，自以为无事非弊，无地非弊，无人非弊，遂百出其术以防之。而究之愈防愈弊，愈弊而愈不能防。势必至事不可治，地不可理，人不可任，而其弊亦终不可除。铨政之坏于是极矣。

吾考历代铨选之制，以推求乎古今治乱之由。窃以为自秦而后，其犹存三代之遗意者，莫如汉；其足败万世之吏治者，莫如隋。汉之铨吏也，专任乎人；隋之铨吏也，专任乎法。任人者以人行法，而不立法以困人，吾所谓求治其事而不专防其弊者也。任法者以法用人，而必强人以就法，吾所谓务防其弊而不求治其事者也。由汉之法，不得其人则弊，得其人则无弊。由隋之法，不得其人固弊，得其人亦仍弊。自唐宋元明以迄于今，皆遵守隋代防弊之意以行其法，而其弊亦千变百出而不可以制。如漏屋然，折椽败瓦愈葺愈漏；如破衲然，千孔百结愈补愈破。遂使两汉循良之绩渺不可复，以养成今日吏治腐败之天下。

呜呼！此谁之咎哉？吾于隋不能有恕辞矣。考之汉时，守相以上皆命自天子，而郡国守相皆得以自置属吏。京房为魏郡太守，有除用他郡之请，则掾属之悉用本郡可知也。杜氏《通典》谓汉县丞尉皆以本郡人为之，惟三辅用他郡，则三辅而外他选之不能入选可知也。夫当时之君相，进退人材若高光，谙练吏法若萧曹，非不知树党市恩之宜戒，夤缘贿托之宜严，跋扈恣肆之宜防，侵渔欺蒙之宜惩，而故宽其法、疏其防、分其权、专其任、听举错〔措〕于一二守相之手而漫不加察焉。夫岂不曰以其地之官选其人，则物色易得也，赏鉴易真也；以其地之人治其事，则上下宜通也，督察易力也；以其地之官用其人，即其地之人辅其官,则情义易通也,指臂易使也。有此数利而百弊可以不生,有此数利而即有一二弊焉,亦可以不恤。故其时号称循吏若张敞、陈宠之流,其功曹僚属率皆砥节砺行一时知名之士,而令史掾属之通经术致卿相者,代不乏人。彼年劳资格部铨擎签之中,安得有是人材哉。沿至于隋,古意尽失。以为铨选者一人之权也,官职者朝廷之器也,郡县者天子之地也。宁令辟召,则亲仇之见不泯,其弊也私。土著司政,则地方之柄日移,其弊也专。官与吏相得,则依违附和,其弊也欺。上与下相通,则暮夜苞苴,其弊也贪。举数弊而防之,于是乎一命之微必由吏部,丞尉之职悉除他郡。上与下不通也,官与民不合也,长官有美政而牵制难行也,下士有奇才而湮没无闻也。土风不谙,利弊不知,疾病不关,苦乐不问,天下之乘轩食肉者,养尊处优,日授权于蠹吏滑役之手,而百弊因之丛生焉。充铨法之弊,则吏部有权也,而君无权;充治法之弊,则胥吏有权也,而官无权。君失其权,官失其权,而天下安得不乱哉。

夫执秦人而问越人之风气焉,答者必茫然也。向幽燕而询荆楚之程途焉,闻者必哑然也。无他,情不悉,地不熟也。惟官亦然。不悉其情,不熟其地,而昧昧然遣之,茫茫然临之,将以收其效而观其成焉。其官不贤也,则私者仍私,专者仍专,欺者仍欺,贪者仍贪。固非若橘之变枳,荆之化棘,移其地而遂能移其质也。其官而贤也,则虽不私不专不欺不贪,而行一善政,倡一美举,必将左牵右掣,上壅下塞,而不能以遂其志。如学弈然,据枰审顾;如临歧然,举步徘徊。非历仕既久未能悉地方之情形,而深达民情之趋向也。

由此观之,是贤者不得尽其才,而不贤者得以畅其欲,所谓法不足以防小人,而适足以困君子也。铨政之弊未有弊于此者也。唐宋以来不能遽革其弊,至于有明乃复变本加厉,更创为南北互选之法。于是乎,捧檄者风尘万里,到官者债台百级,言语不相通,困苦不相悯,高坐堂皇者,日求所以弥其亏而饱其欲。问其职,钱谷而已矣;问其政,文诰而已矣;问其才,酬应而已矣。较地方之肥瘠,量私款之盈绌,几等之商贾入市,握算较利而不讳。而设官治民之本旨泯焉矣。顾亭林考历代之选补,而欲复汉制以救其弊,盖诚慨乎其言之也。赵瓯北反历数长官置吏之弊,以破亭林之说,不亦谬哉。

嗟乎,古之用人也公,今之用人也私。古之用人也专,今之用人也疑。古之用人也惟其智,今之用人也惟其愚。古之用人也取其所长,今之用人也取其所短。吏学失矣,选之非其道;铨法变矣,用之非其方。而复困之以法律,老之以资格,使天下聋疲病痿而无为,而以为天下无人材,是缚贲育之手足而求其勇,锢倕输之耳目而望其明。无惑乎日日防弊,日日生弊,遂成为无事不弊之天下,而不可以复救也。吾所以读《汉》《史》而为之掩卷长思,读《隋史》而为之痛恨不已也。①

按:文后有樊增祥批语:"将汉制抬高,隋制抹倒,识解独超,笔亦天矫不群,是真洞达治体之文。"②文中为庸官昏吏画像:"问其职,钱谷而已矣;问其政,文诰而已矣;问其才,酬应而已矣。"

本年,将寓所借给光绪甲辰科(1904)进士、即用知县分发陕西的同乡乔海峰。

《乔铁髯墓志铭》:

光绪丁酉举于乡,甲辰成进士,以即用知县分发陕西。余方需次西安,君携眷来,借榻余寓,夜阑剪烛谈及吏治窳败,君历举《汉书》循

---

①②《秦中官报》,第53—60期,1904年,第242—251页。

良诸传,以为三代以下吏治当首推两汉。因太息不已,曰:"龚黄不可复作耶。"其意颇自负,余亦笑而许之。

本年,布政使樊增祥对水利局呈报的文稿"三不通"予以训责,撤换水利局文案委员,命"课吏馆冠军"张瑞玑兼代。

樊增祥《藩宪樊谕委即用知县张瑞玑办理水利局文案牌》:

> 本日阅水利局稿,其移藩司文有"准贵统领水利军移开"字样,移本司而曰"贵统领",又将"贵统领"抬头书写,明系"水利军统领"而曰"贵统领水利军",一语而具三不通,可谓离奇。本司取人向不专论文字,但能办事,文理稍绌无妨。惟文案则大不可,水利局文案忘其为谁,应予撤换。查有课吏馆冠军即用知县张瑞玑,藻耀高翔,文中鸣凤,入局主稿,定复可观。此后各局文案委员皆宜细心检点,求差之始,量而后入,到差之后,顾名思义。切切.须牌。①

## 是年

山西官派第一批留日学生阎锡山、温寿泉、黄国梁、姚以价等。山西大学堂确定第一批官派留英学生赵城赵奇英、襄陵高时臻、临汾王录勋、宁武王宪、崞县梁上栋、梁善济等,1907年成行。

---

① 《秦中官报》,第19期,1904年。后收入《樊山政书》。

## 1905年(清光绪三十一年乙巳)三十四岁

春,与张友山等聚饮。友山酒后出其所作《六剩图》,索同人题咏。作《题张友山同年〈六剩图〉》。

按:从诗前小序可知,张友山居京城多年,庚子年八国联军侵入京城,友山仓皇避乱,行李俱失,只携一纨扇、一名戳、一乡试朱卷、一烟筒、一烟壶、一武威军号衣,狼狈至晋,始借友人长衣入秦。随后画《六剩图》以警世。张瑞玑所题是一首七古,诗中写到光绪癸卯(1903)赴京参加殿试期间的见闻:"忽忆前年入燕都,太平笙歌团圆月。虎神健儿挑酒去,鹦鹉名士驾衣冠。滹沱麦饭芜蒌粥,相忘如隔万重山。危堂燕雀釜底鱼,衮衮诸公知也无。"看上去一派刀枪入库、马放南山、歌舞宴乐的景象。诗末说:"我将师君六剩意,写作残山剩水图。一幅悲惨恐怖景,摄成庚子乱离影。使我四万万人同观之,勿忘此役长自警。"

一天晚上正读《离骚》,忽然听到鸧鸹。次日晨掷铜钱占卜,又闻杜鹃。作古风《老鸧行》。

按:诗中写到未央宫、延秋门。延秋门是唐长安禁苑西门,安禄山起兵叛乱后,唐玄宗即由延秋门仓皇逃出长安,奔蜀避难。八国联军入京,慈禧太后、光绪帝仓皇出京,逃到长安。诗句"冷挟阴风阵阵起,延秋门外闻百里",与《题张友山同年〈六剩图〉》中的"忆昔联军结队来""写作残山剩水图"一样,表达了深深的忧思。末云"有客向天浇浊酒,一卷离骚不释手"。

1月,课吏馆考核学员,题目是《和文释义》,和文即日文。课艺作品第四次被评为"超等第一名",刊登于《秦中官报》,署名"超等第一名即用知县张瑞玑"。此篇为佚文,全录如下:

## 《和文释义》有序

文字之不相合也,其犹夫语言之不相通乎?楚人不能学齐人之语,秦人不能操越人之音,限于其所能,安于其所习也。一物也,而名号殊焉;一事也,而称谓分焉;一字义也,而声韵切读异焉。合中国二十行省之地,尚五方清浊之不同也,而况为海外乎?然而传越人之书者,不闻蛮语;读楚人之赋者,不操南音。语言不通,文字通之;文字不合,意义合之。文字之外无语言,意义之外无文字。苟通其义,虽极之罗马新旧之文,英美大小之草,千变百出,不能出中国意义之外,即无不在中国文字之中也。

吾独怪近日之谈新学者,于语言文字之意义,若别有所谓心传焉。辟一物也,喻一理也,皆诗书旧载之文,老生常谈之典也。自新学家出之,则必僻其字,新其文,艰涩其词,怪谬其语。使之似解非解,别标一报馆论说之体例,诩诩然自命为和文之通人也。此何为哉?

夫学之新与不新,本无取乎文字也。文字之新与不新,又无取乎奇僻也。少年学子,六经之根柢未立,各国之沿革不分,而徒口谈新民之词,笔集翻译之典,弃诸经历史之陈文,避百家杂著之熟辙,以自文其空疏无据之学,将以欺世而自炫,以此为新则。吾见中国之能谈新学者多矣。以此为新,则吾恐中国之能知新学者又将绝矣。且使彼所谓和文之新语者,或者别具一义,本非我经史载籍之言所能赅其意而通其说。如佛氏之经文,道家之符咒,其荒渺无凭之理,罄华文之字典、韵书,而不足以供其用。于是乎别其声,异其解,自成为一家无稽之书,此犹怪而无足怪者也。而今之和文则异是,以和文言之,则文字之新而又新者也,以经文绎之,则意义之旧而又旧者也。彼谈新学者,不过如楚人之勉为齐语,秦人之强操越音已耳。背我学之渊

源以学人,复借他学之皮毛以自诩。呜呼,是岂仅中学之忧哉,抑亦新学之流弊也。作《和文释义》:

【释点】点字之义,中文未有指事理言者。新学家曰始点、极点、中心点、缺点,近于物理、数学之谈,其义极为荒僻。而推其能,则孔子之所谓成,羲易(按:周易的别称)之所谓渐,曾子之所谓始终、先后,赅之矣。

【释界】近古以来始有世界之称,自新学家创为学界、报界、政事界、教育界之谈,其说愈奇,然推其意则理与势之所及,寻其义则程与式之所充也。

【释化】新学之谓化,与中文不甚相谬。惟中文言化专讲政治,新学言化不分美恶。故中文曰治化、曰化理,新学曰开化、曰进化。

【释力】以意释之力,与德相反也。以意释之势,与力相辅也。曰压力、曰阻力、曰反、动力。充而言之,曰尚势而已矣。

【释问题】秦汉以来始有题,隋唐以来始有问。然闻有题问,不闻有问题也。新学家特故新其说,以明为某事某理之宗旨而已矣。

【释代表】先天下而为之曰代,合四海而仰之曰表。自儒者言之,先知先觉之责任也。自佛家言之,造因造果之根原也。

【释个人】新学家言们罗主义(今译门罗主义)之反面,则曰个人主义,与中文独夫之称其旨无殊。

【释团体】释其理曰同,释其意曰群,名之为团,真固结而不解矣。

【释运动】运动本中文之旧词,而以新学之言释之,则民情之振作,人心之鼓励,隐然一机器之动力而已矣。

【释舞台】儒者比衣冠曰优孟,释家指世界曰梨园,新学之言舞台亦此意也。

【释现象】中文曰发端,曰著形,而新学曰现象。何其俗而俚也。

【释反影】曰反、曰影,中文也;曰反对、曰反动、曰影响,新学之语也。同此义也,而装点独别,无怪乎其为新民词也。

【释特色】以中文释之,文言之则曰奇特,俗言之则曰出色。特色一语,殆半文半俗之新词乎?

【释牺牲】此杀身之别语也。今日之丧心病狂曰为民流血,为国流血,曰倡夫革命平权之举者,皆二字之误也。

【释风潮】人心骚动,士习浮嚣,变之而不可测,压之而不可制,曰风曰潮,殆海洋之不可遏抑乎?

【释发达】此中文旧语也,以之拟人才风俗之消长焉,其辞旧而其意新矣。

【释膨胀】此近乎力学之言也。中学好言势,新学好言力,力膨胀而必发势,屈抑而必伸,其理本无二致也。

【释思想】中文徒思不足以为学,而新学之思想家则与哲学名理并其称,殆中国揣摩家之遗学乎?

## 书《和文释义》后

呜呼!吾释和文,吾窃笑今之谈新学者,新耳目而炫才华,技尽于此矣。吾又恨今之新学者,败子弟而坏学术,弊将无穷矣。学不存其实,事不考其真,而日择和文之新奇怪诞者,以供其笔下舌端之谈。等之婴儿学语,呈聪明于家人父兄之侧,为之尽其能而竭其长,沾沾焉自命为通材也。天下学之浅近而可厌,有甚于此者乎?

难者曰:"然则新学将可废乎?"

曰:"恶,是何言也。吾日望天下之兴新学也,然与其伪新学也,则不若其真旧学。旧学而真,则枕经胙史之中尚有经济,新学而伪,则嗜异好奇之内绝无人材。和文未尝非新学也,假浮浅之和文,以文其孤陋之新学,则学而伪矣。伪学不废,则真学不兴。吾欲废假和文,非欲废真新学也。"

秦中官報

兩廣總督岑春煊貴州巡撫柯逢時等復職　是月俄兵倫越河西中立地南下　政府與英
使議還威海　德人要索川東礦務公司續章四款　俄人誣我國破壞中立之事五條外部
遂條駁之通告各國　德在山東鐵路各支路市駐兵隊　美使以開辦強兵會照會外部
商部奏請在漢口設路政監督　駐俄公使電告俄京罷工兵民銜哭俄皇出奔

## 藝文存略

### 和文釋義有序

超等第一名卽用知縣張瑞璣

文字之不相合也其猶夫語言之不相通乎楚人不能學齊人之語秦人不能越人之音限
於其所能安於其所習也一物也而名號殊焉一事也而稱謂分焉一字義也而聲韻切讀異
焉台中國二十行省之地尙五方淸濁之不同也而況爲海外乎然而傳越人之書者不聞遷
語讀楚人之賦者不操南音語言不通文字不合意義合之文字之外無語言意義
之外無文字奇通其義雖極之羅馬希臘舊之文英美大小之草千變萬出不能出中國意義之
外卽無不在中國文字之中也吾獨怪近日之譏新學者廣語晉文字之意義若別有所謂心
傳焉譬一物也喻一理也皆詩書覆戴之文老生常談之興也自譯學家出之則必僻其語新
其文艱澀其詞怪謬其語使之假爲非解別標一報健論說之問例謝謝然自命爲和文之進
人也此何爲哉夫學之新與不新本無取乎文字也文字之新與不新又無取乎奇闢也少年

难者曰:"和文者,新学之阶也。欲兴新学则不得不谈和文。"

曰:"吾既望天下之兴新学矣,吾亦非不愿天下之谈和文也。吾独怪天下之知新学者少,天下之知和文者多也。吾且怪天下之好谈和文者,率自负为新学者也。所学已精而专择新词,是新学之恶习也;所学未精而好砌空谈,是新学之流毒也。穷其弊,势必率天下之聪明子弟废六经、阁历史、弃百家、焚诸子,争习为不华不夷之言词,以登诸论说简牍之上。自有文字以来,风气之变,体格之衰,词意之庞杂,未有极于今日者。设令昌黎再世,当如何太息痛恨以力挽颓靡之文运也。嗟乎,吾之所释,率取其文之僻谬晦涩者,宣其义而通其意,使知彼之费辞索解者,未尝为华文之所必无。苟通而用之,其雅俗繁简之相去盖不啻数倍也。然推求夫近日新学之弊,则更有不忍释解,而亦不能释解者。彼夫平权自由之说,革命流血之谈,不知其所据者何经何典,而日日煽乱激变,风奔狂吠而不能制。返而求之中国历代之典籍,吾欲释而莫得其义焉。噫,是殆于和文中得之乎?"①

按:文中对当时"新学者"喜欢玩弄新词藻、新名词,实则"学不存其实,事不考其真"的行为予以嘲讽。文后批语当出自樊增祥:"寻常训诂却自与众不同,所谓深入无浅语也。序文及书后又慨乎其言之,切中时弊,痛快淋漓,是有关世道文字。"②

---

①②《秦中官报》,乙巳年(1905)二月第一期。

2月,课吏馆围绕日俄战争再次考核学员,题为《俄将阿立几息夫、古鲁伯金、马克洛夫、斯都塞尔论①》。课艺作品第五次被评为"超等第一名",刊登于《秦中官报》,署名"超等第一名即用知县张瑞玑"。此篇为佚文,全录如下:

  胜败之机,视乎帅?视乎将?曰视乎帅。将帅之略,视勇乎?视谋乎?曰视乎谋。帅而有谋也,可以进,可以退,可以战,可以守;我匪制人也,而必不为人所制。帅而无谋也,进亦败,退亦败,战亦败,守亦败;我未穷人也,必先为人所穷。犹之人也,心者帅也,手与足诸将也。病心狂者,手足必不适其用,不得谓手足之不健也。知乎此,而旅顺之失守,俄将之败亡,求其祸首而定其罪魁,吾于阿立几息夫不能有恕辞矣。

  以其外观论之,自甲午而后,遵彼得大帝之遗诏,行外交阴鸷之手段,侵我边疆,据我矿务,占我口岸,预我官权,侮我商民,夺我财政,视远东数千里之舆图,几成为斯拉夫遗族之属地,而不复问故主之为谁者,阿氏为之也。一旦东瀛小邦兴师问罪,不战不进而安坐以失机者,古鲁伯金也。不备不虞而一死以塞责者,马克洛夫也。不能守、不能退,而捧地图以献敌,衣囚服以偷生者,斯都塞尔也。阿氏极十数年之心力,经之营之,攘之夺之,开辟之、侵渔之,自以为攫食上

---

① 阿立几息夫今译阿列克谢耶夫,俄国远东总督区(以旅顺为中心)总督、太平洋舰队司令、海军中将,他是沙皇尼古拉二世的叔叔、狂热的沙文主义者。
古鲁伯金今译库罗帕特金,俄国陆军总司令,缺乏实战经验,优柔寡断,决而不行。
马克洛夫今译马卡洛夫,俄国海军中将、太平洋分舰队司令,1904年4月他刚刚上任36天,所乘的军舰在旅顺口外海触雷毙命。
斯都塞尔今译斯特塞尔,俄国陆军中将、旅顺口之战的俄军总指挥,1905年1月1日,斯特塞尔派出军使,打着白旗向日军司令部乞降,次日在投降书上签字,将旅顺所有堡垒、工事、舰艇、武器、弹药、资金和军用物资拱手交给日军,使俄军将校878人、士兵23491人做了俘虏。投降仪式结束后,斯特塞尔还恬然自适地与日军司令乃木希典合影留念。

## 藝文存略

我將阿立幾息夫古魯伯金馬考洛夫司都塞爾論 超等第一名即川知縣張瑞璣

膝敗之機視將乎日視帥乎日帥將帥之畧視司乎日視謀的而有讜也可以進可以退可以戰可以守我能制人也而不為人所制帥而能謀也選亦敗戰亦敗守亦敗我未寫人也而必先為人所寫猶之人也心者帥也手與足諸將也病心狂者手足必不違其用不得謂手足之不健也知乎此而旋顧之失守俄將之敗亡求其瘠首而定其罪魁吾於阿立幾息夫不能無辭矣夫以其外觀論之自甲午而後遽得大帝之遺訓行外交陰為之手段侵我邊體據我礦務占我口岸預我官權每我商民辱我計政逖東數千里之興圖幾盡為期拉夫遺族之屬地而不復問故主之為誰者阿氏為之也一日東瀛小邦興師問

秦中官報 藝文存畧 乙巳年二月分第三期 十二課吏館選印

唇,将欲嚼而下咽,劫物在掌,一回手而入囊矣。乃古氏以不战败之,马氏以不备失之,斯都氏以不守轻予之,直不啻食已下咽吐而哇之,物已入囊倾而倒之也。阿氏之功之垂成不成,皆三人有以误之也。是阿氏有功也,而三人则无功;三人有罪也,而阿氏则无罪。噫!此何足以夺阿氏之气而服三人之心哉!

吾穷其致败之由,而定其功过之实。窃以为罪不在将也,而在帅;不在将之无勇也,而在帅之无谋。古氏三人将也,阿立几息夫帅也,三人之败、之死、之降,是无勇也;阿氏好大喜功而致使败者、死者、降者之引为国耻,是无谋也。丧其师,辱其国,亡其将,损其威,彼三人者各有其所应得之罪,固不免死者抱愧、生者觍颜矣。然考其时,古氏、马氏各掌水陆,阿氏与古氏不合,故意见龃龉,将帅不相通谋,是古氏之误机,阿氏误之也。马氏之殒命,阿氏误之也。兵既败矣,将既歼矣,旅顺一隅,地居上游,犹可深沟高垒以疲敌师,而乃虑之不周,防之不严,坐使爨骨易子,四援俱绝,是斯都氏之失守,亦阿氏失之也。由此观之,古氏不战固败也,战亦必败;马氏死固败也,不死亦必败;斯都氏降固败也,不降亦必败。处不能不败、不能不死、不能不降之势,而从而败之、死之、降之,则即谓古氏、马氏、斯都氏之罪,皆无非阿氏之罪也,亦何不可?且夫公法至显也,而阿氏敢犯之;约□至严也,而阿氏敢背之。行殖民辟地之虐政,专以结其暴主之欢,不知有中国,不知有日本,并不知有各国。以中理言之,是强暴也;以西理言之,是野蛮也;以万国之公理言之,是灭亡之罪也。不虞外乱,不防内变,不辑同僚,不量财力,显然冒地球不韪之名,而以为天下莫我如何也。及日军一至而金复海盖,相继瓦解,方始以攻人不备责日本,宣告各国,何其志骄而气盈也。夫年少喜功当败,显违公约当败,轻敌不备当败,内乱未定当败,将帅不睦当败,财政不足当败,有此六者,虽古氏力进,马氏复生,斯都氏竭力死守,亦必至于一败涂地者,人事也,亦天理也,而况乎偏帅裨将之无一可恃也。是故以四人优劣论之:马氏之死,忠不忠未知也,勇不勇未见也,旗鼓未接而幸邀国殇之名誉,使俄国远东一战尚有一致命亡身者为之生色焉。马氏之福也,俄国之幸也。苟其不死,安知其不为获囚,不为降虏也。古氏素负名将而拥兵观望,不闻一示其武。避敌不忠,畏敌不勇,不能料敌不智,不能协众不义。名将如是,则水师陆军之将弁,武备将校之学堂,降级而下可类推矣。至于斯郡氏者,守不能如田单,死不能如张巡,解围不能如刘琨,而甘心屈膝强敌,乞留其偷生之余名,彼柏灵之赠之以宝星,愧之也。东京之容其带剑,嘲之也。他日者,带宝星,悬宝剑,披囚衣而归,拜好功喜武之俄皇焉,亦千古降人未有之荣施也。降者如此,其易战者如此,其难死者如此,其无用而阿氏为之主谋又如此,其狂且愚也,是速其败亡已矣。

嗟乎!今日俄廷之上纷纷而议者,责战者乎?责死者乎?责降者乎?死者已矣,战者、降者固不敢辞其责,而未必尽任其罪也。吾愿执简俄廷,以定其罪名之等次,使俄皇知半生外务之为失计,而宠臣骄将之不可以有为也,从此悚惧休息,不复敢作纵横地球之想,或亦俄之福也乎![①]

按:此文对俄国惨败这一国际新闻事件予以评骘,文后樊增祥的批语是:"批四将事势了如指掌,而独归罪阿氏,老吏断狱,颠扑不破。文亦纵横恣肆,使笔如剑之气出,堪以移赠。"[②]

3月,课吏馆考核学员,题为《财政不隶户部而隶商部、军制不隶兵部而隶练兵处、学制不隶礼部国子监而隶学务处论》。课艺作品第三次被评

---

①②《秦中官报》,乙巳年(1905)二月第三期。

为"超等第二名",刊登于《秦中官报》,署名"超等第二名即用知县张瑞玑"。此篇为佚文,全录如下:

治天下其犹医乎!胸胃症结之症,不先投以破泻之方,则参苓足以促命也;痈疽溃腐之疾,不先施以剖剔之术,则珠珀不能奏功也。药之次第视乎其病之浅深而投之,其病既除,而后滋补保卫之剂,可以徐收其效焉。苟不祛其邪,不抉其腐,而专袭他人不变之良方,以自救其屡变之危症,是天下之庸医也。

呜呼!今日中国之变法,一庸医之治病而已矣。曰户部,曰兵部,曰礼部、国子监,其穷弱朽败,皆中国症结溃腐之危症也;曰商部,曰练兵处,曰学务处,其补救振兴,皆中国参苓珠珀之良方也。然吾见商律成矣,而户部之营弊如故也;军制更矣,而兵部之积习如故也;学务章程定矣,而礼部、国子监之因仍如故也。是虽有参苓而症结益坚,虽有珠珀而溃腐愈甚也。吾不解政府诸公左谘右议,谋所以理财、整军、兴学者,为名乎?为实乎?为兴利乎?为除弊乎?苟为名也,则指户部曰商部可也,指兵部曰练兵处可也,指礼部、国子监曰学务处亦可也。而何必为是铺张也?苟为实也,则出纳无经户部,乃利薮也;营制已变兵部,乃赘瘤也;学堂阶级有常礼部,国子监乃闲署也。而何必尚存虚名也?苟为兴利也,则户政不修,足以贻商务之累也;绿营不裁,足以妨练军之饷也;贡举制科不废,足以碍学堂之进境也。而何必相率牵制也?苟为除弊也,则征税通商,其事不能合谋也;营兵练勇,其制不能两存也;新学词章,其科目不能并举也。而何必自相矛盾也?实不副其名,利不掩其弊,而徒采地球各国之旧制,袭其名、模其规,曰将以理财政也,变军制也,定学制也,是畏元气之有伤,食参苓以补症结;肌肤之有损,敷珠珀以养痈疽也。其行之而善也,或稍有成效焉,而户部、兵部、礼部、国子监之阻力,皆足以扰其治而破其规。其行之而不善也,则上溺其职,中饱其囊,用失其人,行违其例,是不过户部之外加一户部,兵部之外加一兵部,礼部、国子监之外又加一礼部、国子监也。可不戒哉!可不慎哉!

夫以今日之中国言之,其变法也,惟斯三者为最急,亦惟斯三者为最难。不统筹夫大局之利弊,而节节为之变,其外不变其内变,其枝不变其干变,户部不整也,兵部不裁也,礼部、国子监不变也,而急急焉立商部、立练兵处、立学务处,吾不知利之奚若也,而其弊有三焉:曰其权不一,其任不专,其令不行。

何言乎其权不一也?中国之官各事其事,各利其利,有其职即有其权也。一旦而夺户部之权以与商部,夺兵部之权以与练兵处,夺礼部、国子监之权以与学务处,夺其事权未尝夺其职司也,上而堂官,中而司员,下而书吏,必将掩饰弥缝,思挽回其腐败之政体以自保其利焉。关津赋税不相谋也,各省营汛不遽裁也,科举乡会不骤废也,利之所在,人必趋之,分其利则争其权,两相争焉,必至两失其权而后已。争权则难治,失权则不治,左牵右掣,而欲徐睹其成功也,不亦难乎!

何言乎其任不专也?天下事责有专归则趋向易力,势无旁阻则进退皆便。今者一财政也,而户部与商部职守分焉;一军制也,而兵部与练兵处营章异焉;一学制也,而礼部、国子监与学务处新旧分焉。各任其司,即各侵其职,初不必交相龃龉,而自有水火冰炭之分也。当此百废待举之时,专而任之犹恐其收效之不易也,况复分而扰之焉,则利未见而弊先呈矣。

何言乎其令不行也?户部之与商部,官守不同,宗旨犹未甚背也。惟是陆军海军之制,颁示寰区矣,而步兵旧册未销也;卒业游学之规刊行天下矣,而礼部故章犹在也。从旧政乎,则恐失风气之先;从新政乎,则恐碍进身之路。举天下之文武士民皆却步观望,而不敢遽卜其出处。如临歧路,举足徘徊,如学弈棋,临枰审顾,皆政治之无常,号令之不一,有以误之也。此所以变法数年,而近日社会之情状,依然一混沌未凿之天也。可不慨哉!

嗟乎!富强之道无他,取其妨于富强者革而除之,择其可致于富强者徐而行之,则得矣。中国之妨于富强者比比也,不务除之而遽取他国富强之遗规,张呈措置而不暇,是吾所谓袭他人不变之良方,以自救其屡变之危症者也。庸医治病则其病愈危,以庸医之道治国,则其国愈蹙,其理不可或易也。是故欲立富强之基,自旧学家言之,则曰变更而已矣;自新学家言之,则曰破坏而已矣。兹二议者,中国破疗之方、剖剔之术也。中国户部所司与各国度相似,其官不必裁,其制不必变,而其弊不可以不整也。兵部除武选之迁除、火牌驿马之驰送,别无所谓事也;绿营既废,则设之亦为无用,从而裁之,盖不啻去喉之梗,割项之瘤也,亦政治之快事也。至朝会、祭祀、主客、贡举之事,礼部主之,今则属国已尽,朝聘久虚,贡举之事归于学务,裁之可也,或变而附之学务之列亦可也。整者整之,裁者裁之,变者变之,然后举财政、军制、学制之大端,分其司而专其任焉。数年后之中国,将争盟主于天演物竞之世界,扬国旗于优胜劣败之剧场矣。孰主宰是,孰枢纽是,吾日日拭目而望之。①

按:从此文可以看出,其时张瑞玑的思想已明显受到《天演论》"物竞天择,适者生存"的影响。文后樊增祥的批语为:"词锋垒起,才思横溢。人皆孑孑,我独有余。"②

4月,课吏馆考核学员,题目是:

————————
①②《秦中官报》,乙巳年(1905)三月第三期。

问：儒者以言功利为耻，西人专以有权利为强。今处竞争之时，当知变通之义。故以富强言，则王不敌霸；以势力言，则华不如夷。自古已然，于今为甚。将欲保中国帝王之统，而人才国势又足与海外数大国相争衡，其道何由策？①

课艺作品第六次被评为"超等第一名"，刊登于《秦中官报》，署名"超等第一名即用知县张瑞玑"。此篇为佚文，全录如下：

处争立竞存之世界，而空谈王道，是贫弱之萌芽也。登优胜劣败之剧场，而羞言功利，是危亡之鸩毒也。关不可闭，港不可锁！吾日见碧眼虬髯、短发窄衣、梯航而入中原者，各挟其富强权利以欺吾巴克之族，压之服之，钳之制之，将从而鲸吞之、瓜分之矣。而中国之冠儒冠、服儒服者，依然摇笔鼓舌，以羞称管晏为高谈，是群虎当途而徐谈因果，众盗伺侧而对讲廉隅，其不葬虎之腹、饱盗之囊者，盖几稀矣。呜呼，中国之人才窳败，国势衰微，一蹶再蹶而不可以复振者，中国之儒者误之也。不先破儒者顽固之风，则人才不能盛；不先开儒者拘墟之见，则国势不能兴。吾将使天下儒者悉中外利害之情也。

吾且与天下儒者言：古今成败之理，治无论王霸，能富强者必兴；国无论华夷，有势力者必胜。管子之寄军令也，晋文之定三军也，越勾践之谋生聚也，拘王道之法以治之则不行。秦皇之防北边也，汉高之战匈奴也，唐太宗之伐高丽也，罄中华之力以制之而不足。是故宋襄号仁义之旅，而不免败辱于春秋；刘虞称无诈之兵，而不免见残于

---

① 《秦中官报》，乙巳年（1905）四月第三期。

汉季:富强为之也。竭东晋西晋之威力而不足以制五胡,极北宋之人才而不能以胜兀术:势力为之也。由此推之,地球各国之争较,甚于春秋汉季之乱也。英法日俄之盛,数倍于五胡兀术之强也。中国穷蹙之情,不减于二晋两宋之弱也;腐败庸迂之习,更过乎宋襄刘虞之愚也。无所谓人才也,庸而已矣;无所谓国势也,弱而已矣。苟非举数百年空疏迂阔之学说,一扫而廓清之,则枯槁其理想,腐朽其学派,迂疏其经济,颓败其士风。穷其极,必至于不保其国,不保其教,并不保其种,而圣神帝王之统不忍言矣。可不危哉!可不危哉!

且夫中国之天下,一功利之天下也。今试问若官若吏、若士若民,其风尘奔走、暮夜苞苴者非为功乎?非为利乎?人人计功计利,而人人讳功讳利。其耻而不言者,大功大利也,其不耻而行者,私功私利也。大功大利而耻之,则人才安得不绝;私功私利而不耻,则国势安得不衰。彼夫泰西之权利,犹夫五霸之功利也。彼之所谓功,功于国也,功于民也;中国之功,各功其功而已。彼之所谓利,利天下也,利万世也;中国之利,各利其利而已。泰西称之,中国讳之;泰西公之,中国私之。私功私利之不去,即日日言功言利,吾知其不能有为也,况复耻而不言焉。则是鬻国者而耻言战功,盗财者而耻言货殖也,不亦倶耶!

嗟乎!居今日而兴人才,彼高谈性理之书者,不可以成事也。居今日而振国势,彼好讲帝王之学者,不足以有为也。必也率天下之儒者,凿其聪,开其明,阔其眼界,广其胸襟,使知我千圣百王之道,皆为利济群生之用,不得以虚谈元妙者,误尽天下苍生也。苟推其意,《春秋》《尚书》皆言功也,《周官》《大学》皆言利也,下至荀孟管晏墨翟诸子之书,其所载格致治平之精义,每足与泰西哲学诸大家互相发明焉。则可知后世儒者之所耻言,皆先秦诸子所往复释解而唯恐不详者也。

泰西之所谓权利,又春秋诸国所维持保守而惟恐或失者也。但使朝野上下无私功也,而何必耻言功;无私利也,而何必耻言利。兴学也,练兵也,睦外也,治内也,此中国未成之功也,当为中国兴之。铁路也,矿权也,商务也,口岸也,此中国已失之利也,当为中国复之。人人言功,人人言利,人人言天下之功以为功,人人言天下之利以为利。人才兴焉,国势振焉,安知一年以后,我黄帝神农之世胄,不能扬国旗于东西大陆之上,执牛耳以号令群雄哉!

或者曰:"如吾子之言,是学泰西也,是学五霸也,然则王道不可行于今日乎?"

曰:"恶,是何言也!"吾闻之传曰"天下莫与汝争功",又曰"巍巍乎其有成功也",此不耻言功之证也。又闻之传曰"圣人以美利利天下",又曰"因民之所利而利之",此不耻言利之证也。今日之言王道者,直以为圣人在上,不过以仁义礼智为口头禅,以忠孝廉耻为语录学,而四夷八方之向背,五行百严之盈虚,王者必不屑以布置张皇者,自伤盛德也。抑何其厚诬王道乜!吾之所言,泰西之道在是,霸者之道在是,王者之道亦在是也,固无尝菲薄王道也。若夫空谈王道而羞言功利者,王者之罪人也。其为道也,极之上下五千年,纵横十万里,未有施之而能收其效者也,又岂特今日之不行哉!①

按:文后有樊增祥批语:"抉出耻言功利病源,使廓然大变其俗。洋洋洒洒,如海如潮,理正词严,笔亦冷隽。"②文中"关不可闭,港不可锁"的开放眼光,"举数百年空疏迂阔之学说,一扫而廓清之"的变革气概,"人人言天下之功以为功,人人言天下之利以为利"的启蒙思想,百年之前醒世,百年之后励人。那时谱主很乐观:"人才兴焉,国势振焉,安知十年以后,我

---

①②《秦中官报》,乙巳年(1905)四月第三期。

黄帝神农之世胄,不能扬国旗于东西大陆之上,执牛耳以号令群雄哉!"讵料十年以后,来了一场"洪宪"闹剧;继而又是十年"城头变幻大王旗",军阀混战、生灵涂炭。在波诡云谲的历史面前,大才槃槃如谱主者亦未免有些书生气了。

5月,课吏馆考核学员,题为《秦汉以前之中国其人才物力政教工艺视今日欧美诸邦高下异同论》。课艺作品第七次被评为"超等第一名",刊登于《秦中官报》,署名"超等第一名即用知县张瑞玑"。兹节录如下:

新学家之言政治也,有四时代焉:曰胚胎时代,曰萌芽时代,曰生长时代,曰发达时代。希腊而后欧美之胚胎时代也,罗马而后欧美之萌芽时代也;唐虞以前中国之胚胎时代也,秦汉以前中国之萌芽时代也。欧美之胚胎极薄、萌芽极迟,而生长也速,而发达也尤速。故罗马而后不数百年,而人才盛,而物力富,而政教广,而工艺兴。中国之胚胎极厚、萌芽极早,而生长也迟,而发达也尤迟。故秦汉以来几数千年,而人才消,而物力穷,而政教衰,而工艺窳。

呜呼!数百年以前之欧美何其乱,数百年以后之欧美何其治也;数千年以前之中国何其盛,数千年以后之中国何其衰也。……中国有之于数千年以前,而失之于数千年以后;欧美得之于数千年以后,而盛之于近百年以来。犹之主人不善盖藏,盗贼窃其赀而据之,至于盗贼富而主人贫,方且羡盗贼之豪富,而自伤穷愁焉。而初不知其赀之为我故有也,不亦惧耶。吾愿中国之好言新学者,无复羡欧美也,但求复吾中国自有之学焉,则幸甚!①

---

① 《秦中官报》,乙巳年(1905)五月第一期。

按:此文再次彰显张瑞玑的博学——中学和西学兼通。中学毋论,西学方面,已熟悉玛志尼(意大利民族革命领袖马志尼)、加里波的(意大利爱国志士加里波第)、加富耳、倍根(英国哲学家培根)、陆克、谦谟、霍布士(英国政治家、哲学家霍布斯)、斯片挪莎(荷兰哲学家斯宾诺萨)、卢梭、笛卡儿(法国哲学家、数学家笛卡儿)、黎普尼士(德国哲学家、数学家莱布尼茨)、倭儿弗。文后有樊增祥批语:"洞悉中外高下异同之故,剖析源流,语语精确,后尤淋漓痛快,畅所欲言,题无不宣之蕴。"①

樊增祥对张瑞玑、吴庚十分青睐,称誉二人"文为一时瑜亮"。

按:谱主《哭空山人四首》自注:"昔樊云门谓吾两人'文为一时瑜亮'。"文章之外,张、吴二人课余各有所好,张瑞玑画梅,吴庚刻印。吴庚《刻印自赞示张衡玉》云:"吾友张子小乘厓,能以六法追吾武。手画梅花三千株,此花此石谁宾主?君画不如我桀骜,我书不如君媚妩。呜乎君为梅家臣,呜乎我为石家祖。"②

约9月,布政使樊增祥向督抚呈报两年来陕西官吏考核情况。呈文中举出在职和即用的三十九名文武官员,请求上奏朝廷传旨嘉奖。张瑞玑排在第三十二名。

樊增祥《详③督抚宪举劾文武各员文》:

> 为详请甄别事……署兴平县知县、即用知县王景崴,朴学多文,通材敏事;即用知县吴庚,高文密理,器幹〔干〕伟如;即用知县张瑞玑,识周域外,誉满关中;截取知县黄秉滩,励精从政,文行兼长……

---

① 《秦中官报》,乙巳年(1905)五月第一期。
② 吴庚:《空山人遗稿》卷三,赵圻年辑,1917年,第38页。
③ 旧时下级官员对上级官员请示报告曰"详"。

以上文武官员,皆有成绩可观,应请一并传旨嘉奖,以励贤能。①

10月,陕西巡抚曹鸿勋②在樊增祥推荐的三十九名文武官员中,挑选张瑞玑等十一名奏报朝廷传旨嘉奖。

> (光绪三十一年,乙巳,九月)又谕,曹鸿勋奏举劾属员一折。陕西候补道唐承烈、吴树棻,署西安府事凤翔府知府尹昌龄,著交军机处行记。候补知府刘济坤、绥德直隶州知州孔繁朴、候补直隶州知州吴廷锡、临潼县知县李嘉绩、兴平县知县杨宜瀚、富平县知县仇继恒、醴泉县知县周丕绅、即用知县张瑞玑,均著传旨嘉奖。③

## 是年

中国同盟会成立。清廷组建北洋军第六镇。五大臣出洋考察宪政。废除科举制度。山西发起保矿运动。

## 1906年(清光绪三十二年丙午)三十五岁

约4月,署韩城知县。

> (光绪)三十二年,张瑞玑署,衡玉,赵城,进士。④

---

①《樊山政书》卷十六,中华书局,2007年,第448页。
②曹鸿勋(1848—1910),字仲明,山东潍县人,光绪二年(1876)状元。
③《德宗实录》卷五百四十九。
④《韩城县续志》卷一《职官表》,中国方志丛书影印本,台北成文出版社,1976年。

到任十天即革除词讼积弊,得到巡抚曹鸿勋嘉勉。
《抚部院曹批韩城县张令革除词讼积弊开折请示禀》:

州县官能与百姓相亲,则兴利除弊皆易措手。该令下车十日,积弊一清,为政本源端在乎此,不胜嘉慰之至!仰布、按二司转饬知照。缴。折存。①

5月,呈报韩城县本年阴历三月判册,得到按察使兼布政使樊增祥激赏。
《藩司樊批韩城县张令瑞玑三月分判册》:

以该令之才,"明决"二字是其固有。明则未有不公,公则未有不速决而速了者。吾尝谓万事以仁为本,而聪明人、清鲠人往往近刻。该令明决而能仁厚,则尤可喜矣。特其本原已裕,阅历少差,此则初任所同,然不得以为过也。如第二案卜刘氏夫妇乏嗣,抚卜随儿为子,并定薛智之女为媳。不期随儿年长,习于下流,屡次偷窃有案,逐令归宗,另以卜荆树为嗣,并与薛女离婚。而随儿胆敢剥荆树之衣,又扬言薛女适人,定当刁抢,以致卜刘氏及薛智一齐控案。该令将随儿笞责,断令薛智将女另聘,所得礼银分给随儿一半,俾得小本营生。美哉,仁人之用心!而惜乎未悉今之人格也。随儿屡次犯窃,作恶之基础已成,观于拦路夺衣,扬言抢女,其由小窃而入于刀匪强盗之域,盖如水之就下而鼠之升梯也。薛女为其嗣父母所聘,既因下流不肖

---

① 《秦中官报》,丙午年(1906)四月份第二册。

被逐,则不得为卜氏之子者,岂得复为薛氏之婿?本已两不相干,而又令分给礼银,则近于畏其抢亲,而以利话之矣。若吾断此案,岂惟不给银而已,并当久押县厅,使知法令之严与幽禁之苦。一半年后,庶几回心改过,卒为好人。今之民非古之民,吾见以德化民者多矣,莫不先自矜而后乃自悔也。盖仁于愚人为矜其愚,仁于善人为嘉其善,仁于恶人则适足以长其恶,而愚者且将慕效之,善者无宁日矣。该令阅历稍深,始知吾言不谬。今刑部改订律例,应笞不笞,一律罚金。如遇此册第一案,吴林魁卖妻而图财,段喜豹买妻而赊账,两造皆不名一钱,一妻遂转移两姓。若令罚金,从何处罚起?是笞之一法,断不能免。善乎!杨令调元之言曰"恶人所以犹有忌惮者,天上有雷公,地上有板子",此语吾深喜之,然新学家哑其笑矣。久别聊以笔谈,不当作批牍观也。①

当代法学研究者李相森、任佳莹在《论传统中国个性司法的发生及规制——以清代为中心的考察》中,将张瑞玑和樊增祥的两种断案法,作为"司法主体的个性及个性司法"的案例加以研究:

> 人皆具有个性,作为人的司法主体当然有其个性。法律由活生生的人来实施。司法便不可避免地要与人的喜好、情感、性格、观念等个性特征发生纠葛。在案情不变的条件下,将司法主体置换,若司法进程及方式明显变化,或得出不同的裁判结果,那么司法主体这一因素便影响了司法。清代樊增祥于陕西臬司任上,曾批韩城县令张瑞玑所审案件。卜刘氏夫妇没有儿女,遂抚养卜随儿为嗣,并聘定薛智之女为随儿妻。但随儿长大后不务正业,屡犯偷盗。于是,卜刘氏

---

①《秦中官报》,丙午年(1906)闰四月第二册。后收入《樊山政书》。

不欲随儿继续为嗣,逐令归宗,另立卜荆树为嗣,并让随儿与薛女离婚。卜随儿竟然剥掉荆树之衣,进行侮辱,并扬言薛女如果改嫁,定要习抢。卜刘氏与薛智一齐控案。张瑞玑将卜随儿予以笞责,断令薛智将女另聘,所得彩礼分给随儿一半,以俾随儿小本经营。樊增祥批云:"美哉,仁人之用心!"但接着笔锋一转,"若吾断此案,岂惟不给银而已,并当久押县厅,使知法令之严与幽禁之苦。"如果将司法主体置换,在同一案件条件下,卜随儿的遭遇将完全不同:一为仅受笞责,领得经营本钱;一为久被羁押,受幽禁之苦,且无钱可得。是什么因素决定了两人对同一当事人截然不同的判罚?

决定司法主体做出相异的司法行为及裁判结果的原因是复杂的,比如与司法主体相关的身份、社会关系、声望等外在因素的干预和影响,除此之外即是司法主体个人的能力、气质、性格、理念等内在因素在发挥作用。司法主体在司法活动中表现出来并影响司法进程及结局,明显具有个体特征的内在因素,是司法主体的个性。司法主体的个性表现为个体的能力、气质与性格等心理特征。上案中,樊增祥并非不仁之人,他亦言万事以仁为本。但其阅历较张令为深厚,颇知人心不古,以仁恕对待恶人适足以长其恶,对恶人应行霹雳手段。樊亦自陈"本司向来惩治恶人,每施辣手"。在仁恕之外,樊增祥尚多一"老成"与"严明"。由此可见,不同主体作出不同的判决,个性影响实占据重要地位。①

**樊增祥还有两篇批牍赞赏张瑞玑断案:**

其一:各案皆简洁了当。大凡有学问人,虽初任而即能了事。若

---

① 《河南财经政法大学学报》,2016年第3期。

胸无墨水,虽服官数十年,历任七八州县,而冥顽如故。人安可以不读书?缴。

其二:判断各案,实获我心。情理外无法律,抱旧本者不知,讲西例者亦未合也,安得皆如韩城令乎?掷笔三叹!缴①。

6月,张瑞玑向陕西省布政司呈报《办理各小学堂暨劝学所师范传习所禀》。刊于《秦中官报》,全录如下:

敬禀者:窃卑县高等小学堂,经前任王令草创举办,规模粗备。卑职到任后,考查情形,有不得不急为变通者,有不得不力为推广者。

向日学堂,借用公所屋宇堂舍,狭隘不堪,操场、修室概行阙如,不特不便于教授,亦且有碍于卫生。查县署东,旧有龙门书院,基址宽阔,堂屋高畅,即以东西号舍改修为学生习室,余皆略加修葺,不事华靡,作为学堂,绰有余地;东连旧日仓地址,修筑操场,亦甚便宜。估计需银六百余两。现据县丞丁效固之母王氏,捐银四百,作修理费,不敷之数另由卑职设法筹拨,业已兴工将竣,计下期开学便可迁移。学堂之东,接邻公地、太微宫及附近菜园,以之作为内操室、游息所、农桑实习场最为合宜,亦拟陆续购建,以期完全。此旧日学堂建筑之不得不变通者也。学堂经费的款②无多,前虽奉文以龙门书院改为学堂,而龙门、萝石、友竹、少梁诸书院款项尚多,因仍未提,以致学堂时形支绌,而书院固有之款,仍散归于旧日斋长之手。卑职逐细清查,归并龙门等处成本银二千三百二十两零五钱,满年生息银二百八十六两五钱,房地租银三百两,钱七十串文,又集捐钱二千串文,发商

---

①两篇批牍见《批韩城县词讼册》,《樊山政书》卷十九,中华书局,2007年,第530页、556页。

②的款,即确定可靠的款项。

生息二百四十串文,提归学堂以作常年的款。又旧收花麻油靛诸税,全归学堂应用。自王令议加抽收,岁约银五百六十两,钱八百五十串文,提其一半以为巡警经费。查花麻油靛之款,与当年的款不同。丰年多收,歉年少受,非以丰年之有余,补歉年之不足,则一有□□□□支绌。今以一半提归巡警,计巡警之款,不敷尚多,而学堂之款,其后难继。卑职到任时,巡警款亦告罄,无可挪借,势必再向学堂支用,因改筹铺捐作为当年经费;将花麻油靛诸税,全归学堂,作购买书籍、图器、岁修杂资一切活款之需,则学堂当年的款不至告绌。此旧日学堂经费之不得不变通者也。

学堂教员,旧延四人。举人薛位,通达新学,热心教育,于图画、舆地、格致诸科,教授颇为得力。岁贡高友彝,认读经、讲经、历史诸科,生员高建极认体操、算术诸科,亦皆能胜其任。惟旧教员进士曹邦彦,精通旧学,而身弱多病,诚恐教授有误,当即辞退。另延举人贾乐天,认修身、中国文学。按照钟点,分门讲授,以专责成,而重学科。至学堂管理,向只一人,既不常川住堂,又复兼办他事。今则款项齐集,事务纷繁,调查花麻油靛之收数,经催地租、房租之拖欠,以及稽查各乡初等小学之合格与否,实非一二人所能兼理。因选精明勤慎之生员贾文皋、苏效轼、孙涌泉为管理员,各立合同,以专责成,以免如以前之经费散漫,事务无章也。学堂肄业学生,除近送师范、高等陆军并府中学堂外,额数不符,由卑职考取,以补六十名之旧额,分甲、乙两班教授。拟于农忙后陆续考选,年力合格者,广为收录。再加丙、丁两班,分四年卒业,以符定章,而并示教育普及之意。此旧日学堂设员教授之不得不变通者也。

凡此诸端,俱已变通,高等小学颇称合格。惟初等小学堂,乡镇寥寥无几。虽各村私塾不少,而教授亦不合法。查询情形,始知风气未开,兴学育材之大义,人皆茫然莫明。故其毁诋学堂,不以为入教,即以为学洋。若非急为推广,则学堂无由而立,纵立矣亦无人而入。因于高等小学堂内,附设劝学所一处,详订章程,公举留心学务、声望素孚之绅士党乾烈、薛向龢等十人,先入堂研究,一切胸有成竹,然后分乡劝学,各携初等小学堂章程及教授管理诸书,分发各乡。又授意于教员薛位,使编劝学问答各条,令各绅下乡演说,以破其惑。先为辨别谣言之讹传,次为陈说忠孝之大旨,再为详讲兴学本意,激刺其爱国爱乡之热忱,务使各乡皆知,以无□为鄙,人人皆知,以不学为耻,就其村之大小贫富而筹款立学。兹将办立一切填表立案,以俟随时阅查,逐渐改良,务求一律合格而后已。自开办至今,各村之立学禀案者,已逾五十处。其式填表如格者二十处。除卑职下乡考查外,仍不时由劝学绅及学堂管理员稽核功课,俟一律报齐,改良合格而后再行禀报。惟是立学不难,难于得师。各村学堂率旧日塾师,学科不明,教法不善,虽多处兴学,与无学等。因于高等小学堂内,附设师范传习所一处,仍由各教员分认学科。即择高等小学堂旧有之肄业生,及考选城乡无馆之寒士,年逾小学额者,作为常年传习班,以造就各乡师资。其已立各学堂之教员,及各村私塾师,皆定星期来所肄业,作为暂时传习班。并照章附设初等小学堂一所,使各师范生轮班讲授,以资实验,使各教员及塾师照式教授,以为模范。其高等小学堂旧有之肄业生,程度太低者,即降入附设之初等小学堂补习功课,以便一律讲授。一切章程皆由卑职详加厘订,俾有遵循而免歧异。至于教材诸书皆有定章可循。惟初等小学所讲之乡土地理、植物,此等课本不能外购,必将乡土志速为编成,然后合用。查乡土志,前任未及举办,今延举人温恭等,会同各教员查照奉发章程条目,编辑其大旨,取简不取繁,尚确不尚博。此书成,则初等小学前二年之地理、格致教科书,有所遵守矣。现将乡土志局亦附设于高等小学堂内,以省糜费而并群力。容俟告竣,另文申赍。此各乡初等小学之不得不急为推广,而劝学所、师范传学所及乡土志局之不容缓设者也。所有卑县学堂,一切办法理合遵照表式填注,并附呈拟办各章程暨绘具图说,禀请大人鉴核批示。祗遵!①

文后有藩司樊增祥的批文:

学堂之事可与知者道,难与俗吏言。同寅中孰学孰不学,兴办学堂某能办某不能办,本司皆默识之。韩城王令非不老成安静,而于学堂事宜则不知不能选择而使,子固知韩原学务必有起色,而欲为前任纠谬补阙,自非变通旧日章程不可。该令首先变通教授管理章程,务令监学者各专责成,教士者各分门类,科学不紊,钟点无差,甲、乙、丙、丁四班并授。而又附设劝学所,选派正绅十人分乡劝谕,并附设师范传习所,多招中年寒士,造就师资,以备各乡塾聘订,法良意美,体格完全。教员薛孝廉位本从前游艺学塾,高足弟子,所编《劝学问答》浅显切要,足以抵排谬论,唤醒愚蒙。韩城有此官师,学堂风气何患不蒸蒸日上耶!应一切照准立案,禀批并登报,以资各属矜式。表、摺、图、书并存。所谓书者,即《劝学问答》也,应由学务处排印多本,以广其传。②

设立韩城县乡土志局,主持编纂《韩城县乡土志》。

按:鉴于初等小学堂前二年讲授乡土地理、植物之教材不可外求,须依照乡土志来编辑,而前任王知县没有来得及编纂乡土志,张瑞玑便在高等小学堂内附设乡土志局主持编纂,邀请举人出身的韩城乡贤薛位、温恭、贾乐天等共襄此举。

---

①②《秦中官报》,丙午年(1906)六月第四册。

10月,《韩城县乡土志》历史、地理、格致三个分册编讫,作《韩城县乡土志序》。兹节录如下:

夫欲兴人材,必先讲实学,欲兴实学,必先讲教科书。中国无所谓教科书,中国之载籍即教科书也;中国无所谓学,中国之载籍文章即学也。以文章为学,以专讲文章之载籍为教科书,遂使人人知有文而不知有学,并且以文为学焉。而经济实业、农工商矿之学,若屏诸学校庠序之外,为文人之所不必讲。即讲矣,亦摇笔鼓舌,纸上谈兵而已也,则讲犹不讲。呜乎!实学之不讲,人材之不兴,中国之载籍文章为之也。不举此空疏浮华之习一洗而空之,中国学界岂复有疏通之日乎!

嗟乎!文与学本一事也,自实学不讲,而文成为虚物矣。处此实学竞争之世,苟能率天下之子弟,而尽祛其孤陋华靡之习,则他日切实有用之学,皆发为颠扑不破之文,未始非保全国粹之一道也。

按:这种求实学、务力行的思想和行为贯穿谱主一生。这部乡土志稿当时未能印行,只留下"清光绪三十二年抄本",后被中国科学院图书馆(即今中国科学院文献情报中心)购藏之。20世纪80年代初,韩城市志编委会获悉抄本藏处,遂派员赴京拍照,油印数百册,"很受欢迎,纷纷来人来函索求",于是又印了铅印本。铅印本"复印说明"中说:这部乡土志"是当时的知县张瑞玑主持编修的";"这是一部内容简约、体例特殊的地方志,也是一套排列有序、语言通俗的教科书。它为我们了解地方情况,特别是清末的经济发展状况提供了宝贵资料,又为我们对青少年进行爱乡土、爱祖国的教育提供了很好的借鉴"。

韓城縣鄉土志序

唐虞地理物產五行貨財之志亦莫不沿訛傳譌之文不至貽譏通人者十無一二三矣而可謂史乘之書更無論矣至於郡縣志乘之書可疑者多而可據者少雖其事則可考而論其文也此中國史書之通病也持此道以教天下之子弟又何怪乎無人材哉夫欲興人材必先講實學欲興實學必先講教科書中國無所謂教科書也中國無所謂學中國之載籍即教科書也中國之載籍即文章也有文章即有學使人人以有文章為學則不知講學之原因不可據矣又論其文也其文也荒謬怪誕者幾等於說部語林而讀其文者節歎賞不復求其是焉是焉是故歷代史志及諸家掌故之書汗牛充棟盡一人畢生之力不足以窺其全所謂天文不知史例者不可以作志不知教科書例者不可以作鄉土志簡曰確史例也即志例也推而至於教科書亦不外此例自史例不明於天下載筆者附會馬穿鑿焉其意以為文也其文也荒謬怪誕者幾

校序之外為學之人之所必講文之所必講實業農工商礦之學若屏諸學以先講實學欲興實學必先講教科書中國之載籍即教科書也中國之載籍即文章也有文章即有學使人人以有文章為學則不知講學之原因不可據矣又論其文也

浮華之習一洗而空之中國學界豈復有疏通之日乎丙午春瑞璵奉日以振興學堂為急務經營數月而高等小學漸已就緒惟於鄉鎮初等小學設立無定本瑞璵乃邀龍門諸君子授徒於龍門初等小學前二年之朝夕考訂急修鄉土志蓋將祛舊志之所載謬誤補之其譌者汰之其無關政學者刪除之其山川道里涉疑者更正焉民生清長諸大端可為善志所不載哉之

教科書計成也其書創例可為書例也亦條分臚別按期而書之用也此志之成經測量調查而務求其實焉為書商賈銷售民生清長諸大端可為善志所不載哉之而不甚詳審者皆於例也蓋仿毛詩爾雅山海經圖說之例而附以物產戶口表地理圖勢動植物製造之類亦皆欣然可志閱覽意之聰明論其文也尚簡而不尚繁無文字調章之優劣則有國文教科書為之先導焉非是書之詳也異乎者教員按課而授學生按圖而索其卒業年限亦分班按期而書之用也此志之成惟其書之用也呼氣與實學本一事也自實學競帝之世界天下之子弟而盡袪其孤陋華靡之習則他日能率有用之學發為頎模不破之文未始非保全國粹之一道也

光緒丙午九月張瑞璵序於龍門官廨

笔战省城天主教神父。

因兴办学堂,教民抗出学校费用,遂传讯教民,下令遵约措办。教民听令,无话可说。省城天主教堂胡教士来函指责此举"有碍于教规"。遂作《覆省城天主教堂胡教士书》,予以驳斥：

> 窃以为迎神演戏,此有碍于贵教者也。至兴办学堂而不能遍及,则有碍于敝国之政治;人皆集款而教民独抗,则有碍于敝国之法律：此皆与贵教无涉也。就宗教言之,载在约章者,敝县皆有维持保护之责。就政治、法律言之,事不关于教案交涉者,教民与平民不应有强分之界限;事有关于地方公益者,教民与平民均各有应尽之义务。公理昭昭,无偏无颇,勿论平民、教民,敝县之不敢偏袒,犹之贵司铎之不便过问也。
>
> 来函又云：拟定嗣后于所在教堂另立义学,以冀教中子弟得成有用之材。夫学堂为开通民智而设,四乡蒙学又为教育普及之基础,今乡民之入教者,岁于四乡皆有,而多寡不齐。勿论贵教义学未能刻日设立,即设立矣,而有一教堂始设一学堂,是学堂之数,充其量不过与教堂平均相等,势不能四乡遍及。即谓力能遍及,而平民与教民分界愈严,结怨愈深,同乡共井,异途别轨,语言水火,酬应荆棘,积之既久,必结成一民教冲突之大恶果。迨至祸患已成,力图镇压,为地方者不能禁教民之违约抗公,而专惩平民之挟嫌生事。法律不公,则人心不服,人心不服,则命令不行……在教民不谙约章,故籍教推延,敝县身膺民社,惟有宣布教约,善为劝谕。如教民中尚有背约故抗者,是法律中之顽民,即教会中之莠类也,敝县不得不饬传到案照办。在贵司铎亦宜照章驱逐,以期民教相安。

《藩司樊批韩城县遵札已将丁效仪罚款缴归学堂禀》：

> 丁效仪无颜到案，业将学堂经费五百串如数缴清，自可从宽销案。仰仍随时察看。如该"革教"再有过犯，随事禀请究惩，万勿姑息。此缴。①

按：可知张瑞玑为办学堂与天主教会斗争，文武兼施。"文"则有致胡教士书，"武"则惩罚教民丁效仪，使其将五百串学堂经费如数缴清。在这场斗争中，藩司樊增祥给予有力支持。

章太炎《故参议院议员张君墓表》：

> 自八国联军陷京师，所在基督教徒张甚，有狱讼不得直者，主教必强辞为理之。县邑事役，教徒率扞不与，君下教禁讼辞自署教民，有事役无得避。主教怒，以告省大吏。大吏皆密谕君息事，君不为动。凡宰五县，所至，主教必戒其徒曰："谨避强项吏矣。"

本年，与同人创办近代陕西最早的县级民办报纸《龙门报》，宣传新知识、新思想。

《陕西省志·报刊志》专节介绍：

> 光绪三十二年（1906），在陕西韩城任知县的张瑞玑，同当地知识分子贾补白（字天乐，西庄镇党家村人）、薛俭（字立人，县城狮子巷人）等创办了《龙门报》。该报为周刊，木刻活字印刷，当时采用白话

---

① 《秦中官报》，丙午年（1906）九月第五册。

文,很受读者欢迎,主要在学生和社会开明士绅中广泛发行。报馆设在韩城县学内,门前有教谕邹鲁所题长联:"中原正多事,问青年社会谁挽狂澜?曰伊藤、曰格兰、曰俾斯麦,遗徽不远,须各争一席,俾支那国史争光,王霸功业未衰乎,休令海外邻邦旁笑狮睡;大局尚可为,愿黄帝子孙力求进步,若波兰、若印度、若土耳其,覆辙在前,忍坐视九州,使禹贡舆图改色?江山人民如故也,且看关西将相尽出龙门。"这副长联道出了这一报纸的宗旨,也反映了资产阶级知识分子的思想。当时许多进步知识分子,经常为报纸撰写文章。[①]

12月,樊增祥因陕甘总督升允弹劾,被朝廷罢免。

## 是年

清廷宣布预备立宪。京汉铁路全线通车。

## 1907年(清光绪三十三年丁未)三十六岁

仍任韩城知县。

约五六月,作七古《杨花曲》,讽刺轰动朝野的卖官丑闻。诗前小序:

> 天津女伶杨翠喜,色艺冠一时,某贝子一见心醉。时观察段某,蛰居天津,出资为翠喜脱籍,舆送之,身价奁资费几十万。不数日,段

---

① 陕西省地方志编纂委员会编《陕西省志·报刊志》,陕西人民出版社,2000年,第145页。

巡抚黑龙江之命下,中外哗然。御史赵启霖据事参奏,奉旨查办,尚书孙公出而调停。翠喜出邸,段停职,事始寝。

按:本年5月,监察御史赵启霖上奏,弹劾黑龙江省布政使段芝贵夤缘无耻,买天津歌姬杨翠喜献给首席军机大臣奕劻之子载振,并以十万金为奕劻祝寿,因而得署黑龙江省巡抚之职。消息传出,舆论大哗。张瑞玑诗中指斥:"阿翁只手揽朝纲,亲草诏书代玉皇。白山黑水新开府,头衔一旦生光芒。天语飞传万众骇,辽东节度用钱买。"《民权素》1914年第三期载此诗,署名"老衡"。民国时,广东粤剧界根据《杨花曲》优美词句,编演了《杨翠喜忆情郎》,20世纪60年代改为《分飞燕》。

夏,由景耀月①介绍加入同盟会。
李金铭编著《辛亥人物景耀月》:

> 自同盟会成立后,革命之势已是水到渠成了,军民加入者尤多,但做官的却很少参与。耀月以山西同乡之谊,经两次面晤,动以同盟会宗旨,甚合张(瑞玑)意,同有反清之心,便以宰官身份宣誓加盟。②

按:据孙志亮、张应超著《陕西辛亥革命》"参与陕西辛亥革命的部分同盟会员及'国民党秦支部'人名辑录",张瑞玑名列"参与陕西辛亥革命的部分同盟会员"之中。③

---

①景耀月(1881—1944),字太招,山西芮城县人,早期同盟会员,与柳亚子等发起组织"南社",参与筹组南京临时政府,草拟临时大总统就职宣言。历任南京临时政府教育部次长、众议院议员等职。后组织政友会。
②李金铭:《辛亥人物景耀月》,北岳文艺出版社,2017年,第19页。
③孙志亮、张应超:《陕西辛亥革命》,陕西人民出版社,1991年,第203页。

8月7日(农历六月二十九),交卸韩城县事。

按:张瑞玑卸任韩城知县时,已"准补洛川县知县",后经陕西巡抚恩寿上奏朝廷,将张瑞玑与兴平令李玉振对调。理由是:"兹查西安府属兴平县知县,虽系中缺,附近省会,政务殷繁,又为西路冲衢要道,差务络绎,一切弹压抚绥,举办一切新政事宜,皆关紧要,非精明干练之员,不足以资治理。该县知县李玉振,现年四十二岁,云南太和县人……该员安详稳练,办事克勤,惟于斯缺不甚相宜,自应拣选对调。查有现署兴平县事,准补洛川县知县张瑞玑,现年三十六岁,山西赵城县人……二十九年十月十九日到省,三十一年九月经前抚臣曹鸿勋于保荐人才案内列保,奉上谕传旨嘉奖钦此。三十二年二月委署韩城县知县,三十三年六月准补洛川县知县,是月二十九日交卸韩城县事。旋于江苏赈捐案内报捐同知升衔。三十四年八月委署兴平县事,九月二十六日接印。查该员才长心细,振作有为,以之调补兴平县知县,必能措施悉当,办理裕如。所遗洛川县知县,即以李玉振对调,亦堪胜任。"①

## 是年

立宪派给清廷上请愿书要求速开国会。徐锡麟刺杀安徽巡抚恩铭,被捕就义。秋瑾在绍兴被捕就义。山西保矿运动结束,创办保晋公司。

---

①《陕西巡抚恩寿奏请以兴平令李玉振与洛川令张瑞玑对调折》,《陕西官报》,第17期,1909年。《清末官报汇编》第45册,第22546页。

## 1908年(清光绪三十四年戊申)三十七岁

仲春,为女儿韵兰制梳妆盒①。正面绘一幅青竹篱笆图,左上题郑板桥的《篱竹》:"一片绿阴如洗,护竹何劳荆杞。仍将竹作篱笆,求人不如求己。"落款"衡玉自题"。盒盖上一幅竹石兰花图,左上题:"戊申仲春下浣,衡玉制。"正面与盒盖各钤一枚椭圆的"衡玉"印。

10月(阴历九月),调任兴平知县。

三十四年戊申,张瑞玑,山西赵城县人,进士,署任。②

韩城鼓楼陈列"知县张瑞玑先生之遗靴",供人瞻拜。

王作霖《先外祖父张瑞玑事略》:

先外祖父在离韩城知县时,韩城人民用新靴将先外祖父之旧靴换下,陈列在韩城鼓楼上,以怀念清官。靴上标有"知县张瑞玑先生之遗靴"。这是贺梓城老先生告我的,他少年时亲眼看到的。贺梓城老先生,年近八十,即韩城人,现任陕西省文物保管委员会委员,是考古文物专家。③

下车伊始,破除兴平县新官到任必先谒各庙、祀大仙的陋习。

作《祀大仙感言》,节录如下:

---

① 今藏洪洞县博物馆。
② 《兴平县志·职官表》,中国方志丛书影印本,台北成文出版社,1969年。
③ 王作霖编注《张瑞玑诗文集》,油印本,1988年,第247页。

戊申九月,赵城张瑞玑出宰兴平。旧历新官之任,未视事,必先谒各庙告祭礼也。礼毕,引礼者引之入署。署之西有小院,院北有屋三楹,正中障黄幔,设几案、蒲团各一,鼎炉、蜡具各数事,四壁联语、题额纵横悬布无隙。其署名皆历任县官及其亲属,无乡民亦无署外之人。引礼者肃立而告曰:此大仙也。官此者朔望必祭,祭必敬,不敬将降殃。瑞玑曰:嘻,此胡为哉!……举一国之人蚩蚩汶汶成一鬼神宗教之社会焉。穷其弊,盖比洪水猛兽而犹烈。吾回念庚子拳匪之役,未尝不太息、痛恨于官民之愚,而引为国耻也。吾将举天下淫祀之祠宇、香火之社会、禁勒之符咒,火其庐,夺其产,逐其人,焚其书,引吾民于光明正大之域,破其迷而醒其梦。吾有斯志而不能逮,吾滋恨焉。吾安能以父母之遗体、朝廷之衣冠,匍匐跪拜于幺麽狐狸之前,以为民倡也!传曰:妖由人兴。妖,乱之兆也。县官虽小,数百里之安危系之,乃为吾民兴妖而兆乱焉?呜呼,此胡为哉!此胡为哉!

暮秋,扶风县令赵圻年①赠一枚晶章,上镌二字("老衡"或"衡玉")。喜作《赵介之刻印歌》。

冬,同盟会员景梅九②应同盟会陕西支部长井勿幕之邀,偕李岐山等到西安运动革命。景任陕西高等学校教师,与张瑞玑交往密切。

---

①赵圻年(1868—1948),字介之,祖籍上海,祖父始入黔籍,父官陕西。赵曾两度佐樊增祥幕,后历任洛川、扶风、韩城等县知县,辛亥后隐居乡宁,与吴庚簪发作道士装束,自号意空道人。诗书画印兼通,又擅医道。纂修《乡宁县志》等。

②景梅九(1882—1961),名定成,号无碍居士,山西安邑县(今运城市盐湖区)人。早年留学日本,加入同盟会,回国后赴陕西运动革命,在北京创办《国风日报》。历任山西稽勋局局长、第一届国会众议院议员、陕西省文史研究馆馆员等职。著有《罪案》《〈石头记〉真谛》等。与张瑞玑、张小衡父子交谊甚深。

按：据《景梅九年谱》载，1908年冬，"时长安知事张衡玉倾向革命。景梅九与张衡玉及其他当地官绅交往，运动革命。"①此时谱主尚未调任长安知县。

约在此期间，"斩钉截铁地断除"烟癖。
景梅九《罪案》：

> 衡玉本有烟癖，因为一天出外查案，忘了携带烟具，大受苦痛，回来便斩钉截铁地断除了，并教我写封信报告狄观沧②老友，因为观沧很反对他吸烟，使人颇感念朋友间的直道热肠。

按：据张小衡《先君事略》："府君博弈诸戏一无所好，而于阿芙蓉则尤恶之。宦秦时，每于寓室题'鸦雀无声'四字。盖谓无鸦片烟声及麻雀牌声也。"谱主在寓室题"鸦雀无声"，当在"斩钉截铁地断除"烟癖之后。

本年，与同盟会员郭希仁③等在西安创办《声铎公社质言》，启迪民智、宣传维新。
作《〈声铎公社质言〉发刊词》：

> 呜呼！铎无声久矣。自秦以来，官与民相隔，政与教相离，语言

---

① 景克宁、赵瞻国：《景梅九评传》，山西人民出版社，1990年，第382页。
② 狄楼海（1874—1938），字观沧，山西猗氏县（今临猗县）人，与张瑞玑同科进士，初任刑部主事，后赴日留学，加入同盟会。1909年与柳亚子等组织"南社"，民国后任山西教育司长、第一届国会众议院议员等职。
③ 郭希仁（1881—1923），名忠清，陕西临潼县人，同盟会陕西分会会长。参加辛亥革命西安首义，历任国会参议员、陕西省教育厅厅长、禁烟局局长等职。1916年春因反对洪宪帝制避居赵城谁园。

与文字相歧,学问与经济相分……吾民之辨其句,解其意者,百无一二……本社怜吾民之愚,并知吾民之非乐于愚也,乃编为质言,以告诫而劝谕之。不曰文而曰质,取其通俗易晓也;不曰报而曰言,不欲自居于报,亦不敢以报自命也。今者第一期出版矣,我知父老子弟团聚而观必慨然叹曰:天下固有此种易解文字供人玩览耶?向者吾之官、吾之师,奈何密而不宣,而故为艰涩古奥不可索解之文以难人也!呜呼!铎无声久矣,有之请自今始。

《陕西省志·报刊志》将该刊归入民办报刊(公办民助)类,专节介绍:

> 光绪三十四年(1908),由张瑞玑、王铭丹、尹昌龄[①]、郭希仁和李坤然等创办了《声铎公社质言》……该刊主张"启迪民智,开通风气,宣传维新,注重事实。"……该刊行文通俗易懂,并宣传反清思想,极受各界欢迎。[②]

本年,作《记林道友事》。

## 是年

光绪帝、慈禧太后死。溥仪继位。袁世凯被"开缺回籍养疴"。

---

[①]尹昌龄(1869—1942),字仲锡,四川华阳人。历任咸宁知县、西安知府等职。
[②]陕西省地方志编纂委员会编《陕西省志·报刊志》,陕西人民出版社,2000年,第146页。

## 1909年(宣统元年己酉)三十八岁

3月(阴历二月),在兴平知县任上。与张深如、南南轩等创办《兴平报》。每十日石印一小张,设有论说、选录专件、新闻杂俎等栏目。

《陕西省志·报刊志》称该报是陕西最早的县级官办报纸:

> 宣统元年(1909)二月,张瑞玑(山西人)由韩城调任兴平知县后,与当地绅士张深如(张渊)、南南轩(凤薰)等创办起《兴平报》。这是陕西最早办的一张县报。①

该报中历、西历并用,其使用西历比民国元年通令各省改历早了三年。雷晴波《清代陕西〈兴平报〉》:

> 笔者有一张被揉得残破不全,很不显眼的《兴平报》,是陕西报刊界一纸珍贵的实物资料。这张《兴平报》是宣统元年十月二十日出版的。报纸日期使用的是中、西两种纪年,右侧第三页日期为"西历一千九百零九年十二月二日",左侧第四页为"中历宣统元年十月二十日"。细观中、西历对照之运用可明显看出,郄是当时的新潮派所为。具体来说,晚清时期,官方对宣统年代之称呼,则称大清宣统年,而该报所称之中历宣统年是极少见的。另外,报纸夹缝处的"本报代办所"一栏,则刊有省内外有关军事、教育、警务、高中小学等名单,从这

---

① 陕西省地方志编纂委员会编《陕西省志·报刊志》,陕西人民出版社,2000年,第140页。

里可以看到当时各地新学已经兴起。①

3月,向陕西省谘议局筹办处禀报兴平县设立选举事务所、同步开展宣讲和调查等事宜。谘议局筹办处批复"深堪嘉许"。

《谘议局筹办处批兴平县张令瑞玑禀设立选举事务所及划区派员宣导调查情形由》:

> 据禀:该县遵札设立选举事务所,并称前奉筹办期限表定期极毕即调查事毕,嗣后编册投票等项,仍可按期办理。一变通间,于各绅既示体恤之忱,于公迫,所派员绅岁暮不无私事纠缠,因将宣讲、调查合为一期,一面宣讲即一面调查,宣讲事事仍无延逾之误,通才举措,固自不同,深堪嘉许。至该县划分八区,应即督率各员绅,将选举事宜切实举行,以求如期蒇事。所有该区段域暨办理情形,仰仍绘图禀陈,以凭查考。此缴。②

7月,向陕西巡抚恩寿禀报禁种鸦片及白话告示。巡抚批"切实可行,准如所拟办理"③。

在兴平任上得到宣统帝传旨嘉奖。

> 谕内阁,恩寿奏考核属员分别举劾一折。陕西西安府知府瑞清……兴平县知县张瑞玑……均著传旨嘉奖。④

《兴平县志》对张瑞玑的评价是:

---

① 《中国商报》,2003年6月26日。
② 《陕西官报》第四期,《清末官报汇编》第45册,第22436页。
③ 《陕西官报》第十八期,《清末官报汇编》第45册,第22575页。
④ 《大清宣统政纪》卷四十七。

张瑞玑,字衡玉,山西赵城人,宣统元年任。天才卓越,双目炯炯,豪于文,廉于吏,不避权贵,敢作敢为。①

8月,调署长安知县。
离开兴平时,友人饯行。作古风《襄阳老人歌赠李清臣并以留别》:

蜡烛爆花酒生波,当筵高唱骊驹歌。……茂陵城内无官署,萧寺作衙官作僧。闲来参禅生妙悟,释迦罗汉应生妒。传饭例随阇黎钟,放衙独坐菩提树。我来秋风相见欢,公余诗酒乐盘桓。十月团聚一朝别,举杯相对发长叹。人生聚会本浮幻,华筵例从盛时散。我涸尘世卅八年,见君年华少其半。百年离合生欢悲,此理茫茫不可知。当君帷幄破敌日,正我襁褓哺乳时。相逢相别凭谁定,参破空花万缘净。君是寒山老柏枝,我是尘海浮萍命。樽前莫唱阳关词,天涯何处无离别。

在长安县衙宴请景梅九等革命党人。
景梅九《罪案·被守门人挡驾》:

我平生最怕见官,衡玉自然是例外,然也闹了一次笑话。一天衡玉在衙门请客,我也在内,届时赴宴,走到大堂,被守门人挡住,不让进去,却问道:"干甚〔什〕么的?找谁?"我答道:"你们大老爷请我吃饭。"这奴才很妙,又把我上下打量一遍,羊瞅不睬地道:"请你吃饭?没记得呀!"我心里道:"记错日子了吧?怪事!"正要回身,忽然那位

---

①《兴平县志·官师》,中国方志丛书影印本,台北成文出版社,1969年。

常随衡玉出门的一位差人出来了,认识我,连忙把我让进去,并道:"正要催请先生哩!"我才得到里面。见了衡玉,自然莫提别的话,那守门的却在门外窃听我讲他坏话没有?真可笑极了!我哪有这闲工夫计较这些!回寓和玉青说起来,玉青说:"待我得闲见老衡问问他。"我只当说笑。不料玉青果然隔了两天到长安衙门里责问老衡,老衡妙极了,却道:"你们'灶爷'穿的那个样子,就是我守门,也要挡住他,还能怪人么?"呵!原来为穿的衣服不佳!

秋,画一幅墨梅。题七古《为寻惠人①画梅》:

老衡泼墨画墨梅,梅冉冉,搴帘来。似嗔似怒情默默,亭立案前影悲哀。老衡长揖前致词:"问卿何事来萧斋?"梅花娇嗔呼俗客:"尔我绝交经几回。尔试揽镜照尔影,面目须眉尽尘埃。我自清高尔自俗,仙凡骨格判于胎。敢以尘海俗子笔,污我冰肌与玉骸。古有元章与补之,睥睨富贵等草莱。近有二树与冬心,布袍丝绦亦吾侪。为我写照我心喜,山之巅兮水之隈。彭家雪琴未免俗,孤负箬笠与芒鞋。林逋而后人无几,如尔之俗更可鄙。尔不自羞还自喜,用墨如泥笔如柴,纵横涂抹真无赖,令我受之梗于怀。尔我出处两不合,品格即分性又乖。尔有尔友我素知,为尔屈指数而排。乡宁吴老胖,奇肆骄横真霸才;荣河寻胡子,奔走肆应众所推;解梁老岫与老品,生者忙忙死者哀。俗客有友皆俗客,尔客皆是俗中魁。十年以前尔伏处,怜尔穷酸客追陪。癸卯入关尔变矣,北山移文遍岩崖。龙门之长茂陵侯,堂

---

①寻惠人,山西荣河县(今万荣县)人,在陕西担任巡抚衙门巡捕。据吴庚《寻鬐墓志铭》:"鬐姓寻氏,讳汝傪,字惠人,美于鬐,故群以鬐称……性好劳,自少至老,无一日之安,长官朋友有知我者,则毕生报之,虽殉之身,殉之以声名,殉之以出处之大节,而皆不恤。""血性过人,忧劳致死。"

上一呼应如雷。近又调迁长安令,奔忙酬应汗如雨。尔有文字皆公牍,尔有衣冠皆优俳,尔有语言皆世故,尔有经济皆货财。尔所耳闻与目见,抚军批札藩署牌;尔所心营与神注,小民赋税大官差。尔官置之长安市,卑如皂隶与舆台。红尘影里青舆飞,小坐官厅吏又催。俗忙如此穷依旧,宦海波中起债台。尔若自问羞应死,何似归山倾酒杯。乃犹皇皇鸣得意,抗尘走俗心不灰。尔俗入骨不可医,欲借诗画作雅媒。身入平康谈清节,颜曰十重何厚哉!"老衡闻言舌上挢,有如冷冰灌顶才。向梅再拜长谢罪,帘外秋月霜皑皑。起画梅花补画隙,墨点斑斑浑莓苔。画毕还寄俗友看,张之座右供嘲诙。

按:诗中用梅花仙子与老衡对话的方式,揶揄自嘲,寓庄于谐。有"堂上一呼应如雷"的威严,"奔忙酬应汗如雨"的劳形,也有"红尘影里青舆飞""宦海波中起债台"的无奈和牢骚。

本年,帮赵城进士乔海峰料理丧妻后事。《乔铁髯墓志铭》:

君简傲特甚……又崖岸自高,不屑营求,宦陕八年,渐归岑寂,当道于君亦几若忘之。君之穷犹之诸生家居时也。岁己酉,君元配杨夫人病殁于寓,贫不能敛。时余宰兴平,闻讣星夜遣人殓而殡之。

# 是年

陕西省谘议局成立,王锡侯为议长,李桐轩、郭希仁为副议长。

## 1910年(清宣统二年庚戌)三十九岁

仍任长安知县。

3月,与同人将《兴平报》迁移到长安学巷内,更名为《兴平星期报》。八开四版,旬报改为周报,石印改为铅印。该报"当时已成为同盟会宣传革命的重要阵地"。(《陕西省志·报刊志》第141页)

作《〈兴平报〉第二年发刊感言》:

> 瑞玑去年宰兴平,与张深如明经、南南轩上舍创兴平报社。既出,颇蒙社会欢迎。秋八月,瑞玑调署长安。今年春,深如膺尹太尊招,监督西安实业学堂,南轩亦因事来省。于时兴平报社创始数人尽去兴平而会集于省垣。深如等虑本社善后之无人,其报亦因而中止也。乃谋于南雪亭社长,移报社于西安总教育会。又因旬日一纸,不足慰阅者快观之心,乃变通其例,改为星期。名之曰星期报,而仍冠以兴平,从其旧也。报将发刊,深如与南轩请为文以刊报名,玑因之有感焉。五年以前,陕西所谓报章,仅一《秦报》而已。外州与县无所谓报,亦不知有报也。有之则始于韩城,继于三原,再继于西乡,三继于兴平。《西乡报》创于校长朱君,宗旨尚无舛异,印机不备,誊写漫灭,未能风行。《三原报》创于胡氏,历经改良,其体例文字均在《西乡报》以上,闻今年又有改良扩充之举,其进境盖未可量也。韩城之有《龙门报》,玑实倡之,经营初定,遂卸篆归省。今则机印改为誊写,浅说改为文言,体例倒置,文字芜杂,其报虽存,而其名已若有若无,无复有一人道及者。瑞玑所经营而幸存者,仅此兴平一报,尚留遗响于社会。然而玑去,深如去,南轩又去,于是兴平报社不复能独留于兴平,乃随诸人之车尘马足,越界百里,而远移于省垣。又赖雪亭诸君

子热心维持,始得组织,愈振愈盛,不至如《龙门报》之续。是以见天下成事之难,并以见天下任事之人不易多得也。

《陕西省志·报刊志》引录上文后写道:

这篇论说,不仅将《兴平报》与《兴平星期报》的沿革、演变交待得清楚,同时也说明了这个时期省垣、州县各报的情况。这时,张瑞玑等已与同盟会陕西分会有了密切联系,该报当时已成为同盟会宣传革命的重要阵地,不时揭发清廷的腐朽黑暗。如宣统二年(1910)二月初十日刊登的《皖人反对赔款征银》、六月初四日刊载的《政府对于开海、陕甘两铁路欲加之借款之警告》和六月二十五日所刊的《甘肃人之禁烟谈》,以及七月十七日刊登的戏曲《黑世界》等,都是揭露清朝政府的罪恶统治的。①

5月,陕西成立国会请愿团,推举郭希仁、王敬如为代表进京请愿。作《送郭希仁入都请开国会序》:

希仁行矣,为我告诸志士曰:"使我四万万人民各知抒其爱国忠君之心者,在此一举,勿中馁也,勿过激也。鄙人洗耳而听之矣。"

按:本年立宪派发动了三次国会请愿运动。第一次在1月,陕西没有派代表参加。第二次在6月,陕西代表郭希仁、王敬如5月赴京,参加了这次请愿运动。请愿失败后,郭、王二人当如张瑞玑文中所希望的"勿中馁

---

①陕西省地方志编纂委员会编《陕西省志·报刊志》,陕西人民出版社,2000年,第141页。

也,勿过激也",继续参加10月份举行的第三次请愿运动。据李新、李宗一主编的《中华民国史》:"四川、山东、陕西等省较快地派出第三次请愿代表入京活动。"①

张小衡《先君事略》:

> 府君善与人交,和易率真,与物无兢。而性特刚介,持己守正。义之所在,虽鼎镬在前,不稍屈也。……时帝州各报力诋某抚贪婪,某抚知各报多系府君创办,乃阳谓府君曰:"某固不肖,然各报所载或涉影射,是欲何为者?"府君出而语记者曰:"事之实者,固不能为之讳。其稍涉含浑者,则须斟酌言之,勿为所败也。"于是攻击稍息。而某抚反益忌之。

景梅九《罪案·帝州报的投稿员》:

> 《溺女》短篇,本要送到《帝州报》上登载的。《帝州报》是老友张衡玉创办的,衡玉是庚子后我在北京交识的朋友,长我十岁,善饮酒,能诗文,在陕西作知县,每到一个地方,便提倡办报。甚么《韩城报》、《兴平报》,都是秦中破天荒报纸。《帝州报》是《兴平报》的改名,移到长安,继续出版,因为他那时知长安事故。最妙的是一面作官,一面骂官,作了许多新乐府,替百姓出气,所以我常向他的衙门里行走,并谈到革命。曹寅侯、郭希仁诸同志,全和他很相得。《帝州报》乃南轩主笔,南轩稳健而有肝胆,我由衡玉介绍见面定交,曾给《帝州报》投稿几篇小说,不大记得了。

---

① 李新、李宗一主编《中华民国史》(第一卷,下册),中国社会科学院近代史研究所中华民国史研究室主持编写,中华书局,2011年,第488页。

6月,景梅九接东京同盟会总部函招。7月离陕,行前作诗赠别张瑞玑。据景梅九《罪案·惜别长安》:

一惜别学堂……一惜别张王,老衡虽没被我拉入同盟,我承认他是个特别同志,很想劝他把官丢到外面去,所以勉强成五律一首,赠别云:"秦中同作客,此别苦为情。三去千秋国,孤身万里征[①]。浮名还赚我,久宦太劳生[②]。为问息肩日?还期四海平[③]。"

在长安任上兼掌巡抚恩寿的文案,秉公执法,绝不谄媚。
刘盥训《老衡事略》:

某抚巡捕犯法,君以长安令迳捕治之;其妾生日,君在文案,独不往贺。

章太炎《故参议院议员张君墓表》:

知长安时,直巡抚幸姬生日,群吏皆贺,君独以疾辞。巡抚不怿曰:"适于今日病邪?"徙知临潼。

按:1903年,恩寿作江苏巡抚时制造《苏报》案,致章太炎、邹容被拘

---

[①]原注:因中伏不欲东。
[②]原注:此从古人"忠孝太劳生"脱来的,生是生平之生,不是"小生"之生,然和"我"字对起来,有些嫌疑,所以声明一句,便欲劝他莫作官的意。
[③]原注:这两句合两人说起来,就令不为浮名不就官,也息不了肩;因为革命未成功,四海不平故。"四海平"三字目的很远,直达大同世界。

刘盥训《老衡事略》手稿(临猗县图书馆藏)

捕。邹容不堪折磨死在狱中,太炎先生三年后刑满释放。1936年,太炎先生借"张君墓表"予宿敌以冷嘲,显春秋笔法。

8月,调任临潼知县。
《刘选之先生墓志铭》:

> 庚戌七月,瑞玑署临潼篆,万事竭蹶无能为,将问道于先生,而先生已于是月辞世矣。

刘盥训《老衡事略》:

> 君任临潼时,省垣因勒捐,商民汹汹将罢市,大吏束手,急檄君来处理。君至,巡市,各晓喻数语,商民大欢,曰:"张青天非欺我者!"风潮遂息。大吏愈知非君不能和洽绅民,遂强君再署咸宁,仍以文案委之。当是时,陕西绅民不信服大吏,惟信服君,有第一循吏之称,然廉伉不阿。

张小衡《先君事略》:

> 某抚大愤曰:"余堂堂巡抚,乃不及一县令耶!"适所属新丰镇有被劫者,某抚遂罚府君俸三月,并记三大过。府君上书申辩,并悬重赏捕匪。未及月,自河南永宁捕某盗至。讯之,则与同劫及其窝主王炳耀等,皆新军中士卒也。府君乃持供晋谒某抚,曰:"宪台之兵劫卑职之民,卑职固应受重罚也。"某抚阅供赧然,惟曰:"奴辈敢尔!奴辈敢尔!"遽敕督练公所,令将某某等交出。时不肖肄业北京陆军中学,见京津画报均图其事,则正府君骑过灞桥,押解该兵士等归临潼时情

形也。

　　王炳耀者，系哥老会中头目，与其党张云山、马青山等号称"三十六好汉"。陕西起义时之洪汉军，即此辈所组织也。皆有绝技，能腾屋超乘，缘壁而行，此时已具革命思想。府君讯之，觉其有异，遂判为徒刑。其徒或夜入狱，谋约期劫之出。王炳耀泣曰："张大老爷活命之恩不可忘，且我期尽当出，勿妄动也。"府君入宰咸宁，继任者又判为死罪。府君借他案解入咸宁狱中。

　　**按**：辛亥革命陕西起义由同盟会、新军、哥老会携手而成。之前，同盟会井勿幕和胡景翼、新军张伯英和钱定三、哥老会万炳南和张云山等三十余人，于1910年7月9日在大雁塔歃血为盟，史称"大雁塔三十六弟兄结盟"。哥老会以三十六为吉祥数，实际参与者不止三十六人。据陕西辛亥革命史料，王炳耀未列入大雁塔结盟的三十六弟兄名单，他应是哥老会参加陕西举义的一名骨干。

　　约八九月间，为在长安任上未能禁绝种植罂粟感到愧疚。
《刘选之先生墓志铭》：

　　己酉，禁烟令下，瑞玑由兴平调署长安，先生来函计十六纸，反复千余言，略谓关以西毒卉遍地，非持定力以禁之，其势难绝；即绝矣，非提倡种植工艺之学，其势必穷。瑞玑题其言，未能尽行，至今有余愧焉。

12月14日,应"子康仁兄"嘱书四条屏,内容是钱谦益①《金陵秋兴八首次草堂韵己亥七月初一作》前六首。

按:落款为"庚戌冬月十三日,书虞山钱蒙叟秋兴草堂原韵六首,应子康仁兄大人属,赵城张瑞玑呵冻作于万年官廨②"。钤印"张衡玉""玑"两枚。这是编著者所见谱主书迹中唯一的四条屏,由槐荫草堂主人提供。书此四条屏一月后,天津温世霖被清廷发戍新疆,途径临潼,张瑞玑到迎宾馆拜会。详具1911年谱中。

据《陕西报刊大事记》,"是年,张瑞玑又创办〈韩城报〉在韩城出版"③。

## 是年

黄兴策动广州新军起义失败。清廷任命吴禄贞为北洋军第六镇统制。

## 1911年(清宣统三年辛亥)四十岁

仍任临潼知县。

1月23日(阴历十二月二十三日),到骊山迎宾馆拜会被朝廷发戍新

---

①钱谦益(1582—1664),字受之,号牧斋,晚号蒙叟,学者称虞山先生,明末清初江苏常熟人。1659年郑成功联合张煌言北伐抗清,水师进入长江、直达金陵近郊之际,辞官归乡、暗中联络反清复明势力的钱谦益欣然作《金陵秋兴八首次草堂韵己亥七月初一作》,予以歌赞,诗句有"八公草木气森森""杀尽羯奴才敛手""依然南斗是中华"等句。

②"万年官廨"即临潼县署,古万年县在临潼境内,今临潼城有万年路。

③陕西省地方志编纂委员会编《陕西省志·报刊志》,陕西人民出版社,2000年,第16页。

疆的天津学界领袖、普育女学堂校长温世霖,"拍案大呼'非大革命不可'者再"。

温世霖《昆仑旅行日记》:

> 又行十里,下午四时至临潼县。穿城至南关外临潼山南麓迎宾馆,宿焉。……晚七时,县尊张瑞玑君(字衡玉,山西人)来拜,畅谈颇久。此老言语爽直,精神奕奕,无丝毫官吏习气,与余一见如故。论及时局,自云昔曾加入戊戌政党,嗣因康梁失败,谭嗣同、杨深秀等六君子遇害,曾亲赴菜市口收敛杨御史之遗骸,并周恤杨之遗孤。言次愤慨万状,拍案大呼"非大革命不可"者再。此老有骨气、有肝胆,且有国家思想。风尘俗吏中而有此人,诚铁中铮铮、庸中佼佼者矣,令人肃然起敬。
>
> 随即入席陪同晚餐,酬酢甚欢。席间张公又云:"余不得已就一微官,初谓百里侯亦可为民造福,不意到任后适得其反,困守樊笼,自由不得。阖衙门书吏、差役,上下数百人口,仰给予此数百人之薪资,而此数百人所得之薪资,无一文非扰民害民而来。除衙前一对石狮子无须养活,不扰害百姓耳!"此真一针见血之言,非有胸襟、肝胆、学识,不能说出也。
>
> ……
>
> 又以西去渐寒,特馈赠十二金,嘱路过省城时购一皮斗篷,以御寒冷。此老情谊真挚,令人铭感不忘。饭罢再三珍重而别。①

1月24日(阴历十二月二十四日),温世霖记:

---

① 温世霖:《昆仑旅行日记》,高成鸢编注,天津古籍出版社,2005年,第28—30页。

仍进南门,经县署,差片与张县尊道谢辞行。绕至西门,见武庙有小学一处,警察亦整齐,有精神。①

1月25日(阴历十二月二十五日),温世霖记:

(至西安)晚饭后,同乡段卜臣、郭瑞甫二君偕一河间府同乡朱君仔钟来访……段郭朱三君纵谈国是,并论及革命秘密组织,拟以郭君为中坚……余建议事前应多联络本省绅学两界人才,并介绍临潼县令张瑞玑君,其道德、学问、政治、经济均极三富,又陕西谘议局郭副局长亦有骨气,皆可为忠实同志,将来堪胜大任。②

3月15日,与郭希仁创办《曒社学谭》月刊。为取社名,题写刊名;并作发刊词《曒社记》,署名"老衡"。

《曒社记》:

月未落,鸡未唱,大地山川,昏昏茫茫。无贤愚,无贵贱,无老稚男妇,咸倒床贴枕,收神纳息,憆然一觉。如僵尸,如病厥,灵明散失,五官百体悉萎废不能举,心与神离舍飞逸。噩梦扰扰,呓语喃喃,终宵辗转,与魑魅魍魉为邻。举人间一切悲欢苦乐、生死存亡之境,冥然漠然不自觉。

悲夫!世界昏暗,人理灭绝,无过此时。夜未明,人未醒,谓睡为死可也,谓无世界无人类亦可也。使夜长此不明,人长此不醒,则举天下人将长睡死矣。岂不哀哉!

朝曒初出,苍苍凉凉。村落城市,渐闻人声。向之如僵尸,如病

---

①温世霖:《昆仑旅行日记》,高成鸢编注,天津古籍出版社,2005年,第31页。
②同上,第33页。

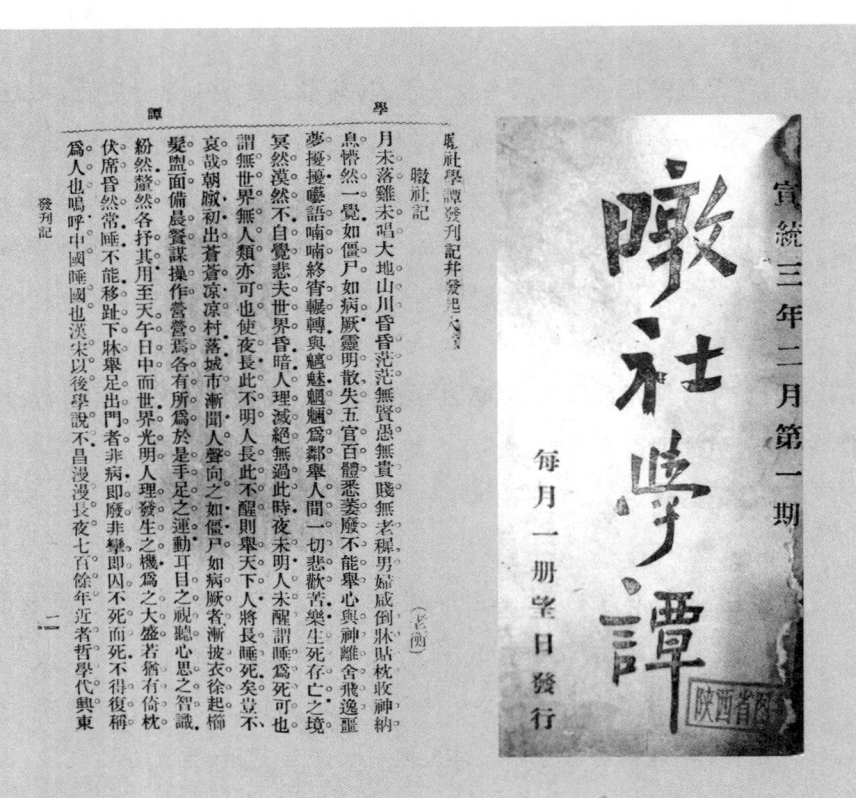

1911年《嘰社学譚》第一期,张瑞玑题写刊名并作发刊词《嘰社记》

厥者,渐披衣徐起,栉发盥面,备晨餐,谋操作,营营焉各有所为。于是手足之运动,耳目之视听,心思之智识,纷然辈然,各抒其用。至天午日中,而世界光明,人理发生之机为之大盛。若犹有倚枕伏席,昏然常睡,不能移趾下床,举足出门者,非病即废,非孥即囚,不死而死,不得复称为人也。

呜呼!中国睡国也。汉宋以后,学说不昌,漫漫长夜,七百余年。近者哲学代兴,东西蔚起。顾欧美日午,而震旦未明;瀛海朝烘,而支那方夜。举四万万国民,酣睡鼾呼于黑暗学界之中,而不能遽醒。人见其久睡不醒也,以为其已死矣。夫国民昊死,安得有国?国民不死而不醒,犹之乎已死也,则有国亦必无国。虽然,夜虽长必明,睡虽沉必醒。谓长夜为不晓者,不知天也;谓沉睡为真死者,不知人也。以天时言,中国之夜当明;以人事言,中国之睡当醒矣!郭君希仁,集秦中诸君子研究学理,将刊布学说以提倡一时,余为名其社曰"曒社"。呜呼!月将落,鸡将唱,此其时也。吾为呼四万万睡民,而大声告之曰:"朝曒出矣!"①

按:《曒社学谭》设有论著、疏证、译述、文苑等栏目,借研究学问宣传维新。社址在西安西大街泾阳会馆。

《陕西省志·报刊志》将《曒社学谭》归入社团报刊,专节介绍:

清宣统三年(1911)二月十五日,在西安多次办报的张瑞玑、郭希仁为主笔创办了《曒社学谭》期刊,"曒"取旭日东升之意……"本社以发明学理为主,惟同人知识浅薄,不能为学界大放光明,故取名曰曒

---

①原载宣统三年二月(1911年3月)《曒社学谭》第一期。

社,若日午中天之盛,由俟之海内君子……"又在《发刊预告》中称:"以愚等同志组织此社,非敢云昌明学说,竟在以学联人,以人证学,即以学与人为救时之预备……借以广征同气,收拾已涣之人心。"①

按:据《陕西省志·报刊志·大事记》,辛亥年(1911)"南南轩、张深如和张瑞玑等人发起创办的《昆仑日报》在西安创刊。郭林亭任经理,主笔张凤九。陕西省大量发行日报自该报兴起。"②如此看来,陕西省1896—1912年十六年间创办四十八种报刊,其中有八种是张瑞玑与同人在1906—1911年间创办的,即《龙门报》《声铎公社质言》《兴平报》《兴平星期报》《帝州报》《韩城报》《暾社学谭》《昆仑日报》。

方汉奇《中国近代报刊史》(下册)论及辛亥革命前"遍布京津地区和国内各省的革命宣传阵地",陕西占四百余字,其中半数篇幅评介张瑞玑创办的《兴平报》《兴平星期报》《帝州报》《声铎公社质言》《暾社学谭》五种报刊。方汉奇写道:

> 陕西同盟会在省内创办的革命刊物:有1909年创刊的《兴平报》,1910年创刊的《帝州报》《丽泽随笔》《声铎公社质言》,1911年创刊的《暾社学谭》《光复学报》等。以《兴平报》和《丽泽随笔》的影响为最大。前者由张瑞玑主编,原在兴平出版,后迁西安,改名《兴平星期报》,所刊"政府对于开海、陕甘两铁路加入借款之警告"及"黑世界"等论说及文学作品,都对清廷的腐朽黑暗作了尽情的揭露。《兴平星

---

① 陕西省地方志编纂委员会编《陕西省志·报刊志》,陕西人民出版社,2000年,第151页。
② 同上,第16页。

期报》停刊后,改名《帝州报》,一直出版到辛亥革命之后。①

3月至7月,《暾社学谭》第一期至第六期,连载《新乐府》十四首②,署名"老衡"。诗前小序云:

冬夜独坐,万感飞集,意忽忽不乐。移灯伸纸,拉杂成歌。其声激,其词野,是贾生之流涕,阮生之痛哭也。名之曰"新乐府"。

其一《民之牧·刺官也》:

张大伞,排健仆,来者谁,民之牧。牧职维何,曰鞭与扑。朝取乳,我犊哭,暮截毛,我羊秃。我羊我犊冻且馁,冻死馁死将谁告(原注:读鹄)。世事有如南山竹,节节不通层层复。呜呼!吾民皆羊犊,生我死我民之牧。

其四《宋儒腐·悲学说之不昌也》:

宋学腐,汉学诬,明儒学理寂而枯。六经烛天万丈光,小儒眼界三寸长。海风吹来泰西学,推倒汉壁排宋墙。泰西哲理通于古,发明旧学非无补。后生小子猎皮毛,遂令经籍成粪土。子不子,臣不臣,墨子无父杨无君,无父无君人理灭。嗟嗟,人理已灭尚何说。

---

①方汉奇:《中国近代报刊史》(下册),山西人民出版社,1981年,第538页。
②依次为:《民之牧·刺官也》《排官·刺绅也》《学堂师·刺学堂也》《宋儒儒·悲学说之不昌也》《道教清·悲宗教之不兴也》《新赔款·叹财政之困绌也》《潼关西·恨鸦片之流毒也》《贫在人·讥矿学之不讲也》《立公司·讥铁路之难成也》《泪潺潺·哭时局之危迫也》《何谓法·痛交涉之失败也》《穷于丐·伤廉耻之道丧也》《昂无比·恨贿赂之公行也》《神巫来·叹迷信之不破也》。

其六《新赔款·叹财政之困绌也》：

　　新赔款,旧赔款,涓涓滴滴民之产。筹自治,筹立宪,其利未形害先见。朝剥脂兮暮削膏,民虽不死将何逃。朝廷日日言清理,未清未理已见底。寄语聋瞆老司农,不是国穷是民穷,国穷犹可,民穷奈何。呜呼,民穷民穷谁恤他。

其十《泪潺潺·哭时局之危迫也》：

　　失琉球,割台湾,说往事,泪潺潺。祸延眼睫眉先燃,今日棋局更败残。旧时祖宗发祥地,黑龙江水长白山。地无界,官无权,公法文明国野蛮,列强视如盘中餐,不为埃及即波兰。嗟我政府诸老尚懵懵,胡不揩尔睡眼望关东。

其十一《何谓法·痛交涉之失败也》：

　　何谓法？治我民;何谓权？便我身。法权所在只如此,施之外人则不伸。堂堂外务部,无曲无直频被侮。皇皇洋务局,公法约章无人熟。今日曰保利,明日曰收权,矿权路权落人手,俯首帖耳不敢言。吁嗟乎,合肥南皮犹且然,于尔庸庸诸公何责焉。

其十二《穷于丐·伤廉耻之道丧也》：

　　京官穷于丐,外官驯于奴。穷丐时发迹,高马四轮橡皮车,驯奴时得宠,风云雷雨张口呼。黄金白币八行纸,此中安得有国士。浑水池塘无清鱼,不奴不丐坎坷死。威如神,声如雷,衮衮皆自奴丐来。呜呼,何怪天下无才。

其十三《昂无比·恨贿赂之公行也》:

无钱莫入市,市上物价昂无比。千钱一尾鱼,百钱一脔豕。穷人探囊无一文,过门馋涎流如水。少年节度手散漫,一掷白金三十万。沉醉一笑出都门,手中握有剥利券。补君背上疮,剜民身上肉。疮可补,肉难补,我民忍死不敢哭。

20世纪80年代,陕西一位九十多岁的老人刘安国,犹能背诵《新乐府》。

王作霖《先外祖父张瑞玑轶事数则》:

一九八三年在西安访刘安国老先生时,刘已九十多岁,对张瑞玑的诗文尚能背诵几句。刘先生忆得清时先生任临潼知县时,与咸宁知县杨调元意见不一致。杨镇压哥老会,先生保护哥老会。一次杨赴临潼华清池洗澡伤了腿,先生作顺口溜讥之:"知县跳墙崴了腿,还来污我温泉水。"刘老先生还回忆又一顺口溜:"撑大伞,排健仆,来者谁,民之牧……"以九十高龄而尚能背诵这几句真不易得,足见秦人对先外祖父之深情矣。①

3月,资助景梅九在北京办《国风日报》②。

景梅九《罪案·典去少石白狐裘》:

---

① 王作霖编注《张瑞玑诗文集》,油印本,1988年,第272页。
② 《国风日报》创办于1911年2月10日,景梅九为主笔。

《国风日报》开办费三百元,自然不到几天就完了。第二月便维持不下去,我当时采取沿门乞讨的办法,由近及远……于是又向外省去讨,凡有和我交识的,没一个躲得过去。近而陕西作知县的张老衡,远而云南作讲武堂堂长的李协和,都打到了,幸不脱空。

本月,作《太和方伯①之蜀序》:

　　天下富贵利达之途,消磨英雄豪杰之具也。尝见有草茅读书,高谈名节,一旦作吏则奔走趋承,为身家计,为功名计,而性情一变。又见有负不羁之才屈于下吏,每举大吏所言所行诽訾不遗余力,一旦得志,而监司,而封疆,则养尊处优而性情又一变,今日之中国比比然也。……瑞玑尝谓新政不可不行,以中国之官吏行新政则不如不行,欲行新政非廓清官吏之积习不为功。然以斯言告天下之官吏,必群然斥之而不信;即信矣,亦必不能用。

6月,调任咸宁知县。

　　(宣统)三年辛亥,张瑞玑,山西赵城县人,进士,调任。九月去任。②

按:前任知县培成,旗人,与张瑞玑同科进士,"三月到任,五月去任"。

---

①王人文(1862—1939),云南太和(即大理)人,由陕西布政使(方伯)迁四川布政使。
②民国版《咸宁县志》卷二《职官表》,第93页。

本月,《暾社学谭》第四期刊登《醉后放歌寄吴岷圃①孝廉》(署名"老衡"):

吴郎吴郎,天缺西北隅,地陷东南方。混沌未凿人未生,天浑浑兮地茫茫。西有亚丹,东有娲皇,多事抟人造物成世界,生出种种离合悲欢与死亡。人生大寿不过一百岁,百岁欢乐能几场?上下二万四千年,我有百年寸烛光。纵横十万八千里,我如一粟贮太仓。其微其细已太甚,令我揽镜对影心自伤。出东郭,登北邙,吊周秦,访汉唐,荒碑卧宿草,石马泣夕阳。多少帝王将相名士美人一抔土,谁辨贵贱与彭殇。日日有离别,处处有沧桑。地球行星各世界,泪水多于太平洋。我将与君摆〔罢〕利锁,脱名缰,离苦海,入醉乡。奚奴典骕骦,老妻烹旗枪。稚子团坐摇蒲扇,秃婢爨薪依风箱。醉后乘风凌空行,上天闯入白玉堂。露顶赤双跌,踞坐珊瑚床。床头古墨发奇香,玉版宣纸五千张。任我狂草淋漓随意写,上之帝座当谏章。取我胸中抑郁不平事,帝前一一叩其详:"孔孟之学胡不昌?黄农之胄胡不强?既不能锁海口、镇边防,使五洲列国守旧疆,胡不使六经九籍走八荒?胡不使言语衣冠通梯航?胡不使禹皋佐治,尧舜垂裳,地无中与外,种无白与黄,国家无破灭,人民无死亡,大角荧惑藏光芒,普天讴歌乐且康?胡乃东西扰扰,华夷攘攘,宗教纷杂,学说低昂。弱者为奴隶,强者为帝王。鹰瞵虎视不知让,豆剖瓜分不知怆。杀人之器日益良,敛财之方日益长。古者圣人所深恶,今反其道无不祥。视我神州赤子四百兆,贱如牛马与犬羊。前山来猛虎,后山来群狼。虎狼贪狠是本性,新鬼故鬼甘作伥。狮子酣睡唤不醒,拳曲爪牙如尸僵。

---

① 吴人达,字岷甫(亦作岷圃),号山民,江苏泰兴人,历任山西法政学堂教务长、陕西学务公所普通科副科长、山西督军公署书记官等职。谱主病逝后,阎锡山派他到赵城谁园致祭。

权利三春冰,法令六月霜。文牍如牛毛,人才如凤凰。衮衮诸公痴且顽,事事小儿捉迷藏。使我国贫民困万物病,九洲四海同惶惶。吁嗟乎!地不老,天未荒。物各有血气,人各有肺肠。披我二千余年旧历史,一读一哭泪滂滂。天堂不夜帝不醉,胡为万事尽反常!使我不前不后生今世,些子一官如秕糠。达不登廊庙,穷不投沅湘。四十年华将老矣,笔无锋颖剑无铓。我欲下诏请帝遣力士,神工鬼斧降昊苍。填海水,平高冈,为我开凿别创新世界,河山日月七宝装。又欲再遣阇摩老子走尘世,为人一一治膏肓。湔濯脏腑易肠胃,使我朝野无私官无赃!"我言未毕帝大笑:"吁!汝下界书生太颠狂,旋乾转坤各有责,敢以醉词渎座旁。天公日日干预人间事,环球奔走勿乃忙。"闻言痛哭再拜出,其亡其亡谁保障。滚滚尘埃塞三界,天无纪兮地无纲。我血盈腔,我泪盈眶,我哭我歌声琅琅,无人闻之独盘桓。吴郎吴郎,百年三万六千日,与君日日且醉三百觞。

按:这首歌行体是谱主早期诗歌代表作之一,爱国热忱、揽辔之志与苦闷彷徨交织在一起。

**张小衡《先君事略》**:

府君既素负文章名,令首县时,恒兼任幕府职。公余则寄兴于诗酒,诗文一出,远近传颂。尝作"醉后放歌"赠友人泰兴吴公山民,语多讥刺当道。上官见而呵责之,府君不为动也。

8月,《暾社学谭》第六期刊登七古《骊山布衣①歌》,署名"老衡"。节录如下:

前年遇我长安城,黄花时节酒初醒。挑灯对影谈时事,碧窗秋雨泪有声。薄才我自愧民牧,寸金光阴销案牍。文告朱墨遍通衢,风蚀雨剥无人读。

夏,邀同盟会员曹印侯到咸宁县署读书,县署被目为革命机关。《曹君印侯墓表》:

辛亥夏,余邀至咸宁署,尽发箧中书使读之。每夜深,煮酒与抵掌谈天下事。

张小衡《先君事略》:

曹印侯等且匿署中读书,或目咸宁县署为革命机关。西安将军某将刻治之,而民军起矣。

按:清朝在全国设立十四个驻防将军,由旗人担任,统领驻防的八旗兵。辛亥年西安将军为文瑞,民军攻破满城后,文瑞自尽。

9月,以种种理由推托,不执行西安将军文瑞和护理巡抚钱能训交给其修筑防御工事的命令。

---

①骊山布衣,即王云璋(1851—1924),字敬如,陕西临潼县人。王敬如博学厚才,擅长演说,以开通风气、矫正时俗、启发民智为己任。民国前未入仕,人称"王布衣",民国后任鄜县知事。

孙志亮、张应超《陕西辛亥革命》：

正当起义的准备工作在紧张进行的时刻……西安顿时人心惶惶，清朝官吏更为恐慌，满旗将军文瑞又是加紧增练旗兵，又是在满城设防增哨，日夜巡查，戒备十分森严。同时，他又向护理巡抚钱能训（原巡抚恩寿辞职，新任巡抚杨文鼎未到，由钱暂时代理）提出四项要求：（一）发给满城旗兵新式步枪一千支，并配足子弹；（二）令咸宁县令张瑞玑组织人力，在满城和西安各要道，修筑防御工事；（三）因新军不可靠，应抽调外县巡防队回省城驻防应变；（四）迅速查清新军中的革命党人，予以逮捕。钱能训当时认为，三、四两条可以准办。第一条给旗兵发枪弹事关重大，稍一不慎，将会激成事变，应暂缓发给。至于第二条修防御工事，应交张瑞玑办理。而张这时与革命党人已有来往，同情革命，他列举种种理由，推托不办。①

10月10日（阴历八月十九日），湖北武昌爆发辛亥革命。
10月22日（阴历九月初一），陕西辛亥革命举义成功。
《先妣王太夫人墓志铭》：

癸卯，瑞玑以进士官秦，迎养入关，历宰五邑，先妣饮食服御，自奉如家居时。辛亥民军起，时瑞玑宰咸宁，署前邻军装局，驻防满营环其后。民军入城，据军装局攻满营，枪炮彻夜不绝，声震屋宇。吾友鄠县王恒晋、临潼郭忠清、兴安陈树藩均登堂问起居。先妣慰劳毕曰："幸无惊也。"

---

① 孙志亮、张应超：《陕西辛亥革命》，陕西人民出版社，1991年，第88—89页。

《申报·陕西光复余谈》：

　　陕军未起事前，有人屡请署抚钱能训大杀革命党，钱不为动，民军德之。故事变后将钱置于高等学堂花园内，待之以礼。提法使余堃由会党保护回四川。咸宁县张瑞玑素日办事认真，倾心民党，故随即反正。长安县蔡宝善亦反正，现委总文案。将军文瑞见满城已破，投井自尽。左副都统承燕、右副都统克蒙额均被杀戮。其余各官仍在省城，并不加害。此官界之大概情形也。①

田桐《革命闲话·张瑞玑》：

　　辛亥光复之日，尚顶戴乘轿于市中。市人曰："今日民国也，尚顶戴乎？"衡玉曰："然。"则掷之，帽随手飞，众欢动，衡玉亦乐。陕人举衡玉任显职。时山西已独立，电衡玉归。

刘盥训《老衡事略》：

　　（老衡）治盗尤严，而盗不怨，民军起义，盗劫狱出，多有被君判处死刑者，相率见公叩头，曰："张青天心无他，乃我罪当死耳！"相约轮流保护君寓，君亦借此威信导以仁义，秦中吏民保全甚多。其时变起仓卒，拥众相抗，私自号署，动辄械斗，得君一言，无不感激涕泣，言归于好。

张小衡《先君事略》：

---

①1912年1月6日《申报》第一张后幅第一版。

宣统辛亥九月初一日，会于谘议局。会散，府君归。适民军自西城入，遇诸途，群呼曰："此满洲官吏也。"欲刺之。府君解衣掷帽，大笑曰："吾久已不欲服此矣！"其统领官遽前止之曰："此清廉官，且同志也，勿得然！"众亦笑而谢之。府君既归，则民军首领及张云山等均已遣兵保护县署矣。时秦人仇官甚力，省垣自抚署以下无幸免者，独咸宁县署得全。

据打响陕西辛亥革命第一枪的朱彝铭[①]等回忆，经张瑞玑向起义军总司令部建议，未将民军搜获的劝业道光昭等清朝官员杀掉，令其"捐款自赎"。

九月初一日起义军发难后，清朝官吏闻警丧胆，纷纷逃窜，或隐民家，或藏商店。这时，总司令部悬赏缉拿。护理巡抚钱能训逃匿于甜水井某宅，被搜获时，当场以手枪自杀，连发两弹，伤及左胁，自杀未遂，当即送至总司令部，延医治疗，并派人照料。劝业道光昭（字显堂，旗人）由民团搜出后，押送总司令部，经前咸宁县知县张瑞玑（字衡玉）建议，叫他捐款自赎，交长安县管押。提法司锡桐（字润生，旗人）被搜获后，自愿捐款两万助饷，由张云山看管，共和告成，遣送出境。[②]

---

[①]朱彝铭，字叙五，1908年加入同盟会，1910年任陕西新军左队队官，与井勿幕、张钫、党自新等在大雁塔歃血为盟，成立反清组织。西安举义时，朱叙五与党自新、张钫带领炮营打响了陕西辛亥革命第一枪。

[②]朱叙五、党自新：《陕西辛亥革命回忆》，《辛亥革命回忆录》（第五集），中华书局，1963年，第12页。

按:从上文看,西安举义后,张瑞玑很快就到了总司令部。

西安举义后,陕西哥老会头目万炳南仗着军事实力,与秦陇复汉军大统领张凤翙争夺领导权。在紧要关头,张瑞玑与郭希仁挺身而出,以太平天国失败的教训劝诫之,使革命阵营得到稳固。据朱叙五、党自新回忆:

> 初六日,又在咸宁县署内召开会议,张凤翙再次作了自己德薄能浅、愿让贤能的表示;继由郭希仁、张衡玉引证了太平天国兄弟们因为不能合作,以致革命事业遭到失败的教训。他们说:"现在只有湖北陕西起义,清兵势必要来,根据甘肃目前的情况,是不会马上反正的,那么我们就有腹背受敌的危险。大家要同心协力,帮助张翔初(张凤翙字)早作准备,应付未来的艰巨局面。这是我们当前的首要任务。"他们这段话,对同盟会和哥老会双方的团结,发生了相当大的作用。①

10月24日,与革命党人在军装局会商组织临时机关。受命与王锡侯组织民政府,继管铨叙局。

> 《西北革命史征稿》(上卷):"满城即克,诸同人旋于初三日就军装局集合,组织临时机关,分理各项事务。首组总司令部,设参谋、军需、会计三部……王锡侯、张衡玉组织民政府。"②
> 《西北革命史征稿》(中卷):"辛亥西安光复,(衡玉)被推代行民

---

① 朱叙五、党自新:《陕西辛亥革命回忆》,《辛亥革命回忆录》(第五集),中华书局,1963年,第14页。
② 陕西革命先烈褒恤委员会编辑《西北革命史征稿》(上卷),上海书店,1949年,第40页。

政,继管铨叙局。调停哥老会党人,消弭内争,恒赖其言为重。既而辞归太原。"①

刘盥训《老衡事略》:"群拟推君为全秦民政长及顾问院长,俱不受,辞归里。秦人攀送,至于号泣,是辛亥十一月也。"

**章太炎、陕西革命先烈褒恤委员会评价张瑞玑:**

章太炎《故参议院议员张君墓表》:在陕西八年,民称张耶〔通爷〕,为良吏第一。

《西北革命史征稿》(中卷):(张瑞玑)历署韩城、兴平、长安、临潼、咸宁等县,所至皆有政声,号为"清末良吏第一"。②

10月29日(阴历九月初八),辛亥革命太原举义。山西革命党电邀张瑞玑返晋。

张小衡《先君事略》:

晋军起义,电邀府君。府君坚辞秦军东归。

11月7日,清军第六镇统制、署理山西巡抚、燕晋联军大都督吴禄贞,在石家庄被袁世凯党羽刺死。9日,袁世凯任内阁总理大臣。15日,清廷任命张锡銮为山西巡抚,率第三镇统制曹锟、第五混成协协统卢永

---

①②陕西革命先烈褒恤委员会编辑《西北革命史征稿》(中卷),上海书店,1949年,第73页。

祥①进攻山西。

12月上旬,张瑞玑携家眷奉母冒雪东归。一同返晋的还有曲沃仇吉人、赵城乔铁臂等。

《先妣王太夫人墓志铭》:"是年冬,奉先妣东归,家居月余。"

《仇吉人先生暨德配张夫人合葬墓志铭》:"辛亥冬,瑞玑与先生各携眷属东归,秦军护送至大庆关。大风雪,河冻不得渡,滞朝邑旅舍三日,始次第渡河旋里。"

《乔铁臂墓志铭》:"辛亥冬,君同余由朝邑渡河东归。"

归赵途中,陕西民军护送至大庆关。据王作霖《先外祖父张瑞玑事略》,前述哥老会"三十六好汉"之一的王炳耀,念念不忘"张大老爷活命之恩",执意渡过黄河,护送张瑞玑和家眷到家。

12月13日,清军占领娘子关。

12月15日(阴历十月二十五日),回到赵城。闻娘子关失守,"焦愤成疾"。

《致晋抚张中丞书》:"继闻晋军告变,河东一带,尚散涣无归,瑞玑恐桑梓之糜烂也,坚辞秦人而东归,将邀会官绅以为和平解决之计。不意于十月二十五日抵赵,装未卸,而城已封。纷纷传言,谓娘子关失守,太原兵溃,四境皇皇,人心不靖。瑞玑焦愤成疾,卧床累月。"

景梅九《罪案·霹雳一声》:"在赵城关外小学堂驻军,张琦玉②出

---

①卢永祥(1867—1933),字子嘉,山东济阳县(今济南市济阳区)人。出身贫寒,1895年考入北洋武备学堂,辛亥革命时官至北洋第三镇第五混成协协统,奉袁世凯之命率部攻入山西,祸晋殃民。张瑞玑愤而醵资铸"卢贼永祥"跪状铁像,置于赵城南门瓮城。

②张瑞玑胞弟瑞琦,字琦玉,赵城绅士,书法家。

城见大家,问省城近状,并言:'衡玉五哥从陕西归,现卧病家中,未能和大家相见,一切支应都由我备办。'"

同日,山西各界派代表前往石家庄迎接袁世凯任命的山西巡抚张锡銮。

12月29日,孙中山当选为中华民国临时大总统。

## 卷二 民国巨子

### （1912—1918）

## 1912年（中华民国元年壬子）四十一岁

1月23日，卢永祥率步、炮、辎重各队向晋南进犯。

1月27日，卢军在霍州老张湾遇到李鸣凤①率领的民军阻击。

1月30日（阴历十二月十二日），卢军从霍州进犯赵城。沿路受到民军四次阻击，至赵城城下，守城民军顽强抵抗。双方炮战三小时，民军败退。卢军入城，卢永祥住东街刘家花园，放纵该部官兵放假三天，淫掠焚杀，惨无人理。张瑞玑奉母避居城西罗云山中。

> 《致晋抚张中丞书》："瑞玑家亦被掘抢，十二日出城，长短各衣均被劫脱。奉老母入山，山人爨薪赠衣，得以稍安。"
> 《先妣王太夫人墓志铭》："是年冬，奉先妣东归，家居月余，卢永

---

① 李鸣凤（1879—1920），字岐山，山西安邑县（今运城市盐湖区）人。清末秀才，早期同盟会员，与景梅九在陕西运动革命时结识张瑞玑。清军攻破娘子关后，任五路招讨使率部南下运城，继被河东军政分府委任民军总司令北征平阳。曾两度入狱，著有《铁窗吟草》。是著名作家、翻译家李健吾之父。

祥率军南下,过赵城焚掠三昼夜,吾家荡然无遗。时先妣预避居西山,吾兄弟先后至。先妣问:'家人无恙乎?'曰:'无伤也。''房舍无恙乎?'曰:'补葺之尚可居也。''书籍无恙乎?'曰:'非卢军所爱,故遗之。'先妣曰:'儿辈尚有屋可居,有书可读,足矣。'"

按:奉母住在楼村表兄史慎轩家里。这期间,曾骑毛驴,踏雪到七佛峡一游,作七古《冒雪游七佛峡登南北二阁三首》。诗句有:"廿年堕尘网,久与罗云别。寒驴觅前踪,盘蹬折蹄铁。""酌泉连断水,爨松带湿叶。硬拓摩崖书,闲觅飞瀑穴。""目眙神摇荡,跬步判生死。入阁息惊魂,心定喘未已。""步寻山上泉,狂吟发高唱。"七佛峡即"出佛石峡",清代赵城十二景之一,在城西四十里罗云山中。

《刘君孚若自述辛亥革命》:

> 予调查晋南战事,乃卢永祥兵所为,要求袁氏撤退之。傅良左管军事,谓予曰:"此师极佳,本拟调卫京师,因重视晋,故留之,决无劫掠情事。"予又诉诸段陆长芝泉(按:即段祺瑞),段乃嘱予同李君士锐至晋调查,始知卢师南下,已抵平阳,所过皆掘地三尺,其排尾留太原二百余人,终日枪声隆隆,抢掠商民财物。[①]

张瑞玑震怒,接连致书张锡銮、卢永祥、袁世凯,揭举卢军祸晋的暴行。

---

[①] 中国社科院近代史研究所近代史资料编辑组编《辛亥革命资料类编》,中国社会科学出版社,1981年,第159页。"刘君孚若"即刘盥训。

## 致晋抚张中丞书

赵城张瑞玑痛哭再拜,谨告大中丞麾下:瑞玑耳公名久矣,未获一睹光仪,亲聆教言,私拟一格以绳公而不敢遽定。及公将入晋,读公通谕,痛政治之腐败,笔有余恨,公固居然政党也。莅晋而后,闻公招集士绅议开国民公会,商议进行方策,公又居然民党也。率一万纵横焚掠之暴旅,破千余饷械缺乏之晋军,惟公盛德,不自满溢。而复为是八面圆到之文牍,以下告晋人,瑞玑盖钦佩无地矣!瑞玑知公固功名利禄中所谓明达者也,用敢披胆沥肝,冒死直言,以贡所见。愿公俯而察之。

瑞玑关中一县令耳,疏狂倔强,不合时宜,关中绅民不以为不肖,而谬相推敬,亚于师儒。继闻晋军告变,河东一带,尚散涣无归。瑞玑恐桑梓之糜烂也,坚辞秦人而东归,将邀会官绅以为和平解决之计。不意于十月二十五日抵赵,装未卸,而城已封。纷纷传言,谓娘子关失守,太原兵溃,四境皇皇,人心不靖。瑞玑焦愤成疾,卧床累月。当是时,赵城南乡有杜金莲、李海杰者,晋军新征之义勇队也。未至太原,闻阎、姚已逸,归而招集健儿数百人南下,以附河东民军。河东民军于太原告烬之余,燃灰生光,张帜而北,惟仓猝组织,未尽完备。各属催饷员绅,间有少年不更事者,语言意气,动辄取恶,此不能为之讳者也。民军未至时,西山穷民或数人或数十余人,扰及汾西,官置不问,民军至而山民靖。杜金莲、李海杰素以无赖见畏于乡里,然此次起义颇有纪律,不闻抢一钱、焚一物,此不能为之诬者也。时各属守旧绅富商巨贾,不满意于民军者,咸焚香占卜以日祝官军之来。未几,而卢永祥统军果至矣。十二月十一日,长驱入赵城,昌言于市曰:"奉大中丞命,赵城无贵贱老幼皆革党也,剿杀无赦。"于是淫掠焚杀,惨无人理。三日后,始饱载而南。其去也,车四百辆,骆驼三百头,骡马数千蹄,负包担囊,相属于道。瑞玑家亦被掘抢,十二日出城,长短各衣均被劫脱。奉老母入山,山人爨薪赠衣,得以稍安。越二日,遣弟归视。城无市,邻无炊烟,鸡犬无声。家无门户窗棂,箱筥无遗缕,盘盂无完缶,书籍图画无整幅。墙壁倾圮,掘地深三尺。无贫无富,无居民商贾,挨门被害。死尸横于道,南街半城灰烬。怆然出城,闻枪声四起,盖官军又下乡抢掠矣。环城三四十里,男携妇,母抱儿,夜行入乱山,踏雪逾沟,山风刺骨,寒齿击战,不敢作声。妇女绝履坐地,泣之以鼻,手掩儿口,使不得哭。狼狈入山,杂类而穴居,冻馁困乏,相抱而泣。泣已,各仰首呼天,不能成一语。时瑞玑家口三十余,亦分窜东西各山,析居十余处,居十日后始稍通消息。半月后,南北避乱者稍有往来,询知由韩岭以至平阳已无完土矣。

一军如是,北洋全军可知。平阳如是,娘子关、大同可知。自有历史以来,不闻有如是之官军。自有官军以来,不闻有如是之焚掠。自有焚掠以来,不闻有如是之纤芥无遗者!昔明季有谚曰:"贼兵如梳,官兵如篦。"今公之所指为贼兵者,尚未见其如梳;公所自称为官军者,直剃鬓削髻,一丝不留,非特如篦而已也。呜呼惨矣!然而,公且为辞以自解曰:"吾征土匪也。"夫谓民军为土匪,瑞玑不必为之辩。即以土匪论,试问土匪之为害于民也何如?公之征土匪,为民除害也,试问兵之害民较土匪又何如?天下本无匪也,有害于民者即为匪。匪之名本无定也,其为害深且巨而大且著者即为真匪。凶必有案,盗必有赃。公试执法,平情以断斯狱,公之兵皆民之匪,赃证确凿,案情显著,虽千百辩护士不能脱此罪。以首从之例论之,公又居然匪魁也!当官军之分下四乡也,乡人有以抢报官者,官曰:"是土匪也,官军当不如是。"呜呼!民军起事,目之土匪而征之,官军抢民,又委之曰土匪而脱之。不知土匪何在,乃匿迹销声,任人借冒其名号,以残杀掳掠我同胞,不敢出而与之辨真伪、分曲直焉。吾恨土匪刺骨矣！

或曰："兵之劫掠,公命之也。公无饷以养兵,故遣兵南下以饱其欲。其腰橐已满者,逾摩诃岭,出东阳关,不复西归,皆公神算所及也。"或又曰："公夙知官军皆盗贼,畜之肘腋之下,久必不祥,故嫁祸于民,以自求枕席之安。"二者之言,近于巫公,瑞玑不敢尽信。瑞玑知公固功名利禄中所谓明达者也,然终有不能解于公者。公之自诩也,曰戎马半生,曰历膺繁巨。今观公将元道德,兵无纪律,命令无是非,剿抚无方略,肆意杀掳以树威于民,而施恩于兵。意者公所谓半生戎马者,皆如是蹂躏乎？所谓历膺繁巨者,皆如是荼毒乎？吾民何辜,公与吾民何仇？千里以内,精华告绝,甚于七年之旱,九年之涝,虽百年生养不能复元,皆公赐也。公何所为而若是也？将以公为清政府之忠臣耶,不特人不能相信,公亦不能自信也。以公为袁内阁之义仆耶,公必不肯自认,瑞玑亦不忍轻证也。然则公何所为而若是也？

瑞玑尝谓:天下不患无英雄,而患无脚根立定之英雄;不患有奸雄,而患有事机不熟之奸雄。若袁内阁者,殆脚根未定之英雄,事机不熟之奸雄也。公特内阁之傀儡耳。贪淫亡赖之卢永祥,率其爪牙纵横平阳、霍州一带,淫掠如故,公知之乎？数百里内,居民迁徙入山,老者弱者将死矣,壮者强者饥寒相迫,势必群聚为盗,以践公土匪之言,公知之乎？兵无斗志,携财逃逸,枪械马匹散无归附,势不为流寇不止,公知之乎？以民为盗,是诬民也;驱盗害民,是纵盗也;复迫不盗之民从而为盗,是酿盗以殃民也。不待一年,天下将有盗无民矣。忍哉,何其不仁也！谁主此谋者,以国法论当磔市,以天理论当绝嗣,以人道论当幽囚于荒岛,以春秋之大义论,书盗书贼书寇当有主名。公试平心静气思之,当不以瑞玑之言为过当也。

瑞玑薄弱书生,肋不足当一拳,血不足膏全斧。以公之威,杀一瑞玑,咄嗟间耳。庖丁游刃则割鸾凤如鸡,屠伯鼓刀则视龙麟若狗,瑞玑敢犯威以取死哉！瑞玑知公固功名利禄中所谓明达者也,瑞玑不言谁复言之。统带营官与兵分赃者也,不肯言；官吏与兵通气者也,不欲言；我父老子弟,公所指为土匪,目为革党者也,延颈待死不敢言,亦不能言。瑞玑再畏死而不言,知必有飞马报捷者曰："匪平矣,民安矣！"公且煮酒宴客曰："匪平矣,民安矣！"公以为姑射、霍山之间,皆奉公为生佛,颂公为救星矣！安知公杯酒论功之日,即吾民死丧无告之时也。恨公耳目不长,不获亲闻之而亲见之。瑞玑胸怀闷郁积而欲发,拟将亲所闻见者,编辑信录,以备采择,亦野史亭之遗意也。今家业荡然,饥驱寒迫,行将出游,先摄近事以告公。公披而阅之,视为呼吁可也,控诉可也,毁谤亦可也。俟游归晋,自谒公待罪,杀之恕之,一惟公命。愿公加餐安眠,善自摄卫,勿念苍生,致劳清梦。幸甚!

## 致卢永祥书

赵城张瑞玑谨白统带足下：前者旌旗扬威,下临敝邑,抱羔闭户,未获远迎。麾下兵丁,奋其武勇,破扉而入,劫掠一空。瑞玑于此日逃难出城,奉老母入山。越二日,询知城内及环城各村,无贫富贵贱,一律被抢,不余一家,不遗一缕,冰雹猛雨,无此遍及,可谓大公无私矣。今闭户坐哭,穷于久荒；足下得意奏凯,载宝而南。窃为敝邑吊,为足下贺也。瑞玑闻足下鲁人也,麾下健儿步卒,除鲁人外以直、豫两省为最多。今各省人民纷纷起义,独鲁及直、豫若死尸干僵,不闻声息。而以瑞玑所见,则丧心昧良,悍然为汉族敌者,非鲁即直,非直即豫,而又以鲁人为最多。足下为满清奴,为袁氏仆,受嗾噬人其本分也,固不足怪,独怪中国何不幸而生足下及一般盗贼也。子弟遗门阀之忧,则同族生耻；骨肉起干戈之变,则路人寒心。足下及三省之人,孰非我黄帝神农之子孙乎?瑞玑羞愧死矣!日来避兵山居,饥寒交迫,行将橐笔出游,拟将乱离所经,编辑成书,以作信录。若足下,史传中之盗贼,戏剧中之净丑也,不得不篡入尊名,为笔墨生色。愿足下好自为之,为吾书多造资料,但有可采,不敢遗漏。如或志淡千秋,不愿传世,从而夺其笔,杀其人,足下一怒,瑞玑死矣,瑞玑亦笑而甘之。临款唐突,诸维原谅。瑞玑谨白。

## 致内阁总理袁项城书

赵城张瑞玑上书内阁总理大臣执事:夏间段仙崖过访于临潼,与煮酒论天下之贤豪,以为执事固一世之枭雄也。及各省民军起义,执事出而与天下志士相周旋,天心人事,洞如观火。执事左右张皇,向背失据,同室操戈,数月不决。悬生灵于一手,集仇怨于一身,悍然为之不顾其后。于是知执事枭则枭矣,雄则未也。夫幅员之广,未易遽定,党派之杂,未易遽合,意执事处其间,或别有忧患艰苦不能以告人者。瑞玑书生耳,不足与言天下事,又安敢据私见责执事哉。虽然,瑞玑晋人也,宦游秦,秦晋民军之内容,瑞玑闻之见之。潼关之役,娘子关、大同、平阳之役,瑞玑亦闻之见之。今请与执事先言秦晋。执事之言曰:"秦晋土匪也",瑞玑不敢为之辩。晋军薄弱,秦军复杂,瑞玑亦痛惜之。当其仓猝起事,布置不遑,不免有游民土匪乘间焚掠,瑞玑亦痛惜之。然太原旦夕而即定,西安两日而遂靖,彼民军固尝治匪以安民也。自豫军西入潼关,而潼关一隅无完土矣;自北军背约入晋,而晋省财产无遗漏矣。淫杀焚掠,所过成墟。瑞玑盖目睹之而身受之,万不敢造谣生谤,以诬官军并诬执事。今执事一再言之曰:"秦晋土匪也",瑞玑诚不敢为之辩。然奉执事之命而征土匪者,其为害百倍于土匪。以案情轻重之例较之,不知天下当指官军为何物,并指执事为何人也？使执事自断斯狱，不知当加以何名，治以何罪也？夫兄弟争产，则骨肉皆仇；盗跖劫财，则孔墨皆敌。今之官军本我族类，其勇于杀戮我同胞者，非为满清也，非为执事也，非与我父老子弟有深仇宿怨也，为劫财而已矣。以政治之现象言之，不盗不贼，必非官军；以公共之心理推之，非盗非贼，亦必不乐为官军。执事利用盗贼以树其威，盗贼亦利用执事以饱其欲，是执事一盗魁耳。以盗之道治天下，未有不速其败亡者。使执事随满清以亡，诚不足惜；使中国随执事以亡，则此恨无穷矣。执事汉族之卓著者也，举汉族之生命财产、河山土地，断送于执事一人之手，于执事何益？且执事自思今日所处之地位，见忌于满，见仇于汉，见笑于列国，终且见弃于盗贼。他日革命历史中，执事自为编选，当以执事为何如人？天下后世，又当以执事为何如人也？逆天下之人心，反而抗之，是树敌也；坐视其无纪无律之将士纵横焚掠而不知禁，是残民也；避南军之锋而专攻秦晋，是示怯也；朝议停战，夕谋进攻，是背盟也。树敌不智，残民不仁，示怯不勇，背盟不信。瑞玑目盲失鉴，而误以执事为一世之枭雄，今而知执事枭则枭矣，雄则未也。袁公路四世三公冢中枯骨，执事殆有祖风乎？人心未死，士气方张，磨戈抽矢，以待执事。执事不为苍生计，亦当自为计也。下士哓哓，聒耳生厌，执事谅之。瑞玑上言。

高拜石①《一封信斥退敌军——张衡玉的耿直》：

（陕西、山西独立后）不特清室亲贵为之丧胆，袁世凯也吓出一身冷汗，他怕革命势力伸入北方，成了肘腋之患，于是为了"稳定南方局

---

①高拜石（1901—1969），字懒云，自号古春风楼主人，浙江镇海人。名记者，长于近代史事，熟谙人物掌故，所作《古春风楼琐记》最初连载于台湾《新生报》副刊，影响很大。

势",便派唐绍仪南下议和,同时宣言"秦晋群盗不与南方革命比",命令曹锟等部队,由石家庄进攻娘子关,要想加以武力镇压。这时却恼了山西都督府的财政司长张衡玉,他写了一信给袁世凯说:"执事言秦晋群盗,某不敢辩;然奉执事令征群盗者,害且百倍于盗。执事视其焚掠不禁,是残民也;逆天下之心,是树敌也;避南军之锋,专攻秦晋,是示怯也;朝议停战,夕谋进攻,是背盟也。残民不仁,树敌不智,示怯不勇,背盟不信,敬厉兵抽矢,以待执事,惟执事图之!"义正词严,笔锋尤犀利,袁世凯得信,急电入晋部众,撤回滦州,山西幸免了兵燹。①

再次致书袁世凯,阻止袁氏窃夺临时大总统。

### 再上内阁袁总理书

  赵城张瑞玑再上书大执事:去腊卢永祥所过淫掠,惨毒无理,曾上书执事,代我父老子弟一吐冤抑。彼时邮电不通,声息隔绝,乱离文字,声多不平,狂激唐突,罪戾滋多。度岁后,闻共和议成,喜跃三百,为大局庆,为苍生贺,执事功名盖千古矣。顷阅各报,载有豫省议长协同直谘议局致电南京政府孙大总统,要求认举执事为初任大总统。孙君复函,略谓:共和早成,应即让贤。又载蒙古王公联合会公电致南京政府及各省机关,拟定执事为临时总统,请众赞成。玑掩纸失笑,窃谓不然。夫所谓大总统者,全国人民所公认,非一人一家之私物也,一二人不能私举,亦不能私与之也。直豫议局及蒙古王公,代表其全地全省可也,不能代表全国。孙君人望所归,天下翕然,公

---

①高拜石:《新编古春风楼琐记》(一),作家出版社,2003年。高文中引录的谱主文字与北岳版《张瑞玑诗文集》所收原文略有出入,谱主致书袁世凯时尚未出任山西财政司长。

举为大总统可也,不能以总统私与人。况南北政府方议取销,各省代表均未与会,而大总统一席已先据旧日政界之势力而私定,其何以示天下告万国也。当兵连祸结之秋,执事一举足则天下靡烂。执事不忍生灵之涂炭而急为转旋,天下知感矣。以执事才望功业,临时群起而推戴之,或亦意中事也。今二三乡亲私人,顺意承旨,急不能待,惟恐华筵已开,则暴客被逐,博场已散,则赌徒无依。乃预与民军相约曰:必推执事,兵乃息。是乘乱也,是要挟我国民也。又预与各省相约曰:必举执事,事乃济。是树党也,是旧政界之所谓运动也。今日之大总统,一国民之公仆耳,非如专制君主之尊贵自由,亦非如执事为内阁、为直督之骄横自恣也。乃遣将布阵忙乱若此,如博者呼卢,未落盆而先喝采;如小儿争饼,未张口而已垂涎。手忙声急,丑态百出,不图新造舞台,开场第一剧先演此鼪鼯戏文。瑞玑为执事羞,为社会笑矣!瑞玑固知以上所言,皆爱执事、私执事、有利于执事者之所为,执事固未尝出而与之也。然窃恐天下后世不能曲谅,而遂指为盛德之累,则执事冤矣。为执事计,以今日之才望,虽退闲山居,自足千秋,荣于大总统远甚。执事亦何所利而热衷若是也?执事试外观天下,内顾一身,果有此创造世界之手段否耶?执事政治之经验,外交之声望,瑞玑早见之闻之。在旧日政界中立于荣庆痴顽之班,诚首屈一指,以拟孙君殊觉不伦,月旦俱在,此非瑞玑一人之私言也。孙君手无寸柄,屡蹶屡起,海外一呼,天下响应。执事北洋数年,门生故吏遍天下,承涎于荣庆项下,伏不敢动,胆识可见矣。孙君奔走岛屿,辛苦坚忍,破家倾产,置不足恤。执事娇妾美姬,列侍成行,纨绔余习,概未脱尽,器量可见矣。孙君持其学说,提倡天下,数十年如一日。执事交康梁而终变,谄荣庆而不终,品格可见矣。孙君以一布衣号召天下之士,无功名利禄之可羡争,而牺牲其生命不以为惜。执事以内阁大臣,总握戎机,麾下将士,淫掠焚杀,甚于流寇,而不知禁,才略可见矣。二者相较,孰优孰劣,执事虽顽钝无耻,亦当望旌旆而退三舍也。今二三乡亲私人,汗流奔走,鼓舌游说,欲掩尽天下耳目,乘其乱而收其利,其实利于执事者无几,而害于天下者无穷。瑞玑四万万中之一人也,利与害共之。执事果不自量,觍颜而据上座,瑞玑固无力与争,然期期以为不可也,愿执事图之。瑞玑顿首上书。

按:孙中山的退让也是迫不得已,中山先生后来在《致邓泽如函》中说:"局外人不察,多怪弟之退让,然弟不退让,则求今日之假共和亦未可得也。盖当时党人已大有争权夺利之思想,其势将不可压,弟恐生出自相残杀之战争,是以退让,以期风化当时,而听国民之自然进化也。"[①]

《西北革命史征稿·张瑞玑》载,袁世凯得到张瑞玑第一次上书,"立招其师,秦晋得完。"又载,袁氏窃夺大总统,"人无敢议者,独瑞玑之义声震天下。"详如下:

因见清政腐败,上下相蒙,留意延揽俊沉,与景梅九、郭希仁过从甚密,皆默契于革命。党人有读书县廨者,几为某满人所劾。辛亥西安光复,被推为代行民政,继管铨叙局,调停哥老会党人,消弭内争,恒赖其言为重。既而辞归太原。晋省延长财政,检校鳌剔,舆情翕服。时袁世凯以清廷内阁总理与民国临时政府议和,宣言"秦晋群盗不在和议条款之列",临时政府争之久不决,而北军攻山西者已至娘子关,前锋西迫,兵势甚凶。瑞玑即致世凯书曰:"执事谓秦晋皆群盗,瑞玑不敢辩,然奉执事令征群盗者,害且百倍于盗。执事视其焚掠不禁,是残民也;逆天下之心,是树敌也;避南军之锋专攻秦晋,是

---

① 《孙中山全集》(第三卷),中华书局,1984年,第126页。

示怯也；朝议停战，夕谋进攻，是背盟也。残民不仁，树敌不智，示怯不勇，背盟不信，秦晋之人固将有以待执事矣。"世凯得书，立招其师，秦晋得完。当是时，北军势盛，临时大总统孙公愿以位让世凯。而蒙古王公又腾书全国，请推世凯为元首。瑞玑再与世凯书曰："大总统者，国民之所同推，非一方所得私举。孙公人望所归，故天下共举之，又安能以其位私授于人。"既而清主退位，世凯卒当选临时大总统，人无敢议者，独瑞玑之义声震天下。世凯自得二书，已深奇瑞玑，任以山西省长，辞不赴。逾年，当选国会参议院议员。①

2月12日，清帝退位。
2月13日，孙中山向临时参议院递交辞职咨文。
2月15日，临时参议院选举袁世凯为中华民国临时大总统。
3月（阴历壬子二月），张瑞玑从罗云山南行，到乡宁访吴庚（空山人），与避乱来此的原韩城知县赵圻年（号意空道人）相遇，三人"欢饮十日"。"劫余生"印当刻于此时。
《吴太夫人墓志铭》：

> 民国元年正月，北军南下至赵城，瑞玑家被掳掠无遗，奉母避兵入西山。逾月，由山中迁道至乡宁，访少兰于对山楼，盖不见已二年矣。登堂再拜太夫人，握手而泣曰："苦汝矣。"时贵筑赵介之由韩城避乱先至此，相见悲喜，欢饮十日。临行，太夫人病颇剧，倚枕谆谆并出金助装。瑞玑遂膺太原之招北上，继又以事入都。

之后，赵圻年（意空道人）回访。张瑞玑作《莺啼序题扇赠意空道人》，

---

② 《西北革命史征稿》（中卷），上海书店，1949年，第73—74页。

披露了应邀将赴省城("此去并州")的消息:

才过清明谷雨,又落花时节。无聊赖、闲病闲愁,梦里声声鹈鸠。奚童报、故人来也,轻车碾破罗云月。乍相逢对影,银缸鬓毛添雪。

一声骊唱,芳草天涯,又阳关伐别。算多少、闲情难说,此去并州,汾庙断碑,晋祠残碣。瀛湖春暖,衣香扇影,万花深处迷蝴蝶。把诗魂、摄入鸳鸯牒,任他赤日当空,大地清凉,更无炎热。

按:赵圻年回赠一阕《菩萨蛮·题画扇赠张衡玉》,下片:"相逢疑是梦,剪烛今宵共,春色满平芜,天涯何处无?"

春,醵资铸卢永祥跪状铁像。
作《赵城绅民公致卢永祥函》:

赵城绅民公告统领执事:前承执事大度不弃,举阖邑财产席卷而去,无贫无富同被声威,自旌节北上始稍稍安集。环视家徒四壁,如太古穴居,空洞无物。城乡父老咸喃喃咒天,谓既造人类,不应复造盗贼以苦众生。咒毕而泣,终不敢稍怨执事也。继复自抚颈项,头颅尚在,家人含泪相庆,咸谓乱离余生,幸未与雄鬼毅魄作伴于青磷碧血之间,皆执事赐也。乃会议醵资,为执事聚铁铸像置之通衢,大书姓字并镌背勒铭,以志不忘。近闻韩岭一带以至太平,均援照此例各制铭赞,冶工铁贾为之增涨,执事姓名仪表照人耳目,如达摩云游,随地留影,足与岳庙秦桧先后千古,执事盖不朽矣。他日重来有缘,则度岭而南,到处逢君于街市尘嚣之中,自认面目当亦相对而笑也。兹将铁像款识及铭背文字,录呈英鉴。传世之作,一字必酌,请执事再妥为推敲,勿令后世好古之士摩挲太息,讥执事背文不佳也。煅火生采,待君入炉,答复稍迟,已成金刚不坏身矣。此请传安,并贺千秋。

铁像跪于赵城县城南门内瓮城西侧,任由过往行人踩踏唾骂。铁像高四尺、宽二尺八寸;两手各捧一元宝;左肩镌"第五混成协协统",右肩镌"山东著名之盗贼",腹部镌"卢贼永祥",背上镌张瑞玑作的四言二十八句铁像铭。

《卢永祥铁像铭》:

> 汉族之贼,满清之奴,厥名永祥,其姓曰卢。
> 山东巨盗,袁氏走狗,贪货好色,亡赖游手。
> 岁在辛亥,扰我赵城,率贼二千,焚掠纵横。
> 太平以北,韩岭以南,仓无剩米,笥无遗缣。
> 卢贼喜跃,满载饱装,民苦欲死,贼已远扬。
> 未燃贼脐,未枭贼头,铸像道旁,万古同仇。
> 镌字在背,不磨不灭,唾骂千秋,冤哉顽铁。

按:薛笃弼《太原和河东光复的片断》引述谱主铸铁像事及铁像铭,称"这首长歌,晋人多熟读之。"①

又作《卢永祥铁像歌》:

---

① 《辛亥革命回忆录》(第5集),中华书局,1963年,第174页。薛笃弼(1890—1973),字子良,山西运城人,早年加入同盟会,辛亥革命后官至北洋政府京兆尹、甘肃省省长、国民政府民政部部长、水利部部长等职。1956年,薛笃弼作为特邀界别委员参加政协第二届全国委员会第二次会议,被安排与毛泽东、周恩来、张治中等共餐,席间毛对薛说:"你是冯玉祥将军郑重推荐给蒋介石的,是国民党政府里难得的清官廉吏,真是野有遗贤啊!"笃弼的父亲薛士选与张瑞玑同宦陕西,民国初年笃弼任平阳地方审判庭长时,张瑞玑与他见过一面,赞其"温恭笃实,无少年浮华习气"(张瑞玑《谭太淑人墓志铭》)。

永安小儿拍手笑,道旁何人跪泥淖？可惜太行山中铁,百炼铸成东海盗。面目狰狞额纹横,胸腹高凸起双峤。唇齿翻抵鼻掀天,双膝屈曲两肩峭。谱牒远溯蓝面鬼,鼻祖耳孙真酷肖。去年手提虎狼军,跋扈亲捧房廷诏。不杀国仇杀同胞,五千健儿恣横剽。背盟夜袭娘子关,隆然雷火飞大炮。漫天饕雪度韩岭,阴风惨淡卷赤纛。沿门抄没搜奇珍,破扉掘地穿壶奥。弹丸飞雨沾血腥,马尘所至遭陵暴。北掠霍州南平阳,陶唐遗区断烟灶。劫余居民半入山,冻雪断路冰塞窖。城墙坐颓飘败砖,战场日落雄鬼啸。嗟哉汉族负何辜,黄农在天应嗟悼。今年禹甸生光辉,神州日月八方照。大义凛然在人心,肯与盗魁共覆焘。论罪特宽斧钺诛,垂戒援例岳家庙。相逢秦桧称前辈,各有千秋休嘲傲。冷风吹面铁锈斑,牛溲马勃无人扫。功名到此春梦醒,乾坤何地容懊恼。流芳遗臭两非易,获此亦足云厚报。我欲尽聚九州铁,遍铸人间枭凶貌。

按：山西大学校教授张友桐(字晓琴)作《次蘅玉卢永祥铁像歌》。诗句有："定知公论在人间,天下服仁非服暴。""黄金可尽铁不磨,此像千秋云厚报。作诗聊和劫余生,愁杀人间枭猿貌。"[1]《赵城歌谣》(李长青、许光军、张亚喜主编)收录铁像铭、铁像歌,归入"讥讽"类。

田桐《革命闲话·张瑞玑》：

衡玉愤甚,事后铸卢永祥铁像于赵城,作两手持银锭,胸腹怀之之状。永祥屡次婉商,以当时虽任协统,不在军中为词,未得衡玉之

---

[1] 张友桐：《西陉草堂集》(卷六),1934年。

诺。十三年复以孙段合作为词,往请,犹未允。曰:"非念既往,乃警将来。"一夕,永祥党袖铁锤碎之。

按:民国后卢永祥任陆军第十师师长,洪宪帝制时代又被袁世凯封为一等男爵,后升任淞沪护军使、浙江督军。从民国元年(1912)到十三年(1924),"卢贼永祥"在汾河之滨向赵城人民跪了十三年。乔志强主编的《山西通史》(中华书局,1997年)载入此事。降大任《三晋历史文化的特质》(三晋出版社,2010年)论述"三晋文化具有中华民族崇尚正义、宁死不屈、抗御强暴、爱国爱乡的英雄主义鲜明内涵",列举清代至民初的历史人物,有傅山、杨深秀、张瑞玑等。

关于卢永祥铁像何时被何人毁掉,刘存善《山西辛亥革命史》另有一说,录以存考:"卢永祥铁像一直跪了六七年。卢永祥曾屡请销毁,均未得赵城人民的准许。后来段祺瑞执政,卢系皖系中坚,位至浙江督军。阎锡山投靠段祺瑞,授意赵城县知事,借修路运石之机,将铁像撞倒摧毁。铁像虽毁,但卢永祥蹂躏山西人民的罪行却遗臭万年。"①

4月,山西临时省议会成立,杜上化为议长,王用宾、陈受中为副议长。选举阎锡山为山西都督,周渤为民政长,张瑞玑为财政司司长,崔廷献为内务司司长,解荣辂为教育司司长,刘绵训为司法司司长,梁善济为实业司司长,邵修文为高等审判厅厅长,王懋昭为高等检察厅厅长,南桂馨为巡警道。

约本月,应招赴太原。途中作《旅店题壁诗》四首。

---

① 刘存善:《山西辛亥革命史》,山西人民出版社,1991年,第135页。

吴宓《张衡玉旅店题壁诗》[1]:

　　山西张衡玉大令（瑞玑）久宦秦中，吏治文章，有声于时。入民国，为参议员，旋即归隐。壬子岁，有《旅店题壁诗》四律，豪迈劲爽，肖其为人。云：

　　春风匹马走天涯，眼底河山落日斜。憔悴屈平原为国，飘零张俭竟无家。中原豺虎吮毛血，大陆龙蛇旧爪牙。八道军营飞汉帜，胡儿不许更吹笳。

　　村落兵荒暮气沉，饥鸦啄血度寒林。怏刀怒马英雄梦，野史孤亭故老心。忍杀汉儿惟李绪，能褫奸魄有陈琳。风吹破屋挑灯坐，壁上龙泉彻夜吟。

　　劫后衣囊一洗空，诗书尚在不为穷。晴人姓字羞张禄，到处居停有孔融。兵火余生真健者，江湖混迹半英雄。镜中一笑头颅在，莫把浮名误乃公。

　　五色旌旗遍九州，乾坤萧瑟战场秋。诏书私拟袁公路，策士同归孙仲谋。未忍攘夷驱北汉，尚容拥号在东厎。狂飙已息波澜静，渡海飞篷好稳收。

本月，看望刚到太原的景梅九。
景梅九《罪案·稽勋局局长》：

---

[1]吴宓（1894—1978），字雨生，笔名余生，陕西泾阳县人。清华大学国学院创始人之一。1907年在三原县宏道书院读书，热心办刊物。其时张瑞玑已任韩城知县，创办了《龙门报》。《余生随笔》三十四则，是吴宓在清华学校读书时写的，登于1915年9月至1916年4月出版的《清华周刊》第四十八期至七十二期。兹录自《吴宓诗话·余生随笔》，商务印书馆，2005年，第37页。后三首为佚诗。

到了太原,张老衡先同几个人来见我。我想起他给卢永祥铸的铁像来,说:"你把老卢搋苦透了,顽铁也真冤!"老衡说:"还有人替他运动取消的,我没答应。现在对于老丁①《去思碑》,又要作一篇文字:去字上添一撇,成了丢字,结曰:呜呼! 可以丢矣!"没等他说完,我便道:"有趣极了! 我要看看!"他知道我才来很忙,没多坐就走了。

**作七绝一首,对辛亥革命后争夺功名的世态予以冷嘲热讽。**
**景梅九《罪案·稽勋局局长》:**

老衡充财政厅长,我举荐仇燕天给他作科长,很得力……过了几天,有人说各省设立稽勋局,此事只有我相宜,于是推定我为山西稽勋局局长。我自以为这不是实官,且借此可以表扬已死的同志,所以答应了。本着严父教训"革命本无功,有功亦在死者"的话,专门调查死难的人,把未死的人,全没注意。曾作了一篇宣言,重北轻南,惹了一些反响,其实我是出于无心的,老衡却有一绝曰:"入门下马气如虹,酒肆茶楼说战功。娘子关前失败后,风尘到处是英雄。"可谓骂倒一切,能使当时争功者,汗颜无地!

**5月14日,袁世凯正式任命张瑞玑为山西财政司司长。**

临时大总统命令:任命张瑞玑为山西财政司长。此令。中华民国元年五月十四日。大总统盖印。唐绍仪、熊希龄署名。(据中华民国元年五月十五日《政府公报》第十五号,5月16日《申报》作了报道)

---

①"老丁"即清末山西巡抚丁宝铨(1869—1919),1910年因"交文惨案"去职。谱主说要作的"一篇文字",《张瑞玑诗文集》未收,待考。

## 命令

臨時大總統令

前已任命樊增祥為湖北民政長並疊經電催赴任茲准黎副總統函稱該員泹任倚無確期湖北綰轂中原地方重要現又當議分軍政民政之始規畫建設端緒殷繁正賴得人而理該員通才碩望學識冠時勤政愛民夙著績效亟應催令迅速赴任以重民治其未到任以前任命劉心源暫行署理此令

中華民國元年五月十三日

大總統蓋印  唐紹儀趙秉鈞署名

臨時大總統令

任命伍朝樞為湖北外交司長張知本為湖北司法司長姚晉圻為湖北教育司長林四光為湖北實業司長李作棟為湖北財政司長此令

中華民國元年五月十四日

大總統蓋印  唐紹儀胡惟德熊希齡蔡元培王寵惠宋教仁王正廷署名

臨時大總統令

任命張瑞璣為山西財政司長此令

中華民國元年五月十四日

大總統蓋印  唐紹儀熊希齡署名

袁世凱任命張瑞璣為山西財政司長，1912年5月15日《政府公報》

当时山西财政极度困难。仇曾诒①遗稿《抗战以前的山西财政》:

> 山西财政收支,在清末时,系由藩库、运库、道库分别经理。运库专管河东盐务收支,由河东道署掌握;道库专管口外十三厅收支,由归绥道署掌握;其余各道府州县及省会各机关收支,统归藩库管理,由山西布政使司掌握……一九一二年六月,山西财政司成立,接管藩库收支。因一九一一年民军起义时,布政使司被焚,关于财政案卷库账悉被焚毁,不得不首先从事调查并搜集底据的工作。惟彼时晋南军政分府、晋北忻代宁公团以及晋东南一带干草会等组织,仍然存在,财政不统一,赋税多被截留支用,未能完全解司。并因地方秩序尚未完全恢复原状,各项收款短缺甚巨……在支出方面,以陆军费为最多,内务费次之,司法、财政各费又次之,其余系教育、农商等费……一九一三年,财政大致统一,收入渐有气色。②

按:仇曾诒和他的父亲仇吉人与张瑞玑同官陕西,相交甚契,张瑞玑任财政司司长时仇氏父子都是他的属下。民国十一年(1922)仇吉人病逝后,仇曾诒兄弟往谁园请张瑞玑撰写铭墓之文,谱主作《仇吉人先生暨德配张夫人合葬墓志铭》。文中感念十年前在"民国成立,山西财政奇蹶,厘务废弛"的情形下,仇吉人办理东阳关、乡宁各厘卡以及阳高土盐稽征局等财税业务,"所至剔除中饱,司巡敛手不敢妄索,商旅称便,前后增加收入十余万。"

---

① 仇曾诒(1882—1969),字燕天,山西曲沃县人,经景梅九向张瑞玑举荐任财政司总务科科长,后升任财政厅厅长。
②《山西文史资料》(第三辑),山西人民出版社,1962年,第29页。

本月,山西大学校校长高时臻①找张瑞玑,商量公费派十一名留英学生之事。张瑞玑即拨专款使十一名学生成行。这是民国后山西第一批公费留学生。

《山西大学百年校史·民国时期的山西大学》:

> (1912年)5月,李镜蓉②因返乡办学辞职,教育部任命留英毕业生高时臻接任校长,高校长上任,即与山西省财政长张瑞玑、教育长解荣辂以及军政府商议公费派原山西大学堂西斋毕业生留英事,经批准进行考核后,共选出赵峥、常克勋、孙晋祺、张景良、王庆祚、杨仁显、王缙云、潘莲如、杨朝相、刘世勋、温承让及自费生解子清共十二名,在北京教育部短暂培训后,即从上海乘船赴英国留学。③

按:十一名官费留学生学成归国后就业情况如下:赵峥,宁武人,英国克德夫大学矿学工程师,担任保晋公司制铁部部长、保晋铁厂(阳泉钢铁厂前身)厂长;王缙云,襄垣人,英国伦敦帝国大学理化科毕业,担任农商部技正;杨朝相,临汾人,英国赫直大学理化科毕业,担任山西陆军粮服局制革科技师。其余八名都回母校山西大学校担任工科教员,他们是:常克勋,宁武人,英国南威尔斯大学矿科专门矿学硕士;孙晋祺,平定人,英国理工大学矿科地质博士;张景良,介休人,英国南威尔斯大学采矿科毕业;王庆祚,赵城人,英国南威尔斯大学采矿科专门矿学毕业;杨仁显,榆次人,英国伦敦帝国大学化学专科博士;潘莲如,临汾人,英国伦敦帝国大

---

① 高时臻(1877—1942),山西襄陵县(今襄汾县)人,山西大学堂西斋毕业后,1907年官费留英学习采矿专业,山西大学校著名工科教授,两度出任山西大学校长。
② 李镜蓉(1882—1947),又名亮工,山西河津人。1904年公派留学日本,受业于章太炎,与黄侃并称"南黄北李"。1912年2月担任山西大学校校长。
③ 《山西大学百年校史》,中华书局,2002年,第30页。

学专门理化博士;刘世勋,神池人,英国利治大学制革科学士;温承让,文水人,英国克德夫大学矿学工程师。八名回到母校的留学生,与他们的老师高时臻、王录勋、王宪、杨长煜等(均为近代山西第一批官派留英学生),以及他们老师的老师——瑞典化学家、地质学家新常富等,共同组成山西大学工科阵容强大的师资力量。山西大学工科后改为工学院→太原工学院→太原理工大学。被誉为"中国现代石油地质学的奠基人""中国第一个现代化石油基地玉门油矿创始人"的孙健初,中国科学院地学部学部委员、著名地质学家、矿产学家王曰伦等杰出人物,就是山西大学工科"采矿学门"培养出来的。《山西大学百年校史》:"山西大学工科采矿学门培育了中国地质的一代风流。"(见该书第42页)

6月,安排财政司接管原清政府山西藩库收支。
《山西辛亥前后大事记》:

> 6月,山西财政司接管原清政府山西藩库收支。规定田赋(地丁、赋课)按清廷旧章,分别征银和实物。并规定沿前清旧制仍征收厘金,分设局卡征收。其他田赋、契税、屠宰税、斗捐等,均由县署征收。①

本月,作《山西财政司张衡玉覆实业协进会书》。此篇为佚文,全录如下:

> 实业协进会诸君左右:前奉民政长行发贵会呈称高等实业学校

---

① 《山西文史资料·辛亥革命七十周年专辑》(第十九辑),山西人民出版社,1981年,第189页。

碍难归并各情,敕令酌夺,径覆具报查核。查此次归并学校之会议,在民政长、教育司、劝业道均属不得已之赞成,侵权越谋,咎在瑞玑,瑞玑不敢讳过,亦不忍他人分过也。瑞玑任事以来将一月矣,于财政上无丝毫进步报我晋人,而惟以俭啬刻吝为务。自都督以至军政民政各司局、各学校、各机关、各标营,减者减,并者并,取销者取销,遣散者遣散。以人情言,谁复喜瑞玑者,瑞玑知罪矣。瑞玑不自量,迫于众举,冒应重任,不务开源而专事节流,此拙谋也。他人市恩而我甘招怨,此下策也。瑞玑虽愚,岂不知之,知之而甘冒不韪以行之,盖不得已也。破坏之余,罹拙已甚,军饷一项,月支三千余万,而各机关开支不与焉。统计全省入项,不过三百余万。南北截留以去其半,竭中路全年之所入,供军政各界之挥霍,纵令源源接济,不过三月。三月以后,饷必绝,兵必溃,治安不必保。理势昭然,不待智者而决也。为今之计,欲求治必先汰兵,汰兵必先筹恩饷。恩饷一日不筹,则兵一日不能汰,即山西一日不能望治。瑞玑近与都督、民政长、军务司往复磋商,不得已而忍心割爱,为此裁减归并之计。其所裁减归并者,未必全属于靡费,亦未尝全为瑞玑所不乐赞成也。瑞玑以今日能省百金,则能汰十兵,汰十兵则每年可省二金。权害之轻重,较利之大小,故不惜招毁集谤,而一意径行,知不免有顾此失彼之虞,然而不暇计也。详阅贵会呈文,逐条分晰,言之凿凿,于实业、路矿提倡不遗余力,瑞玑佩甚愧甚!呈中所言,皆瑞玑所欲行者,前在秦中亦尝言之行之,而颇著其效,今归晋乃败谬如是耶。瑞玑知罪矣!呈内各条,瑞玑不敢作一驳语,亦不敢着一微词,心理相同,岂容置辩。惟此次归并学校,诚如民政长所言,纯系经济问题。瑞玑外于人无所私,内于己无所利,才短心苦,诸邀曲谅。易地而观,使瑞玑为贵会会员,为实业会长,亦必不乐于归并,使诸君不幸而为财政司,虽不至如瑞玑之坐困,然而左右为难,或亦不免今归并裁销之议已决矣,非仅一

言之鑿鑿于實業路礦提倡不遺餘力瑞璂佩其懷甚至呈中所言皆瑞璂所欲行者俱在秦中亦嘗

言之行之而頗著其效今歸晉乃敗謬如是則瑞璂知罪矣呈為各條瑞璂所不敢作一駁語也

不敢著一微詞心理相同豈容置辨惟此次歸併學校誠如民政長所言純係經濟問題瑞璂外

于人無所利內于己無所利才短心苦諸選曲諒易地而觀使瑞璂為貴會會員為實業會長此

必不樂于歸倂使諸君不幸而為財政司難不至如瑞璂之坐困難窮左右為難或亦未免令其

併哉銷之議已決矣非僅一實業學校此校尚保全併者裁銷者更難所謂諸

君屈志少待以原我心況巨所短此數月之間俾山西大局得于風波汐渦之中撑船到岸彼時

軍政民政秩然就一山西財政斷不至常此竭蹶瑞璂且將追隨諸君汲振興一切以為今日償過之地

焉論文者留心于結束觀劇者注意于收場今瑞璂方布局劇始開幕使幾勢不至中斷鼓板不

至驟停必有結束收場之一目他日者當安而已首見或亦諸君所樂觀也至呈中所稱師範農林法

政諸校各有厘賞以此較彼誠覺萎枯不同瑞璂聞過則喜聞善則拜益我良多敢不

祗命當即授教育司以命裁矣聊布區諸惟鑒原瑞璂謹覆

山西財政司張瑞玑覆實業協進會書

實業協進會諸君左右前奉民政長行箋貴會呈稱高等實業學校礙難歸併各情飭令酌專遵覆具報查核此次歸併學校之會議在民政長教育司勸業道均屬不得已之舉

咸侵權越謀辨在瑞玑不敢諱過亦不恕他人之過也瑞玑任事以來將一月矣於財政上無

絲毫進步報我晉人惟以儉嗇利吾為務自督以至軍政民政各司局各學校各機關各標

營識者誠併者併取銷者取銷遣散者遣散以人情言誰復喜瑞玑者瑞玑知罪矣瑞玑

不自量逞于衆舉冒應重任不務開源而專事節流撰謀此他人所恩而我甘招怨此下

策也瑞玑雖愚豈不知之智之而甘冒不韙以行之蓋不得已也破壞之餘罪擢己世軍餉一

項月支三千餘萬為各機關尚不與焉統計全省入項不過三百餘萬南北截餉責其

餽中路全年之所入供軍政各界之揮霍僅令原接濟不過三月三月以後餉必絕兵必潰治

安不必保理勢雖能不待智者而決也為今之計欲求治必先決兵決兵必先籌恩餉恩

日不籌則兵一日不能決即山西一日不能望治瑞玑近與都督民政長軍務司往復磋商不得已

实业学校也。此校不并，则他校难并者不并，则裁销者更难所望。诸君屈志少待，以原我心，以巨所短，但求此数月之间，俾山西大势得于风波漩涡之中，撑船到岸，彼时军政民政秩然统一，山西财政断不至常此竭蹶，瑞玑且将追须诸君后，振兴一切，以为今日赎过之地焉。论文者留心于结束，观剧者注意于收场，今瑞玑文方布局，剧始开幕，使瑞玑势不至中断，鼓板不至骤停，必有结束收场之一日。他日者图穷而匕首见，或亦诸君所乐观也。至呈中所称司法、农林、法政诸校，各有靡费，以此较彼，诚觉菀枯不同。瑞玑闻过则喜，闻善则拜，益我良多，敢不从命，当即移交教育司如命裁减矣。聊布区区，诸惟鉴原。瑞玑谨覆。

按：据民国抄本录入。这篇佚文，是张瑞玑执掌山西财政期间唯一留存的自撰史料，其艰苦备尝，厉行改革，不避嫌怨，敢做敢当，于此可见一斑。今日读之，犹觉意气风发，睿智劲拔，足可激励当下。另据南桂馨口述、李泰棻记录的《一九二零以前阎锡山的经济措施》："辛亥山西革命的过程中，地方秩序一度混乱，晋泰官钱局被抢一空，因而停办。阎锡山回省，稳定军政局面以后，又把官钱局（此处没了晋泰二字）恢复起来，以商界声誉素著的新绛县人王化南为总办。但各机关应领款项，系由省财政司直接分发，不由官钱局领取，这是和以前有所不同的地方。""山西都督府成立后，阎为酬劳对革命出力的有功人员，在督府内外设立若干名义。那时，财政虽归民政长，但他们都不能也不敢与阎对立。直到金永做了巡按使以后，财政完全由巡按使掌握，阎所领者只不过将军署额定经费而已。"[①]

---

[①]《山西文史资料》（第五辑），山西人民出版社，1962年，第65页。

7月,民军五标一营官兵裁汰七分之三,"所有退伍兵士各给恩饷两月,俾资生活。"所发恩饷应由财政司筹措。据8月8日《申报·晋军自愿退伍》报道,阎锡山到该营演说:"追念诸君前劳,诚不忍令其遣散。无如近今财政困难,军饷无着,除却减少兵额,此外别无他法。"此举在当时产生了良好政治和社会影响。

支持景梅九创办《山西民报》和太原第一女工厂。

景梅九《罪案·新剧团 怕老婆》:

老衡时主财政,最怕玉青①寻他的麻烦。因为玉青见他不是荐人便是要钱(为报馆、稽勋局、女工厂三处经费),绝没有空跑的。

刘盥训《老衡事略》:

君理财政共七月,值纷纭强暴之时,晋民生命财产不至尽遭蹂躏,省库得少有余者,君一人力也。

7月28日,副都督温寿泉(字静庵)通电撤销山西河东军政分府及副都督名义后,由运城北返太原。据8月9日《申报·晋人欢迎温静庵》报道:"至南门,都督、民政长暨各司司长备茶点慰劳,与温分府握手致敬,互道阔别,谈叙良久,始行入城。"张瑞玑应参加。

8月,同盟会改组后加入中国国民党。介绍人为景定成(梅九)、刘绵训(翼若)。②

---

①玉青,景梅九的夫人阎玉青。
②据《晋支部同盟会改组国民党员录》,南京第二历史档案馆藏。

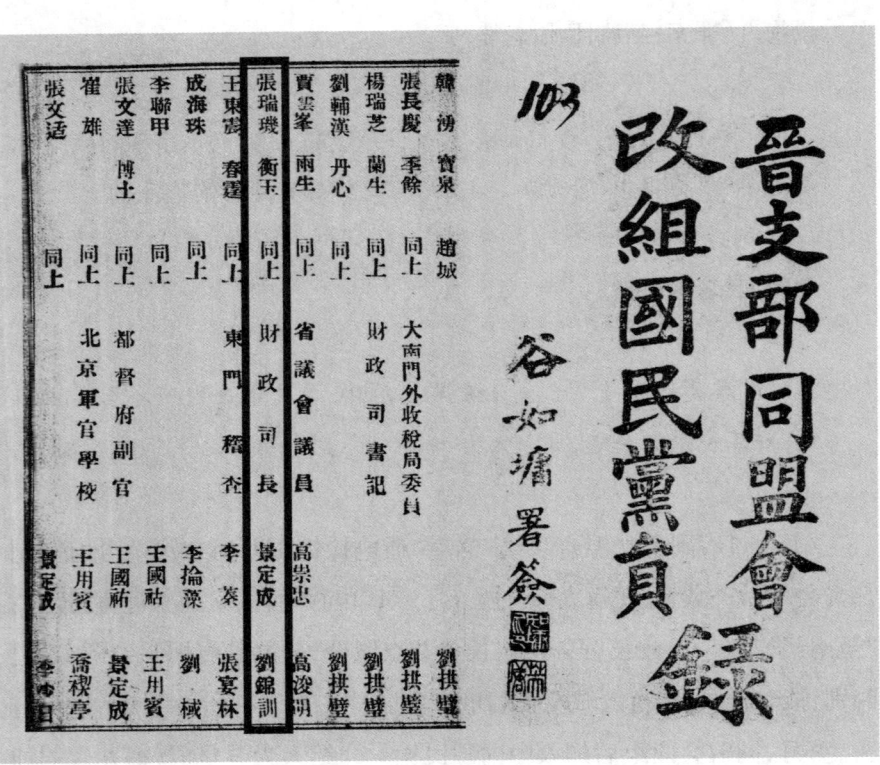

《晋支部同盟会改组国民党员录》(中国第二历史档案馆藏)

暑期,应邀在山西大学堂大公堂讲《老子》。阐发"和其光,同其尘"的深义,"就是天下一家,有福同享,有祸同受,不能教社会上有甲光乙尘、此富彼穷的光景。"

景梅九《罪案·夏期讲演会》:

暑假中,有人发起夏期讲习会,约省城所谓"学人"担任讲演。这也算山西教育界破天荒的事件。那时解子仁[①]君为教育司司长,极力主持,并派员招待;以山西大学堂大公堂为讲演所。时谷芙塘老先生为民政长,大家约他讲演,老先生答应讲孟子;又约张老衡,老衡答应讲老子;回头来约我,我不防备约到我这里来,但忽然触起一件心事,便答应讲"社会主义";还有别人讲演,我不记得了。我听老衡讲老子到"和其光,同其尘"两句,他说:"人都把这两句说成老子圆滑应世了,大不然;这是老子要将光明幸福,使大家共享,便是'和其光';要将尘污祸患,使大家同受,便是'同其尘';挑明讲,就是天下一家,有福同享,有祸同受,不能教社会上有甲光乙尘、此富彼穷的光景。"我听了很惊讶,他从哪里得来的"共产"学说。

作《赠谷芙塘》[②]:

先生今日鲁灵光,天留老眼阅沧桑。……去年同醉长安市,结交六郎良家子。掷声炮火霹雳中,老抱残经幸不死。西风吹雪打征鞍,烽烟影里出潼关。归来胡骑弥原野,先生出山我入山。山中小辟桃源地,春鸿飞送相思字。仲淹方怀天下忧,向平未了家人累。料理山

---

[①]解荣辂(?—1920),字子仁,山西万泉县(今万荣县)人,与张瑞玑同科进士,时任山西教育司司长。

[②]谷如墉(?—1916),字芙塘,山西神池县人,时任山西民政长。

中盐米钱,春风匹马入太原。文瀛湖边相对笑,千年雷火劫余仙。各有文章玩世罪,飘零到此应忏悔。……我如鹦鹉太饶舌,飞向人间留口孽。

秋,作《赠田子琮①》:

浑源田子气如岳,照人肝胆森芒角。浪迹十年别云山,君渡楚江我入关。功名如草命如纸,两地兵火皆不死。归来沧桑感慨多,老眼醉看汉山河。桑落美酒话劫灰,飞影撞碎玻璃杯。……参横斗斜乘醉归,款段轻车去如飞。车中得句频击节,轮声碾破秋街月。

9月18日,孙中山先生到太原视察,随行者有张继、景耀月、田桐等。下车后与山西高级军政官员及同盟会同志会面,张瑞玑应参加。

9月19日上午,省城各界在山西大学堂召开欢迎大会,孙中山先生发表演说。下午,同盟会山西支部开欢迎会,孙中山先生发表演说;会后与全体人员合影,张瑞玑应参加。

本月,张瑞玑批准将大清银行山西分行兑换票据的日期延迟到年底。此举既稳定民心,又为成立新的金融机构打下了基础。

6月中旬,原大清银行山西分行发出清理债务的公函,云:"本行以前在外流通之各项银票、银元票拟于一律收回,仰各存主于7月1日起限一月内来本行挂号,定期照数兑现。"在报上看到消息的前清存款人,陆续去银行登记挂号,8月初,山西分行又发出公告,云:"今

---

① 田应璜(1865—1927),字子琮,山西浑源县人,与张瑞玑同榜中举。时任都督府顾问,后任山西大学校校长,安福国会参议院副议长,北洋政府教育部次长、署内务总长。

本行兑付之期业经批准定于8月15日(阴历七月初三)起,限半月内凡经本行验过挂号之票,请届时务持票来行兑现。本行事务繁多,拟定即时清现兑换各项票据纸,皆不得迟过定期。"但是,由于时局的不稳,持有银行票据者还大有人在。至9月份,虽已超过公告上兑换日期,而仍有人不断来银行清理债务,在这样的情况下,经山西财政司的批准,登报将银行兑换票据的日期延迟至12月底。山西省都督府和临时省议会在成立后,经过半年的金融债务清理,使各界人士增强了对中央政府和山西新政府的理解与信任,兑换本身就是一种鼓舞民众的信用投资行动,经过这样的金融业务处理,一方面重新审查了现存金融情况,另一方面,对新政府的金融机构银行的建立打下了基础,最重要的方面,则是稳定了由于改朝换代而带给广大民众的一种不确定的心理因素。①

10月,张瑞玑宣布由民政长谷如墉负责组织成立山西银行具体事宜。

5月31日,由杜上化(子诚)牵头发起成立山西公立银行,起草章程数十条,并报送临时省议会以待公议批准后施行。成立的目的是鉴于:"省垣商号,被兵之后,凋零不堪。去年原议赔偿他们,补其损失。现在共和告成,秩序恢复,应论行前议,以昭信用。"但至于此章程是否被批准,则未见任何消息。至10月9日,财政司长张瑞玑宣布,由民政长谷如墉负责组织成立山西银行具体事宜,原因是,谷曾任职于库仑乌里雅苏台等处,在任职期间,办理金融业务颇有成效。

---

①李豫、李雪梅:《民国元年的山西社会变异——民国山西第一报〈共和白话报〉所反映的当时山西社会》,载《山西档案》2006年第2期,第52页。

此间，谷聘请了武阁亭为总办，冯继修为协办，并集资三百万，以作为开办的经费。①

10月17日，北京《民主报》刊登《山西财政司得人》，全文如下：

山西财政司长张瑞玑君，政治阅历极深，知识极富，此次自受大总统任命以来，身当地方财政之难局，而办理极为得法，措置裕如。其方法大约：第一，汰冗费，以为不节其流，虽如何广浚财源，只益民困，而无济于公，中国财力缺乏，其弊大半坐此。第二，清积弊，以为地方财务积弊不清，实为财政紊乱危险之根本，中国财务数十年来之混乱，其原因一坐于此云云。故近来三晋财政量入为出，一切不合法律之要求一概毅然拒绝。近闻其将详细调查中国财政改革及清釐案，著为一意见书，以资商酌于财政学者云。

10月29日，辛亥革命山西光复一周年纪念日。据同年11月12日《申报》第六版《山西光复纪念盛况》："是日早七钟，都督、民政长及各司司长、并各机关人员齐集昭义祠，致祭死事诸烈士。礼毕，齐赴纪念会。"张瑞玑应参加。

11月6日，《申报》第六版《晋路银行议案》载张瑞玑为晋路银行"借款担当者"。该议案云："同蒲铁路公司以全路抵借外债三千万元，开办晋路银行"，"借债期限十年"。议案末署"（提出者）景定成"等；"（赞成者）阎锡山、谷如墉、田应璜、刘绵训、解荣辂、张瑞玑（借款担当者）"等。

按：有关这个议案的结果，《申报》至本年底未见后续报道。查《中国

---

① 李豫、李雪梅：《民国元年的山西社会变异——民国山西第一报〈共和白话报〉所反映的当时山西社会》，载《山西档案》2006年第2期，第52页。

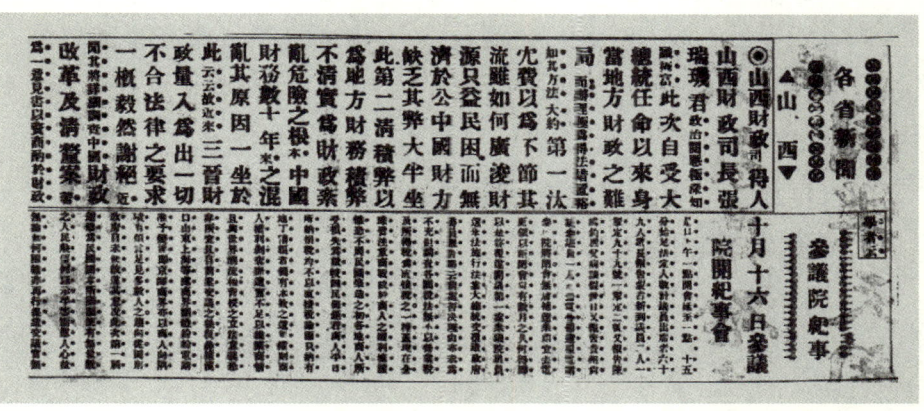

1912年10月17日北京《民主报》刊登《山西财政司得人》

实业志·山西省·金融》(经济管理出版社2008年版)和《山西省志·财政志》(中华书局2012年版),亦无"晋路银行"的相关记载。要之,谱主与诸同道百年前为山西发展的擘画之功不可忘记。

12月30日,袁世凯任命张瑞玑署山西民政长。

临时大总统令:任命张瑞玑署山西民政长。此令。大总统印。中华民国元年十二月三十日。国务总理内务部长赵秉钧。(据中华民国二年一月五日《政府公报》第二百三十九号,次年1月3日《申报》刊登这一消息)

辞民政长。
刘盥训《老衡事略》:

君以与前民政长某君①为道义交,去则同去,辞不受职。

政余常逛太原书肆,购书颇多。在书肆相遇者,有郭象升②(允叔)、张籁③(贯三)、刘师培④(申叔)、兰向青⑤、马笠伯⑥等。郭象升《太原市上购书

---

① "前民政长某君"即神池谷如墉(字芙塘)。
② 郭象升(1881—1942),字可阶,号允叔,山西晋城县(今晋城市泽州县)人。清末拔贡,历任《晋阳学报》主编、山西大学文科学长、山西省立教育学院院长等职。三晋大儒,著名藏书家。
③ 张籁(1872—1959),字贯三,山西平陆县人。山西大学校教授、文科学长,著名藏书家。
④ 刘师培(1884—1919),字申叔,江苏仪征县人。经学家,时任阎锡山高等顾问,后为"筹安六君子"之一。
⑤ 兰向青(1881—1932),名承荣,山西阳高县人。山西大学校教授,曾任省教育会会长。
⑥ 马笠伯(1889—1954),名甲鼎,山西稷山县人。曾任隰县知事、山西村政处编辑室主任等。

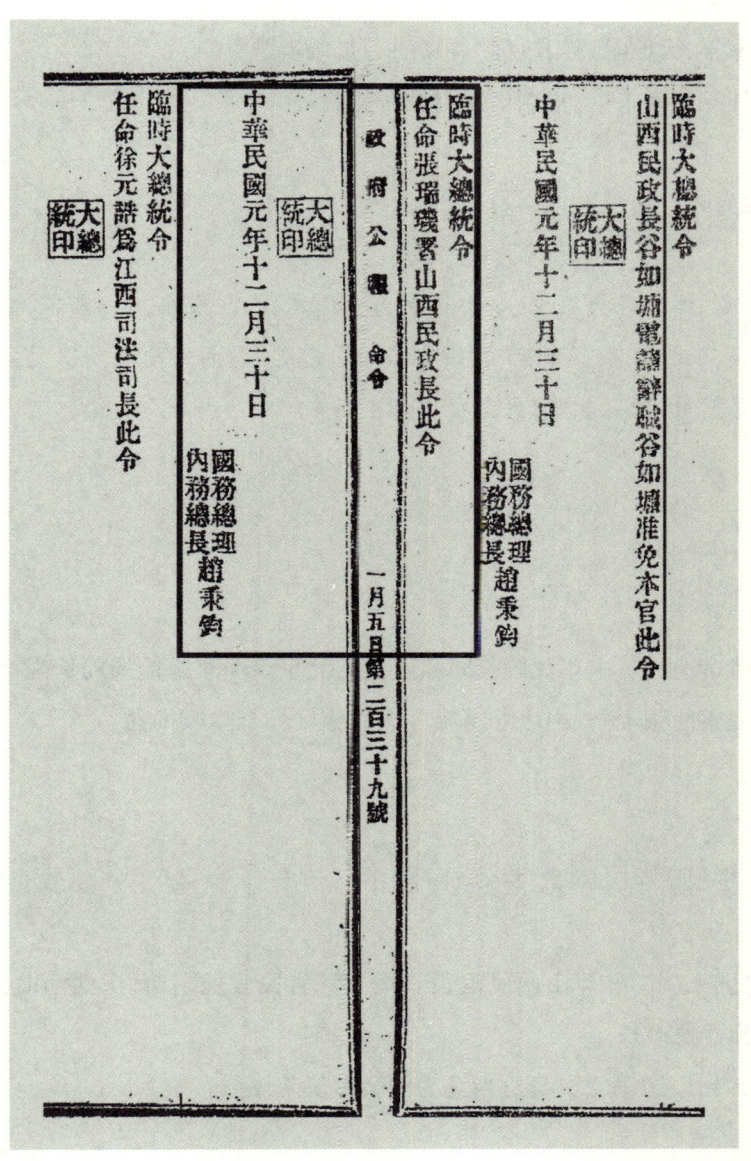

袁世凯任命张瑞玑署山西民政长，1912年12月30日《政府公报》

歌》(见《郭允叔文钞》)云:"赵城张五我畏友,书海一钓连六鳌。"张瑞玑在叔伯兄弟中行五,人称"张五"。

本年,太原承恩门改称"首义门",张瑞玑题额。

长兄瑞璜来信,张瑞玑回赵城居住两月。

《先兄张渭玉墓志铭》:

  瑞玑客太原,兄来书谓病大愈,勿远念。有自里中来者,询兄近状,云终日不言不笑,饮馔亦倍减。急驰归,问何病。兄曰无之。家居两月,团聚甚欢,兄步履饮食亦渐健。

是年

清帝退位。中华民国临时政府迁往北京。河东筹饷局局长南桂馨被河东观察使张士秀、山西陆军第一混成旅旅长李鸣凤拘捕。

## 1913年(中华民国二年癸丑)四十二岁

1月23日,辞掉山西民政长。黑龙江省民政长赵渊(山西河曲县人)调任山西民政长。

2月,以国民党员身份当选为国会参议院议员。

  章太炎《故参议院议员张君墓表》:"时被选者多以馈遗声气得

之,君独介然为众乐推,未尝自营也。"

《谁园集·张衡玉先生事略》:"既而国会成立,君当选为参议员。民国选举,金钱运动之风弥漫全国,独君超然,为众所公推,他时则未有也。甫列议席,声名藉甚,清流归附,犹江汉之朝宗。"

本月,为瑞典地质学家、化学家新常富①博士英文专著《晋矿》中译本作序,题写书名,并"急为付印,以饷各界"。此书翻译印行由张瑞玑策划。一篇佚文,全录如下:

《禹贡》九州皆有贡,而冀州独无。班孟坚《汉书·地理志》根据《禹贡》,其历叙晋产仅及谷畜,而盐铁亦存略。故三晋地瘠民贫之说,数千年莫之能破。近世以来矿学发明,高山峻岭、穷岩深谷之所蕴藏,争呈异采。于是三晋矿铁之富遂甲全球。西人有谓,开采晋煤,足供全球两千年之用者,其垂涎可想见矣!顾我晋人或习之而不知,知之而不采,采之不得其法,而因以坐困而失利,是可惜也,亦可耻也!往者瑞典新博士调查晋矿,集为成书,颇详明,可资考证。惜书为英文,不能便披览。因商之赵君奇英,重为译述,高君时臻、王君录勋、杨君长煜兼预其事。不越月而弓成,附图贴说一仍原著,急为付印,以饷各界。俾披览之余,觉宝藏所在,如布地黄金,俯拾即是。则知我晋人数千年既瘠且贫之由,不在于地而在于人,勿徒抱璞而泣也。幸甚!民国二年二月,赵城张瑞玑序于太原。

按:张瑞玑邀请翻译此书的赵奇英是赵城人,近代山西派出的第一批

---

① 新常富(1879—1963),原名托尔斯滕·埃里克·尼斯特勒姆,毕业于瑞典皇家工学院,1902年来华担任山西大学堂西学专斋教授,1911年8月撰成《晋矿》。是山西大学工科主要奠基者。

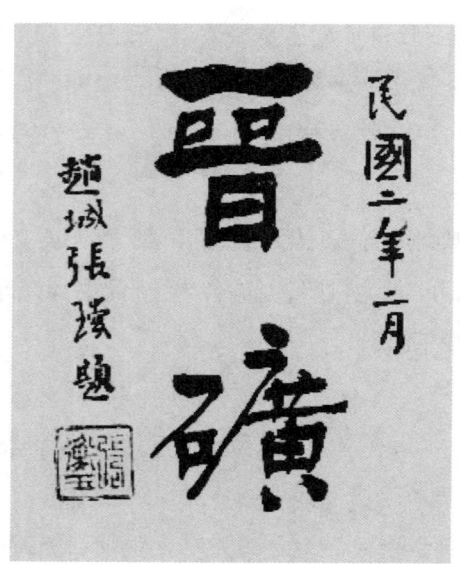

1913年张瑞玑为中译本《晋矿》题写书名并作序

(1907)官费留英学生,回国后先后担任山西化分局局长、保晋公司首任中国矿师,1914年病逝。帮办者三人都是赵奇英的留英同学:山西大学校校长、工科教授高时臻,山西大学校工科学长王录勋(张瑞玑任平河中学堂监督时的学生),工科教授杨长煜。《晋矿》中译本版权页上印着"总经理山西财政司长张瑞玑"。全书155页,主体部分"化分章"占114页。化分即化学分析,分为七章,第一章无烟煤,第二章烟煤,第三章铁矿,第四章铜矿,第五章铅银,第六章铁硫二矿,第七章石膏。化分员是新常富和他的学生刘世勋、王缙云、杨仁显、潘连如等。那时山西大学西斋有两座"建造极为完备"的化学房,其中一座"特别化学房",可作"高等化学试验之用","山西各矿之化分,赖有此耳"(见该书第138页)。百年后煤炭地质专家认为:"《晋矿》对山西主要矿产资源进行了定量分析评价,开启了山西矿产资源定量分析的先河。"《晋矿》中译本付梓三个月后即重印,重印时在张瑞玑序后增补省实业司司长崔廷献(字文征)作于1913年5月的一篇序文。《民国时期总书目(1919—1949)》(书目文献出版社,1986)经济卷,将《晋矿》列为印行最早的一部。

张瑞玑曾感叹"我有宝藏不知搜"。新乐府《贫在人·讥矿学之不讲也》:

> 今日贫,明日贫,或曰国运与天命,贫不在天贫在人。君不见金银五矿遍山邱,支那之富加五州。外人垂涎思手攫,我有宝藏不知搜。金埋土,银藏壁,不能疗贫反招贼。贼入尔室踞尔床,墙壁齐放金银光。

按:这是谱主两年前即1911年刊于《瞰社学谭》的《新乐府》之八,时任临潼知县。可知他当山西财政司长后,迫不及待地组织翻译印行《晋

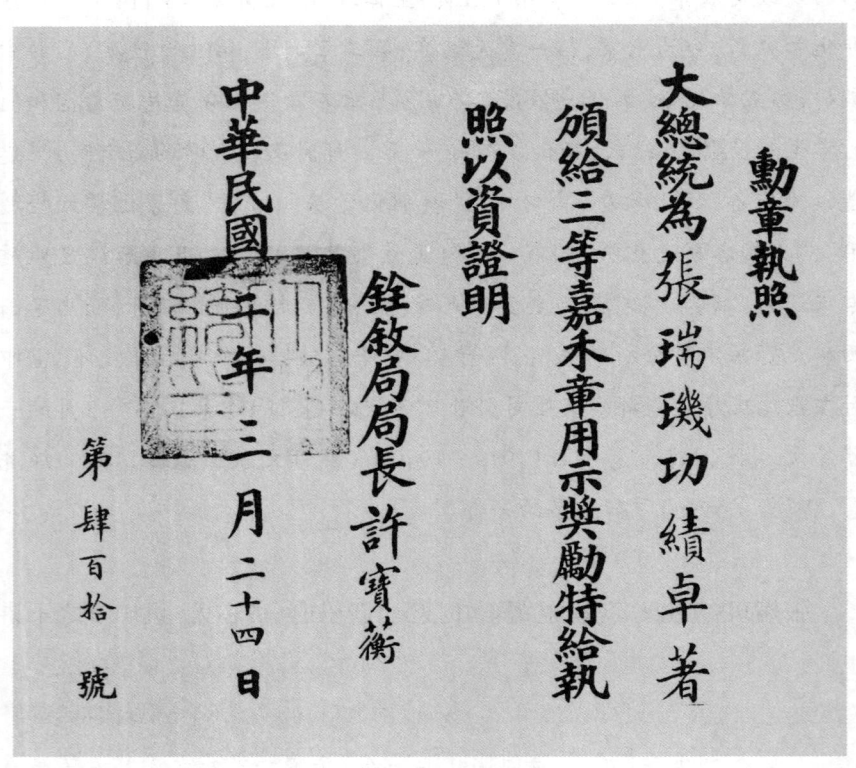

1913年张瑞玑获得三等嘉禾勋章,图为勋章执照(洪洞县博物馆藏)

矿》，并非出自偶然。

3月24日，获得大总统三等嘉禾勋章。

按：勋章已佚，《勋章执照》今藏洪洞县博物馆，上写："大总统为张瑞玑功绩卓著，颁给三等嘉禾章，用示奖励。特给执照，以资证明。"落款为："铨叙局局长许宝蘅，中华民国二年三月二十四日。第肆百拾号。"据《颁给勋章条例》规定，嘉禾勋章分为九等，颁发给"一有勋劳于国家者，二有功绩于学问及事业者"。

4月8日，参加中华民国第一届国会开幕典礼。

李新、李宗一主编《中华民国史》："这天风和日暖，街市遍悬国旗，自上午九时起，议员们身着特别礼服陆续齐集会场。其中参议员一百七十九人，众议员五百零三人，国务总理及各部总长皆列席，其他内外观礼代表千余人。"①

谷丽娟、袁香甫著《中华民国国会史》："山西共有国会参议院议员十名：王用宾、张杜兰、张瑞玑、苗雨润、田应璜、刘懋赏、陈敬棠、张联魁、段砚田、班廷献。众议院议员二十八名：龚鼎铉、王国祐、侯元燿、刘盥训、阎鸿举、罗黼、石璜、刘祖尧、李景泉、狄楼海、周克昌、景定成、康慎徽、赵良辰、耿臻昱、梁善济、刘志詹、李庆芳、穆郇、张升云、景耀月、郭德修、裴清源、康佩珩、谷思慎、贾鸣梧、王定圻、常丕谦。"②

---

①李新、李宗一主编：《中华民国史》（第二卷，上册），中华书局，2011年，第246页。
②谷丽娟、袁香甫：《中华民国国会史》（中册），中华书局，2012年，第703页。

5月,景梅九担任主笔的《国风日报》,因刊载《忠告政府与军警同胞》一文,四名报人遭京师警察厅逮捕,罪名是"煽惑军警,妨害治安。"该报被迫停刊。张瑞玑愤而撰一篇奇文,标题、正文皆是反讽:

### 檄《国风日报》告封阅《国风日报》者

自《国风日报》被蹂躏停版数日以后,舆论哗起,代为不平。记者窃持一至平之论,以告我《国风日报》诸君子曰:是该报之罪。该报之当封,该报记者之当捕、当禁且当杀,不自今日始也。当前清之季,该报以二三穷儒,江湖亡命,毫无凭借,摇秃颖之笔,掉不烂之舌,无忌无惮,鼓吹革命于辇毂之下,日日与野蛮之政府为敌,日日与保皇党人宣战,是煽乱也,罪当封、当捕、当禁且当杀。洎乎武昌起义,京师戒严,言论界诸君子,率橐笔卷舌,见机而逃,独该报悍不畏死,伏刺客于肘腋,现杀机于眉睫,而其文章笔墨之声光,与江汉枪炮、秦晋旗帜遥遥相应,是大逆也,罪当封、当捕、当禁且当杀。彼其时,人以为该报必封之、捕之,必禁、必杀矣。该报亦自谓必封、必捕、必禁、必杀矣。而孰意满清末造,专制无灵,似此反抗君主之暴民,颠覆君权之言论,竟未封、未捕、未禁、未杀,延其余生,以至今日,睹共和之日月,乐自由之天地。为该报计,宜知所忏悔矣。乃犹不自贬抑,又敢与共和之政府为敌,敢与国民之大总统为敌。自该报自挟一封之、捕之、禁之、杀之之希望,以要求政府,今政府仅捕之、禁之,复与之以不封而封之手段,并施之以当杀不杀之厚恩,是该报之罪有余,而政府之施无穷也。

顷闻该报将起诉讼焉,聘律师焉,是多事也,是背恩也。且该报固以为今日之政府,乃共和国民之政府,非君主野蛮之政府;以为今日之军警,乃保卫人民之军警,非个人私备之军警也。呜呼,误矣!

该报既无当道二三十万接济之资本,又不得政府格外保护之权利,毫不自量,而辄欲代表舆论,监督政府,何其愚也。自以为良善政府之必不我干涉焉,克尽其国民之天职,发挥其言论自由,而毫不知防,何其疏也。以平民之资格,仗其笔墨口舌,与腰枪手炮之军警、魄雄力厚之政府决斗不休,死有余辜矣。及其失败,犹欲自处于两造平等之列,与之争是非曲直于法庭,何其悖也。既愚且疏且悖,是取败之一道也。

呜呼,该报休矣! 该报而欲生存于社会也,则当贬其气节,丧其廉耻,要结三五文墨半通之流氓,与各种妖报联盟订约,出其死力,为政府辩冤,为军警宣威。吾见该报记者,且将为权门上客,受上赏,得重金,马车洋装招摇都市矣。谁复敢从而干涉之、蹂躏之哉? 不此之计,而拘拘焉执五洲各国之通例,以责我神圣不可侵犯之政府曰:是违法律也,是无公理也。该报试平心静气,拭目以观,我民国之现状,果有法律否耶? 果有公理否耶? 何其执迷不悟,一至于此耶? 呜呼,是该报之罪也!

本月,在京得胞弟瑞琦函告,长兄瑞璜(字渭玉)忽然病瘫。遂兼程归里,未到家,兄已于6月3日去世。作《祭先兄渭玉文》:

呜乎吾兄,遽尔永诀,世事变迁,兀道难说。昔年失怙,家运陵夷,危厦将倾,大木独支。半顷薄田,满架备书,一肩担债,众口待哺。玑年十八,放纵疏狂,才无绳墨,口有蛙黄。兄为裁抑,纳之轨道,如调奔驹,如笼飞鹞。登堂承欢,慈亲破颜,诸弟方稚,啼笑满前。灯火煌煌,书声琅琅,围案共食,和气一堂。先后宛若,相亲相爱,口无是非,胸无芥蒂。勤俭忠厚,视乎家主,众人皆甘,兄独茹苦。子妇丁男,近四十口,饮食教诲,出兄一手。分兄所学,使我成名,变产助装,捧檄西行。渭河太华,宦游十年,量移五地,囊无余钱。辛亥之秋,义帜四起,乱谣飞传,谓玑已死。兄得讹耗,遣使寄函,废餐忘寝,涕泪潸潸。天寒十月,奉母东归,入门握手,喜极反悲。欢聚连旬,恶星遥照,北军南来,腰枪手炮。飞弹破屋,妖火射天,沿门剽掠,城市断烟。避兵入山,漫天大雪,衣薄如绡,风利如铁。曝薪燎衣,兼贳村酒,与兄强欢,为高堂寿。揽镜一笑,吾舌尚存,春风匹马,又逐飞尘。前客太原,今游幽燕,风尘厌倦,久思南旋。作客二年,归家一月,一月之欢,竟成永别。党派政见,沸扰京师,兄病不闻,兄殁不知。醉酒残灯,三更噩梦,家书远至,拆封一痛。轻装兼程,六日抵家,拊棺哭兄,兄闻见耶?老子玄牝,庄子养生,兄有妙悟,功竟不成。孝友恭俭,理宜寿考,年仅六十,天乎何道?三十余年,披棘如荼,心血耗尽,遂致偏枯。巨舟折舵,大厦断梁,飘摇无主,能不怆伤!兄之遗范,厘然俱在,遵道而驰,不敢稍背。孝亲教子,诸弟之责,善敬孀嫂,以慰魂魄。香帛一束,清酒三觞,兄灵不昧,呜乎尚飨!

7月,讨袁之役即"二次革命"爆发。

8月,"二次革命"遇挫。袁世凯一面加紧军事攻势,一面动用军警对国会中的国民党议员进行监视和迫害。

据谷丽娟、袁香甫著《中华民国国会史》:

1913年7月12日,二次革命爆发,袁世凯立即于7月21日发布戒严令。袁加紧了对国会中的国民党员议员的监视和迫害。7月27日,袁世凯下令"着军警各管官随时认真保护议员",实际上是下令加强对国会中国民党议员的监视。7月中旬,国民党众议员邹鲁提出《弹劾国务员全体违法失职》案,历数政府违法渎职的罪状,淋漓尽致,引起了袁的忌恨。7月23日夜,袁令军警到邹鲁主持的广东籍议员组成的公余俱乐部抓邹,邹已离京南下,军警即将在该处的国民党参议员汤漪、李自芳、彭建标、李茂之、王鸿庞、何士果,众议员司徒颖、熊成章八人,稽勋局长冯自由等抓往南城牛血胡同警察分署询问。八议员和冯自由在侦探队押一宿,第二天被解往京师警察厅。

广东籍国民党众议员伍持汉反对善后大借款……列袁十大罪状……致书袁世凯,促其退位。这些自然引起袁世凯的忌恨……8月19日,天津警备司令杨以德奉袁世凯命令,将伍持汉秘密杀害,成为国会议员流血第一人。

(国民党北京本部的负责人)吴景濂、王正廷等即召集国民党人商议,最后决定按袁的命令将黄兴、陈其美、李烈钧、柏文蔚除名。于是以国民党的名义发出通告:"黄、陈、李、柏纯系个人行动,除名非大会不能决定。惟限迫,谨遵令除名。"在袁的统治下,要生存只能苟且。

袁世凯并未因为北京国民党本部留京负责人对袁的命令表示服从而停止对国民党议员的迫害。①

本月,自赵城返京后,听到有关其"脱党"的谣传,愤而作《张瑞玑启事》:

鄙人请假出京,月余始返。忽闻友人谈及《大国民报》前者登载政友会启事,列有鄙名。内称既入政友会,对于旧党自应脱离云云,不胜诧异!鄙人名隶国民党籍,不特无脱党之事,亦并无脱党之心。

---

① 谷丽娟、袁香甫:《中华民国国会史》(中),中华书局,2012年,第656—661页。

◎張瑞璣啓事

鄙人請假出京月餘始返忽聞友人啟及大國民報前者登取政友會啟事列有鄙名內稱既入政友會嗣於籌款自惠脫離云云不勝駭異鄙人名發國民豈籍不特無脫黨之事亦並無脫黨之心去就在我他人不得越俎代謀也特此聲明

張瑞璣啓

去就在我,他人不得越俎代谋也。特此声明!

张瑞玑启

按:当时京津各报已为袁氏所收买,该启事刊登于8月23日日本人办的《顺天时报》。政友会由景耀月、孙毓筠等组织成立,活动经费由袁世凯提供。

"二次革命"失败,孙中山、黄兴等流亡日本。袁世凯更加肆无忌惮地对国民党议员施以高压。张瑞玑遂辞议员,离京归赵。阎登龙作诗送之。《吴宓诗话·张衡玉旅店题壁诗》:

张衡玉先生归隐之时,阎君子云(名登龙,武功人)有诗送之。诗云:何日秋风起洛都,无端张翰思莼鲈。文章凤树千人敌,门巷新垂五柳株。天下几曾须俊杰,英雄何事老江湖。罗云山下云深处,也似人间万变无。

此民国二年癸丑事也。

按:据《吴宓日记》,阎登龙是吴宓在三原宏道高等学堂时的同学,字子云,一作紫筠,陕西武功人。原官民政部主事,入民国,失职。能诗,喜饮酒。①

约离京前后,作《禽言乐府》四首及七律《感事六首》、五律《秋吟》四首。

按:《禽言乐府》中《泥滑滑》感叹:"陷足三尺坑,欲拔不能拔。压肩千

---

① 吴宓:《吴宓日记》(第1册),北京三联书店,1998年,第261页。

斤担,欲歇不得歇。世路艰难有如此,不相扶助相倾轧。拔足歇肩长声叹,前途茫茫何由达?泥滑滑!"《行不得也哥哥》仍是感叹:"人心之险更难防,铺天盖地皆网罗。行不得也哥哥!"最后《不如归去》:"失足坐路旁,直道公理在何处?不如归去!"

《感事六首》之一:"神州莽荡竟何如,忍划长江割楚徐。""孤注山河轻一掷,可怜半壁劫灰余。"之二:"南天烽火接天红,风雨浔阳渡战艟。""我代苍生陈帝座,中原莫再生英雄!"之三:"五旗腾声说共和,伤心同室忍操戈。""苍龙血战寻常事,苦我生灵奈若何!"之六:"寄语元戎回首看,九边几处是烽烟。"

《秋吟》其一:"秋士不成寐,万事感触烦。""徘徊百不乐,独立夜沉沉。"其三:"揽镜发长叹,霜鬓一夜老。"其四:"一举三十觞,浇我胸中块。胸块挺怒芽,酒后吐光怪。"

可见谱主彼时的心绪悬在两端,一欲归去,二哀苍生。

回到赵城,筑成谁园。

按:谁园大门朝东,门上有主人撰书的楹联:"驽马恋栈豆;鹰隼击风尘。"谁园主体建筑,是坐北朝南、中西合璧、上下敞廊的藏书楼。一层敞廊中间,有主人撰书的楹联:"我醉欲眠,休再提东亚风雨西欧潮流;客来不俗,有几个黄衫侠士白发遗民。"敞廊两端壁上的砖雕,东曰"酒国",配以琴棋雕饰;西曰"书城",配以书画雕饰。藏书楼前东西相向的两道门系哥特式建筑,门额也是砖雕。东额"近云梯",入门拾级而上便是巢云阁,阁内可容三两人饮酒,依柱远眺霍峰新月。西额"通花径",进去穿过"积古"廊(廊壁后来嵌何绍基题额的"猎碣亭"石鼓文)便是西花园,也可顺着台阶上去,在轩宇驻足,凭栏西望汾水夕照。巢云阁和轩宇,分别与藏书楼二层东门(篆额"翔德圃")和西门(篆额"息艺林")相通,可径入藏书楼,也可向前走到二层敞廊中央,俯瞰谁园。西花园有亭翼然,主人撰书亭

谁园藏书楼砖雕门额"翔德圃"

谁园藏书楼砖雕门额"息艺林"

联:"落花有意随流水;看竹何需问主人。"花园里有苍松垂柳、怪石龙竹、鸳鸯池沼、卧水虹桥。藏书楼院南面的一组建筑,有"来熏斋""迎晖轩""剪春厨"等。砖雕门楣均由主人题写。南院右前方有一座小楼,便是绣楼了。

从本年起,张瑞玑自号觯窟野人、谁园第一主人。作《谁园记》:

觯窟野人倦游归,屋后有隙地,围以短墙,将莳花种树,游息其间。客曰:"是园也,不可无名。"野人曰:"嘻,吾乌乎名之?昔李廌①记洛阳名园一十九,周密记吴兴园林三十五,当时已半易其姓,今则并遗址没矣。野人以一穷措大,兵火余生,躬自乞花磊石为娱老计。今年四十有二,再十八年则六十,再二十八年则七十矣。野人必死,未死以前,幸而老守此园,虽穷饿不肯转鬻。再传而及吾子孙,又及吾子孙之子孙,安可保也?穷而变也,则没于官;穷而常也,则鬻于富。此事之所恒有,亦理之所必至,无足怪也。况至于子孙,子孙已非我矣,子孙之贤否不可知。以理揆之,荒酒乐游如野人者,当亦不能世见。不待百年,则地必荒,墙必圮,亭石花木必倾折枯死,野人亦魂魄游荡不复从而护之,将并园而无矣,又何有于名?然则是园也,始基未成,而终局已定,野人不敢自命为地主,姑借此携酒招朋,以消磨垂老之光阴可矣。至将来之主人为谁,其伤我薪木、毁我亭榭者又为谁,野人不能知,亦不暇计也。吾乌乎名之,名之曰'谁园'可乎?"客拊掌而笑曰:"善!"

---

①李廌(zhì)系李格非之误,明代毛晋编辑的《津逮秘书》,将《洛阳名园记》误题为"宋李廌撰"。谱主藏书极富,误当本此。

按:《山海经》:"有兽焉,似羊而无口,其名曰㺊,不可杀也。"时局板荡,有口说不得,钳口不让说,谱主生肖属羊,正与上古的"㺊"没有两样。

《谁园记》一出,四方传抄,洛阳纸贵。

《刘盥训日记》1915年8月11日:"午,渐阴……拟《老衡事略》,令瑞镜誊真,并《谁园记》。"

《胡景翼日记》1919年4月1日:"小衡处有衡玉先生《谁园记》,其文章固佳,而阅尽人情,其识在庄、列间矣。特贴于下(略)。"

秋,吴庚(字少兰)、赵圻年(字介之)二人相偕,自乡宁来访。作七律《空山人意空道人自山中来访》:

故人踏断鄂山青,秋雨相逢酒未醒。世外黄冠双落落,镜中白发各星星。破窗残梦沧桑路,荒草斜阳野兕亭。太息二杨凋谢尽,千年菊酒吊湘灵。

又作《题空山人意空道人观菊图二律》:

其一:风雨重阳酒一卮,解嘲文字解愁诗。空山草木都成泪,故国君臣有所思。乱世桃源陶令梦,美人香草屈平辞。伤心故作荒唐语,半是牢骚半是痴。

其二:神州无地寄悲哀,落叶秋山携手来。萧瑟曲成鄀北地,伶仃皋羽哭西台。黄花晚节埋幽怨,白发遗民话劫灰。醉向维摩频拜忏,深山容我避风雷。

185

按：赵圻年作七律《赠糙窟野人》二首，诗中说："乱后生涯强自宽，冲天一羽竟飞还。放怀诗酒衡门下，落魄英雄菜圃间。""一路霜红送客来，故人执手笑颜开。偶谈天宝宫中事，同是昆明劫后灰。"天宝事、劫后灰，与谱主"白发遗民话劫灰"相映衬。查《空山人遗稿》，吴庚这次来访没有诗作留存。他对谱主"谁园"之义不以为然，回乡宁后即着手筑"吾园"。

11月，挚友、陕西辛亥革命志士曹印侯[①]英年早逝。

作七律《挽曹寅侯》四首，诗句有："笑我头颅犹带颈，痛君魂魄竟无家。""临风浊酒吊斜曛，涕泪纵横一哭君。""我是哀鸿酸苦甚，那堪天末又伤群。"

应郭希仁函嘱，作《曹君印侯墓表》：

十年以来，余所谓生死道义之交，半在关中，而临潼得三人焉：曰王敬如，曰郭希仁，曰曹印侯。印侯师事敬如，以希仁为友。余之识印侯，二人实媒介之。印侯为人，才气兼盛，不肯稍自贬抑以随俗。其文章言论，如风樯弦矢，不能自已。辛亥夏，余邀至咸宁署，尽发箧中书使读之。每夜深，煮酒与抵掌谈天下事。印侯自谓得三辅健儿三百人，训练而驱遣之，可长驱秦陇无当也，其自负如此。是年秋，秦军起义，印侯预期辞去，转饷募兵，奔走于渭河南北。冬十一月，余亦奉母东归，自是之后音尘隔绝，三年无一字相往还。然每见秦中人

---

[①] 曹印侯（1882—1913），名树勋，字印侯，亦作寅侯，陕西临潼县人。年少任侠，后加入同盟会。辛亥革命陕西举义后，曾组织6000人的"铡刀敢死队"，自任统领，冲驰于快抢怒马的疆场，与甘宁军大战30余阵，关中乃定。于右任赞其"跃马横戈西复东，手持白刃定关中。"共和告成后，各地举义者拥兵自重或者自卫，曹印侯则倡议裁军，带头遣散部属十余营。后弃武经商，1913年11月病逝于杭州韬光寺，归葬华山北麓玉泉院东。

士,辄询近况,知印侯虽频经蹶折,而意气犹未衰也。民国二年,希仁游欧洲归,来书谓印侯竟客死西湖,友人归其榇,卜葬于华山之阴,属为文以表其墓。呜呼,印侯死矣!使印侯一生之气魄思力,不沉没于陈根堕樵之间,是后死之责也,曷敢辞。

印侯名树勋,世居临潼油房镇曹阳村。少孤穷。父任里书役,钱谷难聚,里人核之数月不得其绪,印侯按簿剖析竟夕即决,众皆奇之。年二十尚未读书,会同邑包海涵授徒近寺,假乞火,往道慕学意。海涵授以书,为解释文义,大喜,昼夜研钻不辍。学为文,下笔奔放不羁,无扦阁语。计读书仅八月,应童子试即获隽。每遇文会,题纸下,握管伸纸,一日成数十艺,见者咋舌。光绪三十年,富平张扶万主讲横渠学堂。扶万,关中淹博士也,印侯得其指授,博览群籍,学思大进。时敬如讲学里门,主张程朱,能贯穿新理不为俗障所缚。三十一年,印侯踵门委贽执弟子礼,敬如为之馆于刘家庄,往来讲论经年,心大悟。归筑土室,颜曰"逍遥洞"。取古今中外哲学遗著,摘条手抄,粘壁迨满,上下千古,心理莹然。印侯之学盖自是已大定矣。三十四年,与希仁及刘蔼如、贺绂之分门治学于西安丽泽馆。印侯鸡鸣即起,练体力,张两臂回环击柱,声震屋宇。每夜深演说,痛陈旧局之艰危、人心之陷溺,慷慨泣下,闻者奋兴。宣统二年,应选拔试北上,中途冒病,抵京更剧。自题小照寄友云:"纵横一代风云志,出入千重坎坷身。"可以想见其概矣。是年八月,各省二次请开国会,秦省举印侯为代表。时东南人士多薄视西北,当会议时,日中不决,印侯病新愈,愤然曰:"此事无容辨驳之地,请即日同诣醇王邸,取我民权来,若弗与,当各掷头颅以酬之。"众惊顾无一语,然咸服君忱挚。京师各报纸一时标名,轰喧都下,谓秦有人也。事讫还秦,经崤函受风寒,又大病。家居月余,力疾出,联合绅民倡办地方自治。未几,闻川蜀抗路事起,遂入西安,约同志组织革命军,驰赴河北招募。中道闻西安反正,率乡团入临潼以应。钱定三督师东出,令留守临潼。定三至渭南遇害,张伯英继之。潼关反正,印侯为筹粮三千石饷军,泛渭而下。继又入西安谋招河北壮士,西略甘宁,谓我不捣彼,彼亦必犯我,毋宁先出以制之。军府不许。会潼关二次失守,伯英函招救援。印侯飞书走使,十日得兵六千,游侠轻生仗义之徒悉归之。时饷械两缺,印侯破产贷资,筹万金造枪矛数千,自官长至兵卒,皆粗食无一钱饷。编制甫就,潼关克复,而甘军东攻,分道犯乾州、凤翔。凤翔守兵单,围尤急。印侯奉调,二日夜驰抵凤,与甘军血战三十余次。率乌合之众,以徒手木梃,冲驰于快枪飞炮之中,无一人畏死怯退者,卒能保危城,屏西陲,使敌骑不能东窜,厥功伟矣!

　　共和宣布后,印侯首议裁兵,曰:"兵多而饷乏,穷极则乱,天下无宁日矣。"时诸将新立功,当事者难之。印侯曰:"请自我始。"遂遣散十余营,仅留正兵、屯田兵各三营。以六千余亡命无赖之众,招之来,麾之去,各俯首帖耳无异辞,此非仅恃才气为之也。印侯娴于政治,理财等学尤专心考究,手纂巨帙,论断博赅。裁兵后,条举陕西实业,拟次第扩充,因款绌未果。创办棉花公司,司员在咸阳者,索铜客银二两。军府闻之大怒,立斩二人以徇,并遣骑捕印侯。或劝其暂避,不听,遂亲诣军府,陈词侃侃,无惧色。军府笑其戆,置之。已而,令遣散正屯各营,留屯兵一营修白渠。印侯自遭此挫,遂专志经商,欲以财权左右世界。尝谓摩尔根亦人耳,我何过逊。遂以五千金遣人市棉毛土货运汉,戒任事者旋市、旋运、旋售,自居郑策应。阅六月,获息巨万。以积劳旧疾作,民国二年养疴汉口。会南北战争起,武昌搜捕党人颇严。有同乡某,贷资不应,衔之,为匿名书,谓印侯将应宁赣,遂被捕入狱。狱中上书自辩,词壮而哀,得释。既出狱,与人言:"数年以来,病躯郁塞,暴性时发,不能自克,此撄祸之道也。此次入狱,胜读书十年,克己寡过,不怨诬者,自觉心神莹澈,无一毫障碍。"

呜呼！印侯之学养盖自是大进矣。然忧劳备至，迭遭大挫，内伤外感，体已不支。会天热，旧疾增剧，乃属友往理商业，为静养计。竟于二年十一月殁于西湖，年仅三十二。

呜呼，印侯死矣！以印侯之才，使稍贬其志，柔其气，以与当时号称志士豪杰者争，攫取功名利禄，夫岂多让。而印侯不屑于此，竟焦劳抑侘以至于死，此印侯之所以为印侯也。印侯貌丰下，目熠熠射人，行步趫疾。与人交，握手出肺肝，不合则推诚面责无瞻徇，虽悍将莽夫，一见则敛手听命。其学问自成一家，议论思想均能抉破藩篱，尤善引导后进。自为学约若干条，其言皆雄肆奇辟，足以开扩心胸。苟天假之年，得持其学说驰骋一世，岂可量哉。

呜呼，印侯死矣！后之登华山游玉县者，过印侯之墓，摩挲碑碣，读吾此文，必有酹酒歔欷不能自已者。印侯有知，其英魂强魄，或亦借松风竹雨而作声酬答也。

按：据陕西革命先烈褒恤委员会编《西北革命史征稿》所收该文校订。墓碑由郭希仁书丹。次年夏，郭希仁、胡景翼、邓宝珊、续范亭等革命党人聚首曹印侯墓旁的"共学司"，密谋反袁，史称"华山聚义"。据续磊、穆青编著《续范亭文集》，1921年秋，续范亭再到华山，拜谒曹印侯墓，写了一首五古《华山吊曹印侯》："印侯性高傲，杀敌用刀叉。慷慨身许国，倜傥不为家。……见君一抔土，徘徊倍咨嗟。但得先生在，焉用井底蛙？"

本月，袁世凯强令解散国民党，国民党议员被剥夺资格，并搜缴证书和徽章，驱逐出京。

冬，景梅九、杜仲虑来访谁园。作七律《喜景梅九杜仲虑南旋留饮》：

梦里鹧鸪三两声,故人归马踏青晴。相逢不信头颅在,脱劫方知性命轻。囊底黄金心已冷,匣中宝剑气犹生。天涯到处张罗网,莫向人间道姓名。

按:本年秋天,革命党人杜仲慮在江西从事讨袁活动被捕押京,经景梅九营救,年底出狱,二人相偕入晋。此时张瑞玑已离京归赵。景、杜二人南下经过谁园,张瑞玑留客宴饮。"天涯到处张罗网,莫向人间道姓名",正是袁世凯打压国民党议员、解散国民党的肃杀氛围。

## 是年

宋教仁被暗杀。袁世凯当选为中华民国第一届正式大总统。

## 1914年(民国三年甲寅)四十三岁

2月,母亲王太夫人病逝。
吴庚撰挽联:

宣统末年民国初年一度沧桑才过眼;
壬子二月甲寅正月两家儿女互伤心。

本月,应"子清兄"嘱撰书一联:"琼树瑶林风尘外物;紫桑栗里羲皇上人。"

按:上款"书世说晋书语应子清兄属",下款"民国三年四月戆窟野人张瑞玑"。钤"张瑞玑印""衡玉"两印。

春,作七律《谁园即事八首》。

其一:手把鸦锄辟草莱,小园点缀傍城隈。稚松怒欲成龙去,怪石飞从灵鹫来。夜梦蕉喧听雨馆,春寒花上避风台。到门绝少高车客,不许奚童扫绿苔。

其二:一碧泉流万绿阴,手栽龙竹已成林。池鱼大有江湖意,野鸟浑无机械心。开阁看山云入牖,移花就月露沾襟。栏杆几曲篱三面,隔断琴声无处寻。

其三:亚字花墙日影迟,榆钱风是柳垂丝。鸳鸯池沼儿窥影,鹦鹉帘栊婢学诗。瓦注浮红花酿酒,石栏扫绿客围棋。而今悟得林泉乐,不是闲人不许知。

其四:鸟声寂寂似山村,修竹琅玕昼掩门。稚子心笼关鸟笠,老妻手剪护花幡。茶枪煮雪支泥灶,蒲剑和烟养石盆。一枕羲皇忘岁月,避秦何必定桃源。

其五:作意东皇雨露新,山花野草亦精神。狂来诗酒无余子,老去须眉几故人。花谱树经书好趣,雨蓑雪笠画中身。樽前莫话前朝事,京洛衣冠付劫尘。

其六:半亭嵌壁路悬空,竹户槿篱宛转通。虚槛文心同曲折,小山石骨逗玲珑。落红庭院湘帘雨,凌碧城楼玉笛风。一角青山千蝶月,多情都入画图中。

其七:卧水虹桥隔岸斜,巢云楼阁枕晴霞。故人醉去随明月,好鸟飞来衔落花。风暖蝶寻春后梦,日长蜂放午前衙。饭余穿竹寻诗去,闲拾松针自剔牙。

其八：四面窗轩书百城,琴樽心迹自双清。胸中邱壑画千本,眼底沧桑棋一枰。剩有文章媚山水,更无书札到公卿。一天风雪孤寒在,到底梅花不世情。

按:从诗中可知,谁园有卧虹桥、巢云阁、鸳鸯池、亚字花墙,有琅玕竹、垂柳、稚松、怪石。"四面窗轩书百城",藏书楼也蔚然可观。主人自己呢——"手把鸦锄辟草莱""一枕羲皇忘岁月";"饭余穿竹寻诗去,闲拾松针自剔牙";"剩有文章媚山水,更无书札到公卿",颇有些"琴樽心迹自双清"了。这组诗勾画了一幅高士隐居图。

7月,画《墨梅图》。画幅的左下侧,挺立奇出一枝铁杆,铁杆枝头依稀可见初绽的花蕊。铁杆腰间横斜出几枝,枝头绽着新蕊,向右侧垂下的一枝,牵出数行题字:

画不似画,然不得名之曰书;梅不似梅,然不得名之曰杏。确是我手中之画,确是我胸中之梅。若似画似梅,便不是我画我梅矣。见者呕且笑,我自有得意处在也。质之星才以为何如?民国三年七月,氆窟野人张瑞玑拜题。

按:画上钤"谁园第一主人""氆窟野人""张五""铁骨"四枚印章,《收藏》杂志2007年第12期专文介绍这幅《墨梅图》。星才待考。谱主擅画梅花,尤喜墨梅,自云:"不是案头无胭脂,让与他人画牡丹。"题画诗有《题画梅》《画梅自题》《为王叔亮画扇并题》等。章太炎《故参议院议员张君墓表》:"自谓书不如画,画不如诗。"

夏,吴庚在乡宁筑"吾园"成,作《吾园记》。

按:《空山人墓志铭》记载此事,"瑞玑于屋后隙地筑墙莳树,名曰'谁画不似画世不得名之曰书梅不似梅世不得名之曰古確是秋手中之画確是秋风月中之梅若似画似梅便不是秋画秋梅矣见者嗔且笑秋自有漫画在也所贺之建宮野人星緫以君自此民國三二年七月既望 張謇手題

园'，为文记之。山人因名其菊园曰'吾园'，亦为之记，盖戏辟吾文也。两文并传一时，其标致如此。"兹录《吾园记》于此：

> 天下本无吾，而忽有吾；吾本无园，而忽有园。吾之在天下倏来而倏去，倏有而倏无者也；吾之园亦倏来而倏去，倏有而倏无者也。吾倏然而去，天下已无吾矣，何有吾之园？吾倏焉而未去，天下既有吾，吾且有园矣，非吾之园而谁之园乎？往者吾与意空道人访张子于赵城，张子方构园，命之曰"谁园"。张子曰："此某之园乎？不知谁之园也，某为第一主人耳。"意空道人曰："甚矣，张子之达也！"吾曰："甚矣，张子之不达也！张子方值园之来，而心题题焉于园之去，张子犹有园之见存也。可以为达乎？"既而，吾亦为园于乡宁，感张子之名"谁园"也，而以"吾"名园。呜乎！天下一日有吾，吾，吾之吾也；吾一日有园，园，吾之园也。吾之不能终有是园也，吾无憾；园之不能终为吾有也，园亦无憾。花之开也则开之，月之圆也则圆之；园之方属吾也，则吾之而已矣。吾又闻之郑所南矣，所南之名其楼也，曰"我家清风楼"。所南固无楼也，而"我"其楼；吾犹有园也，而不可以"吾"其园乎？且人各有一吾，他日之居是园者非吾也，而亦一吾也。则吾园虽万世可也。①

**约春夏间，作《先妣王太夫人墓志铭》：**

> 民国三年二月十四日，先妣弃养。是年十月十一日将与先灿六府君合葬于东郭磨头村之祖茔。诸子环椟而哭，议为铭墓之词。或曰以子铭亲非古也，昔欧阳修、戴良、归有光、汪中诸子，于其亲之殁

---

① 吴庚：《空山人遗稿》卷二，赵圻年辑，1917年，第16-18页。

且葬也,各有纪事述哀之文,然曰表、曰坟记、曰事略、曰灵表,不闻有为志铭者。或曰铭亲古例也,陈子昂先考有周居士陈公墓志铭,在欧阳诸子之先数百年,其文著于唐而传于今,可考也。不孝瑞玑乃泣血援例而志之。先妣姓王氏,外祖讳聘之第四女也,年十八归先君。吾张氏世居赵城西门,业儒而穷者数世矣。先君以老宿讲授乡里,资脩脯养家。先妣井臼亲操,内治井然。兄瑞璜少失恃,先妣抚之如己出。生六男一女,殇其三,惟瑞玑及瑞琅、瑞琦、瑞玼存焉。先君殁后家益落,先妣命瑞琅佐兄理家事,岁暮,腊债环逼,瑞琅向富贾贷钱十五缗,勒重息并质产书券,归而泣。先妣笑曰:"此何足较,使汝辈他日囊橐稍裕,亦知贫人艰苦也。"光绪甲午,瑞玑与表弟王泽闿同举于乡。泽闿,吾舅亮采之子也,寡言而好学。先妣素爱之。时两人皆弱冠,榜发,归颇自得。先妣曰:"汝祖及父以笃学能文,落拓终身。今不学而幸获,吾为汝愧死矣!"言已而泣。瑞玑亦惭泣不已。癸卯瑞玑以进士官秦,迎养入关,历宰五邑,先妣饮食服御自奉如家居时。辛亥民军起,时瑞玑宰咸宁。署前邻军装局,驻防满营环其后。民军入城,据军装局攻满营,枪炮彻夜不绝,声震屋宇。吾友鄠县王恒晋、临潼郭忠清、兴安陈树藩均登堂问起居。先妣慰劳毕曰:"幸无惊也。"是年冬,奉先妣东归,家居月余,卢永祥率军南下,过赵城焚掠三昼夜,吾家荡然无遗。时先妣预避居西山,吾兄弟先后至。先妣问:"家人无恙乎?"曰:"无伤也。""房舍无恙乎?"曰:"补葺之尚可居也。""书籍无恙乎?"曰:"非卢军所爱,故遗之。"先妣曰:"儿辈尚有屋可居,有书可读,足矣。"民国二年六月,兄瑞璜病殁,瑞玑自京师驰归,见先妣颜色惨戚,家人环慰之不能解。岁终而病,逾岁遂不起,时年六十有五。呜乎痛哉!先妣性宽和,生平无疾言怒色,朝起盥栉毕,整衣端坐,婢辈绕床而戏,笑声格格,或疑其过宽。先妣曰:"是亦儿女也,彼父母穷迫而鬻于我,悯之不暇,忍贱畜之乎?"持家数十年,粟

《先妣王太夫人墓志铭》（拓片）

缕必惜,而周济穷乏无吝色。亲族中穷苦孤老者率依以为生,未尝厌视之。先妣殁后,乡里吊者皆泣下,婢仆辈至痛哭不食,盖其所感者深也。呜乎!变乱以来,瑞玑频死不死,皆以为先妣之德,有以阴庇之。先妣宜享大年矣,今寿不至七十,然则天道固可凭而不可凭耶?先妣殁时有孙四:曰尔公、尔禧、尔达、尔禄。殁后半年连生三孙:曰尔雕、尔龢、尔谦,而先妣不及见。呜呼痛哉!铭曰:半亩阡,七尺棺,宅平原,奠而安。石磐磐,泪斑斑,石不烂,泪不干。

**又作《先兄张渭玉墓志铭》:**

呜乎!是吾兄之墓也。兄讳瑞璜,字渭玉。前清时以副生贡于乡,绝意仕进,学邃于《易》,尤爱老庄诸子。工书法,日摹鲁公帖数十纸,然不轻为人作。性严重,寡笑语,终日危坐,家人仆妇无乱哗者。与人交,朴忱形于色,不合则去,未尝背议人过,乡里以是爱而敬之。吾父灿六公殁时,瑞玑年十七,弟瑞琅、瑞琦、瑞玭均幼稚未解事。家中食指繁,薄田弗给,儿女婚嫁之事每岁不绝,兄以一人力任其艰者二十余年,布衣粝食为家人倡。督诸弟环案而读,讲授经史,间举汉宋学说证明其义。瑞玑于学问稍窥门径,自兄始也。瑞玑通籍后,宦秦十年,兄仅三至,布衣策蹇不改其初,毋至留一二月辄去。辛亥秋,秦军起义,道途梗塞,讹传瑞玑已死。时瑞琦从晋军赴娘子关,瑞玭游学太原,瑞玑有子曰尔公,入伍于保定,均久无音问。兄与瑞琅终日辍食对泣,彷徨焦灼。兄体素丰硕,自是肌肤锐减。是年冬,秦军送瑞玑东渡,诸弟及尔公亦先后归,入门相见,各握手不能语。盖计十五年来吾弟兄五人,此离彼合未尝获一日全聚。今兵火流离之余,而全家老少无恙,同聚首于先人之庐,其悲喜为何如也。兄命置酒,呼家人团坐欢饮。未终席,闻嚣呼声起,惊传娘子关失守,民军溃走,北军且南下,城门已昼雍矣。逾月,北军至,先期送母及妻孥分避东西山麓。兄与诸弟坐守焉,朝炊方熟,未举箸,闻枪声隆隆,遣瑞琦出侦之。忽飞炮穿屋脊而入,折梁倾壁,烟涨庭宇,方惊愕间,戎装数人破扉入。时督师者坐视焚掠不能制,城中火光烛天,兵士沿门搜索,凶暴无人理,而吾家被劫尤酷。兄弟不堪其扰,先后乘间出城,济河而西,入西山见母,值山雪盈尺,风冽刺肌,共爨薪燎衣,贳村醪冲寒。兄犹举酒强笑为母寿,兼慰诸弟,然是时兄已病矣。明年,瑞玑客太原,兄来书谓病大愈,勿远念。有自里中来者,询兄近状,云终日不言不笑,饮馔亦倍减。急驰归,问何病,兄曰:"无之。"家居两月,团聚甚欢,兄步履饮食亦渐健。众以为兄病愈矣。又明年,瑞玑客京师,五月得瑞琦函,云兄忽病瘫。兼程归里而兄已先期殁。时为民国二年六月三日也。兄为先前母所生,吾母入门时兄逾十龄。母慈子孝,乡里无闲言,家庭雍雍数十年,无诟谇声。族邻戚友几不知吾兄弟之为异母也。兄殁后,母悲思成疾,遂以不起,距兄殁仅八月耳。悲哉!民国三年十月十一日,与母祔葬于赵城磨头村之祖茔。兄先聘王氏,未娶而死,迎葬焉。继娶王氏无出。又娶何氏,生子一、女三,子曰尔达。妾柴氏生女三。兄生于咸丰四年七月初八日,享年六十。殁时尔达年十二,幼女在抱,方哑哑学呼父也。悲哉!铭曰:有才不矜,有德不炫,胡生于穷,而死于变?呜乎!天道不可见。

**8月,邀老友卢辉垣到谁园聚饮,为其祝寿。作《卢辉垣六十寿序》:**

野人以兵火余生,蜷伏间里,所为文声咽而凄。今称觞祝嘏而使哀鸿寒螿啾唧聒人,是反之也,又不可。虽然,野人不能无言也。野人与辉垣别十五年矣,此十五年中,辉垣游浙,野人入关,南北往还,不过数函。当其时,风尘奔走,置之漠然。今沧桑再变……独野人频死不死,辉垣亦贫老至于六十,而又得老友八九人团聚田园,借野蔬杯酒,话劫灰于衰柳夕阳之下,不可谓非人生难得之会也。……野人见今之少年,胸无点墨,冠毡笠,躢草屦,招摇朋党,饮酒嚣骂,其气张甚,终日无一人一言及于道义,求如我辉垣之诚挚耐交几无其人。自今以后,我辈诗酒风流之会,将尽变为少年酒肉征逐之场矣,此会亦今日之硕果也。愿陪诸君为辉垣各进一觞焉。

秋,赵圻年(意空道人)自乡宁作《答谁园》七绝四首,摘录如下:

其一:神往名园日暮云,诗成只雁度河汾。

其二:经年小别各天涯,梦绕城西处士家。予发又添千点雪,谁园新买几株花。

其四:秋月花星格调高,故人约我听松涛。只愁酒量随年减,不敢螟蛉视二豪。

按:从赵诗来看,当是谱主此前有函来,或有诗相赠,邀意空道人和空山人再到谁园听涛饮酒。

10月,葬母王太夫人、兄瑞璜于城东磨头村祖茔。
本年,长孙女淑娟生。

## 是年

袁世凯下令解散国会。

## 1915年(民国四年乙卯)四十四岁

1月,作《薛母谭太淑人墓志铭》:

民国四年一月,解梁薛士选走书哭告赵城张瑞玑曰……谨泣述大略,乞吾子一言以铭墓焉。时瑞玑方抱无母之痛,得书嗷然而哭曰:"人之不忘其亲犹夫我也,悲哉!"宣统庚戌,瑞玑与士选同宦于秦,太淑人八十寿辰曾为文以祝之。今忽忽五年,世变沧桑,前尘如梦。瑞玑流离奔走,频死不死,蜷伏闾里,兄亡母背,今又为太淑人铭其墓,濡毫伸纸泪泫然矣。

4月16日(阴历三月初三日),应樊增祥、易实甫、罗瘿公(字掞东)之招,赴什刹海会贤堂参加百人修禊之会。据曾任国史馆总纂的恽毓鼎记述:

(乙卯三月)初三日。阴……至什刹海会贤堂,赴樊樊山、罗掞东、易实甫诸君修禊之约,京师知名之士大概集焉,到者约及百人,用颜延之曲水修禊四言诗分韵赋诗,余拈得泳字。[①]

张瑞玑拈得"紫"字,作七古《上巳日樊山实甫瘿公招什刹海修禊分韵得紫字》:

---

[①] 恽毓鼎:《恽毓鼎澄斋日记》(下册),史晓风整理,浙江古籍出版社,2004年,第725页。

昨宵病酒寒拥被,破晓流莺唤人起。……三年不到会贤堂,入眼酒旗心先喜。登楼倚栏怂远眺,百感苍茫来眼底。……樊山老人鲁灵光,主盟骚坛执牛耳。斯文一线赖维持,吾道有运终不死。……落落须眉聚一堂,缩影摄入明镜里。鞭丝帽影缓缓归,斜阳低压遥山紫。

春,应"佐臣兄"嘱书联:"刘芳未精崔光未博;臧盾之饮萧介之文。"

按:上款"集南北书应佐臣兄属",下款"民国四年春,糦窟野人张瑞玑"。

在京城,客居宣武门南山西会馆,与刘盥训(孚若)、刘绵训(翼若)、温寿泉、胡石青等在一起。《刘盥训日记》多有记述:

8月1日,晚阴。诗钟题为花酒与瓜子。十钟先寝。"红粉两行回醉眼,碧云一缕息炎威。香泽闻时人尽醉,嫩瓤切处客先尝。"(予作)。"黄金卖笑可怜夜,碧玉多情正破时。北地胭脂凭我醉,中原土地任人分。"(衡作)

8月2日,写冀贡泉寿诗二条,一代翼若也。老衡为画梅。

8月4日,早,临篆颜各五十与月波(附老衡七古、七律、七绝各数首)。与老衡谈。

8月6日,午阴,与老衡游花厂及陈列所,徒步往来。晚,予同衡(按:即老衡)撞钟,题杨贵妃鹤。

8月7日,早,同衡、翼(按:即刘翼若)出,访金道坚(按:即金永,时任山西巡按使)不遇。晚,衡归。电定明日九钟见金巡按使,遂转告陈震之诸人。诗钟题梅兰芳茶杯。

8月8日,午,五钟时往广和居①,同竹青、翼若约金道坚、董清峻、孙殿枫、张衡玉。……十钟余,始自广和居归。

8月9日,午,同静(按:即温静庵)、衡、兰、翼饭于恩成居。……晚,共请金巡按使,摊分每人二元四角。老衡归谈,少时寝。

8月10日②,晚,翼若至蔚丰取老衡自西安来款。十二钟余翼若归。一钟余老衡归,谈至二钟余。

8月11日,午,拟《老衡事略》③,令瑞镜誊真,并《谁园记》。与老衡谈。

8月12日,早,又将《老衡事略》及诗文送王月波。午,抄《老衡事略》于早日记后。晚,归自便宜坊,同衡、云至江西会馆听讲经,少时步到寓,谈少时已。

8月14日,午,报载筹安会出现,系杨度、孙毓筠、刘师培、李燮和所发起。至云山别墅开文献局会,六钟余始散。应老衡约于又一村饭馆。④

8月16日,午,老衡写字。晚,同衡、翼望第一台观剧,约十二钟。

8月17日,午,阴,四钟雷电,大雨一时许,旋间雨。同老衡出,至有正书局购帖,十元八折,余带购礼器二册。又同访金按⑤,不遇。

---

①广和居饭庄:在宣武门外菜市口偏西南面的北半截胡同,鲁迅民国元年5月5日随教育部迁到北京,当晚即"夜饮于广和居"。

②8月10日,总统府宪法顾问、美国政治学者古德诺的《共和与君主论》公开发表,鼓吹共和国体不适合于中国。据陶菊隐《"筹安会"六君子传》,此文由袁世凯命法制局林步随译成中文,交上海《亚细亚日报》发表。

③这是友人给张瑞玑作的最早的一篇小传。《刘盥训日记》(未刊),手稿今藏临猗县图书馆。

④8月14日,"筹安六君子"杨度、孙毓筠、严复、刘师培、李燮和、胡瑛联名发表《筹安会宣言》,学舌于美国政治学者古德诺,鼓吹"世界国体,君主实较民主为优,而中国尤不能不用君主国体"。文献局即山西文献征存总局。

⑤即山西巡按使金永,是袁世凯心腹。据《阎锡山回忆录》(三晋出版社,2012):"袁氏为进一步完成中央集权……于民国三年五月二十三日明令撤销各省民政长,改设巡按使……山西第一任巡按使金永是一个旗人,其人相当骄悍,是袁特别派来山西消灭民军势力的。"(见该书第97页)

8月18日,午,胡魁文来谈筹安会事。晚,十二钟老衡醉归,少谈即寝。

8月19日,早,起视老衡,芷少寝,起约八钟矣。午,同翼、衡出。

8月20日,晚,老衡归,同谈至十二钟寝。

8月21日,午,稚唐同老衡出。拟挽于晦若、挽王古唐,老衡归,请代写。

8月23日,早,录老衡《寄石青①》诗。与石青信并老衡诗及无题诗寄出。

8月24日,早,衡、翼同太招出。午,衡归。同衡、稚(即陈稚唐)饮茶,旋饭于厚德福。郭升送胡石青信(附老衡诗)。晚,由厚德福至第一台,因座不佳,予独归,静坐甚久,净身。老衡归,谈至一钟余寝。

8月25日,午,老衡写画,余写隶二百,购绍兴酒同饮。

8月26日,早,与老衡谈。

8月27日,早,与老衡谈。晚,约十钟同老衡归,衡醉早寝。

8月28日,早,与老衡谈。午,老衡写字。晚,老衡归,少谈。

8月29日,早,同老衡应豹卿约于老便宜坊。晚,老衡归,谈至一钟余。

按:张瑞玑《寄石青》诗中的"中原莽荡山河昏,廿年虚名误此身""凄凉一片蓟门月,酒后肝胆向谁说"等句流露了此时的心绪。从《刘盥训日记》的记载来看,拥护帝制的"筹安会"于8月14日在报纸上出现后,张瑞玑于18日、27日两次醉酒晚归。

---

①石青:即胡汝麟(1880—1941),字石青,河南开封市通许县人,第一届国会众议院议员,后任教育部次长。

8月30日,与刘翼若(名绵训)一同出京,乘石太线火车返回赵城。

《刘盥训日记》:"早,七钟余起,照应衡、翼收拾行李。九钟早饭,阎虎臣来少谈。遂送衡、翼至西站。十一钟半开赴石(家)庄。"

《刘我民先生墓志铭》:"民国四年帝制议起……时先生长子盥训以不附帝议撄当道忌,南游桂林。次子绵训客居宣南西隅,闭户读书,落落寡交游。先生作书招之,并函告瑞玑曰:'君与儿辈善,请速与之归,勿令洪宪史表中留我清白姓氏也。'"

在榆次下火车,换马南行。途中作《徐沟道中遇雨同刘翼若南旋》(七绝二首)、《灵石道中》(五律)、《霍州道中步前韵》(五律)。

按:过灵石时,看到的是"乱山随马走,野水逼城流。清磬烟中寺,红窗树外楼"。在霍州则"匹马苍茫里,诗怀尽入秋。摩天山直立,断涧水横流。烟塔悬孤岭,风铃语野楼。居然太平象,樵径有歌讴"。

回到赵城,作七律《留刘翼若住谁园畅谈》。

按:两人"夜雨挑灯同煮酒",听着藏书楼外的萧萧秋雨,一边喝酒,一边谈时事。张瑞玑感慨地对刘翼若说,从今往后"两戒山河浑不管",只愿"摩挲老眼醉看花"了。

本月,为洪洞段伯堃(字莲舫)书横幅、条幅各一,内容为清初诗人吴伟业的诗句。

按:横幅"晓雨西方来"节录《赠愿云师》,落款为:"民国四年八月,莲舫兄补壁。羯窟野人张瑞玑书于五万卷藏书楼。"可知最迟到本年,谁园藏书已有五万卷之多了。条幅"萧何虚上座"节录《读史杂诗四首》之三,落款为:"民国四年八月录梅村诗,应莲舫兄属,羯窟野人张瑞玑。"

10月,北洋政府、"筹安会"肆意操纵选举。梁启超作《袁政府伪造民意密电书后》:

> 十月十日,国民会议事务局电云:"国民会议议员,各县之初选当选人,实为产出国民代表之枢机,允宜特别注意。各县初选监督,当能体会入微,善为运用,尽可于未举行初选之前,先将有被选资格之人详加考察,择其性行纯和,宗旨一贯,能就范围者,预拟为初选当选人;再将选举人设法指挥,妥为支配。果有滞碍难通处,不妨隐加以无形之强制。"观此,则国民大会之当选人,以何种方法产出可知也。所谓"体会运用",所谓"能就范围",所谓"指挥支配",所谓"无形强制",请读者试思此何等语,其中含有几许恶孽!更问读者,此项选举人能否有丝毫自由选举当选人之余地!此项代表人能否有丝毫自由主张意见之余地!而天下万国往古来今果闻有此种选举法焉否也?①

本月底,张瑞玑乡试同年、太原县绅士刘大鹏,被选为"国民代表",参加"赞成"君主立宪的投票活动。刘大鹏《退想斋日记》:

> 九月二十二日(10月30日),全国(疑为全省)举国民代表一百二人,昨日投票,予竟充代表中人,但未知代表何事耳。
>
> 九月二十三日(10月31日),全省代表一百二人,于巳刻到同武将军行署,即前巡抚部院之署也,巡按使(即金永)亦到,代表投票解决国体,其票为君主立宪下书"赞成"二字,人皆一致,无一写他字者,

---

① 杨松、邓立群原编,荣梦源重编《中国近代史资料选辑》,生活·读书·新知三联书店,1954年,第720页。

此系官界中人指示代表所书者也,人皆茫然,予亦昏昧。①

11月2日,北京《群强报》刊载了南桂馨等山西国民代表一百零二名劝袁世凯登基的电文。

  太原电:"北京孙少侯先生鉴,国民代表已于今日投票君主立宪,全体一致赞成,并推戴今大总统为大皇帝,全晋人民,同声欢忭,谨飞电以闻。南桂馨。"②

刘成禺《洪宪纪事诗本事簿注》载张瑞玑反对帝制事,并录其诗作:

  "和介流风柳下尊,都门去去默无言。燕诗并剪翻怜汝,春酒秋花尚有园。"赵城张瑞玑衡玉,以名进士权长安县事。结同盟会,谋覆清祚。选参议院议员。帝制议起,衡玉留京,放浪诗酒,谩骂当时,侧目者将入以谋反之罪。予告之曰:"吾辈开党开国,自有不世之功名,何必葬身虎穴,与含香傅粉者争一日邪正之长耶!"衡玉大悟,日饰酒疯,得养疾归里。近搜遗翰,痛感人琴。其歌咏洪宪时事,足资史料考证者,如《幽燕杂感十四首》。③

按:张瑞玑讽刺嘲骂洪宪帝制的诗,除《幽燕杂感十四首》外,刘成禺《洪宪纪事诗三种》还选录了《放歌行寄郭允叔》《寒云歌观袁二公子演剧作》。

---

①刘大鹏:《退想斋日记》,乔志强标注,山西人民出版社,1990年,第219—220页。
②《山西文史资料》(第四辑),1962年。电文后附有一百零二名代表的名单,孙少侯即"筹安六君子"之一孙毓筠。
③刘成禺、张伯驹:《洪宪纪事诗三种》,吴德铎标点,上海古籍出版社,1983年,第61页。

《幽燕杂感十四首》:

其一:幽燕王气启雄图,山脉河源拱上都。宫殿千门将作监,城阙九道执金吾。龙颜日角瞻天表,碧篆丹文搜秘书。一例群臣功德颂,声声万岁听山呼。

其二:真人五色气成云,共说中原又有君。天语荒唐灵运梦,元符神异子云文。新朝弟子从龙贵,旧部材官汗马勋。一领黄袍匆遽甚,陈桥争忍负三军。

其三:神州莽荡造英雄,震世威名震主功。地下篆文齐九锡,冢中枯骨汉三公。旧宫翚翟新公主,内宠貂蝉女侍中。省识人间皇帝贵,朝仪忙煞叔孙通。

其四:当年慷慨誓明神,指日盟心字字真。早识国奴应受命,近传吴使已称臣。共和日月风灯影,一统河山战马尘。昨日纪元新诏下,太平箫管万家春。

其五:玉篆金符眷一身,似闻水火拯苍民。星精有力平三殽,书币何劳问四邻。祖父雄名犹贯耳,子孙龙种已生鳞。东丹莫问蹊田事,天子河南已有人。

其六:庙堂只手运神筹,十万貔貅坐上游。新贵侍中千狗尾,通侯关内几羊头。山阳奉祀犹存汉,箕子为奴竟入周。第一功名楚三户,河山铁券共千秋。

其七:龙颜隆准好威仪,都是天潢玉树枝。不作开元花萼梦,能吟陈思豆萁诗。六亲贵列侯王表,四皓①荣为太子师。容得中山沉酒

---

①四皓:原为汉高祖刘邦时辅佐太子的东园公等"商山四皓",这里指袁世凯称帝后所封的徐世昌、赵尔巽、李经羲、张謇"嵩山四友"。

色,官家家法本宽慈。

其八:天语温存故旧深,嵩山落落几知音。少微未死留佳语,元老虽生有愧心。史传千秋谁白璧,人材百炼化柔金。苍生渴望新恩泽,辛苦诸公作雨霖。

其九:当涂景运自天开,高筑繁阳受禅台。修史应删宦官传,论功还仗客卿才。八方赦诏云中下,五色文裘海外来。湘绮老人真解事①,纬经谶史有新裁。

其十:关塞无尘海宇清,中朝知有圣人生。能令冒顿称臣仆,曾约契丹为弟兄。社鼓已行王氏腊②,义旗那有汉家兵。帝王代运寻常事,莫恤千秋身后名。

其十一:凤诏龙书隔岁颁,春风不到五华山③。魏王正议三推礼,庄𫏋遥连六诏蛮。翡翠明珠无贡物,碧鸡金马④闭雄关。飞来一纸陈琳檄,好愈头风开笑颜。

其十二:鲍鱼⑤饭罢独唏嘘,一卷兵书握妙机。未许僰人凭地险,要令孟获识天威。铁桥纪战碑犹在,玉斧分河计已非。寄语受恩诸将帅,提军早奏凯歌归。

其十三:推枰敛手意茫然,绝好金瓯竟不全。近畏罗施凭鬼国,远防巴子据南川。江淮千里杯蛇影,岭表三军风鹤天。闻道深宫忧不寐,将军努力扫烽烟。

---

①王闿运(1833—1916):字壬秋,号湘绮,湖南长沙人,晚清经学家、文学家。民初任国史馆馆长、参政院参政,在洪宪帝制声浪中自请辞职。刘成禺《洪宪纪事诗本事簿注》有"湘绮老人端解事,封还官职避弹章"句。
②《后汉书·陈宠传》载,王莽篡汉后启用新历,伏日、腊日等重大日期随之更改。陈宠的曾祖父、前尚书陈咸和三个儿子忠于汉室,辞官归里,年终祖腊仍用汉室老规矩,别人不解,陈咸说:"我先人岂知王氏腊乎?"
③五华山:昆明最高峰,辛亥云南举义后,蔡锷的都督府设于此。
④碧鸡金马:云南的象征。这首诗收入《护国诗词选》,李自强、邹硕儒注释,1987年。
⑤鲍鱼,即鲍鱼,《汉书》记载王莽喜欢吃鲍鱼,此指袁世凯。

其十四：落日河山影寂寥，劫灰千载未全消。漫天刀剑修罗雨，卷地风波宦海潮。午夜鸺鹠长乐殿，三春杜宇天津桥。薄才不上平南颂，好作渔樵答圣朝。

**《放歌行兼寄郭允叔》：**

我闻颂莽功德者，四十八万七千五百七十有二人，孔光、刘歆冠其伦。更何怪卖饼儿、城门吏，符命从龙新天子。又闻繁阳坛上当涂受禅初，老臣华歆奔走捧诏书。名士龙头尚如此，张音、辛毗何足齿。我昨走马长安人海中，长安尘土十丈红。上书泉陵侯，封爵张伯松，谷永媚王凤，谢晦笑徐公。金匮之文白石字，符箓纷纷奏入甘泉宫。策士掉舌辇毂下，使我闻之聒耳三日聋，掩耳束装并州去，并州风雨那能住！文瀛湖上逢郭泰，与我握手唏嘘不能语。当时文妖弥漫祸天下，洪水滔滔势难堵。君如云中白鹤唳九天，不与下界鸡鹜斗毛羽。当筵谈经旁无人，俗子翘舌目张弩。为我作长歌，声声悲壮字字古。座客传观发长叹，定知作者心独苦。幽抑如屈平，悲愤如杜甫，快如孔璋檄，壮如正平鼓。令我一读一叹一击节，读未终篇泪如雨。吁嗟乎！廉耻沦没于衣冠，是非倒置于文章。哀莫大于心死，痛莫深于国亡。国亡犹可复，心死更何望？……呜乎！社有鼠，城有狐。猛虎走郊野，长蛟窟江湖。登高望四境，天荆地棘无坦途。兵书鲹鱼自苦耳，哀哉吾民又何辜！我欲随谢嚣、哀章私造谶纬字，天帝除书我独无。我欲向薛方、陈咸亲执弟子礼，古人往矣不可俱。我将与君肩荷镵，手提壶，醉屠市，卧酒垆，白眼仰天呼呜呜！长星进汝一杯酒，世间岂有万年天子乎！呜乎，我歌至此泪已枯！

郭允叔《赠张衡玉》：

先生有似陈孟公，解绶浮湛杯盘中。呼号昼夜客满座，郡国豪杰皆趋风。贱子自比张伯松，但愧作奏殊不工。苦身自约尚差跌，迸迹陋巷谁过从。酒箴滑稽良可味，挈瓶坐笑庸人智。不须大腹托后车，已觉鸱夷是国器。太原马道车如流，葛衫蒲荐初迎秋。酒场失意已三载，忽复把臂知何由。君才自是万夫敌，笑骂文章亦无匹。袒而搏战气益厉，比与摧廓胃如涤。待诏先生苦索米，拾金名士终破壁。千钧屡发鸡鼠机，惜哉不草头风檄。我生性僻惟耽书，略识数字羞言儒。四方靡骋且仰屋，十掷尽鞭那成卢。作唐一经漫自许，天禄校字非吾徒。幽光潜德世已矣，更欲奋笔诛奸谀。公奇达心但恨懦①，唯唯否否生平过。订顽旧恃直谅交，起废还须药石锉。相逢轰饮螺杯大，拇战分曹须溅唾。当代无双张长公②，不应绝倒陈惊坐。

按：见《郭允叔文钞》（1919年文蔚阁印本，"诗钞"第5页）。谱主《放歌行兼寄郭允叔》中"为我作长歌，声声悲壮字字古"当指此诗。郭允叔，详见1912年谱注。

本年，应晋城李秀峰弟子之请，作《李秀峰先生教泽碑记》。
外孙王作霖生。

---

①原注：见《公羊传》。
②原注：用《南史》。

是年

袁世凯称帝。蔡锷、唐继尧宣布云南独立,组织讨袁护国军。

## 1916年(民国五年丙辰)四十五岁

1月,景梅九因写《讨袁檄文》在西安被捕,与夫人阎玉青一起被槛送京师。张瑞玑作《怀景梅九六首时梅九由西安被逮入都》:"覆盆头上无天日,草檄灯前有鬼神";"到头总坐书生误,苦把贤奸抵死分";"南冠总有生还日,盼断金鸡下汉庭。"

2月5日(正月初三),立春,雨雪交加,洪洞县知事孙奂仑①邀饮。因病卧,家人苦劝未往。作《立春日孙药痴招同陈凤韶赴饮因病不果作长句答之》。诗中说:

> 家人怜我病起床,每逢酒场苦相防。春雪霏霏杂春雨,今朝徘徊不出户。……我是江湖老狂生,错被人呼作刘伶。生有胸襟能贮泪,更无壁垒敢谈兵。揭来卧病琅玕馆,酒肠苦涩愁肠满。维摩丈室无生涯,剩有药炉与茗碗。短足长榻不成眠,前尘影事梦如烟。

2月17日(正月十五),孙奂仑来访谁园。张瑞玑十分高兴,马上招来新任赵城县知事张焕忱(名文翰,吉林伊通县人)等,在谁园藏书楼巢云阁

---

① 孙奂仑(1885—1956),字药痴,号庸斋,河北玉田县人。1914年署洪洞县知事,1918年调任阳曲县知事,1921年升任冀宁道尹。后任河北省民政厅长、山西省绥靖公署参议官、国民政府铨叙部主任秘书等职。遗著《庸斋诗草》。

聚饮。作《上元日喜孙药痴至招同张焕忱汪彻千聚饮巢云阁并饯陈凤韶王玉瑞北上二首》。

按：谁园藏书楼一层敞廊两端的砖雕，西曰"书城"，东曰"酒国"，巢云阁即在"酒国"之上。汪彻千、陈凤韶、王玉瑞，待考。诗中有句："孙郎裤褶气雍容，社鼓声中一笑逢。""生恐天明分手去，邻僧休打五更钟。"可见谱主孤怀落寞的情状。大概这次与两位县知事聚饮时，商定要打破历史上因争水、分水形成的两个县令不能共祭水神的旧习。

2月19日（正月十七），作《送老凤北行后，老药不辞而行，尚余开封陈酿，未获共醉，怅甚。次日老药来函，媵以和诗，叠前韵答之》。

按：诗中埋怨老药（孙奂仑）："拔泥可惜开封酒，留牍何妨积案尘。昨夜巢云阁上月，酒杯茗碗更无人。"又自况："我是老僧寒苦甚，跏趺待打堂上钟。"联系前天晚上写的"生恐天明分手去，邻僧休打五更钟"两句，更可窥见彼时谱主孤寂苦闷的情状。

约本月，作七律三首《都中友人函招作诗答之》。

按：诗人告诉京城里来函邀他出山的朋友："落落情怀百不如，春风底事造吾庐。""尺书远到倍凄然，回首前尘俱化烟。"又说："羽书分道报妖氛，静掩柴关总不闻。""妖氛"指洪宪帝制。最后告诉朋友：我现在"高卧羲皇春梦懒"，"穷岩哪有出山云"呢！

3月（阴历二月），吴庚（空山人）、赵圻年（意空道人）再访谁园。作《空山人意空道人在谁园即席有作》二首：

其一：入门惊看鬓毛皤，问讯山中近若何。老去酒名随量减，病来诗债比愁多。云中双鹤脱笼絷，天末孤鸿避网罗。门外是非君莫问,中原到处是风波。

其二:归来落拓剩闲身,回首江湖几故人。吾道消沉如落日,良朋衰飒似残春。禅心清冷梅花雪,旧梦风流柳絮尘。白发莫谈天宝事,有人停酒泪沾巾。

又与吴庚、赵圻年等骑马到郊外踏青。作五古《同空山人意空道人九谱散人郊行》。

按:诗中有"出郭风日和,联骑踏晴郊"的闲适自在,却很短暂。诗末说:"经年不出城,闭户厌尘器。""我欲借山田,秭秣酿村醪。为邀同社翁,日日醉双瓢。"九谱散人,待考。

在谁园,取出一方珍藏的黄石斋[①]砚,请空山人和意空道人赏玩。

按:赵圻年《偕空山人适赵城访谁园主人》口"碧玉三年读砚铭"便指此事。赵诗自注:"主人出黄石斋砚见示,铭曰:'身可污,心不辱。藏三年,化碧玉。'"

赵圻年《偕空山人适赵城访谁园主人》二首:

其一:罗雀门前二客来,故人执手笑颜开。入院先看琅玕竹,绕屋新栽红白梅。一别彼汾犹沮洳,此行我马已虺隤。次公酒量年年减,遮莫频频琥珀杯。

其二:浅碧池塘春草生,山城二月未闻莺。青山一角补园景,碧玉三年读砚铭。代异时移枯树赋,马刍奴饭浣花情。茫茫天壤何时

---

[①] 黄道周(1585—1646),号石斋,福建省漳浦县(今东山县)人,明末著名学者、文学家、民族英雄,与刘宗周并称"二周"。

见,怕听阳关第四声。①

**此次谁园相聚,吴庚仍没有诗作留下来。临别,他神色凝重地与张瑞玑相约铭墓之事。**

《空山人墓志铭》:

> 因忆往岁,山人偕道人访瑞玑于谁园。将别,山人愀然曰:"人事不可知,吾两人谁先死者,铭墓之文后死之责也。"瑞玑曰:"唯。"言已,相对唏嘘,初不知其言之不祥也。

**春,陕西党人郭希仁、刘蔼如逃脱袁氏爪牙陕督陆建章的缉捕,潜至谁园。**

《西北革命史征稿》(上卷):"五年丙辰春,郭希仁避难赴山西赵城。"

《西北革命史征稿》(中卷):"郭希仁见袁世凯盗国之谋日著,乃聚徒讲学于华山北麓,名其居曰'共学园'。一时有志之士从游者甚众,隐为策划讨袁之枢所。……袁之爪牙陆建章,世所谓屠伯者也。时方督陕,逻骑四出,捕杀党人甚众。疑希仁,将逮之。希仁乃偕刘蔼如潜入山西,与当时反袁最力之张瑞玑有所计议。未几,建章败去,乃复归。"

**3月22日,袁世凯被迫撤销帝制。张瑞玑作《近作六君子新乐府一章》嘲之。**

---

① 民国版《乡宁县志》,1985年10月重印本,第537页。

按:诗中指斥筹安六君子:"今日谈立宪,明日讲国体,言之纵横俱有理,造成八十天洪宪史……羞死不羞死,六君子!"

4月19日(阴历三月十八),与孙奂仑、张焕忱参加赵城广胜寺水神庙祭祀活动。两位县知事破除旧习,一同祭祀水神。祀典后,三人举杯同贺。

按:二十多年后(1938),孙奂仑作诗回忆此事,怀念张瑞玑,诗题为《和贾煜如过赵城游广胜寺元韵》。贾煜如,即贾景德。此诗收入孙奂仑遗著《庸斋诗草》。诗句"良友同游曾载酒"自注:"旧习广胜寺洪赵分水祀神时,洪洞官绅不得入寺与祭。民六春,余宰洪洞,破例与赵城令张君焕忱同祭。祭毕,与亡友张衡玉在寺中快饮。""民六春"应为"民五春",因张焕忱于民国五年九月已离赵城,调任安邑县(今运城市盐湖区)知事。

约本年春,杨花如雪,出东郭来到侯村娲皇陵。在古柏下席地而坐,"举杯四顾发狂吟",作七古《娲皇陵醉歌》。诗中写道:"春雨初晴草芊芊,醉向补天石下眠。""依石笑向女娲问:世间怎似洪荒年?"又说:"历史纷扰直到今,亚洲战云欧洲血。""忍看同类相残杀,谁非黄炎旧子孙?""我言未毕泪纵横,游客已散酒未醒。"

5月31日,《申报》刊登《国会议员通告》,提出6月30日前齐集上海,"以便择定相当地点,定期开会"①。

6月6日,袁世凯死。作《祭袁世凯文》:

汝今死也!恶贯满盈,皇梦不成。民穷财尽,乞美求日,未得其成。花招骗世,知者齿冷。积恶成疾,一命归阴。衣冠羽化,面目狰

---

① 谷丽娟、袁香甫:《中华民国国会史》(中),中华书局,2012年,第827页。此即酝酿恢复第一届国会。

狞。噫嘻！早死一年,香臭难分。今日物化,盖棺论定。呜呼哀哉……若在中华征民意,死尔万千谁挽留？①

又作七律《吊袁项城》二首：

其一：卧看大陆起龙蛇,推枕拊床空百嗟。一死犹关天下计,再生还到帝王家。雄名扫地千秋恨,国手输棋一着差。负我负人浑不解,他年史笔任纷拿。

其二：繁华一梦太匆匆,霸气消沉王气空。死不灰心真健者,生能悔过即英雄。有子不才误刘表,失计无端听蒯通。地下相逢汉文母,殷勤尚问未央宫。

黎元洪继任大总统,恢复国会。

黎元洪聘张瑞玑为总统府顾问。据张小衡《先君事略》：

项城死,黎黄陂就总统职,聘府君为顾问。

6月18日,《申报》刊登《国会议员集会紧急通告》：

同人等公议催集,两院未到议员于6月30日以前齐赴上海。现在经费筹妥,并择定开会地点。国事危迫,一发千钧,务请两院诸君为国效劳,即日来沪,幸无迟延。②

---

① 《陕西省志·人物志·张瑞玑》,陕西人民出版社,2005年。该志将张瑞玑列入"政治人物"类。

② 谷丽娟、袁香甫：《中华民国国会史》(中),中华书局,2012年,第827页。

本月,应"承斋兄"嘱书联:"对美酒离骚便称名士;惟平泉花木不可与人。"

按:上款"集王孝伯、李赞皇语,书应承斋兄属",下款"民国五年六月,糦窟野人张瑞玑"。

约本月,赴上海参加国会议员集会。到上海后,有南京之行。作《金陵绝句八首》:

其一:落日苍凉孙楚楼,楼栏干外大江流。穷途我被青莲笑,换酒曾无紫绮裘。

其二:一城风雨兴阑珊,六代莺花只等闲。除却僧寮酒楼外,三分水竹二分山。

其三:灯火花船箫鼓楼,南朝子弟尽风流。神州哪有陆沉事,莫向新亭作楚囚。

其四:依旧青山画不如,临风把酒最愁予。蒋家红雪无寻处,还问南朝江令居。

其五:功臣异代各风流,遗像居然配莫愁。吹醒英雄儿女梦,野风铃语胜棋楼。

其六:乱山插影入孤汀,玄武湖边野草青。劫后楼台遗础在,断碑草没陶公亭。

其七:钟山云气郁成堆,城外斜风吹雨来。第二泉边品茶罢,闲寻石子雨花台。

其八:飞花片片柳丝丝,大好湖山应有诗。我来欲续秦淮咏,不见前朝丁继之。

7月11日,《申报》载"大总统令",将各省督理军务长改称督军,民政长改称省长。同时登出各省改任或新任军民长官的名单,阎锡山改任山西督军,帝制派沈铭昌①被任命为山西省长。

张瑞玑、温寿泉及山西旅沪国会众议院议员侯元燿、刘盥训等,在杭州听到这一消息,立即致电致函阻沈赴任。电、函均由张瑞玑执笔。

7月12日,《申报》刊登《晋人张瑞玑等致沈铭昌电》:

> 北京电局转前大典筹备处总办沈铭昌:闻公长晋,不胜骇诧。公,帝党中健将也,帝制若成,我公公侯万代矣。国人谁敢有异言?不幸硕筹失败,项城殒命,以公之忠,即不殉节亦当隐身,今复靦颜市朝,急露头角,公之德量,令人倾倒不已!剥民逞欲,导君为逆,公之仁也;朝亡伪帝,暮投民国,公之义也;煌煌大典,春梦一场,公之智也;帝国、民国,覆雨翻云,公之信也。有此四德,公何地不可驻节?晋人德薄,实不敢当。请公自爱,并爱我晋,卷收旌节,勿临太原。三晋父老,齐拜赐矣!掬忱相告,公必乐闻。旅沪晋人张瑞玑、温寿泉、刘盥训、侯元燿、范天民。

7月16日,《申报》又登《晋人张瑞玑等致沈铭昌书》:

> 冕士足下:自闻公长晋之命下,晋人迭次电阻,词意恳挚。公具有耳目,当有见闻;具有心肝,当有羞耻。咸谓公决不西行矣。比阅各报载公戒徒御,别友朋,兴高采烈,行将荣任。国人阅之,信疑各半。瑞玑等与公无缘,未获瞻仰风仪,然闻识公者云,公体格模型俨然人也。人同此心,心同此理,公纵不自爱,亦当知晋人之爱公也。

---

①沈铭昌(1879—1919),字冕士,浙江绍兴人,中举后捐资为四川宜州知州。1916年7月任山西省长,10月辞职。

## 晋人张瑞玑等致沈铭昌书

冤士足下陶公长晋之命下自晋人迭次电阻词意恳挚公其有耳目当有见闻息存心肝当石然咸谓公庆不两行矣比闻各报载公戒徒御别友朋与高荣烈行辞荣任国人之信疑各牛瑞玑等与公素无缘未雠瞻仰风流然仰公表云公体样模契惟然人与公同此心同此理公纵未自爱曕亦当知晋人之爱公也公纵不自爱亦当知晋人之爱公也亦纵不自爱公之亦非有深仇宿怨也亦不纳公之理迫之龟兽其间大何处是虚垢纳污之人之田公诸自信过深必欲张等鸣鐘一芳赞三晋河山诚不利於晋人公於公又何利焉公纵明揆达风皇鹤大行皇帝所许公

试审其始终揭其利害密知晋当瑞玑等之晓陵上演所以爱我公全我公亦且盛娥无地矣公如不信时与公约公试舍晋他行他省倘有欢迎我公者是晋人之倡恶也晋人知罪矣若不容於他省而求容於晋爱晋人突然而晋人何敢当也公诚偏洞鱼而不知香臭不知面目而不知妍媸者况风化闗於德里利害切於身家義鼠鎏姑以为室饭登與始雠自赟清白难復相信公诚欺此理推之设身处地代爲晋人计富不能晋人之左右而不肯卖公必厭而粲公之身即不恶也為公计未必無可耻薄情他人憎公而公不自覚是公之自私自爱也固無足怪使化公一人祖麗覆無耻可饗德公之卻中国各省爲公作此恶嗷徹公之欲公於人眼中之钉不容公引馘自照醜醜何如必紙死視怠爲當未今日從良朋日下常驾呼諛突公恥不知有廉恥及身不知有利害前鑒在榮图之蒼詞迎愛游不知有廉恥

晋人张瑞玑谷瑛谷前烈任麐公公卷范天民同

1916年7月12日《申报》载《晋人张瑞玑等致沈铭昌书》

公纵不自羞,亦当知晋人之羞公也。且晋人与公,非有深仇宿怨也。盛德如公,国人钦佩久矣。神州虽大,何处是藏垢纳污之地,晋人之不纳公,公理迫之也。与其临时而驱逐出境,何若事前而嘉谋入告。公若自信过深,必欲张伞鸣锣,一污我三晋河山,诚不利于晋人,于公又何利焉!公精明练达,夙为伪大行皇帝所称许。公试审其始终,权其利害,当知瑞玑等之哓哓上渎,所以爱我公、全我公也。公且感愧无地矣!公如不信,请与公约,公试舍晋他行,他省尚有欢迎我公者,是晋人之倡恶也,晋人知罪矣!若不容于他省,而求容于晋,公诚偏爱晋人矣。然而晋人何敢当也!晋人虽愚,岂触鼻而不知香臭,寓目而不知妍媸者。况风化关于乡里,利害切于身家,养鼠盗以为奴,聘淫娼以为室,彼盗与娼虽自誓清白,谁复相信!公诚据此理推之,设身处地代为晋人计,当不怨晋人之薄情也。人憎公而公不自憎,人恶公而公不自恶,是公之自私自爱也,固无足怪。使化公之身而别为一人,顽钝无耻,日缠绕公之左右而不肯去,公必厌而弃之矣。公引镜自照,丑态何如,必抵死欲作人眼中之钉,何不恕也!为公计,即不官晋,未必无啖饭之地。即中国各省均不容公作官,未必无可耕之田。若必如沪上娼妇,视滛浴为常事,今日从良,明日下堂,呜呼误矣!公诚不知有廉耻,公岂不知有利害,前途在望,公善图之。书词近戆,诸维鉴原。旅沪晋人张瑞玑、温寿泉、刘盥训、李素、侯元燿、石璜、刘祖尧、范天民同启。

按:两份电、函引起正在湖南第一师范读书的毛泽东的关注。7月25日,毛泽东在给同学萧子升(萧与蔡和森、毛泽东被誉为"湘江三友")的信里写道:"各省虽尚有不服命令者,如山西之拒沈铭昌,福建之拒胡瑞霖,广东之攻龙济光……"把山西排在前面,大概是张瑞玑的凛然正气、反讽笔调和卓荦文采,给青年毛泽东留下了深刻印象。同年10月,沈铭昌辞职。

赴杭州,作七律《西湖八首》:

其一:垂柳连天水接云,涌金门外趁斜曛。一堤芳草裙腰色,十里晴波靴褶纹。名士围题苏小墓,青山环拜鄂王坟。晚来月上平湖阁,烟际疏钟隔岸闻。

其二:藕花香里荡轻船,一片空明兴渺然。苍翠有峰都化雨,嫩青无树不成烟。醮湖一塔云边寺,破月双桡水底天。别有中流品茶地,湖心亭畔草芊芊。

其三:卍字亭台九曲桥,风烟明媚柳千条。北来俗客山争笑,西过灵峰草亦娇。老衲采花焙苦茗,美人隔竹品琼箫。照人一片潭心月,依旧清寒似六朝。

其四:莼菜香柔鱼子肥,轻阴十日雨霏霏。丹青画卷楼三面,水墨屏风山四围。酒店家家临水住,沙禽款款啄花飞。新诗果欠西湖债①,如此风光忍遽归。

其五:半日天晴半日阴,幽篁深处昼沉沉。野花缀壁无尘韵,怪石悬崖有道心。山影高低都着树,溪声转折不离林。耳闻山鸟钓舟语,万绿围天无处寻。

其六:灵境梵天相对开,奇峰飞影自西来。冷泉倒映三山月,幽洞阴生万古苔。崖落乳花浸佛髻,云携法雨上经台。清流为底出山急,破峡声喧万壑雷。

其七:一角孤城护短垣,断桥流水竹篱门。数株衰柳冯娘碣,万树寒梅处士魂。采药僧归烟际寺,载花船渡水边村。游人莫向西泠

---

①诗人自注:明代刘舜臣赠余琳有"一生诗债欠西湖"句。

去,风雨停时日已昏。

  其八:韬光山下暮烟收,百折盘登最上头。万竹排青随马足,众峰拥翠湿僧楼。古潭影落须眉冷,断壁风来天地秋。一线钱塘空际落,荡胸洗尽古今愁。

7月28日,两院议员在北京众议院议场会合开谈话会,出席议员三百多人。张瑞玑应参加。

8月1日,参、众两院在众议院议场举行开会典礼,此为第一届国会第二期常会。张瑞玑应参加。据《民国人物大辞典》"第一届国会第二期常会(1916.8—1917.6)"议员名录,山西十名参议员为:王用宾、张杜兰、张瑞玑、苗雨润、田应璜、刘懋赏、陈敬棠、张联魁、陈受中、班廷献。①

谷丽娟、袁香甫著《中华民国国会史》(中):

  上午9时,参、众两院议员身穿中式常礼服齐集众议院。到会参议员139人,众议员318人。中外参观者千余人,旁听席人满为患,后到者几无立足之地。由于议员们均穿礼服,加之当天的天气晴朗,顿显出一片喜气的景象。议员见面后,彼此握手,频语寒暄,不胜悲喜交集②。

本月,作《四十五岁小像自赞》:

  汝今年四十有五,汝无事无时不与世人相龃龉。人新汝腐,人今汝古;人智汝鲁,人通汝堵。人曰功名,汝曰网罟;人曰金钱,汝曰粪

---

① 《民国人物大辞典》附录,河北人民出版社,1991年,第1692页。
② 谷丽娟、袁香甫:《中华民国国会史》(中),中华书局,2012年,第837页。

土。汝龙不飞,汝鹤不舞。攫人而食,汝不能虎;营穴而钻,汝不能鼠。汝之体格,不文不武;汝之材能,不农不贾。汝不能广树党羽,汝不能独立门户。汝试观九万里横、五千年竖,如汝之为人而潦倒终身者,何可胜数,汝不自悛而犹自怡。经史贮汝肠,麴蘖撑汝肚。汝诗野而狂,汝文怪而怒。汝穷无聊赖,而不屑与人为伍。三十年后,世界不复有汝矣。嗟乎,汝又何苦!民国五年八月,廳窟野人自赞,时年四十有五。(钤印"赵城张五")

9月,担任宪政商榷会文书科副主任。
谷丽娟、袁香甫著《中华民国国会史》(中):

在第一届国会第一次恢复时期的政党中,宪政商榷会拥有400个议席,是国会中的第一大党。宪政商榷会主要是由国民党议员组成,也包括一部分原进步党议员。1916年9月9日,客庐系、丙辰俱乐部、韬园系合组宪政商榷会。其领导人为张继。其领导机构较大。文书科主任龚焕辰,副主任彭允彝、张瑞玑,办事员王有兰、刘盥训、叶夏声、马君武、吴渊、杨择、陈洰道、田桐、王枢。①

10月,黄兴病逝,作七古《挽黄克强》。诗句有:"四万万人哭先生,天乎夺我黄先生。""痛哉万里长城坏,未竟事业凭谁收?""伤心莫话吾党事,破舟风雨满江楼。"

11月,蔡锷病逝。撰吊黄兴、蔡锷两副挽联。
《胡景翼日记》:

---

①谷丽娟、袁香甫:《中华民国国会史》(中),中华书局,2012年,第847—848页。

(1918年)12月14号。张衡玉先生吊黄、蔡二联,录之以见文章之佳,风雨楼头,为国思贤才之心可以少慰。

其一:提滇池子弟,转战北来,为河岳壮生灵,为乾坤留正气;访瀛海神仙,徜徉东去,痛中流失砥柱,痛民国少完人。

其二:同时死王湘绮,死蔡松坡,想说剑谈经,小住九原留佳话;此去见袁项城,见宋渔父,证前因后果,大家一笑共参禅。

约本年冬,作七律四首《越南阮鼎南来书订交并寄其所著〈桑海泪谈〉〈南枝集〉为题四律兼以作答》①。

其四:叹我风雷劫后身,空山草木不成春。虚名海外来知己,落魄天涯少故人。近识华歆初割席,远离庾亮怕生尘。候君春雨河东路,笑脱吴钩酒百巡。

本年,为刘盥训、刘绵训之父刘我民(子俊)撰《刘我民生生墓志铭》,吴人达篆盖。

---

① 越南人阮鼎南(1868—1925),名尚贤,字鼎南,号梅山,举人出身,曾任国子监编修,1909年来山西。所著《桑海泪谈》以与韩国人问答的形式,共话亡国之痛。罗惇曧说:"其词甚苦。伤哉,亡国之民也。"《南枝集》是阮鼎南的诗集,集中有一首七律《寄张衡玉》,题下自注云:"张瑞玑,字衡玉,中华民国山西人,秉性刚毅,不畏权贵,时望归之。"还有一首五古《咏锥秦事寄衡玉梅九诸君子》,赞张瑞玑反袁之举:"壮哉张氏子,胆气空人群。""奇谋虽未成,勇压万乘君。"谱主这四首诗载1917年《宗圣学报》第2卷第6期,第38—39页。该报由柯璜主编,孙中山先生为题"文明导线"。

是年

与张瑞玑共同创办《兴平报》等报刊的南南轩、张深如,因密谋讨袁被杀。南南轩三十三岁,张深如三十九岁。

## 1917年(民国六年丁巳)四十六岁

客居京城。

约本年初,画家俞瘦石①来访。俞醉后画《疏柳图》,张瑞玑作古风《赠俞瘦石》。

按:诗中写两人对酌,"开瓮新酿玫瑰酒,酒酣呼僮换大斗。为我醉书疏柳图,愁绪在心秋在手。"

又作七绝四首《赠俞瘦石——时瘦石在海王村以鬻画为生》,慨叹"有人已把中原卖,画里江山不值钱。"

春,作《聚庭②老弟都门欢聚,忽接其夫人卢慧卿讣电,匆匆出都,不暇握别,寄此慰之并吊夫人也》(七绝二首)、《聚庭悼亡南旋未暇饯别,前作诗寄之,再赋七律二章以唁聚庭并挽其夫人》。

2月21日,为报人荆大觉撰挽联登于《国风日报》:"文章误此生,忍将千古牢愁都埋地下;富贵祝来世,不带三分俗骨莫到人间。"

---

①俞云(1864—1938),字瘦石,浙江绍兴人,山水画名家,精篆刻,能诗文,也能操古琴,晚年定居北京。京城艺林颇推重,尊之为"老画师"。

②张光奎(1879—1937),字聚庭,陕西西安人,同盟会员,辛亥后任陕西实业司司长。

5月,应山西财政厅仇曾诒(字燕天)函请,作《朱子钦①先生寿序》。

按:寿序写道,清朝之所以灭亡是因为好官太少,革命者倡言"仇官",不是仇所有的官,而是"仇官之不良者"。且一针见血地指出,那些因仇官而革命、因革命而又当了官的,"其恣睢骄横,或不减于其所仇而更加厉焉"。最后谆告诸位"有官责者"当以自勉,像寿星朱子钦那样做个好官。

6月12日,黎元洪被迫解散国会。后张勋复辟,黎元洪通电各省讨贼后避入东交民巷日本使馆,冯国璋就任代理总统。张勋复辟失败后,段祺瑞主张再造共和,拒绝恢复国会,重新建立"临时参议院",另选安福国会。张瑞玑与众议院议员刘盥训在北京亲历了这场闹剧。

6月22日,与刘盥训到三庆园观看刘喜奎演出的京剧《琵琶记》。

《刘盥训日记》:

> 三钟余,同老衡至三庆园观剧,林少和约也。刘喜奎前因张勋入京,匿居六国饭店,今日始演《琵琶记》。归寓,饭。

7月,响应孙中山号召南下护法,参加护法国会(非常国会)。先乘津浦车到上海,再乘船抵广州。

《民国人物大辞典》中关于"护法国会(非常国会)1917.8—1922.6"议员名录:

> 山西南下护法的参议员为:"王用宾、张杜兰、张瑞玑、苗雨润、谭正、李素、张效翰、贾述尧(缺二)。"众议院议员为:"冀鼎铉、王国祐、

---

① 朱子钦(1868—1922),名善元,浙江杭县人。1902年与张瑞玑相识,其时朱任临汾知县,张是平河中学堂监督。朱后来历任灵石、屯留、永济、绛州、平定等州县,颇有政声。1916年任山西省财政厅厅长。

侯元燿、刘盥训、阎鸿举、罗黼、石璜、刘祗尧、李景泉、狄楼海、周克昌、景定成、温廷相、王维新、陈玉麟、武俊、安宅仁、马存仁、王家驹、郭生荣(缺八)。"①

8月,在广州参与筹备、出席国会非常会议。

李新、李宗一主编《中华民国史》:

> 18日,孙中山在广州黄埔公园宴请南下护法的一百五十余名国会议员,商讨召开国会事宜。
>
> 19日,南下护法的一百余名国会议员,在广州回龙社前烟酒公卖局原址第一招待所举行谈话会,讨论召开国会及组织政府问题,因不足法定出席人数,决议采取"国会非常会议"名称。随后南下议员一起通电西南各省:"同人等昔受国民之托,职务未终。今被国贼之驱,责任难弃。用依《约法》,自集于粤。人数未满法定,本难遽行开会。惟念时局之危,间不容发……特决定本月二十五日,于广州开非常会议,以谋统一,以图应变。"
>
> 25日,召开国会非常会议,孙中山到会祝贺。会议通过《国会非常会议组织大纲》《中华民国军政府组织大纲》。②

9月,参加国会非常会议举行的大元帅选举会,选举孙中山为海陆军大元帅。广东护法军政府正式成立,章太炎任军政府秘书长。

建议刘成禺③撰写《洪宪纪事诗》。据傅德元《刘成禺主要著作史

---

① 《民国人物大辞典》附录,河北人民出版社,1991年,第1695—1696页。
② 李新、李宗一主编:《中华民国史》(第三卷),中华书局,2011年,第130—131页。
③ 刘成禺(1876—1952),字禺生,祖籍湖北省武昌人,国会参议院议员,其《洪宪纪事诗》由孙中山、章太炎作序。

实考订》:

1917年后在广东期间,刘成禺根据张瑞玑、时功玖①等人的建议写成《洪宪纪事诗》二百余首。②

作七绝《广州杂咏十八首》。游踪所至:朝汉台、息鞭亭、曹溪、光孝寺、六榕寺、黄花岗、拱北楼、南园抗风轩、石门山贪泉、古药洲等。兹录如下:

其一:银鱼风后雨丝丝,丹桔黄橙霜满枝。输与东坡夸口福,迟来已过荔枝时。

其二:禺山吊古立斜曛,朝汉台③荒栖暮云。金紫麒麟空想像,乱邱不见尉佗坟④。

其三:息鞭亭畔柳如绵,宝象林前雨似烟。妆点湖山太风雅,才题花冢又花阡⑤。

其四:曹溪衣钵久荒凉,城北尚留选佛场。一树菩提飞法雨,伽蓝静护风幡堂。

其五:仲翔旧宅已成陂,几树娑婆拗老枝。我亦生平无媚骨,夕阳虞苑⑥立多时。

其六:龙爪苍松凤尾蕉,净慧禅林隔市嚣。老僧也解谈风雅,还

---

①时功玖(1879—1940),湖北枝江县人,同盟会湖北分会负责人,第一届国会众议院议员。
②《历史研究》2006年第3期,第184页。
③朝汉台:南越国国王尉佗所建,"每岁朔旦辄望汉而朝",故址在今越秀山公园。
④尉佗:亦称赵佗,卒于汉武帝时,对开发岭南有功。
⑤诗人自注:花冢葬明妓张乔,在白云山,与宝象林近;花阡,葬清妓金娇,在息鞭亭前。皆风流好事者为之题志。
⑥诗人自注:光孝寺为虞翻故宅,人呼为"虞苑"。

石亭①前话六朝。

其七：踏破闲云叩竹关，安期祠外水潺潺。客来不乞长生诀，要借经楼坐看山。

其八：永安门外树苍凉，鸟语声声吊国殇。瞒却中原去行乐，游春莫上黄花岗。

其九：新月珠江影一钩，繁华灯火彻宵游。夜深步蹀双门底，铜漏声残拱北楼②。

其十：楼上银牌③下歌，七豪五贵兴如何。得钱好作缠头费，盲妹④风情枕上多。

其十一：严霜不到五羊城，夏菜秋花随意生。青豆鲈鱼齐上市，新年好食菊花羹。

其十二：寒天爽气似新秋，弱柳低摇水满沟。万古无人识冰雪，客囊闲煞敝貂裘。

其十三：岭南诗社数南园⑤，瘦竹肥蕉护石垣。前辈风流凋谢尽，沸羹飞炙抗风轩。

其十四：石门春水碧于烟，笑掬寒流意适然。窃比怜香吴刺史，何妨一酌试贪泉⑥。

---

①诗人自注：六榕寺旧有太湖石三，皆六朝物，后遗失。今年复得其□，铁上人为建"还石亭"记之。
②诗人自注：拱北楼有元制铜刻漏。
③诗人自注：粤俗，登赌楼上赌者曰"银牌"。
④诗人自注：登赌楼上赌者喜听瞽女歌，呼曰"盲妹"。
⑤诗人自注：南园抗风轩为明清名士吟社，今为卖酒家矣。
⑥诗人自注：贪泉在石门山。

其十五：九曜何年移药洲①，石斑尚带太湖秋。剔藓细觅南宫字，惊起残荷叶底鸥。

其十六：蛮方食谱异中原，蚰酒蛇羹饱夕飧。我是杯盘老饕餮，差胜舍命食河豚。

其十七：珠江女子赤双趺，水上生涯狎野凫。柔橹轻歌载郎去，珠江烟景似西湖。

其十八：草木炎方造化工，杜鹃五色锦莺红。岭梅也解分南北，不管江楼玉笛风。

刘成禺和之，作《广州杂咏和张瑞玑〈广州杂咏〉》。钱锺书评汪兆镛的《微尚斋杂文》提及"近人刘成禺《广州杂咏》……"

据田桐《革命闲话·张瑞玑》：

护法之役，以议员赴粤，所至诗酒与俱。广州市有小酒店，店号"妙奇奇"。衡玉曰："既言妙，又言奇奇，可味也，且试尝之。"归挥诗十数首。

按：田桐也在广州，"归挥诗十数首"当指《广州杂咏十八首》。

秋，由广州返京，又南旋回赵城。过太原时，赵圻年（意空道人）函告吴庚（空山人）去世，请张瑞玑撰墓志铭。作《空山人墓志铭》②：

民国六年秋，瑞玑自京师南旋，过太原，意空道人走书相告曰：

---

①诗人自注：学使署为古药洲，有南汉九曜石。
②收入卞孝萱、唐文权编《民国人物碑传集》，凤凰出版社，2011年，第735页。

空山人于旧历五月二十一日已归道山矣,请铭其墓。……呜呼!二十年前,山人自命甚高,每谈经世大务,雄视傲睨,不可一世,同辈亦望而辟易,其意态犹在吾心目间也。至变乱后,闻时事即掩耳欲遁,抑郁颓丧,竟枯死于邱壑寂寞之乡。其年仅四十有七,殆所谓古之伤心人乎。

约10月中下旬(重阳节前),赴乡宁吊吴庚。作七律《哭空山人四首》:

其一:西风天末雁时归,洒泪空山吊故知。斗酒只鸡君记否,素车白马我来迟。奇文叹绝宗师笔,饿隶惭书有道碑。凄绝吾园①满篱菊,重阳节近雨丝丝。

其二:记别秦云匹马还,归来愁绪满江关。少年文字陈同甫,老去情怀谢叠山。剩有妻孥皆物累,不留姓字落人间。对山楼上茶烟歇,帘外凄凉月一弯。

其三:黄冠去岁话吾庐,握别潸然泪湿裾。邴管论交今已矣,亮瑜并世竟何如②。生天定作拈花笑,传世尚留倒薤书。知否人间未亡友,酒浆和泪酹寒墟。

其四:旧交海内几人存,吾道凋零落日昏。黄土千年埋傲骨,青山一角伴诗魂。留吾后死收文字,约汝来生做弟昆。一卷遗民桑海录,他年青史付评论。

又作《吊空山人词》,此为佚文,据民间抄本录此:

---

①诗人自注:山人有园,曰"吾园"。
②诗人自注:昔樊云门谓吾两人"文为一时瑜亮",山人自为春联,亦有"人将瑜亮比张吴"之语。

立志坚卓,挽命之迍。牧民慈惠,率性之真。急流勇退,归隐避秦。浩劫将至,蜕躯存神。其死可羡,其生可亲。而今而后,空山无人。

在乡宁,与赵意空"青灯对酒各挥涕"。酒后画梅,题《为意空道人画梅并题,时哭空山人于乡宁意空道人家》。诗末念及空山人殁后赵意空的孤寂,邀其去谁园:

只轮孤翼亦可哀,空山讵能容吾子。
我家梅花开如雪,花时扫径迎高士。
君来同醉晚香中,与君共续逸民史。

赵意空作七古《酬张衡玉画梅》:

孤山去年君恣游,饱饫寒香在胸臆。
淡冶酷肖汤雨生,妩媚不让彭刚直。

后在赵城帮赵意空置买房地。释力空《赵城人物志略》(手稿):

赵意空,以字行……民初,张衡玉为在赵城置买房舍田地,延请来赵居住,遂为赵民。工书法,真、草、隶、篆俱佳,而篆尤工。并通医学,任山西军署参议,在太原行医,延请者多军阀门第之家。抗日战起,避难西安,生活专靠行医,因此颇形不裕。

按:赵意空感念谱主帮他置买房地,悼诗云"菟裘劳指点,鳞壤为经营"。1937年太原沦陷前,绥靖公署秘书长贾景德随绥署南迁,作《平阳杂诗五十首》,第十二首云:"张五诗狂更酒狂,意空落笔不寻常。"见《韬园诗集》卷五。贾景德自注:"意空流寓赵城,近避难西安。"

## 1918年(中华民国七年戊午)四十七岁

春,作为护法国会(非常国会)议员客居广州。与众议员景梅九出游,作《珠江女儿歌》。诗前小序云:

> 珠江女儿,艇户女,名大好。景梅九邀游花埭,女为荡舟,绰约可喜,语岸上风景,均茫然。盖生长舟中十五年,未尝一登岸也。

5月,广东军政府改组,大元帅制改为政务总裁制。李新、李宗一主编《中华民国史》(第三卷):

> 国会非常会议举行总裁选举会,出席议员一百二十余人,选举结果,孙中山及唐绍仪、伍廷芳、唐继尧、林葆怿、陆荣廷、岑春煊七人当选。随后,陆(荣廷)、唐(继尧)又推岑春煊为主席总裁。孙中山眼见军政府实际权力已被西南军阀所篡夺,遂于21日离广州赴上海。第一次护法运动失败了。[①]

他(按:即孙中山)曾斩钉截铁地说:"北京政府不能代表这个国

---

[①] 李新、李宗一主编《中华民国史》(第三卷),中华书局,2011年,第179页。

家,广州政府①也同样不能代表中国。"②

6月,作《孙海观先生七十寿辰诗序》,文中流露出对"斯文将绝"的忧虑。

> 因思十余年来,旧学衰落,海内学子,庞然杍然,手不披经史,口不知音韵,循是以往,斯文将绝。晋人中能矫然为吾道抱残守缺,屹然自张其旗鼓者,如吾友凤台郭允叔、代郡张筱琴、平陆张贯三、河津李亮工,虽其造诣精博详雅,各不相同,然皆提倡不遗余力,使词章训诂之学,留一线之曙光,诸子之力也。

7月,山西省议会选举议员,贿选成风。刘大鹏《退想斋日记》:

> 七月初七日〔8月13日〕上月选举省议会议员,仍用投票法,而一切奸人宵小,莫不钻营运动,凡多钱之人皆占优胜,似此选举尚能得贤才乎?③

常燕生④《父亲节追述先父鑑堂数事》:

> 民国五年以后,省议会选举参议员,多用贿选方式,先父联络少数同仁,组织良心团,打算大家本良心投山西最有气节声望的张衡玉

---

① 广州政府:指岑春煊、陆荣廷控制下的广州军政府。
② 李新、李宗一主编《中华民国史》(第三卷),中华书局,2011年,第186—187页。
③ 刘大鹏:《退想斋日记》,乔志强标注,山西人民出版社,1990年,第265页。
④ 常燕生(1898—1947),名乃悳,山西榆次县人,曾任燕京大学、山西大学教授,中国青年党中央常委兼文化运动委员会主任委员,著作颇丰。其父常运藻(鑑堂),曾任清末詹士府主簿、河南商城知县等。其十四世祖常麟书与张瑞玑为同榜进士。

(瑞玑)的票,因附和者太少,不能成功。①

约7月,阴雨兼旬,闷坐无聊,"踏泥"到海王村。作《失题古风一首》:诗句有:"海王村畔雨初歇,踏泥绕过夕阳桥。入门主宾杂欢笑,剥菱雪藕佐佳肴。""中原净土无一寸,安有闲地着吾曹。射虎斩蛟两不能,只能饮酒读《离骚》。诗酒落拓长安道,落落须眉几可交。琵琶饭甑措大鲫,文宴风流久寂寥。旧人何堪重相见,惊我秋霜白鬓毛。"

8月下旬,为"承斋兄"书联:"莫怪仪卫多稽古力也;不问国界事听曹为之。"

按:上款"集北史及汉书语,书为承斋兄补壁"。下款"戊午七月下浣,羶窟野人张瑞玑"。

约本月,李岐山在狱中作五律《怀张衡玉》。

结袜为廷尉,取履作汉师。丕有家风在,缘何颖水期。看能青白眼,饮便百千卮。龙虎天门跃,风云腕下奇。②

---

①《常燕生先生遗集》第八册,黄欣周编,沈云龙校,台北文海出版社,1967年,第59页—60页。
②李岐山:《铁窗吟草》,《山西文史资料·辛亥革命七十周年专辑》(第十九辑),山西人民出版社,1981年,第138页。

9月,陕西靖国军总指挥兼第四路司令胡景翼①,被陕西督军陈树藩软禁于督军公署百尺楼上。

10月,徐世昌就任大总统,任命钱能训为国务总理。

按:清末徐世昌担任东三省总督时,钱能训为其参赞,被看作徐"夹袋中人物"。钱主张和平,反对战争,徐世昌任命钱来组阁,显然是为谋求南北议和做准备。

本月,熊希龄、蔡元培、张謇等二十四人发起组织"和平期成会",旨在推动南北和平。

《胡景翼日记》中本月有关张瑞玑的记载如下:

10月12号。又读国民党巨子张衡玉诗,甚佳。

10月17号。张筱衡,张衡玉先生世兄也,昨由山西来,言张先生现在北京。在山西时,其家中后面作园,名曰"谁园",日惟以诗酒自娱。其所同饮者以商民、乡人为多,置酒而强招人饮,无论何人均不许推辞。醉后则长歌高吟以叹时事,盖心中有块垒,惟酒可浇也。又见先生所撰《吴〔空〕山人墓志铭》。山人者吴庚,字少兰,前在陕甚负时誉,与张先生及马康侯(名晋)称三杰,宰临潼,以廉能著。辛亥后灰心,无事山居,与贵筑某号道人同起居,亦以诗酒自娱,善书法,名其园曰"吾园",盖对"谁园"而发也。在陕时,同张、马皆见重于布政使樊云门。昨年(六年)殁于其家。

---

①胡景翼(1892—1925),字笠僧,陕西省富平县人,1910年加入同盟会员,1911年参加西安举义,任第一标统带。1917年参加组织陕西靖国军,1924年与冯玉祥、孙岳联合发动北京政变。后与冯、孙组织国民军,任副司令兼第二军军长,后任河南军务督办。1925年4月病逝。胡景翼与张瑞玑为莫逆之交,对张十分敬仰。此时张瑞玑之子张小衡也在督军府供职,两人经常在一起切磋学问,赏读张瑞玑诗文。《胡景翼日记》写于被软禁期间,有关张瑞玑的记载较多。

10月24号。午,抄张衡玉先生七言律诗十首。

约本月,作《陈配岳先生暨德配夏太夫人七十双庆寿序》:

> 瑞玑与先生之子柏森督军订交于患难死生之间,盖异姓昆季也,例不可无言……天下之乱,权利误之也,不争权利则乱定矣……而推先生之心以行之,举当时所谓豪杰志士者,俱扫除其驰骛权利之私念,而以公相见,则道德法律之真将大著于天下,而争熄矣。争熄则民安,民安则国治。

11月,刘盥训自广州返京,与张瑞玑、温寿泉等住在山西会馆。《刘盥训日记》中多有记述,从"与老衡谈""老衡久谈""老衡自书所作《寒云歌》""同老衡至广德楼观剧"等记述中,可窥见张瑞玑这段生活的吉光片羽。摘录于下:

> 11月8日,早,六钟上京车,三等票,洋二元。十钟抵京,老衡、内子俱在。早饭后,老衡久谈,静庵、子清来谈。
> 11月9日,早,七钟余起,与老衡谈。

按:《胡景翼日记》记载:"11月12号。今日将张衡玉先生诗稿一本写完,另换近作一本。"

> 11月15日,早,予与老衡谈。晚,同老衡饭宾宴春,又同游新世界。
> 11月16日,早饭后,视老衡自书所作《寒云歌》。

按:《寒云歌》副题为"都门观袁二公子演剧",此诗当作于本年。袁世凯次子克文,号寒云,昆曲、京剧名票,工小生、丑。张伯驹《续洪宪纪事诗补注》五九:"项城逝世后,寒云与红豆馆主溥侗时龏演昆曲。寒云演《惨睹》(一名《八阳》)一剧,饰建文帝惟肖……寒云演此剧,悲歌苍凉,似作先皇之哭。"张瑞玑《寒云歌》自注:"清皇室将军溥侗亦工演剧,与寒云同社。"诗中所说在北京宣南观看的"袁二公子演剧",当是张伯驹记之《惨睹》。明初,燕王朱棣迫使其侄儿建文帝让位,杀戮大批朝臣,株连九族。《惨睹》演的是建文帝剃度为僧,逃窜在外,一路上看到被杀朝臣传首四方,遭牵连的在乡臣子、宦官妇女被押解赴京,种种惨状不忍目睹。

11月17日,早饭后,同老衡、翼若、周卿至东升平。又饮茶于绿香园,旋浴于西升平,饭于三元店。一静庵付钱,一周卿付钱。又同冶游,十二钟归寓。

11月18日,早,九钟余起,与老衡谈,十二钟早饭。

11月19日,早,与老衡谈。

11月23日,晚饭后,温静庵、王周卿先后来久谈,十钟余寝。十二钟起,与老衡谈,旋寝。

11月24日,老衡归来,又久谈,十二钟余寝。

11月25日,又与老衡谈,十二钟寝。

11月29日,(午后)同老衡至广德楼观剧,饭于同聚馆,饮茶于绿香园。冶游,予出一元看诸君打毬。十二钟归寓,少谈,寝。

11月30日,据《刘盥训日记》:"老衡往津。"几天后与刘盥训在天津会合,偕往广州。

按:本月,英、美、法、意、日各国公使分别照会南北两政府,劝告和议。徐世昌在北京召集督军会议,11月16日公布停战令,嗣后广东军政府亦通令停战。

12月1日,刘盥训将家眷搬到南官园新寓居住。2日赴津,3日与张瑞玑一同坐津浦路火车往上海。在上海,两人同访南方军政府七总裁之一唐绍仪等。又寄存换下的皮袍,换乘泰安栈客船,经香港抵广州。

《胡景翼日记》:

12月1号。《后汉书》借给张小衡,着小衡给予。其祖母及其伯父墓志铭为其父张衡玉先生作;文为时人所不能,字亦遒劲。

12月2日至19日,《刘盥训日记》:

12月2日,三钟余,予带老陈上东站,四钟余开车,八钟余到津,寓中国旅馆。子清同车来津。予用晚饭出,归寓,与老衡谈。

12月3日,早,阅报载五国公使警告东海(按徐世昌)宜早调和南北。十一钟同老衡饭于鸿宾楼,至平山津店久坐,又随老衡、步西访玉楼家,少坐,又至大新台。晚,应平山津店约于义和成。归寓,老衡代开栈账四元强。九钟上津浦车,老衡代购二等票,二十九元余,合现洋十五元弱。

按:《胡景翼日记》:"12月3号。与张小衡论殳。小衡父子衣钵相承,能振家声,语言之间甚不枯寂,予益友也。"

12月4日,津浦路因山东境不靖,改行车时刻,使车行平原至徐州于白昼。予、老衡用西餐,出三元,天气已渐暖。

12月5日,阴有雨。早八钟余至浦口,已不及沪宁车,饭于茶馆。十一钟余,由南京开车,车上用点心。八钟余抵上海,寓新旅社,用点心。浴于洗清池,饭于宵夜馆,已一钟余矣。少谈寝。

12月6日,阴。早八钟起,旋同老衡出,至通讯处晤孙棣三,同访雨孙君,各少谈。回通讯处,用点心。同老衡访唐少川,旋至蔚丰银行。同老衡步至老半□饭,予出二元余,港纸仅八六折,旋归寓,已四钟余矣。晚七钟余,同老衡观剧于天蟾台,十一钟余归寓,用点心,旋寝。

12月7日,同老衡听天蟾台剧,饭于都益处,游新世界。

12月8日,有雨,星期。早七钟余起,写昨日记。同老衡出访唐少川,久坐。又同至敬记晤李质卿。又同访李伯英,少谈。早饭于羊肉馆,归寓。旋同老衡观剧。六钟予至泰安栈询船,归寓晚饭。同老衡游大马路,购火腰,出二元。又同观剧,出二元。一钟余归寓,旋寝。

12月9日,早起写昨日记。出至泰安栈,同马栈主到招商码头订广大船舱。回泰安栈,步归寓。购石榴、山里红,出六角。同老衡饭于悦宾楼,旋送行李上船。予同老衡至敬记寄存皮袍,又至泰安栈,同马君上船定官舱二,统舱一,由老衡出三十八元。旋同老衡至通讯处。傍晚饭于小馆,购果品,步回船。夜半始寐。老衡开栈账二十元。

12月10日,雨,风。早五六钟开船。八钟早饭,午后大风浪。予坚卧不敢起。

按:七古《由申赴粤海舟遇风》当作于途中。诗中描写在惊涛骇浪中,"一舟随潮落千丈,首尾上下任簸颠。俯栏目呆心震荡,浪花溅雨鬓眉寒"。继写置身惊涛骇浪中悟出的拯世哲理:"茫茫眼底风波路,所赖同舟济艰难。逆流直上洪潮战,摧篷折橹哪得安。欲拯众生离苦海,慈航当作如是观。"最后表现诗人的旷达自安:"天晴风浪随烟灭,日轮濯水当空悬。浊醪一壶亦自得,斜倚尘装横舱眠。"

12月11日,船少稳。

12月12日,晴,船较稳。

12月13日,十一钟抵香港,由大东酒店包送同院十余人行李至广西船,共出免验私费五元。予购头等房票二张共七元,大舱一张七角,又出运行李费约一元五角。旋同老衡、周俊青游先施公司,用茶点心,出一元余修面。归船,晚用西餐。出二元余。诸同院聚谈甚久,一钟余寝。是日,予真足四十三岁,慨然。

12月14日,七钟余至粤寓东亚酒店。余至西濠酒店看房旋归。老衡归,正拟同出,子蓉、晓云、太蕤、信□、子文、□安、介石、仞千、端甫先后来,久坐。

12月15日,有雨,旋开栈账。老衡拟居于豪贤旧寓,予同周峻青移居西濠酒店。旋出至东亚酒店,同老衡访褚慧僧、吴莲伯,各少谈。

按:15日后刘盥训与老衡不在一个酒店居住,日记中有关老衡的记载很少。张瑞玑所住豪贤旧寓,当是今广州越秀区豪贤路上的一家酒店,称"旧寓",说明本年8月参加非常国会期间即住在该酒店。下面日记中有关议员领薪酬的情形,老衡当亦如此,所记参议院开会,老衡应参加,摘录于此。

12月16日,至秘书厅领上月下半、本月上半薪共二百元,中西各半。

12月19日,至议会参观参议院会。二钟余,众院开会,因人数不足,点□而散。

## 是年

段祺瑞操纵的安福国会成立。北京政府以奉系师长许兰洲为援陕总司令,指挥甘、川、晋军等入陕"围剿"陕西靖国军。陕西靖国军总指挥井勿幕被害。北方政府派和议代表南下。南方军政府七总裁电告,先解决福建、陕西战事问题再举行南北和议。

## 卷三　骑虎入关
### （1919年）

### 1919年（中华民国八年己未）四十八岁

按：本年，国际上有巴黎和会，国内则有在上海举行的南北和议。南北和议，是当时中国南北两个政府间举行的和平谈判。北方政府，即以徐世昌为总统、钱能训为国务总理的北京政府；南方政府，即以岑春煊为主席总裁，伍廷芳、唐继尧、唐绍仪、孙中山、陆荣廷、林葆怿为总裁的所谓"七总裁"制下的广州军政府（孙中山虽列名，实则已遭排挤，离粤赴沪）。北方政府的谈判总代表是曾代理国务总理、时任安福国会参议院副议长朱启钤，南方政府的谈判总代表是"七总裁"之一唐绍仪。鉴于南北双方在陕西战事不断，解决陕西问题成为谈判桌上的聚焦点。正式和议之前，双方接受了居于调停位置的江苏督军李纯（字秀山）的建议，公推一名"威位素重之大员"赴陕划界。于是南方总代表唐绍仪提议，北方总代表朱启钤附议，又经南北政府同意后，在2月21日举行的南北和议第一次会议上，双方代表公推张瑞玑为陕西划界监视专员。张瑞玑由此进入中外公众视野，成为南北政府、社会各界极为关注的焦点人物。从2月到5月，张瑞玑由广州抵上海,转南京,到北京,再"骑虎入关",纵横捭阖,为陕西停战划界和南北双方恢复和议发挥了重要作用。这期间,张瑞玑之言行关乎国运,牵动国步,《申报》对其行止做了翔实的跟踪报道。兹据上海书店1982年《申报》影印本第156册、157册、158册辑录相关内容,部分内容与1980年长沙《大公报》影印本第10分册、第11分册、第13分册互参。

本年谱主的经历分为三段:一、接受划界使命前;二、受命划界;三、划界之后。

## 接受划界使命前

1月3日,《申报》将南北实现和平列为本年头等大事。要闻版刊登时评《第一事》(署名"冷"):

> 今年之第一事,莫不曰南北和也。南北和而后中国可统一,中国统一而后种种事可进行。故不得不谓之第一事也。

按:"冷"是《申报》总主笔陈景韩的笔名。同日《申报》还报道,熊希龄、蔡元培等和平期成会要员二日赴宁,居第三者地位,如南北双方争议不决,出而仲裁。

1月4日,《申报》北京专电载国务总理钱能训[①]给南方军政府主席总

---

[①] 钱能训(1869—1924),浙江嘉善人,1911年以陕西布政使任护理巡抚,1918年12月任北京政府国务总理。

裁岑春煊①的电文,陕西问题凸显出来。此电文暴露了南北政府对陕事的主要分歧:

> 闽陕问题为和议中焦点,双方在所必争。惟日来形势,北方偏重在陕,徐以陕为北屏障,尤难让步。钱则秉承徐旨,再覆西林谓:"尊意认陕事非匪不匪问题,系停战不停战问题。鄙意欲决停战问题,仍当审别其是否土匪为断。此间迭据陕民函电,声诉惨不忍言。我公谓陕省尚未解甲,无以对三秦父老。能训窃恐纵匪不治,坐视陕民陷于水火,更无以对三秦父老。公固夙领陕疆,能训亦曾备员陕右,关怀讵有殊情。此间对陕计划已电少川,在分别军匪,确定标准,由李督商明尊处,双方划定暂住地点,各任剿匪。彼此倾向略同,可期合辙。此时重要关键,惟在速开会议,解决纠纷,否则夜长梦多,益无归宿。诸君尊重和平,必不出此。

按:南北意见相左,为和议埋下了隐患。

1月6日,《申报》刊登记者邵飘萍《余之新年旅行》,指出于右任"不可能""统治陕西复杂之兵与匪"。其有关南北和议中陕西问题的报道如下:

> 余自北京出发之日,为新年元旦下午四时……比上车至头等室,则新旧要人之分赴津宁沪者颇众,与余同室者有陕督陈树藩②驻京代

---

①岑春煊(1861—1933),字云阶,广西西林人。1916年投身护法运动,1918年排挤孙中山,任广东护法军政府主席总裁,南北和议期间主导南方军政府。
②陈树藩(1885—1949),字柏森,陕西安康人。1910年保定陆军速成学堂毕业,任陕西陆军混成协炮兵营排长,后调任军械官,加入同盟会,参加西安起义。历任河东节度使、陕南镇守使、陕西护国军总司令、陕西督军。与张瑞玑交谊甚深。

表郑君。郑福建人,而为陕督陈树藩之代表,乃触动余所欲事探索之陕闽问题,且喜得一两方皆有关系之良友,兼可以破余车中寂寞。虽郑君以自身之关系所言,未必一一皆为公允,余亦未便一一直叙其言,但余之所得者则有以下数点:(甲)陕西问题。①陈督撤换以许兰洲继任之说,一时难成事实。②无论官军,无论民军,两方皆含有相当数目之土匪,即谁不能指谁为土匪。……⑥于右任①学问人品为陕西一部人所悦服,惟欲统治陕西复杂之兵与匪,则亦不可能。

1月17日,《申报》报道南方代表确定为章士钊、胡汉民、李曰垓、曾彦、郭椿森、刘光烈、王伯群、彭允彝、饶鸣鸾、李述膺。又报道南方军政府"对分别兵匪一层未肯答覆":

> 中孚通信社1月16日北京电:"岑西林来电,赞成闽陕划界,各自剿匪。惟对分别兵匪一层未肯答覆。院电仍请指明谁为南军,谁为土匪,免致中央剿匪时有所误会。"

1月20日,《申报》载南方军政府七总裁致电江苏都督李纯②,提议陕西问题"由双方公推威位素重之大员,前往查视划定区域"。李纯以南北双方居间调停的身份,采纳南方"七总裁"的这一建议,经综合考虑后拟具六条办法,电陈当局请示办理:

---

① 于右任(1879—1964),陕西三原县人。在县学读书时被陕西学政叶尔恺誉为"西北奇才",1903年中举,1906年在日本加入同盟会。回国后在上海创办《神州日报》《民呼日报》《民吁日报》等,鼓吹革命。1912年任中华民国临时政府交通部次长,兼《民立报》社长。1918年就任陕西靖国军总司令。与张瑞玑交谊甚深。

② 李纯(1874—1920),字秀山,天津人,长江三督(江苏、江西、湖北三省督军)之首。李是主和派,与主战派皖系段祺瑞相抗衡。

(一)闽鄂西双方一律实行停战;(二)援闽援陕军队准即停进,担任后方剿匪任务,嗣后不再增援;(三)双方将领直接商定停战区域办法,签字后各呈报备案;(四)陕省内部由双方公推大员前往监视,以杜纠纷;(五)划定区域,各担任剿匪卫民,勿相侵越,反是者国人共弃之;(六)以上各节,一经双方承认宣布,即由苏鄂赣三省宣布在南京开议日期,不得再以他事别生异议,致会议停顿。除上列六项外,并请当局指定监视陕省划分界线之大员一二员,以便与西南商洽。

1月29日,北方总代表朱启钤致钱能训密电:派员划界,南方总代表唐绍仪"主张派张瑞玑"。

1月31日,钱能训致朱启钤密电,认为"瑞玑在陕较久,且相知有素,自较胜任":

> 拟派张瑞玑一节,查粤电拟推张绍曾,与少川所述两歧,足见彼方并未接洽。中央于派员一节,原无成见,唯二者相较,则瑞玑在陕较久,且相知有素,自较胜任。如果照此决定,似应于开议后,由双方总代表公推,中央便可照派,亦毋庸再另派一人矣。至杨铭源,与于右任关系太深,且为陕省舆论所薄。张虽在粤,北来非难,毋庸由杨代往。至宋联奎赴陕一节,系中央密派调查,业经前往,本与公推办法无涉,自仍可并行不悖。①

---

① 中国第二历史档案馆:《南北议和中断前朱启钤与钱能训等来往密电选》第4通,《民国档案》,1986年第1期,第8页。

## 受命划界

2月3日,张瑞玑在广州。

据《刘盥训日记》:

> 大雨,一钟余抵粤……旋寝,借老衡十元。

2月4日(阴历正月初四),《申报》载:"唐少川亦有电推张瑞玑,张系旧国会议员,官陕有年,情形较熟。闻政府亦赞成张瑞玑。"

按:自南北政府、社会各界呼吁举行南北和议以来,张瑞玑的名字第一次出现在《申报》上。

同日,景梅九、刘盥训访张瑞玑,随后又一同访狄楼海(观沧)。据《刘盥训日记》:

> 早,同梅九……又同访老衡。早饭,久坐,同老衡、太蕤访观沧,久坐。又同游先施公司,予出三角饮牛奶各一杯,遂以二十八角购威士忌酒一瓶而归。二君亦来久坐,同用大餐,予仍素食。同游大新公司,楼十二层,巨丽之极。又各饮牛奶一杯。

2月5日,刘盥训访张瑞玑。据《刘盥训日记》:"早,出访老衡,约饭并函梅九。"

2月7日,钱能训致李纯电:"嗣少川有拟推张瑞玑之电,亦曾以张瑞玑自较胜任,惟仍应由双方代表正式公推。"①

---

① 中国科学院近代史研究所近代史资料编辑室:《一九一九年南北议和资料》,中华书局,1962年,第133页。

2月8日，《申报》载江苏都督李纯与南北政府沟通后商定的解决陕西、福建问题的五条办法，第四条为"公推德望夙著者往监视"：

> 李纯通电全国，宣布双方商定解决闽陕办法五条：（一）陕闽鄂西双方一律严令实行停战；（二）援闽援陕军队即停前进，担任后方剿匪，以后不再增援；（三）闽、鄂西、陕南由双方将领直接商定停战区域办法，签字后呈报备案；（四）公推德望夙著者往监视；（五）划定区域，各担任剿匪卫民，反是者共弃之。

按：本日《申报》载："钱（能训）允南代表之请，加委张瑞玑赴陕办理划界事。"2月9日又载："军政府7日发电赞成苏督解决闽陕问题之五办法。"

同日，《申报》载中孚通信社2月6日北京电："内务部秘书陈毅①派随张瑞玑赴陕。"

同日，李纯复钱能训电："若中央内定张瑞玑，只须于宣布后，密电桂莘，商唐公推，不必再向西南辩白，致生枝节。"②

同日，朱启钤致钱能训电："接唐总代表虞电，文曰'准此，除由此间电军政府速催张君瑞玑克日兼程赴陕外，应请尊处迳即电京，迅饬前方防线各军，实行停止进兵，不得再施攻击……'等语。陕事既经双方协商，张瑞玑不日北行。"③

同日，刘盥训嘱张瑞玑为黑龙江籍国会众议院议员关文铎撰挽联。

---

①陈毅（1873—?）：湖北黄陂人，曾任库伦办事大员。
②③中国科学院近代史研究所近代史资料编辑室：《一九一九年南北议和资料》，中华书局，1962年，第133页。

据《刘盥训日记》:"嘱老衡为写挽关文铎联。"

2月10日,《申报》载中孚通信社2月8日北京电:张瑞玑电告由粤先赴沪后到京。

2月13日,张瑞玑离开广州,乘船往上海,刘盥训送行。据《刘盥训日记》:"早饭,予同子蓉至议会,旋至金山,船送老衡。"

2月15日,《申报》载《陕闽问题之粤讯》:

  所推定之委员,系陕〔晋〕籍国会议员张瑞玑。日前已有电来粤,催促张君迅速赴沪,俾兼程赴陕,处理一切,免梗和议之进行。昨据张君言,俟今日陕籍国会议员同乡会开会后,再与政府方面接洽,即日启程。惟到沪后是否有赴北京之必要,此时尚难预定。

2月19日,《申报》载"和议开幕之第一事"即为"公举张瑞玑":

  陕省划界事为和议先决问题之一。中央原议派宋联奎赴陕,唐绍仪谓其与陈柏生(树藩)关系较深,虑其左袒,力推荐张瑞玑为陕省划界监视员,并欲作为双方和议代表所公举。朱启钤据电中央认可,停止派宋,促张速行。张亦已电告启程北上。和议开幕之第一事,闻即为追行公举张瑞玑手续,俾中央正式发表。(见《朱桂莘莅沪后之和议消息》)

2月20日,南北和议在上海仁记路黄浦滩巴洛克风格的前德国总会(今中山东一路中国银行)正式开幕。《申报》时评《南北和议开会》:

  酝酿一年有余之南北和议,至今日而始正式开会矣。是诚国人望之如大旱之望云霓也。虽然,此云霓者果有雨欤,抑无雨欤?

同日,钱能训致朱启钤电:"并请明日当由两方代表推定张瑞玑,以正式电告中央,即日照办,此事便有结束。"①

2月21日,《申报》报道南北和议开幕的情形:

> 民国八年二月二十日上午八时五十分,唐总代表绍仪、朱总代表启钤及南方代表章士钊……李述膺、北方代表吴鼎昌……徐佛苏先后临黄浦滩会议事务所。九时,唐总代表、朱总代表及各代表由执事员引到入会场,行开会式。(见《和平会议开幕纪》)

同日,载:"又闻张瑞玑已于昨日(二十)由粤抵沪,一二日内须进京。"据《第一次会议记事录》:

> 二月二十一日上午九时,南北总代表暨各代表均出席,会议陕西问题。兹将会议情形分录于左:……唐总代表曰:……假如目下双方情形与北京所指者不同,前方北军不听张君劝告,尤为难决之问题。故无论如何,吾辈今日必须商量有实际办法,与张君决定,庶张君前往乃有把握。朱总代表曰:张君对于陕事甚为熟习,当先与面商交换意见。张君此去须负事实上之责任,故吾辈所悬度者,不能责之张君也。②

2月22日,《申报》载,北京政府虽然同意唐绍仪所提张瑞玑为陕西划

---

① 中国科学院近代史研究所近代史资料编辑室:《一九一九年南北议和资料》,中华书局,1962年,第145页。
② 同上,第146—150页。

界专员,但又力保张绍曾同往,南方表示不同意。

政府已承认唐少川所荐之张瑞玑为陕省划界监视员,另一方面又力保张绍曾。南意以一事两人,反无专责,仍拟专任张瑞玑办理。(据中孚通信社2月20日北京电)

按:台湾辅仁大学历史系教授林桶法在《民国八年之南北议和》中说:"南方军政府原拟派张绍曾为代表入陕,但唐绍仪认为参议员张瑞玑历任晋秦各地方官,又有声望,便选定张瑞玑为南北监视停战划界代表,经北方同意,张氏准备入陕,南方在此条件下才答应与北方正式举行和会。"[1]

同日,报道双方代表商定张瑞玑迅速赴陕:

平和会议于昨晨(21日)九时开第二次会议,南北总代表及各代表均经列席,讨论陕西问题。唐总代表主张将陕西问题早日解决,双方商定张君瑞玑迅速赴陕,与双方将领接洽,实行李督提议、南北同意之五条办法。并嘱张君于未启行之前,与朱总代表详细研究陕事,以期张君到陕,得以从速进行。(见《和平会议纪事》之二)

同日,又载《张瑞玑访两总代表》:

张瑞玑于前日(20日)由粤来沪后,当于昨日(21日)上午往访唐总代表,晤谈片刻。午后三时,再访朱总代表。

---

[1] 林桶法:《民国八年之南北议和》,台北南天书局有限公司,1990年,第116页。

同日,还报道:"张瑞玑定于明日(23日)赴京。"

2月23日,《申报》报道南北代表议定正式函请张瑞玑赴陕"以纾民困":

> 昨日(二十二)上午九时,南北总代表暨各代表全体入席继续会议。陕西问题朱总代表谓张瑞玑君业已晤见,彼于陕事极为熟悉,允于日内赴陕,相机办理,实行划界等事,以纾民困。其后彼此对于五条办法条文详加讨论,由和平会议正式函请张君瑞玑前往。今日张君尚须与朱总代表接洽。旋会议军事问题……(见《和平会议纪事》之三)

同日,又载《划界员访谒二总代表》:

> 日昨划界员张瑞玑于午后三时往访唐总代表,午后五时往访朱总代表,筹商赴陕划界要务。

同日,又载《两总代表致张瑞玑函》:

> 敬启者:前准双方商定解决陕事办法五条,其第四条内开陕省内部由双方总代表公推德望素著大员,前往监视划界分区等语。本月二十二日会议,经双方总代表公推执事前往陕西,按照五条办法实行监视划界分区并察看情形,妥为办理,并希随时报告本会。此致张先生瑞玑。

同日,又载南方军政府七总裁致电江苏督军李纯,告南北总代表已函请张瑞玑赴陕:

南京李督军鉴：卅麻均诵悉。现双方总代表拟推张君瑞玑赴陕主持，已函请张君前往矣。此闻。岑春煊、伍廷芳、唐继尧、唐绍仪、孙文、陆荣廷、林葆怿。元印。(见《岑西林等致李纯电》)

同日，报道南北和议"结果颇佳"，"陕西问题，已小有结果"：

昨(二十二日)为和平会议正式开幕后之第三日，会议结果颇佳。(第一)为陕西问题，已小有结果。两方代表均承认按照李秀山督军所拟办法五条，由和平会议两方代表会请张瑞玑君赴陕逐一实施，张君当晚即可成行，以后俟得张君报告，再定行止。(第二)为军事外交问题……(据联合通信社消息)

同日，还报道南北总代表围绕张瑞玑赴陕划界展开的辩论：

二十二日开席，唐君仍先将停战办法五条内之三、四两条提出辩论。(一)谓第三条原文为"闽省鄂西陕南由双方将领直接商定停战区域办法"，区域既可商定，则依上年十一月十六日停战令前之两军占领区域为准，当然在可商之列。(二)谓第四条原文为"陕省内部由双方总代表公推德望夙著人员，前往监视区分"，既云内部绝非仅限陕南，似与第三条有异。此番既由张瑞玑担任监视任务，必使其有区分标准。朱启钤辩云，监视员以能使现在两军各就目前所在地方实行停战，并互让出中立地，俾监视员可以立足实行监视，其任务即为完了，似说不到区分即无所谓标准也。唐君又云，万一张瑞玑畏难不往，奈何？朱君云，可互以希望和平诚意劝其前往。唐至此遂不续辩。(见中孚通信社消息)

同日,又载《申报》评论员文章,指出陕西停战的具体时限南北双方各执一端:

> 钱内阁致北代表之哿电,虽声明覃日以后北方军队次第收束,然一则曰三原、泾阳一带,因系于右任驻地,迄未进攻。再则曰,覃日以后自应停战。夫仅指于右任,则于右任以外,如郭坚、樊毓秀等,似未认在划界之列也。仅言覃日以后停战,则覃日以前之战事,彼固视为当然。而两军之划界,且将以覃日驻在地为准也。由前之说,则覃日以后陕西是否全部停战,尚有问题。由后之说,则南方所要求之恢复上年停战令前之状态,根本上已加以拒却。南方代表之提案,若据哿电以观,北方似毫未有可以接受之意思。劈头第一件事,而南北意志之距离如此,和会之进行,不亦从可知哉!(见杂评二《和会之陕事成绩》,署名"庸")

按:《申报》评论员眼光犀利。监视划界应以上年11月16日停战令为准,还是以李纯2月13日通电公布的办法为准,双方代表未达成一致意见。若说南北政府在剿匪问题上的歧义,为张瑞玑赴陕划界埋下第一个隐患;则停战时限究竟以何者为准,成为第二个隐患。

同日,北方总代表朱启钤致国务总理钱能训密电:

> 张君瑞玑已由双方公推赴陕监视划界。张君人颇明了,其意亦在了事。惟少川处陕人环绕,不免提出许多要求。
>
> 划界原在息争,当以维持现状为主。现既推张君为公正人,应以监视等事委诸张君,俟其到陕相机办理。名为监视,实以疏解为务。

其划界手续,仍由双方将领协商,如有困难,临时尽可电商。

张已赴宁,晤李督后,即当入都。张在沪,与晤谈两次,持论平允,陕人之激切主张,闻渠已力为疏解。到京时,敬希面授机宜。陕地将领,张均素识,惟许兰洲不熟,并乞绍介与许相契之员随同入陕。①

2月26日,《申报》载张瑞玑电告国务院到南京与江苏督军李纯晤商后即赴京:

国务院电促张瑞玑来京,张复电,漾日(23日)到苏与李督晤商一切,定敬日(二十四)北上面聆指示,由京入陕。(见专电栏)

同日,又载张瑞玑离开南京北上的消息:

张瑞玑准今日(25日)下午六时乘车北上。(见南京快信栏)

按:据《申报》2月28日六版报道,张瑞玑24日由沪赴宁,勾留一宵,25日搭津浦车北上,预定26日到京,俟与政府接洽后即行赴陕。

2月27日,《申报》专电栏头条新闻为"张瑞玑到京"的消息:

张瑞玑本日上午十时半到京,下午三时见总理,面商划界办法。(二十六日下午五钟)

---

① 中国第二历史档案馆:《南北议和中断前朱启钤与钱能训等来往密电选》第20通,《民国档案》,1986年第1期,第15页。

同日,国务总理钱能训致北方总代表朱启钤密电:

因前此张瑞玑未经正式推定,无从着手商划,是以将应划地点,先行区划,所有分划大致范围,已由参陆处电致我公,计当察阅。南中注重于右任所驻地方,中央亦于于右任特为注意。故于三原、泾阳一带,前电已划归南军范围,不但于南军停止进攻,即该处屯聚土匪,中央亦概置不问,以示尊重和平之意。现张瑞玑已到京,不日前往,即可实行商划。①

同日,《申报》又载,南北总代表签署一份划界后凡有不遵者应处军法的协议,交给张瑞玑:

府院接沪朱电,陕西问题已公推张瑞玑赴陕划界。南方代表现又提出担保,如划界后双方有一不遵,应处军法。已由启钤与唐签字,并抄交张瑞玑一份携带入陕,希转知在陕各军知照。(二十五日下午四钟)

同日,《申报》又载,北京政府参陆处开列陕西各军事力量的首脑及其驻地,准备交给张瑞玑:

参陆处今日(二十五)开列陕军人名、驻地详单,以备交张瑞玑参考。(见平和通信社二月二十五日北京电)

---

①中国第二历史档案馆:《南北议和中断前朱启钤与钱能训等来往密电选》第28通,《民国档案》,1986年第1期,第18页。

同日,《申报》十版又载南北和平会议"因陕事终止"的消息:

  二月二十六日上午九时开第四次会议,唐总代表据于右任十七日快函,要求撤换陈树藩,并提出陕事不决停止讨论。此前军政府亦致电唐,提出陕战未停,停止和谈。

同日,钱能训致朱启钤电:"特苦于张瑞玑尚未到陕,此间和平计划及双方接洽情形,于右任未之知耳。"①
2月28日,《申报》专电栏载"张瑞玑抵京"后谒见总统徐世昌、国务总理钱能训的消息:

  张瑞玑抵京,先谒钱商定入陕办法,请加派一员随同前往。今晨入府亦以为言,徐意事权不定,易起分裂,无庸另委他员,即命张担任。一面电令陈督严束军队,不得违背命令,否必予以重处。(二十七日下午三钟)

3月1日,《申报》载:"张瑞玑请钱能训电陕恪遵五条办法实行划界停战。"又载,徐世昌(字东海)总统与钱能训国务总理商,认为陕西问题"除促张瑞玑起行,并无他种办法"。

  东海因和议停顿,昨招钱总理入府密商。对于陕事,除促张瑞玑起行,并无他种办法。顷钱覆朱启钤电,大致谓俟电陕询明再办。(见

---

  ① 中国科学院近代史研究所近代史资料编辑室:《一九一九年南北议和资料》,中华书局,1962年,第177页。

中孚通讯社2月27日北京电）

3月2日,《申报》载:"张瑞玑将由钱阁（钱能训内阁）加以委任形式,但不明发命令。"又载:"张瑞玑闻和议停顿,不肯启程。谓须得陕西停战之确证,方能赴陕。徐钱现仍力劝前往。"

同日对张瑞玑赴京后的情况作综合报道:

张瑞玑自经双方代表公推后,取道南京,与李苏督面商办法,业于昨日（二十六）上午十时三十分快车抵京。下午三点即入谒钱总理,会谈一小时之久。闻张对于陕省情形极为熟悉,并已拟有办法,此时尚未允披露。俟抵陕与陈树藩、于右任接洽后,再行确定。在京约勾留四五日,本日并将晋谒东海。至李苏督最近来电,以陕省内部复杂,主张加派一人,会同张瑞玑入陕办理各事,闻当局以事权不宜分立,枝节不宜横生,既已委托张君,即不必另派他员。其前此入陕之宋联奎氏,则令专任调查,用为参考地步,与张任务绝不相萦。闻张氏面恳钱总理电饬各将严遵五条办法,一面并自电知西南领袖,严饬各将一律遵照。（见六版《陕西事件之京讯》）

3月3日,《申报》时评栏载该报评论员文章《停和》（署名"冷"）:

战则不和,和则不战。不战则停战,不停战则停和。此中国今日南北和议之情状也。

未停战所以议和也。然则今日之停和,岂将继以议战耶？世固有停战之后而有续战者,然则岂不可停和之后而有续和乎？故续和之望,今日尚未尽绝也。

虽然,续和必先不能不再战,我观张衡玉陕西并无停战覆电之言,其机恐未熟也。

同日,专电栏载两条消息,鉴于南北和议因陕西问题停顿,总统府、国务院督促张瑞玑尽快赴陕:

其一:钱接沪朱和议决裂警报后,力促张瑞玑赴陕。张非得到两军实行停战复电,不允启程。徐订今午后二钟邀张入府谈话,作最后之商决。(一日下午五钟)

其二:府院昨晚开紧急会议,对沪唐请撤陕陈,认为于右任私言不足昭公允,应俟张瑞玑到陕查玥再定。此时唯一办法在催张速行。(一日下午五钟)

同日,《申报》各通信社电栏又载五条有关张瑞玑的消息。尤应关注的是,张瑞玑向国务院申明,此次划界不受南北双方的钳制。同时还表示,在没有得到陕西停战确据之前不动身。

其一,和平通信社2月28日北京电:"张瑞玑谒钱能训,要求须得停战实据,方赴陕西。"

其二,和平通信社3月1日北京电:"钱能训约张瑞玑今早(一日)谈话。"

其三,和平通信社3月1日北京电:"张瑞玑表示,关于划界不受双方钳制,钱能训允不干涉,请彼自为主持。"

其四,中华通讯社3月2日北京电:"昨当局接朱总代表辞职电,连发两电慰留,并催张瑞玑克日赴陕,秉公查办。将有严厉命令责成双方统兵长官遵守停战办法。苏督复电允向双方调停,并拟赴沪一行。"

其五,中孚通信社3月2日北京电:"钱总理出陈树藩负责停战之电给张瑞玑阅看,张于赴陕事已不再坚辞。"

同日,《申报》要闻栏综合报道张瑞玑赴京后谒见钱能训(乾丞)、徐世昌(东海),由国务院向陕西发出五份专电的消息:

> 南北和议两总代表公推监视划界事宜之张瑞玑氏已于二十六日到京,是日下午即赴国务院往谒钱乾丞,关于赴陕问题有所接洽。昨日上午复入公府晋谒东海,请示一切。东海催其迅速赴陕。闻张氏谒钱时,曾责问在陕北军进攻之不合,钱氏答以北军在陕剿匪(按:北方所谓匪实即南方之靖国军也)则有之,至云攻击南军一节,尚未接有此项报告。该地电讯迟顿,多有出自误会者,政府已一再声明,执事入陕后当知真相云云。现张氏已由国务院内发出专电五件于陕省,一致陈树藩、刘镇华,一致于右任、张钫等南军司令,一致刘存厚,一致管金聚,一致许兰洲、张锡元各师旅长,内容均系报告即日入陕,请各转饬部队,坚守原防,候会商解决划界办法,以维大局。(见《陕西事件之京讯》)

同日,《申报》又报道江苏督军李纯建议派人随同张瑞玑赴陕,以及陕西督军陈树藩拒绝张瑞玑入陕的消息:

> 李督日前电京,请另派一员偕张瑞玑赴陕。昨接复电云,事权不一,易起争论,无庸另委。已促张即日首途。据军署消息,陈树藩确有电京,拒张瑞玑入陕。故张尚在京,未肯即往。(见七版"南京快信")

3月4日,《申报》专电栏载徐世昌在总统府召开会议决定陕西停战一事,"俟张瑞玑到陕查有违令者严惩";又载交通部为张瑞玑预备专车等消息:

其一:昨徐接苏李督请发停战令电后,即在公府召开会议决定,一面公布明令,称陕民苦兵已久,亟须停战,俟张瑞玑到陕查有违令者严惩。一面严电前敌陈树藩等,迅速停战,不得再有违抗。今日均已发表。(三日下午四钟)

其二:参陆处昨开紧急会议,参陆总长、府院秘长均列席,讨论陕西停战军队收束事。结果除请发明令外,并催张瑞玑兼程赴陕,交部已为预备专车。但张执定原请求条件,必政府先电陈树藩、于右任两方容纳其意见,方肯首途。(三日下午三钟)

其三:徐对代表总辞职,态度极镇静,除温语慰留外,陕事即交张瑞玑驰往查办。所云限时答复,只好用于外交。将来谁直谁曲,查办结果自可相当处置。此时未便以陕西一隅问题牵动和议全局。顷再电朱启钤,劝仍照常进行。(二日下午二钟)

同日,《申报》各通信社电栏报道张瑞玑谒见钱能训总理、张瑞玑"长陕"传闻等消息:

其一,和平通信社3月2日北京电:"徐世昌召张瑞玑明日(三日)入见。""公府某要人云陈树藩来电遵五条办法,并无不奉命之说。张瑞玑到陕可了。""张瑞玑昨(一日)申刻见钱能训,久谈陕事,钱甚觉有难色。张遂据电沪粤,述陕西无停战确耗,现正与钱商议办法,入陕暂缓。此电即由钱阁代发。"

其二,中华通讯社3月3日北京电:"政府发明令告诫各将,并催张瑞玑兼程入陕。将陆部划一剿匪防线图交张实地调查。"

其三,中孚通讯社3月3日北京电:"张瑞玑得陈树藩欢迎电,又知陕已遵令停战,决于日内启程。""私人消息,政府对于南方之要撤陈树藩,决俟张瑞玑到后再议。并有即以张长陕说。"

其四,东方通讯社3月3日北京电:"徐总统于今日午后发布总统命令,略述陕西人民困苦情形,并谓为拯救陕民起见,着即迅速停止军事,待不日到陕之张瑞玑实地查勘,有违此令者即从严惩治云云。同时对于陕西军事当局发布较上述命令更形严厉之军令,命其停战。"

同日,《申报》要闻栏大字标题《张瑞玑尚难入陕》详细报道张瑞玑谒见钱能训总理情形,张明确表示赴陕后"不受何方约束,与南北两政府均不发生直接关系。"又说:"目前非得陈树藩、于右任双方来电证明确已停战,决不入陕。"具见下文:

张瑞玑到京后,本有一二日即赴陕西之说。惟张氏乃一无枪炮、无势力之委员,苟有一方不愿和平,张氏虽往亦无可如何。故前晚特电陈树藩,询其有无停战划界之诚意,如得陈氏覆电愿和,当即出京前往,否则仍须与当轴交涉。闻张氏昨日谒钱能训时,钱询以赴陕之期,张氏答谓余此次奉双方总代表之委托赴陕,系主持划界问题,但陕西若不实行停战,划界事宜亦无从着手,故必须待实行停战之后,方能赴陕。且余即能赴陕,亦不受何方约束,与南北两方政府均不发生直接关系,将来所有划界情形,只报告于沪上和会云云。闻钱氏当时告张,谓阁下若赴陕省,绝不干涉牵制。又闻张氏谒钱时,谈话颇久,张意此行任务专在监视划界,至停战区域应如何划分,仍由双方各将领直接商订,决不参加个人意思。目前非得陈树藩、于右任双方来电证明确已停战,决不入陕。

3月5日,《申报》命令栏载《三月三日大总统令》,称陕西问题按照南北政府同意的办法"派张瑞玑驰往,监视区分":

  陕西兵燹频年,疮痍满目,眷言民瘼,轸念殊深。亟应促进和平,早谋安集。前由国务院依照协定办法,通饬停战划防,其陕省内部并照第四项办法,派张瑞玑驰往,监视区分,务在一律实行,克期竣事。各该将领自应共体斯意,恪遵办理。倘或奉行不力,职责所在,不得辞其咎也。此令。

同日,《申报》专电栏报道:

  停战明令昨晚颁布,本拟将详细办法叙入,嗣因措词不合,仍用原稿,惟末句语气改轻。至办法由院部另发通电,文长三百字,词极严切,责令各该将领遵照五条,并维秩序。录送张瑞玑查照。张允三日内首途。(四日下午四钟)
  张瑞玑冬日通电粤军政府及沪两总代表云,到京后柏森致玑一电,只表欢迎,已否停战未一字提及,故入陕尚难定期。(四日下午三钟)

同日,《申报》载"陕事应以张瑞玑报告为准":

  政府电朱,嗣后陕事应以张瑞玑报告为准,希转商唐。(见中华通信社三月四日北京电)

同日,《申报》载"某总长谓应付陕事不宜操切"的言辞:

二日特别会议某总长谓,应付陕事不宜操切,前此于右任曾称三原已失,南方即据为口实,嗣经陈电证明,南方亦即无词。今南方又据于函为准,恐难尽信。惟有促监视员到陕,庶可早明真相,众諟其说。故一面严申前令,一面催张瑞玑启程。外传政府不肯因于之一言撤陈,实本于此。(见中孚通讯社三月三日北京电)

同日,《申报》报道张瑞玑"迳电双方将领,痛陈利害":

张瑞玑以陕西局面复杂,在停战之前无划界之可言,故一面请政府再电在陕将领,严令停战,一面由张迳电双方将领,痛陈利害。张意须待陕西各方面复电到齐后,再行前往。自沪会停顿之消息传来后,政府以形势威迫,知非解决陕事实难进行,故对张又为一度之催促,未识张君果即前往否也。(见六版《和会停顿中之北京状态》)

3月6日,《申报》专电栏载,钱能训以陕西问题"张瑞玑到后即可解决"电告巴黎和会上的中国全权代表陆征祥、顾维钧、王正廷:

钱昨电巴黎陆顾王三使,嘱转告各国代表,取消参战军未至其时,陕西已发严令,饬陈树藩等停战,张瑞玑到后既可解决,和议决不停止,勿轻听南方一面之词。(五日下午三钟)

同日,又载东方通讯社消息:

英国公使朱尔典3月4日午后四时以个人资格晋谒徐总统,会见约一时许。会见最后,朱尔典对徐总统说:"上海和平会议若能从速解决,则中国在欧洲和平会议中可大获利益。"(见东方通讯社3月5日北京电)

同日,《申报》载路透社3月4日电:"昨日午后,张瑞玑入见徐总统,谓宜即撤陈树藩。讨论之后议决,令张即赴陕西,从速报告真相。"入见的具体情况,7日《申报》报道较详:

> 昨午(三日)在延庆楼传见张瑞玑,讨论维持陕事之方法,张氏主张持平进行,且谓更易陈督确有不可挽回之势,坚请东海牺牲成见,早颁明令,双方意见上之竞争必可立归消灭,否则长此以往,和局终须破裂,中国之危亡当在眉睫。闻东海对张君言,予于更换陕督一节,实无成见,更无牺牲可言,无如其中不无困难之点,深恐因此小节引出最大影响,不得不慎重将事,大局统一必有正当的办法。复劝张君早日赴陕,着手划界,以免坐视和局破裂。张君遂允即日出京入陕。张临出府时,东海又云:"执事此去,深恐途中危险,已密电鲍德山、许兰洲、张锡元各长官,沿途指派军队保护。"张遂向东海称谢而退。(见3月7日六版《和会停顿中之北京消息》)

按:张瑞玑谒徐时"坚请东海牺牲成见",撤掉陈树藩陕督职务,这一点与于右任和南方军政府的意见完全一致,无偏袒陈树藩、偏袒北方政府之意。

3月7日,《申报》载:"张瑞玑行期仍未确定,惟政府已送给护照一件,旅费四千元。"又载:

陈树藩复电遵令实行停战,并促张瑞玑速往。

同日,《申报》载张瑞玑再次谒见国务总理钱能训的消息:

钱嘱张瑞玑先就宁羌、盩厔、眉县等处监视划防,次及宝鸡一带,至陕北之三原,不妨最后办理。(见三版专电)

张君瑞玑昨日(按:即5日)又谒钱总理,熟商陕局办法,讨论甚久。钱氏当催张君克日赴陕,以期早日了结。张称赴陕清查一切,责重事繁,非一人智力所能胜任,请派员协助,免有陨越。结果政府决派张绍曾协同张君赴陕一行,张君已允前往。一俟张绍曾捬挡就绪,二张即当首途。(见六版《和会停顿中之北京消息》)

同日,又载《张瑞玑来电》:

唐朱两总代表鉴,并转李龙门①先生鉴:余诒②来电称,陕已停战,于陈亦有使往来,昨令□当已收效,敬闻。瑞玑叩,鱼(按:即6日)。(见十版《和议停顿中之消息(五)》)

同日下午,北方总代表朱启钤复电张瑞玑:

北京国务院转张瑞玑先生鉴:鱼电悉,陕省停战既已证实,划界一事尤为急务,应请执事克日赴陕,并请将陕省情形随时电告。何日首途,即希电复为幸。朱启钤,虞。(见3月8日十版本埠新闻栏,虞即

---

①李述膺(1882—1955),字龙门,陕西耀县人,南北和议时为南方军政府代表,与于右任关系密切。

②余诒,南北和议前北京政府派往陕西调查停战情况的人员。

7日）

3月8日，《申报》专电栏载英国公使朱尔典谒见徐世昌大总统：

> 继问沪议停顿有无挽回希望，（徐世昌）告以停战令下，又由院部严电饬遵，并促张瑞玑迅往监视，和局必不致决裂。英使颇表满意。

同日，各通信社电载：

> 平和通信社3月6日北京电：张瑞玑昨晤钱能训后，已据钱所示陕电，函致和会，俟得复即启程入陕，实行划界。
> 平和通信社3月7日北京电：张瑞玑对于划界办法，主张不豫宣布，谓于右任与陈树藩自先接洽最好。
> 平和通信社3月7日北京电：今日张瑞玑电沪，告于右任、陈树藩接洽消息。
> 中华通讯社3月6日北京电：张瑞玑拟今（六日）早启程赴陕。

同日，《申报》公电栏又载《北京钱能训通电》，电文中两处提到张瑞玑：

> 双方代表始于二十日在沪集议，公同推定张瑞玑赴陕监视区分，在政府以为陕事可告一结束矣。乃唐总代表以迭接于右任连日来函，谓陕省迄未停战，遂于二十八日会议，要求撤换陈督树藩，并限四十八小时，如无满足答复，即向外交团声明停议。……现张瑞玑克期驰往，着手监划，无论唐总代表是否满意，上海会议是否停止，政府惟当抱定五条办法，将陕省划防等事积极推行，以重信谊。……钱能

训,麻,印。

**同日,又载交通部已为张瑞玑赴陕备好专车等消息:**

近日因陕西问题牵动和议,府院(按:即总统府、国务院)分别邀见张瑞玑,促其从速启程。闻前日公府传见张瑞玑,实系两次,第一次系磋商赴陕情形,第二次则因某项电报拍出,劝其即日首途。闻张氏已允,刻下正在料理行装。昨日交通部已备专车,国务院方面亦于日内拍出一电,致河南、陕西各地方长官,嘱其沿途照料张氏。又闻公府昨接王鄂督急电,报告张绍曾氏拟由鄂出发,恳速命张瑞玑克期赴陕。闻当局接电,除令张瑞玑即日出京外,并派公府军事顾问赵俊卿、熊炳琦随同赴陕,监视划界。(见六版《和议停顿中之北京消息》)

**同日,又载南方军政府认为,"张瑞玑……安有势力足以制止主战派之活动":**

广东军政府为停止和议问题,特开紧急会议。……两院议长及国会议员多人、各省督军代表均到会……(陕西问题)各电文宣布毕,岑(按:即岑春煊)主席并陈述意见,谓……北方实无议和诚意,现张瑞玑虽任为陕境划界监视员,然安有势力足以制止主战派①之活动。……不达撤陈(按:即陈树藩)目的即停止和议。(见六版转七版《和议停顿后广东府院会议》)

3月9日,《申报》载总主笔陈景韩撰写的时评《张瑞玑》(署名"冷"),

---

①主战派指段祺瑞的皖系军阀。

指出"和议""陕事""悬于张瑞玑之手":

  和议之进行与否,悬于陕事之手;陕事之能了与否,悬于张瑞玑之手。奈何张瑞玑至今尚迟迟未行耶?
  何则? 张瑞玑而行者,张瑞玑与政府之间,政府与陕西之间,陕西与张瑞玑之间,可以认为已经妥洽矣,由此可以有解决陕事之着手处。奈何张瑞玑至今尚迟迟未行耶?

同日又载数条有关张瑞玑的消息:

  其一:张瑞玑有定九日赴陕说。(见二版七日下午三钟专电)
  其二:张瑞玑六日致电唐朱两总代表,朱覆到,劝迅赴陕。张声言俟得唐覆,立即启行。(见三版中孚通讯社3月7日北京电)
  其三:陕西督军陈树藩昨来密电,略称秦省匪患日亟,曾连次电陈在案。今值奉令划界分防之际,尤应现将匪患剿除,乃前经□部军官分在三原、眉县,施行剿匪手续;而南军指此为非法,殊属有碍划界,请即催促张瑞玑来陕,以便将有匪地方分途调查清晰。同时于右任亦有电致京,谓南军在陕并未轻与北军开战,其三原、眉县、凤翔,实为北军强行占据,今更乘势会师,攻陷各处,靖国军请即电令张瑞玑来陕调查,不难立明个中真相云云。但闻张瑞玑之意,非候陕西有确实遵令停战之回电到后,决不仓促前往。故赴陕确期目下仍尚无所闻。(见六版《和议停顿之北京消息》第二条)
  其四:张氏目下正在北京准备一切,预定四五日内即可出发。(见六版《和议停顿之北京消息》第三条)

3月10日,《申报》时评《自践其言》(署"冷"),继续追问:"张瑞玑何以

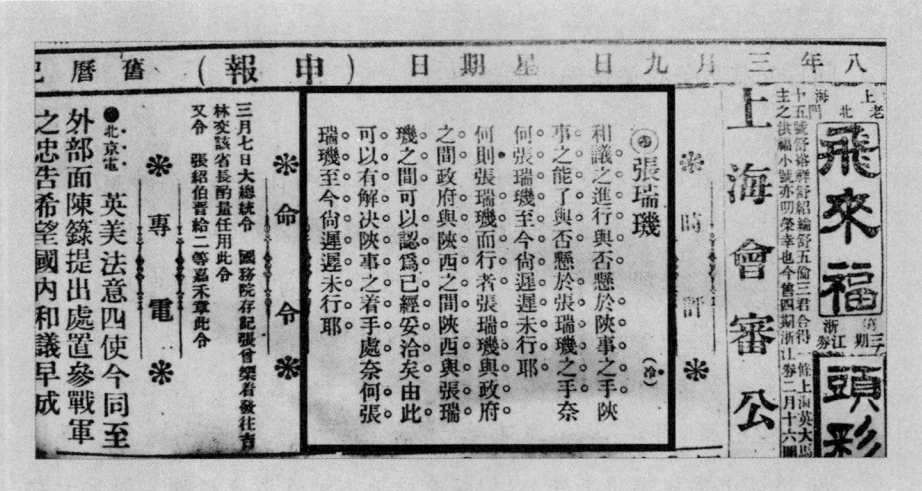

1919年3月9日《申报》载该报总主笔陈景韩撰写的时评《张瑞玑》

至今尚未赴陕耶?"兹全录如下:

事始无论是非曲直,必先自践其言,而后能令人见信。南北议和之停顿为陕西也,陕西之停战双方所承认也。陕西究竟停战与否,当以张瑞玑至陕后报告为准,此又北方所明言也。然则,张瑞玑何以至今尚未赴陕耶?与其催促和议之复开,何如催促张瑞玑速行赴陕之当也。何也?陕事而未决,和议决不能复开也;张瑞玑而未赴陕西,得其确凿停战之报告,非特南方不能轻信,抑亦北方所言尚未尽践也。然则,张瑞玑何以至今尚未赴陕耶?

其尚踌躇而未决耶?其有难题之未解耶?抑别有尼之使不得行耶?苟有其一,其故大可思矣。

同日,专电头条载:

张瑞玑急欲首途,而政府预备之正式公文,参陆处迄未送到,致不能起行。(见九日上午十钟北京电)

同日,载有关张瑞玑将当陕西省长的传闻("张将长陕"):

张瑞玑原定六日行,因政府与商善后办法,改九日行。交部已代备专车,并由近畿军警拨随护卫。外传张将长陕或成事实。(见三版中孚通讯社3月8日北京电)

同日,又载张瑞玑滞留北京、陈树藩与于右任欢迎张瑞玑以及张瑞玑与政府关于划界的意见:

张瑞玑滞留京中,尚无出发之确期。日前陈树藩欢迎张氏之电报业见报端,闻于右任昨日亦拍来欢迎之电,但张氏因与政府接洽赴陕后之手续,尚未完全妥协,故出京之期仍须待诸一二日之后。闻张氏之意见,划界办法不能预定,必须抵陕后实地查勘情形,始能决定。惟张氏虽不欲预定划界办法,而政府方面则曾与张氏接洽划界之手续。政府之意以为陕西现在之军事,南路最剧,西路次之,北路又次之,东路已稍平靖。张氏此次入陕,应先由宁江、盩厔、眉县等处监视划界,次及宝鸡一带,陕西三原则宜最后办理。(见三版《和会停顿中之北京消息》第二条)

同日,熊希龄致钱能训电:"譬如陕西问题,须俟张瑞玑到陕电告虚实,乃为确证。"①

3月11日,《申报》二版载数条有关张瑞玑的消息:

其一:朱启钤电,陕省停战业已证实,请转张瑞玑克期赴陕。(八日下午六钟)

其二:钱催张瑞玑于三日内赴陕,张已允可。(九日下午五钟)

其三:张瑞玑有今明就道入陕之说,但据接近张氏人言,仍须待上海消息,行期未能确定。

其四:张瑞玑语参陆处,俟陕界双方划定,经亲勘后制一详图寄呈。(见中孚通讯社3月10日电)

同日,六版载张瑞玑欲赴陕却被段祺瑞拦阻的传闻,以及中美通讯社

---

① 中国科学院近代史研究所近代史资料编辑室:《一九一九年南北议和资料》,中华书局,1962年,第195页。

的报道、日本人谈论张瑞玑的消息:

  政府于歌日又电朱总代表,催速开议,其原文略谓:陕事问题内部甚形复杂,顷与张瑞玑再四磋商,协定划分防线手续,已敦促即日启程入陕,实行监视查勘,切实施行,当照规定五条办法共同遵守。……至陕西方面,政府严电再申停战划界后,昨日陈树藩、张锡元均有电呈报遵令办理。陈树藩并陈明各路军队所守防线地点,奉军许兰洲以岐山一带为防线……张瑞玑氏自五号谒见钱乾丞后,昨日(七日)上午十点钱又招张氏到院,为最后之接洽,并有陕西及上海电报数道交张氏阅看,催其从速起程。张氏有今明日辞行之说(按:中美通讯社消息张瑞玑本拟今日〔八日〕启程赴陕段督办使人止之,但此说尚未证实)。据日人所谈,张氏昨日在顺宜门外江西会馆与在京陕西要人会见,交换意见。张前在陕西者凡九年,曾任秦省各县知事,在任中与陕西各界信望颇厚,且与南北两首领陈树藩及于右任均属亲交,宋联奎氏亦与张氏为知友,对于张氏赴陕极表欢迎。故张氏到秦后,对于该省善后事宜,必能发展而得良好之结果。惜张氏行期尚未确定矣。"(见《北京之陕事消息》)

同日,七版《南京快信》又载三条有关张瑞玑的消息:

  其一:陕陈树藩电李督,已遵五条办法,转令前敌各将领一律停战,以待和议解决。
  其二:李督据宋联奎、陈树藩来电均称陕已停战,昨特电京促张瑞玑赴陕,俾划界事早日解决。
  其三:张瑞玑复电李督,定十日出京赴院。

3月12日,《申报》二版专电刊登"张瑞玑已定文(十二日)日由京起程赴陕"的消息。又载:

> 今日院(即国务院)邀张瑞玑午刻谈话,仍为表面之劝行。(十日下午三钟)
>
> 沪朱电张瑞玑,陕省停战既已证实,划界事急,应请即日赴陕。张以行期不能确定,故尚未电复。(十日下午三钟)

同日,三版载数条各通信社有关张瑞玑的电讯:

> 其一,东方通信社3月11日北京电:据张瑞玑之谈话云,俟今日接受政府交来之各种公文后,决计于明日出京。在陕西之南北两方当事者,与余相昵近者居多,故陕西问题不难解决。
>
> 其二,平和通信社3月10日北京电:钱能训今午(十日)约张瑞玑谈话,但闻行事仍未准备。
>
> 其三,中华通信社3月11日北京电:院饬警庭,令《益世报》将登载张瑞玑牵阻一节迅速更正,以后不得造谣。
>
> 其四,中孚通信社3月10日北京电:朱启钤电,南代表暂尚无开议意,请催张瑞玑速行。张赴陕手续早已停妥,候唐覆到即行。

同日,六版又载《陕西问题之京讯·张瑞玑尚难成行》:

> 前晚朱总代表特电促张瑞玑氏从速赴陕,以便解决善后问题,唐总代表亦有电促行,而张氏留滞都门,行期至今未定。据某方面消息,张一二日内尚不能出发,盖缘起程之先须由政府通知前敌各将帅,此项公事迄未办妥,而公费一层政府亦始终未曾拨给,故府院方

面及朱总代表虽屡劝张氏赴陕,而实际上张氏实无法赴陕。又外人方面消息,亦谓张之不行,实系有人阻之者,斯说而确,则今日时局之内幕诚不可窥测矣。……又闻张瑞玑此次赴陕,政府已先期制定一份划陕防图,略定划界之范围,系以渭河流域为北军界线,其西路由乾县至凤翔,东路由相桥至三原,为南军界限。惟张瑞玑之赴陕,有监视划界之全权,政府制图不过为划界时之参考,至详细办法,仍须由张氏抵陕实地查勘后始能定夺。

同日,七版"杂评一"《行期又改》(署名"默"),接连追问:"而张迟迟何为者!"并进而断言:"夫张氏一举足,未必遽置时局于安全之域,然欲希望和议之进行,则不能不注目于张氏之一行矣。"兹录全文如下:

  张瑞玑行期先定五日,旋改七日,继改九日,今又改十二日矣。十二果决行乎?抑仍将改期乎?或竟终于不行乎?徐钱催行矣,沪朱催行矣,而张迟迟何为者!公文手续备就矣,专车卫队备就矣,而张迟迟何为者!陕西电告停战矣,陈树藩电告候张到陕划界矣,而张迟迟又何为者!岂以上种种之所以速张行者,皆所谓表面之消息,而暗中实有尼之使不能速行者在乎?抑除以上种种外,尚有所谓接洽未妥,而犹待解决者乎?夫张氏一举足,未必遽置时局于安全之域,然欲希望和议之进行,则不能不注目于张氏之一行矣。

同日,十版《和议停顿中之消息(十)》第一条又载《张瑞玑文日起程》:

  北方代表办事处消息云,顷接政府来电,张君瑞玑于文日起程赴陕,并由陈陕督致电敦促,因陕中盼念甚殷也。

3月13日,《申报》专电栏载张瑞玑得到国务院正式委任状和确定12日启行的消息：

其一：张瑞玑昨晚始得院正式委状,今日准行。(十二日上午九钟)

其二：张瑞玑准文(十二)日乘京汉通车取道汴洛入陕,已由政府通知沿途地方官保护。(十一日下午五钟)

**同日,三版又载四条各通信社有关张瑞玑的电讯：**

其一,平和通信社3月11日北京电：参陆处今午(十一日)约张瑞玑商划界事,并面交北军驻地详表。

其二,平和通信社3月11日北京电：张瑞玑因钱能训允将公文公费於今日(十一)一准办齐,决定明晚(十二)启行赴陕,今将通电告知沪粤。

其三,中华通信社3月12日北京电：钱总理派张衡玉持亲书一函,往见于右任,请其实心调和。

其四,中孚通信社3月12日北京电：院电岑陆(按：即岑春煊、陆荣廷),据宋联奎报告,陈于现甚接洽,不致再生冲突,张瑞玑亦于文日起行,陕事可望解决,请促唐少川继续开议。

**同日,十版《和议停顿中之消息》第二条载：**

张瑞玑定于文日赴陕之电,唐总代表亦同时接到,惟陕籍南代表(**即李述膺**)接本月四日三原报告,战事尚在进行。

同日,十一版"杂评二"《陕事混沌》(署名"庸"),文中推测"张瑞玑迟迟未行"的原因。兹录全文如下:

> 自北京政府三日发布陕西停战令后,北京各报无日不有陕中将领报告遵令停战之电讯,即政府公报所公表,陈树藩、刘镇华等东歌诸电,非曰已饬前方遵照,即曰敬候张瑞玑到陕监视区分。以此等文电观之,宜陕西江日以后必无战事。且据宋联奎、余诒电告,陈于之间已相接近,大有尽释前嫌之概,其不至冲突更可无疑。而无如此种消息,乃由北京方面传出也。
>
> 三原方面之电报,北方所声明业已开放者也。乃事实上不特南方代表未得于右任之正式电讯,即朱总代表致于右任之虞电,亦未闻已得覆电。且不仅上海而已,张瑞玑之迟迟未行,非因不得于右任确电乎?是京陕之间,南军亦尚无通电之自由,而陕中之停战,但凭北军传布。又据于右任五日来函,则方言战事甚烈,并无北军业已停攻之表示。按诸北京所传消息,相去益远。夫停战与否乃事实问题,非可以空文相欺饰者。今两方之所公表,互歧若此,不亦令人骇怪也哉!

3月14日,《申报》专电头条载十二日下午三钟的北京电:"张瑞玑准今晚九点三十五分出发。"第二条又载:

> 张瑞玑昨晚十时搭京奉通车①行,政府赠旅费三千,故自购头等

---

① 此处京奉通车应为京汉通车,据3月16日《申报》所载《张瑞玑出京后之陕局》,张搭京汉通车,到郑州下车西行。

※ 專 電 ※

●北京電 張瑞璣準今晚九點三十五分出發（十二日下午三鐘）

●北京電 張瑞璣昨晚十時搭京奉通車行政府贈旅費三千故自購頭等票適奉軍附掛倫車力邀張進其車室將票退回張所得正式委狀有會同陝西督長辦理該省善後字樣（十二日下午三鐘）

●北京電 徐頃得滬朱報告和議仍無進步甚焦灼（十三日下午三鐘）

1919年3月14日《申报》专电头条报道张瑞玑启程消息

票。适奉军附挂饷车,力邀张进其车室,奖票退回。张所得正式委状,有会同陕西督长(按:督军省长)办理该省善后字样。(十三日下午三钟)

同日,六版载数条各通信社电讯:

其一,中华通信社3月12日北京电:陕西电,于右任对陈树藩所派人员云,如欲我离陕,须俟张瑞玑到后,询明出谁之意。

其二,中华通信社3月12日北京电:参陆办公处以分界图交于张瑞玑。张谓不必用尊图,自有办法。

其三,东方通信社3月12日北京电:陈树藩、许兰洲电告,南军反攻乾县,请示办法。院催张瑞玑星夜驰往。张定今晚九时行,约尽十日到陕,并已先电于右任,询近况。

同日,六版要闻栏刊登《张瑞玑赴陕有期》,副标题"定于十二日出发",消息中提到张"迟迟启行"的另外一个原因,是赴陕公费11日才领到,还提到10日国务总理钱能训招张叙谈之事,详如下:

张瑞玑昨入府晋见,仍系磋商赴陕问题。至张氏所以迟迟启行,内中原因甚多。以公费一端而论,昨日财政部始接到国务院发下为张氏筹备公费之公文,其故可想。近日各方面多来电催促张氏速行赴陕,朱总代表于虞日又来一电,除此电外,陕西各军将领如陈树藩、刘镇华等,皆连电北京促张氏之速行。至昨日止,其行期尚未确定。今日张氏始筹备就绪,入陕公费,财部亦即日发领。已定明日(十二日)搭乘京汉通车,取道汴洛入陕,并已电告朱唐二代表查照。一面又由政府通知沿途地方官妥为保护。

据北京通信社消息,张瑞玑赴陕出京日期原定九号,继因陕电未到又行改期。昨日(十日)又被钱总理招入国务院谈叙,时间甚长。钱当将陕中南北各军官拍来电文检齐,交付张氏阅看,证明陕中两方确已不致再生战隙。并闻其中尚有于右任转来之电报。张氏与钱氏谈毕,钱即敦促张氏即日出京。闻张氏已允明日(按:十二)一准出都就道。昨日出院后,即将明日出京之电报拍出,此项电报系一种通电。

同日,十版《和议停顿中之消息》载南方代表对张瑞玑明电持怀疑态度:

张瑞玑之赴北京也,携有愚园办事处①之密码电本,乃此次自京发电尽系明码,且此间从未接到张君亲笔函件。至张君在京与徐钱接洽情形,此间毫未闻悉。故此间对于张君之明电颇为怀疑云。(见戊午编译社消息)

同日,十一版"杂评二"《再论陕事》(署名"庸"),对张瑞玑出京赴陕寄予厚望,兹录全文如下:

据南方代表所得于右任五六两日快函,富平、泾阳、三原战事仍烈,并未停止。然则,北京所布陕中停战之文电,其果不足信耶!

战事之停否,事实所在,众目昭彰,非可以空言相争辩者也。无论正式宣布文电,或以非正式利用通信社之新闻政策,亦只能淆惑于一时,决不能文饰于日久,一朝真相暴露,内外信用扫地。北方当局

---

①愚园办事处,即南方代表办事处。

虽愚,何至并此不知,而甘绝信于天下,此真吾人所大惑不解者也。

张瑞玑已出京赴陕矣。使张氏而有行使职务之自由者,此迷离惝恍之消息,揭发当不远耳。

3月15日,《申报》报道国务总理钱能训在中南海春藕斋①为张瑞玑祖饯,以及张"此时为情势所迫,不能不去,其实陕西事情非常复杂""陈树藩不能代表北军,于右任亦不能代表南军,将来划界问题必甚棘手"的谈话。录之如下:

> 赴陕监视划界专员张瑞玑君,决于本日(十二)出发。张君昨早赴府院(按:即总统府、国务院)两处辞行,钱总理昨晚在春藕斋设宴为张君祖饯,并招参陆(按:"参"即最高军政机关参谋本部,"陆"即陆军部)两部次长作陪。席间并商及入陕后种种办法。闻张氏语人云:"余(张氏自称)此时为情势所迫,不能不去,其实陕西事情非常困难,该省南北两军颇极复杂,陈树藩不能代表北军,于右任亦不能代表南军,将来划界问题必甚棘手。至余此行,专任划界,他非所知,凡有经过地方决不耽搁,与地方长官亦不周旋。拟于十日内赶到西安,以便陕事早日解决。"闻张氏此行有奉军孙烈臣部下之万旅长为之护送,其出发时刻定今晚九点三十五分乘京汉通车离京。政府昨已有电通致西安陈树藩、南郑刘镇华、兴安许兰洲、渭南张锡元等,略称划界专员张瑞玑,准于文日由京起程,所有经过地方希即派队保护。又据某机关消息,张氏入陕一节,早已摒挡妥当,因八号所发陕省南北两军将领电询停战实情,截止前晚尚未得于右任覆电证明确已停战。昨

---

① 春藕斋位于中南海颐年堂之侧。

早又由张君迳电三原,催问情形,惟据宋联奎①来电,则声明于右任已表示欢迎张君早日入陕。是否确因电报未通故,于电迟迟未到。惟张已预定今日起程,必不至再有变更也。(见《京讯中之陕事消息》)

按:张瑞玑与陕西督军陈树藩、靖国军总司令于右任交谊虽深,然不偏陈、不袒于,明言"陈树藩不能代表北军,于右任亦不能代表南军,将来划界问题必甚棘手。"

同日,七版载杂评《闽省划界》(署名"默"),称"群必瞩目于"张瑞玑赴陕结果,因为"盖和议之转圜与否,关于此行之结果甚大":

陕西划界问题,经无数波折,而张瑞玑始行。张行后将得何等之结果,群必瞩目于此点。盖和议之转圜与否,关于此行之结果甚大,人皆重视之也。然而划界之事不仅陕西一省,今闽省之划界问题,已由唐总代表提出商榷。

3月16日,《申报》二版载时评《欺》(署名"冷"),文中重要关节即"证明""陕事之虚实",所可期待和依凭者,唯有已在赴陕途中的张瑞玑。

陕西之事是非定矣,所争者只在虚实耳。其实虚实亦定矣,所争者只在证明之耳。然则苟经证明之后,实者固不论,所谓虚者,是不特欺陕人并欺和会,不特欺和会并欺全国之人,不特欺全国之人并欺世界之友好于中国者。是其罪将若何处治之耶?夫欺人之罪,实视

---

①宋联奎(1870—1951),字聚五,祖籍云南,生于长安,辛亥革命后任陕西民政长、巡按使,1918年赴京任总统府咨议,1919年初受北京政府委派到陕西了解停战等。

以强权强迫人为尤重。盖以强权强迫人,虽能屈人之身,而其心固无屈也。若欺人则并其心而欲屈之,人更乌能顺受之哉。是故,陕事之虚实明,而其虚者仍不受严重之惩罚,我恐世人无有能容之者。

同日,三版载《张瑞玑出京时之陕局》,报道"因陕省匪多道梗不能回里者,多随张氏同行,故车中异常拥挤","张瑞玑前晚在钱总理饯行席上所表示者极为公允"等。详如下:

> 张瑞玑已于昨晚(十二日)十点三十五分首途赴陕,昨日上午始由财政部发交川资银三千元,并由陆军部通令驻军严密保护。陕人中因陕省匪多道梗不能回里者,多随张氏同行,故车中异常拥挤。张氏系搭昨晚十点之京汉通车出发,约今晨抵郑换车,明晚可抵潼关,两日后可抵西安。闻张抵陕后拟亲自巡视,与南北军官协力进行划界事宜。国务院与张之证书,除监视划界外,尚有会同督军、省长办理善后字样。参谋、陆军两部有地图一幅交张氏携去。张氏行后,国务院即发要电一道,拍致朱总代表,电文内容略谓,张瑞玑氏现已出京赴陕,陕事至此即可告一结束,连日各方面文电交驰,切望和议早日续开,有如往日。现在张氏已行,务希执事等尽力疏通,迅即继续开议,以维大局。
> 
> 又据新闻编译社消息:本社因访某秘书长,据答……陕省长官决无不遵命令之事,此层我敢担保。又云,张瑞玑前晚在钱总理饯行席上所表示者极为公允,言到陕必使两方面皆得其平,面子都过得去,陕西问题前途不必悲观云云。

3月17日,《申报》据中孚通信社十六日报道:"张瑞玑由陕县已经过河南。"同日又介绍了护送张瑞玑出京赴陕的陆军中将徐邦杰、奉军师长

※ 要聞一 ※

◉張瑞璣出京時之陝局

張瑞璣已於昨晚（十二）十點三十五分首途赴陝昨日上午始由財政部發交川資銀三千元並由陸軍部通令駐軍嚴密保護陝人中因陝省匯兌梗不能回里者多隨張氏同行故車中異常擁擠張氏係搭昨晚十點之京漢通車出發約今晨抵鄭換車明晚可抵潼關兩日後可抵西安聞張擬抵陝後親自巡視與南北軍官協力進行劃界事宜國務院與張之證書除監視割界外尚有會同督軍省長辦理善後字樣參謀陸軍兩部有地圖一幅交張氏攜去張氏行後國務院即發電一道拍致朱總代表電文內容略謂張瑞璣現已出京赴陝陝事自此可告一結束連日各方面文電交馳切望和議早日續開有如望日現在張氏已行務希執事等盡力疏通迅即繼續開議以維大局新聞編譯社消息陝西問題昨日右任尚有致北京報館及五國公使之函書為三月五日所發逃陝西戰事仍未終止本社因訪某秘書長叩以此事據答許蘭洲陳樹藩等昨日捨有電來似陳許已相接近至戰事何時終了須待詳查政府五日之明介陳西來電則七日以後決不至再有戰事發生一俟八日政府公限旨截東樹藩等歌電言奉

1919年3月16日《申报》要闻栏载《张瑞玑出京时之陕局》

王良臣：

　　张瑞玑已于前夕（按：即12日晚）出京。当张氏未起程时，陈树藩已派代表陈志仁到京表示欢迎。前晚张氏出京，同行者实有三人，一为陈之代表，一为公府特派护送之代表、总指挥使徐邦杰①，其一则奉军师长王良臣。徐指挥使送至何处未能探明，陈王两人确已随同入陕。（见六版《关于陕事之京讯》）

3月18日，《申报》载张瑞玑抵潼关等消息：

　　其一，平和通信社3月16日北京电：张瑞玑电告寒日（十四）夜抵潼关。
　　其二，中华通信社3月17日北京电：张瑞玑由潼关来电，拟入陕划界后树立标记，绘具详图，送上海议和会，以资参考。
　　其三，中孚通信社3月17日开封电：划界专使经过豫境，沿路派队护送，已于前日安抵潼关入陕。

　　按：过潼关时作七绝云："匹马春风西入关，满城争拥马头看。八年几度沧桑劫，犹识前朝旧宰官。"（见《入关绝句十首》之一）过华山时诗句有："绿林豪杰如相问，马上行人是鲁连。"鲁连即鲁仲连，战国时齐人。《史记》载，鲁仲连通过一番舌辩成功地助赵抗秦，平原君愿以封地酬谢，鲁仲连坚拒；又设宴款待，酒酣之际赠以千金，"鲁连笑曰：'所贵于天下之士者，为人排患释难解纷乱而无取也。即有取者，是商贾之事也，而连不忍为也。'遂辞平原君，终身不复见。"（《史记·鲁仲连邹阳列传》）谱主赴陕划

---

①徐邦杰时任总统府总指挥、陆军中将。

界,以鲁仲连自况。

3月19日,《申报》据中孚通信社十七日北京电报道:"陕督署电告,张瑞玑已抵西安。同日张本人亦有电达院。"又据中华通信社十八日电:

  张瑞玑电陈,拟请陕绅及教会随同监视,预计划界期须在有日(二十五)后。

3月20日,《申报》据十九日下午二钟专电载:

  张瑞玑来电查明红崖头、相桥及兴市、交口均已停战。

又据十八日下午三钟专电载:

  张瑞玑抵潼关来电,陈督刘长均不在西安,请速令回省,以凭接洽。

3月22日,《申报》专电栏载张瑞玑抵西安后发出的第一份电文:

  号(二十)日抵渭,查张旅长锡元与靖国军岳维峻、曹世英在交口、相桥一带,均经奉令停战,刻与两方会议,各退四五里,岳曹军退至少青河以西,张军退至田市、华次庙、油坊街,以免冲突。惟查浮水一带,时有溃匪出没抢掠,可否令张旅分驻省东大路一带,剿防各匪,以安闾阎,而护行旅。玑明日即由渭进省,余容续报。瑞玑号。(二十一日下午四钟)

3月24日,《申报》据二十三日下午二钟北京专电报道:

## 国务院收电纸

**渭南来电**

急。红京。此方据总统电告，奉陕西省政府祖江电开，本月岳维峻率陕军饷董号日抵渭南查悉旅长曹世英左翼相持一带均经奉令停战刻由西方会议结果已退出五里岳雪峯退出一带时有激进至退抢掠次庙油房街以免冲突雅无译此一带均遣退由退抢械华居会张旅已驻岳集东大桥一带，勤防泾以南商而谅儿旅京抵音域明日即由渭进，夜密宝端域印号

年三月廿日上午八时三十分发
三月廿一日午时分到

张瑞玑赴陕后自渭南发出的第一份电文译稿

其一：张瑞玑二次来电，渭南一带亦告结束。
其二：张瑞玑电请参谋部选派测量制图员速到西安协助划界。
其三：张锡元电告实行退兵，复令照张瑞玑所商办法遵行。
其四：余诒电告，张瑞玑拟在一星期内绘具划界线图，由诒亲赍回京，请示遵行。

同日，又载国务院通电各省："张瑞玑抵陕，陕战实停，和会可望续开。"

3月25日，《申报》据二十四日下午三钟北京专电报道："张瑞玑二十二日始抵西安，二十三日赴三原，详细报告由余诒带京。"又载南方总代表唐绍仪致电大总统徐世昌表示"不能定期开会"等消息：

中华通信社3月24日北京电："唐少川电东海，谓张衡玉证明陕东路已停战，惟西南北各部未详，不能定期开会。"又电："长江三督①电谓，已电唐证明陕战确停，纯等愿为完全保障，请迅开议。"

中孚通信社3月23日北京电："张瑞玑二次来电报告，渭南一带业已停战。院急转知各省并电朱启钤催速开议。"又电："张瑞玑电，已由西安函于右任，商订划防日期及办法。"

3月25日，致河南督军赵倜电。

开封。赵督军鉴：玑此次入陕，道出棠疆，辱承沿途设备，感谢无既。陕事相持日久，头绪纷繁，着手进行，冰渊滋惕。尚望教言时锡，

---
①即江苏督军李纯、湖北督军王占元、江西督军陈光远。

俾作南针,无任欣盼。瑞玑叩,径。(二十五日中午十二时发)①

3月26日,《申报》载时评《绝续之交》(属名"冷"),敏锐地指出:"今日之和议,是为绝续之交。可由此而绝,亦可由此而续也。然而,绝欤？续欤？是诚一不可思议之问题也。"

同日,《申报》三版据中华通信社二十五日北京电报道:

张瑞玑由三原来电,三原无战事,与沪已通电,于右任所部均希望和平,定寝日(二十六日)起划界,以三原为起点。

同日,三版《南京快信》载:

鄂督王占元昨又密电李督,商陕事解决办法。闻李督复电谓,张瑞玑已抵陕,当有切实办法。

同日,十版《和议停顿中之消息》首条载张瑞玑梗(二十三日)电,备述"八省之兵合数省之匪"祸害陕省的惨状,八百万陕民"呼吁之声隐隐纸上矣":

张瑞玑自西安来电(三月二十五日下午五点到) 大总统、国务院、参陆处、军政府、岑伍两总裁并转各代表、各部长、赵其相先生,唐朱两总代表并转各代表,李督军鉴:养日抵西安,陕省双方军队刻俱停战,前蒲城小有冲突,今已平息。调查主客各军驻扎地点,陈督所

---

① 《谁园集》增补卷一,陕西省博物馆,1983年,第9页。

## 政府公報

### 濟公□電□

國務院致濟南張督軍等電三月二十五日

濟南張督軍沈省長鑒禎電轉呈奉大總統諭所陳清鄉辦法擊登周密應即督飭切實進行隨時認真整理務期鏟清匪惡綏輯閭閻用副倚任等因希遵照辦理院有印

張瑞璣梗電三月二十五日

特急北京大總統國務院參陸處廣東軍政府岑伍兩總裁並轉各代表各部部長鈞鑒其相先生上海唐朱兩總代表並轉各代表南京李督軍鑒鑒日抵西安陝省雙方軍蹤郊俱停戰前蒲城小有衝突今已平息調查主客各軍駐紮地面陳督所部分駐大荔朝邑蓮關臨潼蒲城藍田安康榆林鄜施寶雞咸陽等處奉軍蘭洲所部駐與平武功扶風岐山張鍚元部駐渭南華縣華陰零口鎮萬軍駐鄰陽暨屋邵縣川軍駐南鄭沔縣寧羌褒城鄠縣鳳翔淳化耀縣三原富平永壽栒邑醴泉汧陽三邊晉軍駐韓城鄜陽橫山靖邊埧國軍部駐乾縣鳳翔白河平利甘軍駐涇陽同官宜川及渭北小青河以西蒲城附近一帶惟闞聞郭堅樊鍾秀已高懸奉旅投歸許統計南北主客駐陝軍約十三萬集八省之兵合數省之匪星羅棋布於關內一隅避卻甲坐食蛋已不堪瑞璣入關所經市閭此戶墟落斷煙開西路尤甚陝南已搜括無遺陝北則糜爛始盡父老相見失聲咸謂兵火之慘十倍回亂但願自今以後再勿多生偉人英雄使愚民得稍稍安集於田里若見元氣非三十年後未易言也其言甚惨然瑞璣擬一二日親赴興平三原各戰線與許願已足回顧各方接洽會商停戰劃界事宜務求兩免衝突暫息民喁和議旣開則是非曲直顧之南北公判陝人受禍較烈故陝人希望和平之心較他省尤為迫切此電入覽八百萬呼籲之聲隱隱紙上矣瑞璣叩梗印

張瑞璣有電

特急北京大總統國務院參薩岑廣東軍政府岑伍兩總裁并轉各代表各部部長參衆兩院林吳裕三議長上海唐朱兩總代表井轉各代表南京李督軍鑒陝事已兩電奉聞查陝省軍匪不分遝來土匪蠡起如北山曹

1919年3月27日中華民國《政府公報》刊登張瑞璣赴陝劃界電文

部分住大荔、朝邑、潼关、临潼、蒲城、蓝田、安康、榆林、肤施、宝鸡、咸阳等处。奉军许兰洲所部驻兴平、武功、扶风、岐山。张锡元部驻渭南、华县、华阴、零口。镇嵩军驻鄠县、盩屋、郿县。川军驻南郑、沔县、宁羌、褒城。鄂军驻白河、平利。甘军驻邠县、永寿、郇邑、陇县、汧阳、三边。晋军驻韩城、郃阳。绥军驻横山、靖边。靖国军部驻乾县、凤翔、淳化、耀县、三原、富平、美原、泾阳、同官、宜川及渭北小青河以西蒲城附近一带。惟闻郭坚、樊毓秀已高悬奉旗,投归许旅矣。统计南北主客驻陕军约十三万,八省之兵合数省之匪,星罗棋布于关内一隅,纵卸甲坐食,秦已不堪。瑞玑入关所经市阛,比户墟落断烟。闻西路尤甚,陕南已收括无遗,陕北则糜烂殆尽。父老相见,挹手失声,咸谓兵火之惨,十倍□乱;但愿自今以后再勿多生伟人英雄,使愚民得稍稍安集,于愿已足;若欲恢复元气,非三十年后未易言也。其言甚怆,闻之恻然。瑞玑拟一二日亲赴兴平、三原各战线,与许于各方接洽,会商停战划界事宜,务求两免冲突,暂息民喘。和议既开,则是非曲直听之南北公判。陕人受祸较烈,故陕人希望和平之心,较他省尤为迫切。此电入览,八百万呼吁之声隐隐纸上矣!瑞玑叩,梗。

按:中华民国八年三月二十七日《政府公报》收录此电,题为《张瑞玑梗电》,下注"三月二十五日"。公报所载电文开头有"特急"字样。据《申报》"三月二十五日下午五点到",公报中的日期应是收到电文的时间,可知由西安发出的电报,京沪两地迟至两日才能收到。谱主12日夜出京,22日如期抵达西安,次日便发出此电,将入关后所调查的停战情况、八省驻军占领的地盘及驻军人数等要情,翔实报告南北政府及南北和议的代表。

同日,十版《和议停顿中之消息》第五条载《于右任致张瑞玑函》:

迳启者,连日阅京沪各报,知陈树藩电声称停战,阁下在京时据宋联奎、余诒之言,亦以停战通电和会暨军政府,但陈宋等片面之词大背事实。今旌节既已入关,此中真相自能得之。兹特撮录鄜军各地最近战况,函陈左右,以备查核,并希将后开各节转电和会暨双方当事。如有未悉之处,晤垠民①旅长可面询也。此致划界监视员张公鉴。计开各地战事近状……(十七日)

3月27日,《申报》据二十五日下午二钟北京专电报道:

张瑞玑抵三原与于接洽,定寝(二十六)日起实行划界,所有西安至三原间战备先行撤除。惟顷据西友见告,得西安教会敬电,张到省后,陈以应商事多,坚不放行,故张行动颇难自主,报载已抵三原恐非真相。

同日,又载各通信社电两条:

中孚通信社3月26日北京电:政府将张瑞玑证明陕已停战之梗电抄外交部,以非正式的通告使团。并由院通电各省宣布,俾人咸知陕中真相。

东方通信社3月25日北京电:钱总理昨日电朱启钤曰,据张瑞玑来电,陕西停战已经证明,和议至今仍未续开,前途危险万状,望速与南方总代表唐绍仪磋商,续开会议事。

---

①张锡元(1870—1941),字垠民,直隶大兴(今北京市大兴区)人。将军府参军兼陆军第四混成旅旅长,1918年奉命讨伐陕西靖国军。

同日,十版《和议停顿中之消息》首条载张瑞玑有(二十五日)电,电文指出"查陕西军匪不分","北山曹老九等,皆借名靖国,占据兹扰,三秦人民疾首痛心,惟述及胡景翼军队,则感赞不已"。又态度鲜明地说"战事既停,和会即当续开"。兹录如下:

  张瑞玑由西安来电(二十六日上午到)　大总统、国务院、参陆处,军政府岑伍两总裁并转各代表、各部长、参众两院、林吴褚三议长、唐朱两总代表并转各代表、李督军鉴:陕事已两电奉闻,查陕省军匪不分,迩来土匪蜂起,如北山曹老九等,皆借名靖国,占据兹扰,三秦人民疾首痛心,惟述及胡景翼军队,则感赞不已。足见人心不死,是非昭然。近因陕西一隅牵掣大局,致和议不能进行。瑞玑窃谓,陕事完全解决,当待和议公判,战事既停,和会即当续开。至划界一事,南北所争皆与事实相远。瑞玑入关以来,耳目闻见较为亲切。日与三秦父老及各界绅民,研究息事宁人方法,过偏则争,过激则变,只求双方退让,攻者解围,战者避舍,不至再起冲突,使小民暂时省安。若如南方所争,划界以十一月十六日原状为准,北方以二月十三日为准,是停战以后又起纷争。地点之争,时日之争,乡镇距离远近之争,各持一说,不肯相让,虽千笔万舌,亦无从而调停之,一有决裂则战事立起,民又遭殃矣。瑞玑拟明日亲赴兴平、三原,与许于接洽,实行息战安民为第一。至陕省各种重要问题,俟和会开议,自当连带解决。务请继续开议,判决一切。大局幸甚!陕西幸甚!瑞玑叩,有。①

同日,十版《和议停顿中之消息》第二条载北方总代表朱启钤致张瑞

---

① 1919年3月27日中华民国《政府公报》收录此电,题为《张瑞玑有电》。

玑电：

  朱总代表致西安电（二十六日下午七时发）　西安电局探送张衡玉先生鉴：号、梗、有三电均悉，陕省连年苦匪，受害已深，继以兵燹，疮痍遍地。八百万人民疾苦呼吁之声，随尊电而来，闻之滋痛。今幸停战实况得梗电证明，群疑当可共释。有电复代陕民谆嘱继续开议，促大局有解决之日，陕民得复苏之望，同人等尤为感动。自应商请唐总代表赓续开议，从速解决。所以告慰陕人者在斯，所以告慰全国人民者亦在斯，敢不勉之！三原与兴平各地状况若何，使节所经即福音所至，为国贤劳，无任感企。仍乞随时将详细情形电告为荷。朱启钤，宥。

同日，十版《和议停顿中之消息》第四条，载南方代表对张瑞玑西安来电的意见：

  联合通信社消息：下午三时，南代表在愚园办事处集会，交换对于张瑞玑来电之意见。佥谓此电语气不类张君自由意思，证以同日所来瑜密电报，只言初抵西安，未明真相，并无停战字样。可见该电尚难证信。必待张君既抵三原，于总司令或分电或会衔发来密电，言明确实停战，始能作准。议毕，偕赴唐总代表住宅会晤，唐总代表一致同意，北代表如以张电停战为理由，要求开议，则南代表即以上开意见答复。

按：张瑞玑为南北代表公推的划界专使，对其来电，北代表采信，南代表推测"语气不类张君自由意思"，"尚难证信"。双方分歧若泾渭分明矣。

同日,十版《和议停顿中之消息》第五条载:

> 平和通信社消息:张瑞玑自西安发一通电后,尚有一密电致李代表述膺,闻仅叙经过行程,对于战事停否并未提及云。

上述"尚有一密电"即3月25日《致李述膺等电》,电文云"右任处困苦艰难不可告人之境,弟又曷忍与辩","弟此来甘为众矢之的"。全录如下:

> 上海唐总代表转李龙门、杨西堂、张季鸾三先生鉴:瑞密二电均悉,乾县保无他虞。前者许兰洲曾送子弹于县城,王、郭又送千金于郭坚。今乾县东北军全行撤退,尽退驻西南各村庄,是乾县与兴平隔绝,与耀州、三原交通矣。此等布置,明眼人当能看破。至渭军以乾县人地分送陈、许,切合右任之言也。右任处困苦艰难不可告人之境,弟又曷忍与辩。弟此来甘为众矢之的,三原一方,望弟过甚,责弟过甚,此不足怪。柏森且谓弟若迟来,靖国军早分裂无遗,且谓弟至三原维持,右任左右破坏决策,遂令各部投归之事为之停顿,此事弟亦承认不讳。许兰洲因收抚乾县事,弟不主张,意亦怏怏。弟若主张在乾县收抚,则王、郭则早为许有矣。可惜陕事根本破裂,虽圣贤豪杰,维持不易。弟苦心孤诣,不求人谅,亦不敢求人谅,陕事终须见底,朋友终须见面,又何必急急表白也,所不可解决①。张伯英致函柏森,谓我谋推倒柏森,且谓我受堂冠之意,行其阴谋,在西安设有种种机关。所谓堂冠,盖指少川先生也。弟一言一动,从不极求谅解,何至如此设井以陷我也。柏森醉后曰函示我,今原函留存弟处,初不图伯英之无出息一至于今。战事虽停,民难未已,北山不必问矣,大荔、

---

① 原文如此。

朝邑等处上学学生,全行缚票,小民半移居河东。乾县、凤翔一带,求一十二三岁之处女不可得。至于酷刑种种,生平未闻。更可笑闻和议已开,在靖国内部亦不能联络,因之宣电方去,郭卢之战又来。闻柏森已委任为陕北巡防队统领矣,此事柏森不隐密。若卢一去,则三原危矣。弟前与右任言、与龙言①皆然,其成为事实,密图补救也。而右任责我不应密电告泸〔沪〕。今坐视分裂,情何以堪。吾电至此心肝裂矣。瑞玑叩,有。②

同日,天津《益世报》载《送张瑞玑赴陕序》(署名云轩):"陕西现时多涂炭生灵之贼,张君奉明令将欲划界以停战,……吾知其必有成也。张君勉乎哉!夫以公之无党见,虽居华之外人犹钦佩焉。"

3月28日,《申报》载张瑞玑与陕西督军陈树藩、靖国军总司令于右任相商,界内有土匪准予各自剿办:

中华通信社3月26日北京电:张瑞玑电,土匪时有出没,敢为保证,与陈树藩、于右任商,定立防线后,如界内有匪,准自剿办。

又载数条张瑞玑的消息:

其一,中华通信社3月27日北京电:张瑞玑电述于右任意见:(1)部属各军守住新防线;(2)严申军纪;(3)不干预委员划防事;(4)双方负约束责;(5)饷项概归军政府供给,不累及地方。张瑞玑请再饬陕军,各收疆界,不得侵越。

---

①原文如此。
②《1919年南北议和期间陕西划界电文选》,王作霖供稿,马振犊编选,《民国档案》,1991年第1期,第61页。

其二,中孚通信社3月26日北京电:政府接张瑞玑有电,促沪议续开,冀陕事得以完全解决。立将原电转沪朱,向唐商催。

其三,《南京快信》第1条:李督①昨接张瑞玑由西安来电,证明双方确已实行停战。李督即电沪王廷桢,转促双方代表继续开议。

同日,十版《和议停顿中之消息》第一条载,北方总代表朱启钤访南方总代表唐少川商量和议续开事宜,唐少川认为还需要张瑞玑到三原后再来一电证明停战情形才能复会:

朱桂莘亲访唐少川北方代表办事处消息云:朱总代表因迭接张瑞玑君自陕省来电,证明陕已停战,遂于昨日上午亲访唐总代表,商请于星期一开会,以慰全国人民之望。而唐总代表之意,则拟俟张君到三原后再来一电,证明停战情形,方可提于会之事云。

同日,十版《和议停顿中之消息》第五条又载"李述膺对张瑞玑梗有两电,曾言有三种理由颇怀疑义":

(一)君为两方公推之人物,到陕后当参酌两方事实,采取两方意见为立言之根据。兹张君才抵西安,对于靖国军一面毫未接洽,所谓某据何地,某据何地,何所见而云然?且所谓军匪不分,谁某借名靖国占据兹扰,除胡景翼外皆欲以匪目之,直属陈树藩之口吻,张君立言岂至如此?

(二)张君以划界专员名义赴陕,查照李督所定五条办法划界为其唯一职务,前在京沪稍有逗留,皆因陕战不停,无从划界之故,迟未

---

①李督,即江苏督军李纯。

上道。何以抵陕之后,反谓划界一事南北所争皆与事实相远,当待和议公判。以划界专员不负划界之责,推诸远在海滨之和议,岂非自己矛盾,将赴陕职务及所抱主旨根本取消?

按:张瑞玑电文中的"南北所争",主要指在停战日期上南北各执一端,毫不相让,北方坚持以李纯五条办法公布之日为准,南方坚持以上年北京政府宣布停战之日为准。停战日期不同,则各自所占地盘自然不同;地盘无法确定,划界专员自然举步艰难。这样,陕西虽已停战,但"南北所争"确与国人所盼望的实行划界的事实相去甚远,只能"待和议公判"。张瑞玑所期望的是南北代表尽快回到谈判桌上,恢复和议。

(三)曩北方代表余某赴陕,受陈树藩挟制,不能以自由意思处事。而张瑞玑梗日曾有密电,绝未提及停战字样,而所来明电则凿凿言之,此中不无可疑。且张君以两方公推之人,办两方公共之事,未至三原以前,尚未届发言之机会,其粘滞一方之发言,亦断不能使人取信。张君而先至三原,据三原一面之词发出通电,则北方代表亦必不能尽信。此余等意见,必待张君既抵三原,再有密电来沪,始能认为陕中真相也。

按:张瑞玑遗存的划界电文中没有李述膺所说的"梗日密电",那份电文是否提到"停战字样"无从查考。但有日明电凿凿言之"战事既停",有日密电亦凿凿言之"战事虽停,民难未已"。李述膺代表对明电中说到的"战事既停"颇怀疑窦,对密电中说到的"战事虽停"则避而不宣。据南代表之一章士钊1962年回忆:"按此一会议,北代表团保存若干档案,而南代表无之。此缘南方不重视此会,自始无期成之意,除选择当前最要问题,制成提案,公开俵散外,根本即无何种可存文件。"章士钊既是南方代表,又是广州军政府秘书长,他说的南方"自始无期成之意"颇值得玩味。①

同日,十版载全国和平联合会召开评议会,根据张瑞玑电文所述停战情况,提出催促南北代表速开和议案,及朱启钤总代表给该会的复函:

《全国和平联合会之昨讯》:昨日午后二时,全国和平联合会在麦根路十五号开第十一次评议会,有福建商会代表陈鹍、北京教育会代表包庸、福建商会代表陈曾亮、直隶商会代表凌云四人,提出催促南北代表速开和议案。略谓和议停顿计已多日,顷据赴陕划界员张瑞玑电文报告,刻下陕争已息,当此时机急宜由本会推举代表,面催南北和议总代表继续开议云云。嗣经公同讨沦,一致赞成通过,并推定彭兆璜、马麟翼、柴春霖、沈敦和、安迪生五君接洽南北总代表云。

《朱总代表复函》:敬复者,顷奉惠函,以陕战已停,嘱速开会议,俾救危亡。心重语长,伏增慨息。……现张君业已到陕,已有详电声明陕战俱已停止,是陕战停止实况大足证明。张君系唐总代表所保荐,双方共同委任前往之公正人,陕战停否自应以张君之言为凭。今张君梗电证明陕战已停,有电复祈继续会议,双方自当根据张电从速开议。本日(即3月27日)钤往商唐总代表,拟于星期一日开议。唐总代表尚未同意,殊深焦灼。知关廑注,合先布达。

3月29日,《申报》三版据二十八日下午三钟北京专电报道:"陕省连

---

① 章士钊:《我之上海会议观为叶遐庵作》,全国政协文史资料研究委员会编《文史资料选辑》第二十六辑,文史资料出版社,1962年,第71页。章士钊(1881—1973),字行严,湖南省善化县(今属长沙市)人,曾任北洋政府司法总长兼教育总长、广东军政府秘书长,新中国成立后任全国人大常委、中央文史馆副馆长。

年兵燹,灾情较重,政府决定发给赈款五万元,交张瑞玑查放。"

同日,三版又据各通信社电报道张瑞玑的消息:

> 平和通信社3月27日北京电:陈树藩电,西路全属奉军,张瑞玑先赴兴平接洽许兰洲。
> 
> 中华通信社3月27日北京电:张瑞玑电呈防线四路军官,北系张锡元、钟体道、管金聚、许兰洲,南则曹世英、吕超、郭坚、张钫诸人。
> 
> 中孚通信社3月27日北京电:张瑞玑宥(二十六日)电已赴三原。

同日,六版载中美新闻社有关张瑞玑的报道:

> 《陕西停战问题之外讯》:中美新闻社二十五日北京通信云,政府接张瑞玑电告,已安抵三原(即于右任总司令部所在地),并谓现已在于陈(树藩)之间划出一中立区域,西安、三原间一带现已无战事云云。张氏此电所言,似得某使馆所接可靠通信员来函证实一部分。

同日,七版载《申报》副总主笔张蕴和的时评《赈陕》(署名"默")云:"此次陕民所受之战祸,张瑞玑电谓'聚十三万之兵,合数省之匪,卸甲坐食,犹且不堪',则其可怜情形,已可想见矣。"此文对政府拨五万元赈灾大不以为然,末云:"以十倍□乱之惨灾,三十年难复之巨变,此区区杯水能拯救之耶? 然则,当局之所宜注意者可思矣。"

同日,十版又载平和期成联合会(熊希龄任会长,梁士诒、张一麐任副会长)根据张瑞玑梗有两电,致电南北总代表,认为张瑞玑"继续开议一语,尤洽舆情":

> 平和期成联合会致朱唐电:今幸张君瑞玑已兼程抵陕,所发梗有

两电,聆悉之下,群众心理为之一转,以所称停战各节确有证明。其最沉痛之处,为代达陕民呼吁之声。而最扼要处,谓陕事完全解决当待和议公判,至继续开议一语,尤洽舆情。(见《和议停顿中之消息》)

3月30日,《申报》据二十九日下午三钟北京专电报道:"张瑞玑电陈,划界后两方应设军事联合会,如有争点,由会评判。"

同日,载中华通信社3月29日北京电:"张瑞玑由兴平来电,证明西路停战,叶荃亦愿守界线。"

同日,十版载《张瑞玑抵陕后之陕西来电》:

其一,陈树藩、刘镇华致朱唐和各代表宥电云:"张专员瑞玑养日抵陕,会商之下备极款洽。业于宥日离省,前赴兴平。仍拟由兴平赴三原,与于右任君就商办法。除派宪兵护送,并报明中央分电各处,令饬各军知照外,特闻。"

其二,陕西教育会、总商会致大总统、国务院、南北总代表并转李龙门诸同人等电:"刻张专员莅陕,各路均已停战,一切自易解决。惟望和议即日赓续进行,以奠全局而苏陕困。"

同日,十一版载杂评《和会转圜之机》(署名"庸"),录如下:

和议久停,长夜梦多,殊非大局之福。近日社会心理,无不一致希望早日赓续。特和会之停,既以陕战为主因,则第一关键,自以陕战之已停与否为断。张瑞玑梗有两电,虽言陕西已无战事,顾其电文,系由西安督署代发,而语气之间,亦不免稍有偏重。最近北方代表所披露之陕西教商两会感电,固已证明陕战已停,而发电地点系属西安,消息之来仍出自北军势力范围之地。南方代表谓非得三原电信,不能证明陕战确已停止。吾人征于北方屡言停战之失信,亦以为由两方证明为必要也。

据陈刘①宥电,张瑞玑已于宥日(二十六)离省,由兴平赴三原。如陕战真停,则三原与京沪之间直接通电,会当不远。而和会转圜之机,或在指顾间乎。

3月31日,《申报》据三十日上午十一钟北京专电:"据张瑞玑电,覼(luó,繁细)述陕省停战详情,并谓战事既停,和议即当续开,务请继续开议。"同日又载:

平和通信社3月29日电:"许兰洲电,张瑞玑宥日抵兴平,俟赴三原与于右任晤面,再商定划界事宜。"又,"院电张瑞玑嘱自向南代表声明,所发各电系自由意思。"

中华通信社3月30日电:"张瑞玑电,西路仍有匪患,可否令许叶二人双方会剿。"

约3月,李岐山在狱中作五古《闻老衡赴陕划界喜吟》。诗句有:

自诚朝州喜,官闲食禄惭。黄垆频醉甚,绿野清钦谈。自入樊笼苦,回思药石甘。长安君旧治,丧乱定能戡。②

4月1日,《申报》载大总统徐世昌收到张瑞玑梗有两电,要求财政部迅速拨银五万两,交给张瑞玑会同陕西官绅抚恤陕民。

---

① "陈刘"即陕西督军陈树藩、省长刘镇华。
① 李岐山:《铁窗吟草》,《山西文史资料·辛亥革命七十周年专辑》(第十九辑),1981年,第155页。

三月三十日大总统令　迭接张瑞玑电陈，陕省一律停战，各军队分驻地方暨陕民疾苦情形，详加披绎，实深悯恻。陕省连年匪扰，人民受害已深，张瑞玑身历其境，言之特为痛切。惨黎无告，琐尾流离，本大总统昕夕眷怀，难安寝馈。着财政部迅速拨银五万圆，交张瑞玑会同地方长官、公正绅耆，妥为抚恤。仍将办理情形随时电闻，以副绥辑群黎之至意。此令。

同日，《申报》据英国人办的《字林报》①3月30日北京电报道了两条消息：

其一：张瑞玑来电，西路匪患仍炽，拟商于右任双方合剿，免生误会。

其二：院将张瑞玑电转各省后，各督分电请促开会，并询开会日期。

4月2日，《申报》载北京专电（一日下午四钟）："张锡元称，自张瑞玑划定防线，业于沁日（即27日）撤驻后方，各守防线。"

同日，三版据各通信社电报道张瑞玑消息：

中华通信社4月1日北京电："政府电张瑞玑，要求南军在划界前后，对于土匪须负完全责任。"又电："张瑞玑电，关于停战证明，决同陈树藩、于右任联合通电唐总代表，已首肯。"

---

①《字林报》又称《字林西报》，英国商人奚安门于1850年在上海创办的一份英文报纸，主要读者是外国在中国的外交官员、传教士和商人。

中孚通信社4月1日北京电:"张瑞玑三原来电,报告与于商洽情形,定冬日划界,并云已发密电致沪。"又电:"院电朱启钤,张瑞玑昨电声明,梗有宥电均亲自拍发。顷又由三原电告,已发密电致唐,望即敦促开议。"

同日,七版《京中之陕西现状消息》报道张瑞玑到西路划界"效果极为圆满":

政府方面昨得确讯,张瑞玑于二十六号晨八时离西安向兴平进发,二十七抵兴平,与许兰洲会晤。郭坚、樊老五亦派人与张相见,声明西路自行解决,效果极为圆满。张于二十八日即自兴平前赴三原,与于右任接洽。陕省长刘镇华出驻鳌屋分防日久,现因战事已停,防务可松,刘经于二十七号由鳌屋启程回省。

又载:

政府前派赴陕调查之宋联奎早经抵陕,现因张瑞玑到陕,分向各方接洽,效果极为圆满,宋氏调查事竣,拟于二十八九自西安起程回京,前日有电至京呈报。

4月3日,《申报》载四月二日上午十一钟收到的两份《张瑞玑自西安来电》。一为与陈树藩商妥乾县战线退后五里,请于右任飞饬侵扰邠阳的高峻;一为明确表示自己收双方代表共推入陕,不能受一方约束,大总统令其留陕办赈万不敢任。电文如下:

(一)大总统、国务院、参陆处,军政府岑伍两总裁并转各部长、各代表、赵其相先生、参众两院林吴褚三议长、唐朱两总代表并转各代表，李督军鉴：与陈督商乾县战线均退后五里，关山军退至关道及下邽，兴市军退至荆西北各村堡，晨晋督及郃阳县公民电报，高峻侵扰郃阳一事，已由于右任飞饬高峻速勒部下，谨守原防矣。三原密电亦通，玑今日已回省。敬闻。瑞玑叩，东。

（二）本日致大总统、国务院电文曰：一日由三原回西安，始奉三月三十日令拨银五万元，交瑞玑与官绅抚恤陕灾，瑞玑不胜惶诧。瑞玑此次受双方代表公推入陕，监视停战，曾声明不能受一方约束。瑞玑主张以息陕祸、促和议为第一义，陕战能停，和议能开，瑞玑职务既尽，目的亦达，便当束装出关。毁我誉我，固非所计。若留陕会同官绅办理赈务，瑞玑万不能任，请责成陕省官绅接款承办，和议开后便当东归。瑞玑叩，东。

按：4月4日《申报》三版载中孚通信社4月2日北京电："张瑞玑电辞陕赈事，阁议覆令会同陕绅办理，勉任其劳。"4月20日《申报》三版载19日北京电："院电陈树藩、刘镇华，部拨五万元赈款，改交陈等会同绅商发放。"

同日，《申报》据香港专电载：(南方军政府)"政务议会接张瑞玑请速重开议和谈判电后，即于三十一日开会议决，电致唐绍仪，和会应否续开，请自斟酌。"

同日，《申报》载平和通信社4月1日北京电："陈树藩电谓，张瑞玑赴三原后恐为于右任胁迫，来函宜察。"又电："张瑞玑勘电，陷日（三十）晚间到兴平，三十一日可抵三原。"

同日，唐绍仪、缪嘉寿致张瑞玑密电：

> 万急。西安张衡玉先生鉴：瑞密。东日发来二电备悉，此间极盼于右任由三原来电，俾得继续开议，或尊处能由三原来电声明，已实行停战。顷接叶荃函称：孤军困陕，艰苦万状等语。叶军长坚忍卓绝，厥功甚伟，既处四面楚歌，若不为之设法，何以作士气而慰忠勇。万乞尊处竭力维持。是所切盼。唐绍仪、缪嘉寿。①

4月4日，《申报》载中孚通信社4月2日北京电："张瑞玑电辞陕赈事，阁议覆令会同陕绅办理，勉任其劳。"

同日，南方和议代表致张瑞玑密电：

> 陕西三原张衡玉先生鉴：密。顷接靖国军第八军叶军长养日快邮代电，略谓凤翔已在包围。奉军于停战期间，阴谋迫胁郭、樊两部与之携手，现状益亟等语。查滇军万里远征，无非为国护法。乃北军竟于停战期间，施此阴谋迫胁降顺，几视滇军为孤军深入，无与为援者，公理安在？人道何存？先生负有专责，目击此种情形，当亦同深愤慨。应请就近极力维持，仍将详情示复为叩。南方和议代表同叩，支。②

4月5日，《申报》载北京专电（四日下午二钟）："张瑞玑因与许兰洲有接洽事件，江日赴兴平一行。"

同日，《申报》载南北代表"决定星期一起开茶话会"：

---

①②《1919年南北和议期间陕西战事唐继尧等往来密函电（一）》，上海市档案馆《档案与史学》，2002年第2期，第7页。缪嘉寿（1883—1928），云南昆明人，南北和议期间为南方军政府代表。

国民通信社消息：四号午后三时至老靶子路唐宅开紧急会议，会议之事即系根据张瑞玑东日来电言，陕事已经停战划界，是否应行开议一层。闻有二种主张：第一说，言三原于张皆无来电证实停战……不主张即时开议之说也。第二说，陈树藩撤换，陕西终在其威权之下，三原电报前即阻隔不通，今闻电杆修好，陈仍多方阻止不能使用，北京命令又不能行。今张瑞玑已由三原到西安，欲张自三原来电既属不能，欲自三原来电恐已无望。国人不明此中真相，仅凭单纯判断希望开会，此种哀痛迫切之情，无非根于希望和平之心，吾辈（各代表自谓）固不得不特别原谅，尤不可拂逆其意，致令误会。据目下情形观察，惟有顺从舆论，继续开会……应复电赞成之。结果赞成第二说者占多数。因商定来周星期一日（七号）继续开会。

联合通信社消息：昨日下午三时，南代表齐聚老靶子路唐宅会议……此次会商尚有重大结果，即决定下星期一起，逐日与北方代表会见开茶话会是也。旬日以来敦促开议之声纷来杳至，长江三督来电催促开议用心尤切，军政府政务会议亦有陕战果能实停，不妨赓续开议之表示。故决定自下星期一起逐日赴德国总会会场开茶话会，以待陕西停战之确切证明。（见十版《和议停顿中之消息》）

**同日，张瑞玑致唐绍仪等密电：**

唐总代表、各代表钧鉴：瑞密。江电敬悉。三原电已通。查询电局由粤沪致于右任电照转，而右任迄未去电。右任困难万状，此次宣言其措词著笔殊觉非易，然不久亦必有电去也。战事确已停止，乾县一处，郭坚已请许兰洲派员前往收抚改编，亥许来否①并派参谋长与

---

① 原注：原文如此，似有误。

陈督交涉。是右任所争之乾县,又将为郭坚夺去矣。滇军克陕,艰苦备尝,瑞玑前至西路,询知其纪律甚严,且勇于战斗。因与郭、樊、卢等为伍,故孤掌难鸣。叶荃愤极致病,刻驻军耀州,兹奉电询,当即派人前往商筹一切。敬复。瑞玑叩,微,印。①

4月6日,《申报》载北京专电(五日上午九钟):"国院电张瑞玑催于右任速电南代表证明停战实况,俾沪会即日开议。但据某使馆云,张抵三原仅止一宿,为陈树藩召回。"又载:

其一,张瑞玑电,双方商定退驻地点,请张旅专防东路,今仍驻河北恐误会,恳电张锡元即日移驻东大道。(五日下午四钟北京专电)

其二,国会陕西议员致电军政府,谓唐绍仪对于陕西争端无法解决,仅坐待结果,请即免其职务。(五日下午一钟北京专电)

其三,陕讯,张瑞玑往兴平、宝鸡与许管接洽后,再赴三原与于为一度之磋议,划界即可定局。(中孚通信社4月4日北京电)

4月7日,《申报》据北京专电(六日下午三钟)载国务总理钱能训致电张瑞玑:

钱电张瑞玑略云,沪注重于右任停战之电到立即开议,但此电尚未到达,未审执事与于司令如何办理。此次台端旋省,三原方面是否不再别生枝节,务希迅电详复。

---

①《1919年南北和议期间陕西战事唐继尧等往来密函电(一)》,上海市档案馆《档案与史学》,2002年第2期,第7页。

又据六日下午三钟北京专电载：

张瑞玑电，张锡元所部面约退至渭南，乃迄未履行，请政府令催照办。

又据五日下午四钟北京专电载：

陕绅等呈称土匪炽、民患深，现值停战，请办清乡，已电张瑞玑与各军商办。

同日十版《和议续开之前一日消息》载《张瑞玑自西安来电》：

（一）唐朱两总代表并转各代表鉴：陕省停战事已屡电报告矣。昨于右任由三原来电，争乾县撤围退驻地点，以为太近，其理由亦极充足。惟郭坚谓乾县为渠旧部，已请许兰洲派员赴乾收抚改编，许已电玑声明，并派参谋长杨苏生来西安，与陈督磋商收抚办法。玑为居间人，不能有所偏袒。拟由乾县城内一部或附三原，或附凤翔，听其自由。是乾县之归许归于是一问题，乾县之退驻地点远近不成问题矣。文电昭昭，众目共睹，玑不敢欺沪上诸同志，更不敢欺关中诸父老也。瑞玑叩，微（按：即5日）。

（二）唐朱两总代表并转各代表，全国和卫期成会、和平联合会鉴：陕战已停，屡经电闻。前者于右任所争，在乾县围兵退驻地点之远近，并非争战与不战也。今则郭坚指乾县为渠旧部，请许兰洲赴乾县收抚，是乾县又为许有矣。其余各处更无战事可言。事实昭然，非可饰言。敬闻。瑞玑叩，鱼（按：即6日）。

按:报载微电六日上午十点半收到,鱼电六日下午六点到。于右任担任陕西靖国军总司令后,靖国军共分六路,郭坚为陕西靖国军第一路军司令,樊钟秀(樊老二)为陕西靖国军第二路军司令,这两支靖国军"劲旅"自愿让奉军师长、北京政府委任的援陕总司令许兰洲收编。据中孚通信社4月7日北京电:"许兰洲电告,派杨参谋长诣陈陕督,商洽收抚郭樊办法,已同意实行。"

又,微电所说"昨于右任由三原来电"即《致张瑞玑电》①。电文中有"仅退五里,无异附郭""况相距隔一泾水,炮火仍相接触,非退至渭水之南,难免不生冲突"等语。4月4日于右任、张钫又将此电文以通电发给唐、朱总代表等②。

4月8日,《申报》三版首条载北京专电(七日上午九钟):"院电张瑞玑,转索乾州被扣邮件,并商明双方军事长官,嗣后对邮局、邮役、邮件加意保护。"

同日,《申报》据平和通信社4月6日北京电报道:"张瑞玑电请催张锡元退兵渭南。"又载:"张瑞玑现在兴平办理划界事宜,日内即返省。"

同日,《申报》十版《和议续开之第一日》载,根据张瑞玑"战事确已停止"的密电,南北代表在恢复和议后召开的第一次非正式会议上,对陕西问题没有发生争执:

> 国民通信社消息:七号午前九时起,南北代表齐赴德国公会开谈话会,和议停顿月余之久,今日幸赓续开议,各界精神为之一振。探闻今日所议之事,第一为陕西问题,张瑞玑昨自西安来密电一通,略

---

① 《于右任文选》,中国文史出版社,1987年,第190页。
② 《于右任先生》,陕西人民出版社,1991年,第265页。

云"□密,江电敬悉,三原电已通,查询电局,由粤沪致右任电已照转,而右任迄未去电,想不久亦有电去也,战事确已停止"等语。据此,今日会议时对于陕事尚无如何争执……

同日,十版又载于右任致唐绍仪、朱启钤函,函中有关张瑞玑的内容如下:

唐朱两总代表接三原三月二十九日于函报告陕西近况如下:"……张瑞玑本日已抵三原,据云曾劝告陈氏撤兵退防及我军自由拍发密电。本日张君致陈树藩一电,文曰'西安陈督军、刘司令鉴:艳日到原,晤右任、伯英,均赞成和平,惟停战以后务须撤兵退防,并得自由拍发密电。玑言既已和平停战,则退兵、拍发密电当然不生问题,即乾县、关山围攻亦当退步。请核办赐覆。瑞玑叩,艳'等语。据此则我军前所报告敌军尚未停攻,自非虚语。"

4月9日,《申报》据中华通信社4月8日北京电报道:"张瑞玑电,以陈于划界事各有坚持,拟来京请示。"

同日,十版《和议续开之第二日》又载8日收到的《张瑞玑自西安来电》两份:

(一)北京国务院、参陆处,上海唐朱两总代表并转各代表鉴:顷接于右任由三原来函云,三原至西安安设军用电话多处,与电报同用一线,以致电报每为电话截阻,来往电报甚属困难,请与陈督商自西安至三原双方加修一线,以便交通。当与陈督商妥,一面饬由电局加修,一面由陈督迳行报部。此闻。瑞玑叩,虞。(八日午后到)

(二)唐总代表转南方各代表鉴:微电敬悉。昨已将滇军入陕困苦各节,略复唐总代表矣。瑞玑前赴兴平一带,采取各方舆论,咸谓纪律之严,战斗之勇,无出叶军右者。武功一役,若非郭卢互争枪械,致左右两翼冲突,尚不致败,言之不胜愤慨。查滇军自入陕以来,所受种种困苦,笔难馨述,亦不忍述。至郭樊投许,湘石移驻耀州,愤极而病。瑞玑至三原时,湘石①遣杨秘书长来原,晤谈一切,声泪俱下。刻柏森、雪亚谈及湘石,亦无不钦重。瑞玑已与商定,俟诸事稍稍就绪,就一平旷地聚葬滇军阵亡将士,立石刻铭,以慰毅魂。刻已派人赴耀与湘石商筹一切,柏森亦有函去。战事既停,则瑞玑为调人,陕西为地主,决不使湘石孤军被困于此。特此奉复,请释遥注。瑞玑,虞(按:即7日)。(八日到)

4月10日,《申报》载北京专电(九日下午二钟):"张瑞玑电,三原至西安电线,因安设军用电话,每为所阻,已商陈督双方加修一线。"

同日,十版《和议续开正式会之第一日》载:"昨日(九日)南方代表李述膺接三原于右任专函并抄寄张瑞玑、陈树藩往来各电,照录于左。"

张致陈电:

其一:急,西安陈督军鉴:停战退兵、拍发密电二事,务请照办速覆,鄙人可为右任以人格保之。瑞玑叩,陷(按:即30日),印。

其二:西安陈督军鉴:有人自乾州来,云有剧烈战争。既已遵令停战,共谋和平,不宜再启争端。请饬前敌,即速解围退兵,务使炮火不接,免生冲突,急盼赐覆。瑞玑叩,三十。

---

①叶荃,字湘石,南方军政府靖国军第八军军长,1918年9月率所部从云南开拔,增援陕西靖国军。不料与之一同作战的陕西靖国军第一、二路军司令郭坚、樊钟秀,投靠奉军师长、北京政府委任的援陕总司令许兰洲,"郭樊投许"导致叶荃将军"愤极而病"。叶荃晚年皈依佛门,曾自撰一联,上联"妄想竟何之,曾记率子弟八千,纵横万里",即指援陕之事。

其三：西安陈督军鉴：陷电悉。与右公商,拟请乾县围军退醴泉、关山,退下邽,围兴市、红崖头各队并退回原防。鄙意既均主和平,则争不如让,老弟当无异词也。瑞玑叩,陷,印。

其四：西安陈督军、刘省长鉴：乾县、关山等处停战退兵办法,另有电奉闻,至密电一事更无问题。右任与二公交情均属深知,纵政见不同而人格可以相信,请二公勿疑。鄙人即以右任之人格保右任也。瑞玑叩,三十。

按：四电均发于3月30日,反复强调的是："鄙人可为右任以人格保之。""右任与二公交情均属深知,纵政见不同而人格可以相信,请二公勿疑。鄙人即以右任之人格保右任也。"

**陈覆张电：**

其一：张衡玉先生鉴：顷接渭南张旅长来电,文曰："西安陈督军转张衡玉兄鉴：前议双方暂时退兵办法,已与靖国军数次磋商妥协,我军于二十七日退守田市、华次庵、油房街之线,后方则驻大吉镇、上张等处,彼军亦同日撤至小清河以西之线,除电陈中央外,特奉知。张锡元,俭,印"等语。特达,即请查照。弟陈树藩,卅,印。

其二：张衡玉先生鉴：艳电敬悉,兄安抵原城,并与右任、伯英晤谈一切,慰甚。停战后当然互相退兵,以免再有冲突,关山早不生问题,请兄酌,指示两方各处退驻地点,以便酌行。但乾县退围后,有无游匪犯我防线,并内匪突出防线等事,右任能担否？乞兄问以转告。发电一事承兄电示,自可通发明电,至密电仍须按章检查后再发。总之,兄所指示弟等无不从命,请告右任,遇事须光明出之,无参加意气作用,则陕事自易解决也。弟树藩、镇华,艳(按：即29日),亥,印。

4月11日,《申报》载北京专电(十日下午五钟):"张瑞玑电陈划界折衷办法,乾、岐、凤三县归南,余就现状办理。"

本日,张瑞玑致于右任急电:

> 急。三原于总司令鉴:顷接陕北镇守使井岳秀来电称:"感电谅邀钧览。溯自睽违教范,虽经数稔,而先生高风亮节,未尝不时萦心怀。秀忝膺边寄,莫补时艰,惟年来对于陕北一隅,始终以保卫地方治安为宗旨,无论何方军队有扰害地方之行为者,秀即设法痛剿,以卫民生。查曹老九乃著名之悍匪,窃树靖国之帜,实怀虐民之心,所过为墟,民无噍类,竟于今年二月十九日乘虚陷落宜川。迭据官绅民商等先后电呈,佥称曹股奸掠烧杀,无所不至。其性质则较他匪为尤毒,现正披摩猖獗,四处肆虐。窃想靖国者,决不如是。究竟曹股是否隶属靖国军范围以内,尚乞函商双方明白电示,切待示盼。井岳秀叩支"等语。又接上海唐总代表来电称"昨准朱总代表函称'北京电开,陕西曹匪据宜川后,四出劫掠,将近城数十村概付一炬,人民迫不得已,始集团抵抗,益触其怒,杀毙人民及团丁数百人,又将城内老幼男女多赶东山勒赎。望告唐总代表,转告电于右任,如系所部,即行撤回惩办,若非所部,可来电声明,勿任影射,特电盼复等因。相应函请迅电于右任、张衡玉二君查明制止,见复'等语。查陈电所称各情是否属实,应得执事与于总司令一言为证,即希查明电复。如于右任处电报仍未能通,即以快函见复为盼。唐绍仪,青,印"等语。查阅两电,曹老九是匪是军,应撤应剿,待公一言以决,请即赐复,或由公迳电分复。切盼! 瑞玑叩,真。
>
> 四月十一日本日发①

---

①《1919年南北议和期间陕西划界电文选》,王作霂供稿,马振犊编选,《民国档案》,1991年第1期,第63页。据陕西省博物馆《谁园集》(增补卷一)校订,个别标点欠妥,径改。

4月12日,《申报》载:"院电张瑞玑,顷将于右任提出之划防撤兵意见四端,交付阁议通过,即希照办。"同日又载数条张瑞玑的消息:

其一,西安电,张已商准南北将领举行联席会议,并订真日开幕,先决划界办法。(十一日下午一钟)

其二,平和通信社4月10日北京电:"张瑞玑嘱于右任,以陕西实在状况报告和会。"

其三,中孚通讯社4月11日北京电:"有人以陕省乾县为西出大道,两方势所必争,建议嘱张瑞玑画为中立地,免得相持不决。"

4月15日,《申报》载《西安张瑞玑来电》:

入关二十日,陕事小有结束,兹略陈之。张锡元军已如原议由渭北退回渭河以南,分防东大路一带。许兰洲军分驻西路。前至兴平晤郭、樊代表马纪刘诸君于许座,均云郭、樊既已投许,西路一带由许与郭、樊自了,无战可言,即无界可划。韩城、郃阳一带为晋军所住,前者高峻等虽不免滋扰,已由于右任饬回原防。至陈督所部退驻地点,于右任所争者惟红崖头及乾县二处,其余均无异议。今红崖头陈军已退至原上矣。关山退,下邽、兴市解围后,退至荆姚北及漫川河之线,均如于右任原议。至乾城陈军东北方面,全行撤退,余军退驻如台村、好向村、东奇五村、大小刘村、南北人村、袁家庄、金家堡等处。瑞玑前在兴平,许兰洲与郭、樊各代表即云乾县已属渠部,及至三原,许又来电云收抚乾县,已电告中央饬陈督退军。此电三原诸君曾亲见之。及回省接北京来电,知许已电称乾县收抚,许与郭坚曾派人至乾县。今许主在乾县收抚,陈主退驻收抚,相持未决。是乾县一隅,前在陈与于争,今则许与陈争,郭与陈争矣。前者为双方地盘之问题,瑞玑可以置喙,今直为北军内部之计画,瑞玑能以个人交情出面调停,不能以南北公推之资格出面处理也。至北山一带,曹老九等滋扰地方,昨奉唐朱总代表电,遵即电致于右任,尚未获复。其余如甘军、绥军驻陕边者,既不相接触,自无界可划。总之,此次划界一事,除乾县外,退驻地点均经右任认可。至停战与否,关中父老,两方军队,万目万耳,共见共闻,谁能相朦〔蒙〕! 若缚票抢掠,在陕已成为风尚,不得称为战事,即不得以此阻碍和议也。特电奉闻,诸维鉴核。瑞玑叩,元(按:即13日)。(见十版《和议续开正式会之第六日》)

按:《1919年南北议和期间陕西划界电文选》所载此电,文头为"特急。分抄广州军政府岑、伍二总裁并转各部长、各代表、赵其相先生、参众两院,上海唐、朱两总代表并转各代表,和平期成会、联合会,南京李督军鉴",文末注明"十三日下午发"。①个别文字也有出入,如报载电文"谁能相朦",《民国档案》所刊则为"谁敢相欺"。《民国档案》由王作霖供稿,王稿源自《谁园集》(增补一),《谁园集》(增补一)所据则是陕西省博物馆藏的《张瑞玑函电底稿》(惜已无存)。

同日,七版载《申报》杂评《陕西之陈许》(署名"默"),指出:"南北划界之争,张瑞玑有调停责任。而许陈内部之争,张瑞玑本无调停责任可言,不得谓之诿卸。"

4月17日,《申报》据平和通信社16日北京电报道:"张瑞玑电,乾县为中立地,两不相犯。"

---

① 《1919年南北议和期间陕西划界电文选》,王作霖供稿,马振犊编选,《民国档案》,1991年第1期,第64页。

同日,十版载江苏督军李纯致唐绍仪电:

【戊午编译社消息】今日(十六日)南京李督军致唐总代表一电,文曰:"元电谅达,兹接陕陈督复电□述乾县方面情形,与张专员元电相同。并谓'乾城不时开放,居民出城采薪运食,络绎于道。庚日许司令派陈德顺、杨学厚、蒋詹朝带兵八名入乾宣慰,如果战事未停,信使何能相通?惟敝军退驻之后,乾众出城占据安家寺等处,敝军防线广漠,各村堡多不相连,故各队均作简易工事,聊以自卫。于或误会为作进攻之准备耶'等语。并准院复,与陕电同。查张专员元电并致尊处,当亦达览,足资考证也。李纯,删。"

同日,张瑞玑致叶湘石电,慨叹投靠奉军许兰洲的"郭、樊鼠辈,不可共事,致将吾党一切计划根本推翻,殊为可恨。"

湘石司令阁下麾鉴:往者在广州,印泉、伯英二君谈及我公,均视为吾党健者,心羡慕之。此次入关,监视停战,握手订交,倾怀畅谈,至三原适君失调,而弟又因他事催促,匆匆返省,未获赴耀一晤,怅何如也。在三原时,晤张秘书长,敬悉一切,义正辞严,闻之令人钦佩。弟前在西路一带,采取各方舆论,咸谓纪律之严,战斗之勇,无出贵部之右者。此不特为滇军生色,亦足为吾民党增光也。惜郭、樊鼠辈,不可共事,致将吾党一切计划根本推翻,殊为可恨。我公入陕以来,所受种种困苦,弟早知之、痛之。陕人有心,亦能言之。我公以客军驻耀,又无可以共语。尺水能溉,双河亦滋,特派□□走谒麾下,请教一切。如有所需,请为面谈,或遥函告弟,当代筹之。同党情深,无用

317

客气也。敬请勋安,惟照不宣。①

4月18日,《申报》载《乾县撤兵问题之张瑞玑电》:

(四日电)许总司令鉴:电悉,已与陈督面商,意不愿令乾受抚。弟拟筹一通融办法解决此事,一时不得要领,请公酌定赐复,以便与陈督磋商。总之,只求收抚了事,自己一家人均不必过于争执也。弟瑞玑叩,支,印。

(五日电)许总司令鉴:支电敬悉,已与陈督磋商数次,渠始终不愿在乾县收抚。弟意由兄派员赴乾,将城内一部放归凤翔收抚改编。兄如谓然,即请赐复。弟与柏森以老面子相争,务要办到。此复。弟瑞玑叩,微,印。

(六日电)许总司令鉴:适有何牧师言,乾县教堂洋人久无信息,兄派员赴乾,请就近查询情形,有无伤损。即盼示覆,并告兴平孙牧师为祷。瑞玑叩,鱼,印。

(又电)许总司令鉴:微电敬悉,已与柏森商妥,请兄派员赴乾县,先入城接洽,俟接洽已好,出城退凤已有定期,即由柏森饬围军撤退,丁万放行。此时由柏森先电张旅长,任兄派员入城为要。敬复。瑞玑,鱼。

4月19日,《申报》三版据中孚通信社17日北京电报道:"张瑞玑电告,将往盩厔一带视察。"

同日,十版载《于右任质张瑞玑书》:

---

①《1919年南北议和期间陕西划界电文选》,王作霖供稿,马振犊编选,《民国档案》,1991年第1期,第64页。

西安张衡玉先生鉴：公受南北公推，划界莅陕，中外人士、南北政府方以陕战停否，真伪莫知，万目睽睽，待公一电。当驾抵西安，为三月养日，其时东战场如关山、兴市、红崖渡围攻尚烈；西战场则敌军掘地穿隧，环击乾县。弟等派人持书渭南，曾以战况奉告。不意公甫入省即发梗电，谓双方军队刻俱停战云云。果何根据，为此枝辞？此欲敬问者一也。越二日，兴市围军被我逐击，乾县、关山等处战事犹昔，不知公又何据，有电中复谓战事既停，和议即当续开云云。隐战祸以赚和会，是公良心上语否乎？此欲敬问者二也。及公来原，关山、乾县求援帛书，并谓在兴平亦有所闻，乃连电陈氏。故艳电有乾县、关山当退步之语，卅电有解围发电二事俯允立决之请，因之卅一致张煦民电，亦有刻正磋商停攻退驻等字样。以上手书俱存。谓梗有二电符合事实，则艳日后各电不当发生，谓艳日后各电根据事实，则当日弟等请据事迅告和会之电，何以卒不允发？此欲敬问者三也。以先后电词推之，公在原所发密电数通，不知又如何用意措词，确闻飞短流长，摇我军心。俟报纸揭出，当敬问者四也。公奉使入关，书文自当尊重。如战未停，即应据实报告负责之人，倘其已停，秉公行使职权可也。试问陈许乾县之争，何与公事？此我之不敢闻命者一也。郭许虽已携手，乾县纵属郭部，苟靖国军旗帜未下，当然属我范围。况乾县将士死守数月，以待公至，今乃水急捕鱼，举人与地分赠陈、许，读公支电，竟不容弟等置喙，谓已居中与陈许交涉。堂堂专使，望之三月，迎之万里，特来而代来断送，此我之所不敢闻命者又其一也。近日迭接报告，关山、兴市敌军又节节进逼，加增兵力，红崖渡、乾县之兵亦并未退。其后战事重开，其责皆公负之。公留原二日，谓通电停战非入省不能办到。今入省多日矣，划界不划界，监视不监视，退兵不退兵，通电不通电，专以空言诳我，是真为一二人开生路，为八百

319

万人民延战祸也。秦民水深火热,今若此惟号泣旻天而已。弟等忍泪陈词,特对公为人格之忠告,并促公为职权上之注意。公义所在,用敢直质。于右任、张钫,蒸(按:即10日),印。

4月20日,《申报》据19日下午五钟北京专电报道:"西安电张瑞玑拟日内赴汉中。"又载:"院电陈树藩、刘镇华,部拨五万元赈款,改交陈等会同绅商发放。"

4月21日,《申报》据20日下午三钟北京专电报道:"张瑞玑电告,日内即赴汉中,与刘钟①商划界事。"又载:"拟将划界事赶办完竣即回京,是非付之公论。"

4月22日,《申报》据21日下午四钟北京专电报道:"张瑞玑电告,皓(十九)日抵南郑,即赴宁羌、广元商办划界。"

4月23日,《申报》据22日下午九钟北京专电报道:"余诒、林景归报,陕省划界已积极进行。"

同日,《申报》据中华通信社22日北京电报道:

张瑞玑电,曹老九现在北山扰乱,已请于右任剿办。

又电:划界事下月上旬可告竣。

同日,致李龙门密电,称郭、樊匪行"既损右任清名,又贻民党污点":

上海唐总代表转李龙门先生鉴:瑞密。广州军政府赵其相先生鉴:襄密。陕事已电奉闻。前在北京,即闻郭拟投诚,心窃疑之,不图入关,竟成事实。郭、樊马足所经,奸淫焚掠,惨无人理,入关一路,商

---

①刘钟即四川督军刘存厚、川军将领钟体道,其时川军驻汉中的沔县、宁羌、褒城。

民妇孺,遮首哭诉,喊冤递呈,十有八九,均诉鼠辈反复。既损右任清名,又贻民党污点。今高揭奉旗,俨然许部矣。狼子野心,反噬其主,愤甚恨甚!密告公等与同人会议,对此等狡匪,如获议论,切须慎重。否则置之不议矣,惩之亦可。瑞玑叩,梗(按:即23日)。①

4月24日,《申报》载北京专电(二十三日下午四钟):"陕灾民补救公会通电,告陕匪焚烧掳掠诸惨状。"又据中华通信社23日北京电:"张瑞玑电,目击汉南被焚掠,难民号哭,多含深怨,请派大员查办。"

4月26日,《申报》据平和通信社24日北京电报道:"张瑞玑电,日内回京。国务院覆电,请其暂留陕省,俾解决乾县事务。"

同日,《申报》据中华通信社24日北京电报道:"许兰洲电,收抚郭、樊两军,编为两旅,驻守陇宝。"

4月27日,《申报》十版《和会正式续开之第十八日》载张瑞玑致杨西堂、张季鸾电:

> 【戊午编译社消息】本日接西安张瑞玑致陕人杨张两君一电云:"杨西堂、张季鸾两先生鉴:两兄电均悉,弟于陕事闻见较确,苦心茶口,不求人谅,一言一动悉本诸良心主张,关中父老万耳万目,共闻共见,弟不敢以意气为是非,以理想为事实也。但望和议早成,陕乱永息。弟归山高卧,梦魂亦安。此次冒嫌负谤,敢只身入关,岂畏人骂。于土匪丛中,敢骂陕军,骂郭坚,骂樊老三,骂曹老九,骂卢占魁,则他人骂我又何足介意。坚不可折,皎不可赭。两兄知我,当闻而一笑也。瑞玑叩,有(按:即25日)。"

---

① 《1919年南北议和期间陕西划界电文选》,王作霖供稿,马振犊编选,《民国档案》,1991年第1期,第65页。

按：《1919年南北议和期间陕西划界电文选》所载此电，文头有"唐总代表转"字样。文末注明"二十五日发"。①

4月28日，《申报》据中孚通信社26日北京电报道："张瑞玑电告，乾县事已力向陈许调停。"又据该社27日北京电："叶荃部队自郭樊就抚后，势孤饷绌，在耀县一带时有劫勒行为。中央令张瑞玑劝其回滇，归途准予保护。"

4月29日，《申报》载戊午编译社消息："西安于右任来电，略云报载于总司令押张瑞玑委员之事，我军并未扣留。"

4月30日，《申报》载北京专电（二十九日下午二钟）："张瑞玑电告，养日（即22日）起举行南路划防，事竣即行东归。"

同日，致李龙门电，再申"不偏南不偏北"，并言"弟已与右任约，事竣同归谁园读书矣。"具见下文：

上海唐总代表转李龙门先生鉴：瑞密来电，颇有责辞，弟不敢辩。弟到原正与右任密商一切办法，并与陈督交涉各事，困难万状。刻下郭、樊投许，田岳解礼，弟自京至秦，无日不力为维持。前电所云划界一事，见他一晤，右任便知一切。今右任部下仅一卢占魁，而卢既不认为于部，于宁不肯认为己有。然则此界将如何划法耶？右任十分为难，诸公不谅而犹来电责我。刻正与陈督交涉通电一事，一二日内右任电到，兄便知底细。兄试回耀州一看，便知其惨状如何。卢匪之不能为于用矣。弟与右任文章道谊，交情至深。弟自问非圆滑者流，

---

①《1919年南北议和期间陕西划界电文选》，王作霖供稿，马振犊编选，《民国档案》，1991年第1期，第65页。

少川先生谓我圆滑,则不知人心、不知事也。弟不偏南不袒北,而不能纯使意气,不为老友右任计,不为陕西人民计也。弟已与右任约,事竣同归谁园读书矣。瑞玑,陷。①

5月1日,《申报》据中孚通信社4月29日北京电报道:"院据张瑞玑电转苏督沪朱,谓前传北军围攻乾县纯由捏造,现已证明,望转西南勿轻信谣言,致生误会。"

5月2日,《申报》据中孚通信社4月30日北京电:"院商张瑞玑留办陕省赈抚事,张覆力辞。"

同日载《西安张瑞玑通电》,称"陕战虽停,匪焰愈张",陕北一带假名靖国军者,"皆土匪也",陕西人人心中之言,"瑞玑代而言之"。具见下文:

大总统、国务院、参陆处、广东军政府、参众两院,上海唐朱两总代表、各代表,各报馆,南京李督军鉴:顷唐总代表、李督军两宥电均分别奉到。电称三原于总司令电称陈督于马日以全力攻击乾县,许兰洲电三原,亦称闻乾县方面有大炮声云云。查许兰洲前者亦有致瑞玑号电,词与致三原电同。瑞玑当即请许派员就近赴乾调查有无战事,越二日,奉军杨参谋长持许函来见,函称派员赴乾查看,回称确无战事。今函电俱在,历历可证。马日距今八日矣,果有战事,果有炮声,岂仅兴平闻之。瑞玑亦有耳有目,安能坐视陈督之如此无理也。乾县一部敢保无虞,下令攻击之说,纯系谣言挑拨,请勿轻信。至于电称据同官县知事孙维栋函称"陈督营长田维勤派队攻宜君,焚烧寨门,知事不知下落"等语,当即据电面询陈督,陈督云省城并未接

---

① 《1919年南北议和期间陕西划界电文选》,王作霖供稿,马振犊编选,《民国档案》,1991年第1期,第67页。

有此项报告,宜君王知事系省长所委,该县亦未具报,刻已飞饬查办矣。总之,陕战虽停,匪焰愈张,剿与抚两无所施,杀戮淫掠遂成为天经地义,无人过问,近日外县函电请命者络绎不绝。前次陕北镇守使井岳秀急电三次,称曹老九等借名靖国惨戮横掠,唐朱两总代表亦曾来电,令转询于总司令,是匪是军,应抚应剿,迄今未获电复。瑞玑以为今日和议将竣,陕西军事当有结束,但愿双方顾念地方人民,谋永久之治安,勿以意气党派快一时之纷争。靖国军如岳维峻、田玉洁,如胡景翼旧部,维持泾原治安,保靖国军名誉,二君之力也。曹世英旧有骑兵,各营纪律亦尚可观。弓富魁于停战时,即将其军队解散,旧部所留无多,其磊落光明自不可及。其余则自郐以下①矣。至于陕北一带之假名靖国军,瑞玑敢质言之曰:皆土匪也。三原一部之稳健干净分子,于总司令不能统制之,况土匪乎②?若和议告成,仍认贼为子,则陕乱终古矣。瑞玑明知此言一发,唾骂必来,然此非瑞玑一人之私言,盖陕西人人心之言,而不敢言、不肯言,瑞玑毅然代言之。大局所关,民命所系,非二三人之私感私交,所可牵涉而颠倒之也。自入关以来,陈恨我,许怨我,于致函登报责我,郭坚派员持函诘我,陕西旅沪同乡骂我,张钫通函陈督以谋陷我。举各方之罪恶,推而集瑞玑一人之身,此函彼电,纷与为难。是病者神昏,指医生为鬼;斗者理屈,牵干证为仇也。均不足怪,笑而置之。聊布区区,为留心陕事者备考察焉。瑞玑叩,俭(按:即28日),印。"

按:《1919年南北议和期间陕西划界电文选》所收此电,文头有"特

---

①自郐以下:意即不值得评论。郐(kuài),周朝诸侯国名,在河南密县东北。典出《左传·襄公二十九年》。
②谱主此说与《申报》记者邵飘萍在京津火车上所闻相同,详见本谱1919年1月6日所引邵氏《余之新年旅行》。

急"字样,文末注明"四月二十八日下午四时半发"。①又,长沙《大公报》1919年5月4日三版以大字标题"张瑞玑电陈陕亨"全文登载此电,副标题为"斩钉截铁谅非谎语"。

5月3日,《申报》三版载《西安张瑞玑通电》。此电针对李龙门来电而发,斩钉截铁申明乾县无战事。具见下文:

> 北京大总统、国务院、参陆处、广东军政府、参众两院,上海唐朱两总代表、各代表,各报馆,南京李督军鉴:乾县停战事,前电已略言之。顷接李龙门兄电,称于右任漾电"陈督又以全力攻击乾县,恐兄入陕后谓陕战全停之言,被陈督完全破坏,再不得以此欺人矣"等语,词意怏怏,若相诘责,一若乾县确有战事,而瑞玑故为隐饰者。夫停战与否,必有确证确据,非一人一言所能伪造也。一月以来,右任自三原函电致沪,总以乾县未停战为词,一则曰袭击,再则曰合围,三则曰全力攻击。如右任所言,则一月之内,乾县无日不在炮轰枪击中也。即以漾日之电为开始攻击之日,距今已十日矣。请陕西旅沪诸君电右任,探问此十日中陈督攻击情形如何?乾军守御方略如何?城垣有无损坏?双方有无伤亡?陈督共分几路?距城里数若干?驻扎何地?攻击何方?右任既为总司令,军事上之报告,当必较他人明白详晰也。若乾县方面果有全力攻击之举,陕西八百万父老子弟当共闻共见,瑞玑负监视之责,而不闻不见,或闻之见之而隐而不言,则瑞玑罪当万死矣!
>
> 夫此次陕西停战,亦时势所迫使然,非瑞玑之功。陕战既停,不

---

① 《1919年南北议和期间陕西划界电文选》,王作霖供稿,马振犊编选,《民国档案》,1991年第1期,第65页。

待右任之电而和会即开,亦时势所迫使然,非瑞玑之力。和会之不可停顿,全国人之心理也。和会之开,非特中国之利,亦陕西之利,亦靖国军之利也。瑞玑向劝右任速整理内部,俟和会告成,以便编制。右任不暇计此,乃如报馆访员有闻必录,日书一纸以告沪。每一纸到沪,沪上诸君即据函电,哗然与和会争,与瑞玑争。试平心静气一研究之,陕西未停战以前情状何如,今何如也!乾县未停战以前情状何如,今何如也!乾县战事右任日日言之,诸君日日信之,而乾县今日日无恙也。掩纸思之,当憬然悟矣。

总而言之,瑞玑此次入关,一言一举,不曲求人谅,人亦不谅,故谣诼横生,不惜破坏大局,使乾县之战祸再生,沪上之和会再闭,箝瑞玑之口而唾骂之,而其心始快。殊不知停战与否,此何等事,岂能以一手掩尽天下人耳目?瑞玑虽愚,亦当自谋立足地,乾县果有战事,瑞玑职司何事,早当布告天下矣。又何至陈督日日攻击,右任日日告急,诸君日日诘责,而瑞玑尚日日推诿掩饰耶?此不待辩而可决者。今和议行将告成,陕西问题随大局而解决有望矣。请诸君勿轻信谣言,横生枝节。和会幸甚!中国幸甚!陕西幸甚!靖国军幸甚!瑞玑叩,卅,印。

按:《1919年南北议和期间陕西划界电文选》所收此电,文头有"特急"字样,文末注明"四月三十日下午六时半发"。①

同日,《申报》载杂评《张瑞玑两通电》(署名"默"):

---

① 《1919年南北议和期间陕西划界电文选》,王作霖供稿,马振犊编选,《民国档案》,1991年第1期,第66页。

陕西问题，前为于陈之争。于日言战，而陈日言停战，国人莫知其真相也。于是翘首企踵，以俟张瑞玑一言以为断。今则又进而为于张之争矣。于日言陈战，而张日言陈不战，人依然莫知其真相，则又将俟谁言以证明之乎？张瑞玑者，两方所举监视划界之公正人也，今其言若是，南方必疑其为袒北，而北方则必据以为于言不实之证。于是两方之争论，依然不息，而陕事终无解决日矣。如以张言为不足凭，而再推举一人耶？彼被推举者，必仍有一是一非之言，一方必又不信。则陕事争至何日而止，直令人无从穷究。吾不知和会对此于张之争论，将取何种态度以对付之也。

5月5日，"五四"运动爆发。

5月5日，《申报》据中孚通信社4日北京电："旅京陕绅环请以张瑞玑长陕。"

按：同日，《申报》据3日下午北京专电报道："陕省长以父病重请假回籍，事由政务长代。"旅京陕人得悉这一消息后，"环请"北京政府委任张瑞玑为陕西省长。

同日，《申报》还报道两条有关张瑞玑、乾县的消息：

其一，陈树藩电告，此间除在靖国军防线内不计外，刻拟试办清乡，一切办法已与张专员商妥。

其二，陈树藩电，乾县战争说，因郭坚等食言不肯撤兵所误会。

5月6日，《申报》三版（一二版为广告）时评及专电聚焦"五四"运动，同版右下方刊登有关张瑞玑的消息：

中华通信社 5 月 5 日北京电:张瑞玑电,在陕各军长官意见均渐联合,惟陈树藩势似孤立。

5 月 7 日,《申报》三版载:

(四日下午十一钟)北京电:政府昨电张瑞玑,现已停战划界,究竟陕省各属何处系南军,何处系土匪,实数若干,望速会同该管长官详办具报。

5 月 8 日,《申报》三版载:

(六日下午七钟)北京电:张瑞玑电,陕事已有结束,定真日(按:即 11 日)北上,将来收拾办法俟另商。

同日,《申报》三版据中华通信社 7 日北京电报道:

张瑞玑电,划界事竣,定真日回京,面呈一切。

5 月 9 日,《申报》三版(七日下午三钟)北京电:"张瑞玑电,陕事已有结束,文日(按:即 12 日)起程回京。"又载:"于右任不干政通电,仍主张恢复旧会。"

按:旧会指旧国会,这是南北代表争执不决最终导致和会破裂的一个重要议题。于右任此电文只字未提"陕战"。

同日,《申报》三版据中孚通信社 7 日北京电报道:

院因张瑞玑报告划界事竣,电劝仍留陕办理善后及筹赈事宜。

同日,《申报》十版《和会正式续开之第三十日》载唐绍仪总代表致朱启钤总代表的函,此函引述于右任、张钫(字伯英)致唐绍仪的电文:

迳启者:顷接三原总司令于右任、副总司令张钫电,开"自张瑞玑入关,对于我乾县守军,主张以人归许,以地归陈,我军将领郭英父、王珏虽困孤城,义不反顾。前者求援帛书到后,亦已电呈,乃陈氏竟向许军公然宣言,谓乾县守将敢与三原通讯,渠即下令攻击,请勿干涉云云。据日来确报,陈军进攻如前,四月二十九日晚,张扑城数次,均被击退。郭王矢死固守,与城存亡,不遑寝食者百余日。城中粮储无多,居民千余户,将与守兵同有易子而炊之象。今和议行将告终,而乾城一隅犹蒙战祸,试思古今中外有不顾人道如斯者乎?事急情迫,特此电达。右任等所求决无他,只解乾而已。倘再无切实办法,破坏和局之责实有所归,右任等义不忍坐视孤城誓死之将士人民于不顾也"等情。准此,相应函达,希迅电北京政府,敕令陈军停止进攻,速解乾围,以免破坏和局。并希见复为盼。

按:在武功县游幕的贾东园,看到这条消息后,致函旧国会陕籍议员杨西堂、可亭等,告知乾县确无战事的真相。武功毗邻乾县,贾东园称与于右任是同学。此函载5月29日《申报》。

同日,《申报》十版又载《李述膺致唐总代表弓》:

少川先生钧鉴:敬启者,膺身痛倦,请假一日,乞赐可为荷。乾县被陈军正式攻击,我军前次以在停战□中,极力忍耐,至此已忍无可忍,决不能置誓与城殉之将士于不顾。万一双方战端再开,以现势考之,必致牵动陕中全局、南北和局。为此,请先生迅电张划界员,诘其俭陷①两电极端否认乾县战事之故,并即日取消其以人与许、以地与陈之主张,至祷!亦请朱总代表与北京及张划界员严重交涉,万勿视为寻常之事,致成莫解之祸。幸甚!李述膺鞠躬。八日。

5月10日,《申报》十版《和会续开之第三十一日》据平和通信社消息:

  九日上午南北总分代表齐集前德国总会,讨论青岛问题。

5月11日,《申报》三版据中孚通信社10日西安电:"士绅要求张瑞玑暂勿返京,会同陈树藩、于右任商筹清匪赈灾等办法。"

5月12日,张瑞玑通电各方,挑明"右任书生耳,欲利用土匪,反而为土匪所利用,靖国其名,而土匪其实""非瑞玑诬民军为土匪也",继而备述匪祸惨状。具见下文:

  特急。北京大总统、国务院、参陆处、各报馆,抄广州军政府各总裁、参众两院,广西陆总裁、云南唐联帅,各省督军省长、各都统、各军统、各镇守使、各师旅长、各司令,湖南吴师长,上海唐、朱两总代表并转各代表,各报馆钧鉴:陕西停战及乾县并无攻击情形,前已历电言之。顷接李述膺君电,仍据于右任电,谓乾县并未停战,支蔓纠缠,只此一语。瑞玑敬一言以告之曰:陈军果有攻击,瑞玑自当布闻,此时不必浪费笔墨,日日争辩也。惟来电谓瑞玑诬民军为土匪,此罪万不敢承。夫民军土匪有何标准,护民则为民军,殃民则为土匪。右任与

---

①俭即28日,陷即30日。两电分别登载5月2日、3日《申报》,谱中均予详录。

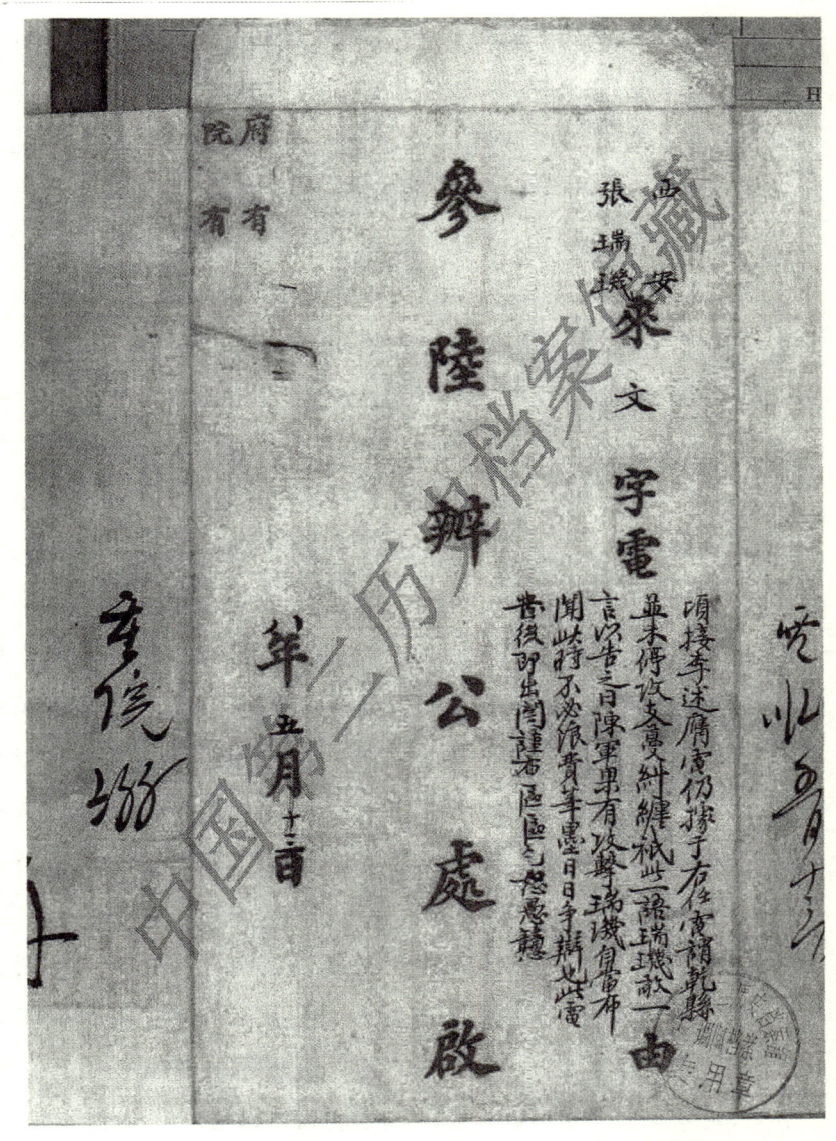

中国第二历史档案馆藏张瑞玑电文

述膺自认土匪为民军耳,非瑞玑诬民军为土匪也。民军如岳维峻、如田玉洁、如叶荃,瑞玑皆历电表扬之,初不敢稍贬一词。右任书生耳,欲利用土匪,反而为土匪所利用,靖国其名而土匪其实。自有土匪以来,未有如今日陕土之盛,自有陕匪以来,未有如今日屠戮之惨。如北山一带,行二三百里不见人烟,同州一带学堂学生俱被缚票,他无论矣。岐山一县焚烧房屋三千三百家,乾县、凤翔一带求一十二三岁之处女不可得。其缚票之名称,不已有快票、慢票、火票、水票、肉票之别,皆以死刑之迟速轻重分之。其用刑则枪击刀毙外,有水煮、有火烧、妇人割乳、小儿蒸笼,奇惨异酷,中外骇闻。有用煤烤人因火重速死者,匪首怒之曰:咄!汝胡不看火色,人死汝安所得钱。呜呼!陕民亦人也,何辜何孽,乃至如猪、如鸭,熏之、烧之,尚研究火色,不令其速死耶!闻此言而不动心不下泪,亦必非人也。刘子康之子被缚票,勒赎二千五百元。近来三原城乡,除岳维峻一部纪律严整,行军无人约束。叶荃前派兵护送伤兵过三原,被夺去枪枝〔支〕,并将护兵击伤。三原商贾,争逃至泾阳、省城,泾阳房价为之大涨。以上所述种种,皆土匪之略史也,而右任、述膺曰皆民军也。是真诬我民军矣!意以此等事,右任未之知,述膺未之闻也。何不闻右任一言以禁之,述膺一言以责之耶?靖国军之不明大义,越不自爱,故皆疾首痛心,羞与为伍,人心之愤,已见一斑。自瑞玑梗有两电发表后,述膺来电大不满意,今更急不择言,至谓瑞玑祸陕。夫陈督祸陕有陈督在,土匪祸陕有土匪在,右任纵匪祸陕有右任在,何与瑞玑事!虽然,生命亦陕人之生命,名节亦陕人之名节,陕人杀之辱之而不知怜、不知惨,被杀被辱都不敢哭、不敢言,而瑞玑怜之怆之,复滋而代哭之、代言之,是多事也。瑞玑知罪矣。此电发后,即捫挡出关,敬此布闻之。

恕愚戆。瑞玑叩,文。①(十二日发)

同日,致李龙门电,称"但使和议如愿告成,弟甘受唾骂不辞也":

急。上海唐总代表转李龙门先生,瑞密鉴:来电谓弟牺牲主张,维持和议。弟素所主张,始终不肯牺牲,皎皎此心,天日可矢。惟外察列强,内觇民情,既不能复言战势,不得不驰驱于和议,既闻诸大问题能由根本解决,则全国悉熟轨道,陕西讵能分驰,若必左牵右制,使和议不能续开,同利于国、同利于陕,愿兄就其大者远者筹之,但使和议如愿告成,弟甘受唾骂不辞也。致密电一事,弟查询电局,确已通转兄处,迄今犹未得三原密电耶?此复。瑞玑叩,文。②(十二日发)

5月13日,《申报》据平和通信社11日北京电:

许兰洲特电,田玉洁经陈树藩、张瑞玑劝降,靖国军大生反感。

5月14日,张瑞玑致南方总代表唐绍仪密电,称于右任、许兰洲"携手甚欢"。

急。上海唐总代表钧鉴:瑞密。于许携手甚欢,陈许感情日恶,时局酝酿,人心变幻,眼看奉军在西北又树一帜,非特陕乱未已也。

---

① 《1919年南北议和期间陕西划界电文选》,王作霖供稿,马振犊编选,《民国档案》,1991年第1期,第69页。个别文字讹误,兹据陕西省博物馆《谁园集》(增补卷二)校订。《申报》未刊登此电,中国科学院近代史研究所1962年汇编的《一九一九年南北议和资料》亦未收录。

② 同上。

满盘棋子,无一不错,言之愤惋不已。密告先生,请示我方略,暂勿与第二人言也。瑞玑叩,寒。①(十四日发)

5月15日,《申报》三版北京电(十三日下午五钟):

院(即国务院)留张瑞玑在陕结束军事,顷张覆电首肯,真日(即11日)不复北上。

5月16日,《申报》载平和通信社13日北京电:

张瑞玑受于右任诋斥,昨有电云"公道主张不能见谅,请准回京卸责。"

同日,分电北京国务院、参陆处、广州军政府、参众两院、上海唐绍仪、朱启钤两总代表、江苏督军李纯,以及奉军许兰洲、靖国军于右任等,告以5月17日出省北上。又电告赵城家中。

同日,陕西督军陈树藩为张瑞玑饯行,胡景翼将军参加。

5月17日,《申报》载中孚通信社16日北京电:

陈树藩电告,张瑞玑即日离陕,返京复命。

同日,由西安起程,北京政府参陆处赵鼎彝等随行。

5月18日,《申报》载平和通信社15日北京电:

---

① 《1919年南北议和期间陕西划界电文选》,王作霖供稿,马振犊编选,《民国档案》,1991年第1期,第70页。

陈树藩来电谓,由张瑞玑主张乾县归许兰洲军接防,已决定。

5月20日,《申报》四版载北京专电(十九日下午四钟):"张瑞玑回京。"

按:5月21日《申报》载中华通信社20日北京电:"张瑞玑篠日(即17日)由西安启行来京。"5月23日《申报》载中孚通信社22日北京电:"张瑞玑电告抵郑州,即赴京。"5月24日《申报》载北京专电(二十三日下午一钟):"张瑞玑二十一过潼关,今晚可到京。"

同日,致于右任、张钫电,告以乾县事已与续西峰拟定办法。

三原于总司令、张司令鉴:乾事与西峰已拟定办法,并电知柏森,西峰不日回原,一切当能洞悉。请释廑注。瑞玑叩,哿。(二十日发)①

同日,致电刘翼若安排到京后下榻处及接站事宜:

北京南官园五圣庵刘翼若先生鉴:十六日由西安起程,到京或借温寓或尊寓,请与静庵商之,并遣人来站照料。瑞玑。(二十日发)②

5月21日,抵潼关,致电陕西省长刘镇华(雪亚)。
5月22日,《申报》载北京专电(二十一日下午三钟):

---

①《1919年南北议和期间陕西划界电文选》,王作霖供稿,马振犊编选,《民国档案》,1991年第1期,第70页。
②《谁园集》增补卷二,陕西省博物馆,1983年,第57页。

陕乾县因粮缺,有难民逃出,郭坚派员与郭英甫疏通,王珏作梗,因此自相攻击。守兵亦陆续窜出抢掠谋食。①

5月24日,《申报》载北京专电(二十二日下午三钟):

其一,陈树藩号电,乾县城内王郭内讧,开枪互击。
其二,政府接张专员报告,乾县战事均系彼军各存私心,自相攻击,并非陕军攻击云云。

同日,抵达河南观音堂,致电刘翼若、温静庵。
5月25日,《申报》载北京专电(二十二日下午五钟):

乾县王珏部抢掠,郭英甫禁阻不服,删日(按:即15日)互击,死伤甚多。

按:记者此电证明,乾县战事系城内靖国军自相攻击,并非北军攻击南军。

同日,抵达郑州,致电国务院参陆处等。
5月27日,抵达北京。
5月29日,《申报》七版载《陕西是非之争尚未已》,内容是三份函电:

其一,《陕西陆军骑兵旅第二团团长田维勤致张瑞玑函》,申述应

---

① 此消息可与5月24日《申报》所载"政府接张专员报告,乾县战事均系彼军各存私心,自相攻击,并非陕军攻击云云"互参。

王知县和数千难民之请,派部属前往宜君南境剿匪及剿后退驻原防地等情形。具见下文:

衡玉先生钧鉴:顷奉井镇守使转奉督军令,并国务院沁电敬悉。查宜君系我军防地,王知事尚文系省长所委,硬匪近盘踞宜君新寨,仇杀民团,绑票至三百余宗。王知事飞函请救,日有数起,勤恐此剿彼窜,致起纠葛。乃该匪奸掳烧杀,残酷益甚,拉票远至中部、东境,距洛甚近。中宜知事同难民匍匐来洛,先后达数千人,环跪泣恳,叩头出血,勤始派驻宜君店头之纪营前往追剿。乃于电谓攻彼宜君,试问新寨除新发生数百硬匪外,有一家居民乎?"知事不知下落,县城失守"等语,现王尚文知事依然供职,仓村、治城依然完好。该电文又谓,田部向驻洛川,近忽南窜。查新寨虽在宜君南境,为职部纪营防地,距纪营长驻在地之店头六十里。防境剿匪职责所在,南窜云云义实费解。故侈厥词,颠倒是非,事实俱在,无妨对质。曹老九于二月十九日攻陷我宜川,绅商难民纷纷来洛请救,因假靖国军名义,故隐忍至今,未尝一矢相加,致宜川遭未有之奇劫。若匪首王伯亮,二月间尚为宜民赵生华佣工,纯粹近今初出之二匪,扰害辖境,不能不徇难民之请。纪营驱逐该匪后,仍回驻店头。奉令谨覆,敬请钧安。

其二,《陕西公民张智等来函》,指责张瑞玑入关后区分何者为军队、何者为土匪等言行"越出范围"。具见下文:

唐朱总代表及各代表,广东军政府、国会,北京国务院,各省督军、省长钧鉴:关中人民望张使之来,如大旱之望云霓,甚盼其早到陕一日,早将一日安宁也。不意喧传至两月之久,始见使节西来。及入关之初,即有不划界之声明,智等猝闻之下,如堕五里雾中,闷葫芦不知卖何药。意者陕事果从此绝望耶?夫张使唯一职责划界也,非调查军队也,抵陕时即宜履行职权,不当涉及他事。乃竟出人意料,放弃划界而不为，反越出范围，指某某军队也，某某土匪也，枝节横生，殊非所以救陕西而弭乱源之道。至今他处战虽停，而乾县以未划界之故，围犹未解，纷纠日甚，祸机以伏，此张君之功也。且乾县既明明认为靖国军矣，而张使必曰以人归许、以地归陈，夺之一方，与之一方。岂靖国军之地与人，靖国军不能处分之，须劳他人代为之处分乎？不然岂划界员所宜出。又据道路传闻，张使在渭北又有运动军队之嫌疑，虽其言不可尽信，要亦绝非无因。……谨将经过情形约略陈之，即知张使入关以来所谓划界与停战者，固如是也。陕西公民张智、倪宝初、李成安、王一、刘伦、黄浩然、席厚安、王子余等一千二百余人同启。

其三，《陕西贾东园致旧国会陕籍议员函》，贾与于右任有同学之谊，在武功县游幕，对乾县情况"知之最详"，郑重声明乾县"无战可言"。具见下文：

西堂、可亭二兄及同乡诸先生钧鉴：兄等为国为民呼号奔走者数年，热心毅力钦佩莫名。近阅报载外交失败，全国恐惶，而兄等屡以乾县之战相诘责。《申报》五月六日又载有唐总代表咨询乾县战事之文，是乾县有无战争，为和会一大障碍。但别县有战事与否，弟知之不悉，未敢妄言。今弟游幕武功，去乾县甚近，于乾事知之最详。当张衡玉先生初抵陕时，固有征调醴、兴、武（要八百人只去一百余人，他县同）民夫，在乾城四面掘壕，以为久困之计。及张君至兴之日，已将民夫遣回，停止工作。又数日，张陈白各军皆由原驻地点退后数里。乾城郭王兵士随领城内百姓，将所掘之壕一律填平。此四月间事也。迨至五月，乾县城门日开数次，城内之兵有在附近征收粮草者，且有至数十里以外者。自四月中旬以至今日，不惟无战可言，即冲突亦未之闻。弟与诸兄为同系，与右任为同学，与伯生为朋友，数年均未通信,决不敢饰词妄报,自取咎戾。特以渴望和会速成,清乡早办,使土匪无藏身之地,人民免遭抢劫掳赎之苦,则全秦受惠多多矣。特此奉闻,以纾关怀桑梓之至意。

5月30日,《申报》载北京专电(二十七日下午十钟):

张瑞玑今晨到京,陕人只高增爵①出迎。三钟谒钱,报告经过,谓乾县事防于许结合,引起反动,故劝陈督勿让。

5月31日,《申报》载北京专电(二十八日下午五钟):"张瑞玑到京,语访客陕乱已极,须亟筹整治。"又据平和通信社28日北京电:

张瑞玑主张陕西须分别军匪,更换督军及省长。且谓除陈树藩所部外,只管金聚、张锡元所部为军,余皆匪。至于督军、省长,则现在陕者无一可用。

同日,《申报》八版载《张瑞玑抵京后情形》,即谒见徐世昌总统的情形:

张瑞玑前日到京,晤见钱总理后,公府(按:即总统府)即令张氏昨早晋见。张氏于昨日八点半钟,进府报告到陕以后目睹南北军之状况,及与陈于双方接洽划界事宜之一切情形。报告毕,东海(按:徐世昌字东海)询以于右任、张钫等究存何意见,张氏答以于右任方面

---

①高增爵(1863—1932),字少农,陕西关脂县人,光绪壬辰科(1892)进士,署理陕西民政长,后任参议院议员、总统府顾问。

虽然赞成和平,而南军分子太杂,以致诸事困难。东海复询陕中南北两军之形势,张氏即面呈报告书,并划界指掌图数件,内容对于陕中军事上之情况颇为详细。东海一面展阅,一面由张氏按图逐节陈述。东海阅毕又询陕中匪势,张氏言兵匪不分,是以匪徒乘间思逞,然近日匪势已稍见减少。东海更问与陈督接洽诸事,张氏一一报告。谈话有四小时之久,至十一点半退出。

同日,《申报》八版据中美通信社消息,张瑞玑近日又接于右任等最后电文如下:

张衡玉先生鉴:电悉。公以炮火不接为解围之说,施之两军相持之红崖渡则可,用之四面包围之乾县,则围者仍自围耳。譬如堵人门内,断绝交通,仅曰令退一步,则此被堵者不困死则饿死耳,需退何为?况敌军所驻为北门外之金家堡,南门外之兰仁村、小张村,距城不过三里之遥。且长围久困,周城战壕宽深可以驰马,□者距城不过三四十步,斥堠(按:即侦察兵)日夜不绝。试静思之,杀人以梃,与刀有以异乎?公久处省城,贵耳贱目,见人告哀,认为诬己,致彼此起文字之争,乾民受锋镝之害,故前电有亲往视察之请也。来电既不久住,至谓乾县一隅具有苦心,弟等更不明命意之所在。但真相如此,用再电告,并代乾民与孤军哭送行旌已耳。于右任、张钫。效(按:即19日),印。"

按:5月31日长沙《大公报》二版特别快信栏标题新闻:"张瑞玑昨致电广州军政府,声明交卸陕西划界职务。"《1919年南北议和期间陕西划界电文选》载有此电:"广州军政府岑、伍两总裁,参众两院鉴:二十七日到京,知注敬闻。瑞玑叩,卅。"①9月28日,张瑞玑电告广州参议院议长林森"弟到后病泻半月",可知赴陕两月半,谱主劳瘁已极。

6月1日,《申报》据中华通信社5月30日北京电报道:"张瑞玑语人,许兰洲督陕,张作霖势力益大,予决端反对。"

同日,《申报》报道中美通信社记者在京采访张瑞玑的消息:

> 日昨本社特别访员晤张氏,询以乾县近状,张告之曰:"围攻乾县者,我之策也。余恐乾县不攻,则许兰洲、于右任等联为一气,转攻陕督陈树藩,而陕祸愈不可救。且余未行之先,亦尝以此计密商政府,深得其同意也。"访员曰:"然则陕局惟陈树藩可收拾乎?"曰:"陕事非陕人能办,陈不能,于亦不能,最好请外省人之熟悉陕西事情者办理,庶几可望收拾。"访员曰:"先生籍隶山西,其为外省人自不待言,且先生居陕日久,熟悉陕事,宜莫如先生矣。而况先生与政府接洽,与陈督又接洽,先贤不云乎'当仁不让',先生何归来之匆遽也?"张摇头微笑曰:"罢了,罢了!我四面受敌,身无完肤,岂肯再与闻陕事。"于是以其所作感怀诗若干首示访员。

按:中美通信社访员所说的感怀诗当为《关中感事》四首,其二有"早知哀帝难存汉,失计韩非再入秦"的感慨。

6月2日,《申报》载北京专电(三十一日下午五钟):

---

① 《1919年南北议和期间陕西划界电文选》,王作霖供稿,马振犊编选,《民国档案》,1991年第1期,第70页。

张瑞玑谒钱,离请维持陈督地位,钱命张瑞玑赴陕办赈。

6月3日,《申报》载中华通信社1日北京电:

张瑞玑定日内赴沪,事毕回里。

6月5日,《申报》载中孚通信社6月4日北京电:

张瑞玑不愿再入陕,今见钱辞赈务事。钱极意挽劝,有"国事为重,勿辞劳怨"语。

《胡景翼日记》四五月间有关张瑞玑的记述如下:

4月10号。晚予送纸五页,请小衡转与衡玉先生画梅并写堂联。当此戎马倥偬之际,予无故作此,以泄忧而已。

4月15号。闻三原将衡玉派的人傅某及兵士均当押。此停战期间,如此行为令人难猜。交战期间尚不难来使,如此是胡闹而已。又闻三原秩序不佳,令人心碎神飞。

4月18号。前日张衡玉派傅某往三原,所带马弁二人被押六日,几枪毙。真是胡闹,令人气闷。

4月23号。衡玉先生为予书小条一,小衡已交予。为古岳书联一,文云:"风吹皱一池春水,干卿甚事;浪淘尽千古英雄,令我生愁。"为王子风书:"不意老子乃与韩非同传;若遇汉高当与彭越并肩。"

4月30号。正看书间,人传督军同张衡玉先生请予。至则张聚廷、王荫之、董雨麓、陈仰峰及英文教习均在焉。移时薛秀卿亦来。衡玉言,百姓如何惨痛,而右任又如何悖谬,专听大衫子客话,同伊为难。予云,今古彼此均如此。……后又云,伊觉自己挨骂受不着。予云自古以来,凡办一事,未有不受少数人恨詈者,只要多数受福即可矣。先生必不斤斤于此,只设法收拾此残局,不负国民可矣。后即讲究文字等,言伊有像赞云:"文士之笔,辩士之口;循吏之心,酷吏之手;狂士之诗,豪士之酒;侠士之挥霍,廉士之操守;北美洲之思想,南非洲之紫首;困我于七品之官,关我于百里之守;十余年来风尘奔走,吁嗟,尔生胡不偶?"人均赞其妙,予亦觉奇。

移时到小衡处索衡玉先生电,托解子丹为予誊出,明日观之可也。

5月1号。又予想衡玉先生昨日通电,言右任总司令不能驭三原靖国军。予觉右任不宜与衡玉为难,衡玉亦不必与右任如此也。当此时局,以整顿拯济、收拾残局为先务;何必闹无谓之意见,打无谓之笔墨官司哉!

5月3号。晚下楼,在绾卿处闲谈。……予又与论陕事,言右任、衡玉均不宜如此互相攻讦,徒贻人口实而于事无益。

5月5号。蕴斋又云,雪亚省长有撤换意,借有病,故将进京运动。中央拟任张衡玉云。

5月15号。张衡玉先生因李龙门、于右任等反对,又有长电相诉,决定后日启行云。闻有多数商绅欲挽留之,不知能达目的否。或有劝予留之者,予未觉其可,在筹思中。……又见张衡玉为韩绾卿书联云:"右军悔从卫夫人学草□□;迦叶笑看尼佛拈花向人"云。

5月16号。铸肃所持扇,系督军为衡玉先生书者,文云:"洁士夜行,自信不为盗,何惧犬吠!书此以赠衡玉老哥"云云。背面魏书云"白刃当头只一笑,何怕狗咬!"盖衡玉与右任交相谤侮,而督军慰之,并泄自己积怨也。督军人非不明白,魄力非不雄厚,然识见为小人所围,精神为众妾所耗,自信力太深,善言一时难入,而所行多乖也。衡玉此次之来,实有为陕西、袒右任之意。而均皆任气,遂致决裂,缘均好人心地,有意直输,而书生习气尚均未改也。……督军今日请客三席,盖为衡玉先生饯行也。

赴陕划界期间,张瑞玑作七律《灵宝道中》《至潼关》《入关绝句十首》。关于对张瑞玑赴陕划界的评价,胡景翼将军的胞弟、国民军师长胡景铨,八年后在吊唁张瑞玑的挽词中这样写道:

靖国军兴,中原鼎沸,群雄角逐,各据一方。吾陕西百二河山,已成四分五裂之势,兵连祸接,迄无宁期。先生奉令西来,调停陕局,划区分界,力解纠纷,拯百姓于□劫,重一言以九鼎,靖国基础赖以完成。不独造福秦中,抑且有功党国。先生诚革命之中坚,民国之护法。为循吏,为文家,尤其经济文章之余绪耳。

按:据谱主曾孙张七先生家藏《哀挽簿》节录。

台湾辅仁大学历史系教授林桶法在其专著《民国八年之南北议和》中,对陕西问题的实质作了如下分析:

陕西问题中牵涉南北双方之争执,肇始甚早(参见本文第四章),而基本上造成双方之争执,主要在于南北势力范围之争夺,若该地方为南方所有,则一旦有事,东出殽函,扼京汉铁路之冲,固足以制北方之死命,而北方为保持地盘之形势,固亦不能不扼守山东陕西两省。双方均欲将陕西划入自己势力范围,尤其段(按:即段祺瑞)在湖南战场停战后,希望开辟第二战场,借以继续保持南北的战争状态,因此在和谈前夕调遣大批北军投入陕西战场。段氏所以积极支援陈树藩之目的,除了与南方保持武力对峙之局外,表面的理由是"剿匪",真正的目的是借陕西问题阻挠议和进行。南方靖国军在于右任指挥下,亦视陕西为军事必争之地。西南实力派为恐陕西全境成为段之势力范围,也不时派援兵以抵抗陈树藩之攻击。因此陕西问题并不单纯是剿匪与划界之争而已。还代表双方实力之消长及段氏武力统一之企图在内。于是本来是单纯的军事纠纷,便演变为政治之争执。①

**林著还指出靖国军"亦有夸大陕战之嫌",并征引张瑞玑电文:**

当然如谓陕事完全归责于北方亦有失公允。南方靖国军为了抵御北方之攻击,发动大力反攻行动,为了求取军政府之援助,亦有夸大陕战之嫌。正如张瑞玑由西安来电所说:"一月以来右任自三原函电致沪,总以乾县未停战为词,一则曰袭击,再则曰合围,三则曰全力攻击。如右任所言,则一月之内乾县,无日不在炮轰枪击中,即以漾日之电为开始攻击之日,距今已十日矣,请陕西旅沪诸君电右任探问,此十日中陈督攻击情形如何?乾军守御方略如何?城垣有无破坏?双方有无伤亡?陈督共分几路?距城里数若干?驻扎何地?攻击何方?右任既为总司令,军事上之报告当必较他人明白详析也。若乾县方面果有全力攻击之举,陕西八百万父老子弟当共闻共见。瑞玑负监视之责,而不闻不见,或闻之见之而隐而不言,则瑞玑罪当万死矣。"②

---

①②林桶法:《民国八年之南北议和》,台北南天书局有限公司,1990年,第186、192页。林著所引张瑞玑卅电,个别文字、标点与《申报》所载略有不同。

中国社科院近代史研究所中华民国史研究室主持编写的《中华民国史》(李新、李宗一主编)，多处引录《申报》所载张瑞玑赴陕划界电文，且总评曰："张瑞玑抵陕后拍发的电报，证明陕战已停，给恢复和议提供了可能。"具见下文：

陕西问题成为南北和议的一大障碍。南北双方以及一切关心和局的人们，都期待张瑞玑早日赴陕，执行停战划界任务，解决善后问题。张瑞玑从2月26日由上海晋京后，和政府有关人士多次磋商赴陕事宜，等待陕西停战和陈树藩、于右任赞同欢迎他入陕划界的来电，直到3月12日始离京赴陕。行前，张对人说，他入陕是勉为其难的。"余此时为情势所迫，不能不去。其实，陕西事情非常困难，该省南北两军颇极复杂。陈树藩不能代表北军，于右任亦不能代表南军，将来划界问题必甚棘手。"他还表示，他赴陕不受任何一方约束，"与南北两方政府均不发生直接关系，将来所有划界情况，只报告沪上和会"。

3月18日，张瑞玑到达潼关，20日抵渭南，先后电和会报告：红崖头、相桥、兴市、交口一带，张锡元旅长与靖国军岳维峻、曹世英均经奉令停战，现正与两方会商各后退四五里，以免冲突。3月22日，张瑞玑到达西安，23日又发来一电，报告双方均已停战，并痛陈陕西人民历经兵匪之祸的惨状。电文说："养日抵西安，陕省双方军队刻俱停战，前蒲城小有冲突，今已平息。……统计南北主客驻陕军约十三万，八省之兵，合数省之匪，星罗棋布于关内一隅，纵卸甲坐食，秦已不堪。瑞玑入关所经市阛，比户墟落断烟，闻西路尤甚。陕南已收括无遗，陕北则糜烂殆尽。父老相见，挥手失声，咸谓兵火之惨，十倍□乱。但愿自今以后，再勿多生伟人英雄，使愚民得稍稍安集，于愿已足，若欲恢复元气，非三十年后未易言也。其言甚怆，闻之恻然。"他告知和会说,拟定一二日亲赴兴平、三原各战线,与许兰洲、于右任各军接洽会商停战划界事宜,务求两免冲突,暂息民喘,并说:"和议既开,则是非曲直听之南北公判。陕人受祸较烈,故陕人希望和平之心,较他省尤为迫切。此电入览,八百万呼吁之声,隐隐纸上矣。"

3月下旬,因和议中断已二十余日,国内各方面人士迫切要求继续开议。上海五十三个商业公团联合会于3月19日召开紧急会议,并致电南北政府及两方代表,请求在七日内开议,"以定人心,而维大局"。全国和平联合会、和平期成联合会等团体也通电要求恢复和议。同时,美、英、法等国驻华公使又几次开会,准备提出第二次劝告。英国公使朱尔典并将此事非正式地通知了外交部。张瑞玑抵陕后拍发的电报,证明陕战已停,给恢复和议提供了可能。①

《中华民国史》又载:

4月7日上午9时,南北代表在德国总会开谈话会,停顿了一个多月的和议又得到恢复。是日第一项议题为陕西问题。因先一天张瑞玑又有两电到上海,一是致和议各代表及全国和平期成会、和平联合会,电文说:"陕战已停,屡经电闻。前者右任所争,在乾县围兵退驻地点之远近,本非争战与不战也。今则郭坚指乾县为渠旧部,请许兰洲赴乾收抚,是乾县又为许有矣。其余各处,更无战事可言。事实昭然,非可饰言。"另一密电指出:"江电敬悉。三原电已通,查询电局,由粤沪致右任电已照转,而右任迄未去电,想不久亦有电去也。

---

① 李新、李宗一主编《中华民国史》(第三卷,彭明、周天度等著),中华书局,2011年,第308—310页。

战事确已停止。"故会议讨论陕西问题时,没有发生争执。①

## 划界之后

9月28日,致广州参议院议长林森电:

弟到后病泻半月,近又病发,正拟割治,稍愈即南行。敬复。②

11月(阴历九月),在京应恩师韩垌之命,为韩父耀光③《说文声类分韵表》作序。末署:"己未夏历九月,小门生赵城张瑞玑敬序于京师旅邸。"

本年,挚友刘绵训(字翼若)在京去世,张瑞玑吊唁。作七律《哭刘翼若诗六首》:"昨宵哭断三更梦,呜咽挑灯起写诗。"

年底,作古风《饮酒歌赠鹿遂侪④》。

按:从诗中可知,谱主这一年已是"秋丝入镜两鬓霜"了,他自己却说:"兵火余生还自慰,容我醉眼阅沧桑。"谱主晚年自号"酒皇",诗中常见豪饮:"姓名误落俗人口,江湖呼我作酒狂。我日以酒为性命,天涯到处逢酒场。""愿把东海长流水,化酒都成琥珀光。与君赤足坐海岸,共吞海水湔愁肠。"

---

①李新、李宗一主编《中华民国史》(第三卷,彭明、周天度等著),中华书局,2011年,第311—312页。
②《1919年南北议和期间陕西划界电文选》,王作霖供稿,马振犊编选,《民国档案》,1991年第1期,第70页。
③韩耀光,字仲弢,曾任滦州(今河北滦县)知州,所著石印本《说文声类分韵表》于1921年出版,书前印有张瑞玑序文的手迹。
④鹿遂侪,名学良,河北定兴县人,时任山西高等监察厅检察长,比张瑞玑年长16岁。

1919年张瑞玑撰《说文声类分韵表·序》手迹

# 卷四　谁园夕照
## （1920—1928）

### 1920年（中华民国九年庚申）四十九岁

春，"客居都门，百无聊赖，惟日与雪亭醵饮酒肆为欢。今雪亭将行矣，对酒话别，万感交集。雪亭索梅一幅，兼为题诗，书竟展视，不胜怅然"。

按：上引内容是张瑞玑一首七古的标题。诗句有："不是案头无胭脂，让与他人画牡丹。画成几枝缀香雪，老干拗折根如铁。"又说："出山何似在山好，失计还乡悔不早。"正是陕事结束后思归的心情。末嘱雪亭："关中故人如问询，一枝寒梅似平生。"雪亭待考。

4月2日，致信陕西省教育厅厅长、禁烟局长郭希仁。以不计"一时之毁誉恩怨"，要像自古以来的英雄圣贤那样"坚忍"，与郭氏相勉。

希仁道兄鉴：奉手书，知小儿至秦诸蒙关照，感甚。王松亭《说文拈字》兹觅得石印一部。今日雪亭还里，托渠带呈。书印仍依原式，惟序不完全。兄如有意付梓,野人当为抄补。禁烟一事关系前途甚巨,我辈既担任其事,即当以肃清告功为卸肩之日,一时之毁誉恩怨均无当于事实,自古英雄圣贤皆以"坚忍"二字为进行能力,望兄好为之,勿懈也。小儿既托足高寓,可谓得一明师矣,愿兄视如自己子弟,勿吝教诲为祷。此颂
道祺

糗窟野人　四月二日

议员任期已决定八月一日,野人出都当在阳历八月、阴历六月也。

5月,出都返回赵城。过太原,为客居省城的老友——泰兴吴岷甫作《题陈筑生太史书画遗扇》。

按:吴岷甫(名人达,号山民)告诉张瑞玑:"有鬼凭几而语,谈诗文不落俗,全然不为祟也。初自讳姓名,久始自言贵筑陈筑生,由翰林出宰此泉,殁于官,游魂羁晋三十余年矣。"陈筑生生前工于书画,吴岷甫有他两幅扇面,请张瑞玑题诗,张作此诗。诗中感叹:"生人论交不如鬼,手掏肝胆付与谁?"

5月27日,"在霍麓广胜寺避暑"。作《重修长安孔庙碑记》①,致信郭希仁。一面"翻阅佛经,一扫俗障",一面关心陕事。

希仁道兄鉴:我两人所计议陕事,入都后均未能如意,故怅然归里,不复以一字相遗,非尽由于疏懒也。孔庙碑记勉成,呈上请斧正是幸,此稿请缮写后仍交小儿尔公。再,尔公所著《陕西地理》,请兄

---

①赵戴文主编《来复》报,1921年,第142期,第20—21页。

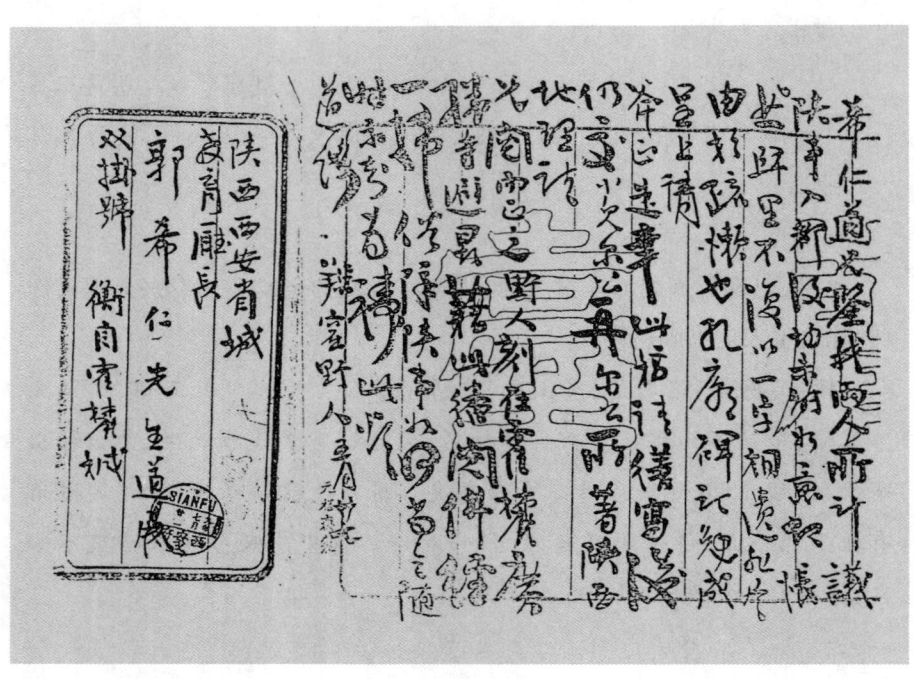

1920年夏在霍麓广胜寺致郭希仁书（陕西省政协文史委藏）

阅而正之。野人刻在霍麓广胜寺避暑。借此翻阅佛经,一扫俗障。陕事如何,尚乞随时示知为祷。此颂

道祺

糙窟野人　五月廿七

按:上年赴陕划界,《入关绝句十首》(之八)云:"有人关学沉沦日,炮火声中讲素王。"自注:"时吾友郭希仁重修长安孔庙,人或笑其迂,吾谓其迂正不可及。"

作《重修长安孔庙碑记》:

宣统之季,瑞玑历宰长安。吾友兴平张小山、蓝田牛梦周、临潼郭希仁,屡为言文庙倾圮,议所以修葺之未果。民国七年,希仁为陕西教育厅长,重申前请于省长。于是年七月鸠工,十一月竣事,颜之曰"孔庙",遵时制也。……呜呼!孔道之不讲久矣,自宋迄清,惟关中学派薪尽火传,渊源未绝。比年以来学术庞杂,士论诡靡,横渠、少墟、二曲三原之遗,殆几熄矣。独小山、梦周诸君子于兵火仓皇之际,窜迹山谷,尚能收拾余烬,讲学不衰。使孔道不遽亡于关中者,盖赖一二迂者之力以维持之。……夫率天下之人而皆以讲孔尊孔为迂,此天下之所以大乱也;率天下之人皆出于不迂,间有一二迂者而又为不迂者之所不容,此乱之所以终不息也。自今以后,深望入庙瞻拜者,各戢其平日不迂之行纳之轨范,而讲孔尊孔之举,不复群起而迂之,或亦挽回世变之一机也。

避暑期间,作《游广胜寺至分水亭小息》《由霍艮上山》《至广胜寺》《醉登飞虹塔》。《由霍泉上山》颔联:"钟声千壑定,塔影一僧归。"既是眼前景,

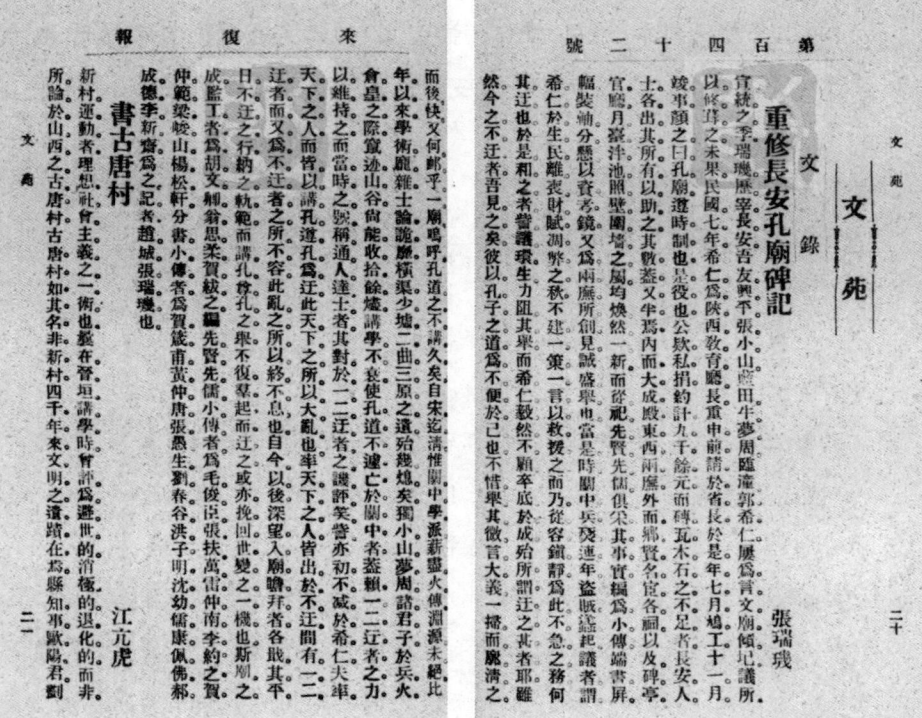

1921年《来复报》第142期载《重修长安孔庙碑记》

亦是诗人彼时的心境。

6月初,经京、津抵达上海,拟赴西湖。在上海致郭希仁信,谓"见一班政客怪状奇形……人人有盗贼思想(性质),人人有帝王思想。"具见下文:

> 希仁道兄:别后无日不念。电询河东知已西还矣。野人由晋至京、至津沪,见一班政客怪状奇形,大出意外。总而言之,人人有盗贼思想(性质),人人有帝王思想,我一片热肠如冰冷矣。明日拟赴西湖,归后仍作穷计,不敢与此辈人为伍也。请告柏森老弟,既骑虎不下,三秦生命视为安危,勿与此辈人负气,稍为通融未尝不可,为地方计,非自为计也。国会成立后必有一场大捣乱,拟到京冷眼观之。茹卓廷刻在西安否?念甚。深如、南轩已安葬否?调查其事实当为之一碑碣也。此颂
> 道祺
> 蔼如何在?
> 
> 糙窟野人白　六月六日

夏末,为"承斋兄"书联:"山中獐兔尽里中人庶尽;我家鸟雀多汝家宾旅多。"

按:上款"集南史为联,书应承斋兄属,悬之壁间者,共有时势之感焉。"下款"庚申夏末,糙窟野人张瑞玑时纳凉于霍麓广胜寺。"

初秋,为广胜寺题额"广胜禅院",今悬于广胜寺上寺山门。

按:1934年10月,南京支那内学院蒋唯心"衔师命"到广胜寺考察《赵城金藏》,著《金藏雕印始末考》:"上寺山门,迫临岩际,厥状欲坠,想以陵谷变迁故尔。门外坐二仁王尊,剥落几不成形。寺额张瑞玑书,近制也。"

该著民国二十四年(1935)一月由南京支那内学院(院长欧阳竟无)发行。

10月,作《张寿卿君墓志铭》。墓主系辛亥革命志士张煌之父,文中记载山西辛亥革命史料:

> 煌性刚毅有胆略,辛亥起义时,煌率健卒入城纵横冲抚署,各军披靡无敢当者。军府成立,君虑煌多疏虞,星夜驰赴太原指授一切。比娘子关军败,煌间道归里。君曰:"溃兵遍野,无人统率而箝制之,则恣肆焚掠,民无宁日矣。"煌奉君命收合散卒,于是岭南健儿争归麾下。大局初定,晋督阎任煌充陆军步兵第七团团长,驻军平阳。当是时,人心未靖,间里枭桀之徒,竟思揭竿称雄,君就近指示机宜,剿抚兼施,岭南各属幸告无虞。煌之功,君之教也。

初冬,为"子柯兄"书联:"安能对何敬容残客;恨未见杜审言替人。"
按:上款"书南史及唐书语为子柯兄补壁。"下款"庚申初冬,糦窟野人张瑞玑。"钤"谁园""张""老衡"三印。网上称"子柯"为戏剧家焦菊隐之父焦曾宪(字子柯),存疑待考。

为"丕武兄"书联:"甲夜观书支日通奏;月灵诞庆云瑞开祥。"
按:上款"书北史及齐书语应丕武兄属。"下款"庚申初冬,糦窟野人张瑞玑。"钤"张瑞玑印"。

又书联:"有酒学仙无酒学佛;刚日读经柔日读史。"
按:此联上款"庚申初冬",下款"糦窟野人张瑞玑",钤"野哉""衡玉""瑞玑私印"。

本年,延请高僧化祥禅师住持兴唐寺。据力宏《兴唐寺妙舫大和尚入院碑记》:

> 民国九年,寺僧祖铃念寺衰败,无力振作,商诸邑绅张瑞玑、王家龙、张瑞琅、王之法等,恭请万寿寺化祥禅师住持寺事。化公任事数载,积劳致疾,虑无以善其后,与太原佛教总会余及梁君硕光……全晋僧俗善信诸人,赵城绅士张瑞玑等公,请终南山悟真寺上妙下舫大和尚住持斯寺。①

又延请法空和尚住持广胜寺。释力空《张衡玉先生传》:

> 先生以民国之乱不止,皆由人心贪黩无厌,争夺权力所致。欲医此病,非人心向佛不为功。于是提倡佛教,延请化祥和尚住持兴唐寺,法空和尚住持广胜寺。俾佛化由此发扬,国家借以蒙庥云。②

本年,二孙女淑贞生。

约本年,作《为孙药痴题高曦亭太常诗卷》,序云:"年来蜷伏闾巷,玉田孙药痴来宰洪洞,与余为诗酒交,既而药痴调署阳曲,过谁园,出此卷索题,始知药痴为太常甥孙。开卷增感,流涕不已,书此诗归之,不怿者累日。"高曦亭主讲陕西存古学堂时,张瑞玑为长安知县,"得亲预其事"。

---

① 释力空:《霍山志》卷之五《艺文志》,山西教育出版社,1986年,第99页。
② 同上书,卷之三《师范志》,第28页。

是年

直皖战争爆发。李鸣凤(字岐山)在陕西遇害。

## 1921年(中国民国十年辛酉)五十岁

秋,在北京。作七古《为张致和题〈十笏园图〉,图为俞瘦石画》。诗句有:"我来参入白莲社,读书参禅迟烛灺。""人海尚留干净土,诗酒能容我辈狂。""倾君酒,浇我愁,富贵等蜉蝣,天地一沙鸥。七尺短床容醉卧,何必更羡万户侯。"

约本年,作七古《沈蔚文①以其尊人藻卿先生遗画牡丹索题》。诗句有"士元有才屈百里,诗酒跌宕聊自怡。""长安人事百不古,黑白错乱一枰棋。""诗成之后还君画,留隙莫倩俗人题。"

约本年,以百金从灵石县购得何绍基题额的全套"猎碣亭"石鼓文,嵌于谁园"积古"廊。

按:在京城与何绍基交谊甚深的山西人,有寿阳祁寯藻、平定张穆、代州冯志沂,还有灵石杨尚文。杨尚文(1807—1856),字仲华,号墨林,出版家、藏书家,刻有《连筠簃丛书》等。咸丰二年(1852)何绍基任四川学政,杨墨林将收藏的宋拓石鼓文,与何绍基摹刻上石,何氏为题"猎碣亭"。这套石鼓文在毗邻赵城的灵石杨家老宅珍藏了六十多年。民国十年(1921)八月上浣,周鼎为新收藏的"猎碣亭"石鼓文拓片作跋:"……尚子馨斋惠赠此本,系灵石杨墨林与何道州合构宋拓本,计四百二十二字,又重文三十九字。附有何道州书'猎碣亭'三字并题跋横幅字,较潘氏本尤多。构

---

① 沈蔚文,名炳儒,沈钧儒胞弟,浙江嘉兴人。其父沈翰,号藻卿,善画花卉草虫。

刻极精,惜拓工欠佳,神采稍逊。此碣全石现为赵城谁园主人百金购去,诚谓物聚所好也。"(见槐荫草堂主人藏周氏题跋)可知最迟到本年,"猎碣亭"石鼓文全石已被购藏到谁园。"百金"应非确数,表明价值昂贵。据谁园守护者解潭之说,多年前他见过山西文物界前辈杨明师(号陌公,洪洞人)的手记,上面记载张瑞玑花一百二十块现大洋购得"猎碣亭"石鼓文全石。民初国会议员月薪四百元。"猎碣亭"石鼓文归藏谁园后,张瑞玑在藏书楼西侧建"积古"廊,将"猎碣亭"横额及石鼓文全石嵌藏于廊壁之间。廊壁左侧有拱门,"积古"门额系谱主亲篆。20世纪90年代,热心人士将"猎碣亭"石鼓文迁移至霍麓广胜寺下寺,嗣后砌置于广胜寺镇石桥村泰云寺大殿背后。戊戌冬,编著者偕友人到泰云寺寻访石鼓文,在寒风中的"猎碣亭"前拍照,青石横额上虽有两道断痕,款识仍清晰可辨:"墨林得石鼓宋拓本,重橅(mó,同模)勒石,为题是额。壬子九月,蜀使何绍基。"款识左侧一枚阴刻"何绍基印",一枚阳刻"子贞"。数日后因事赴京,乘便去文庙,观赏了大成门内乾隆下旨摹刻的石鼓文。"秦石鼓文",现藏于北京故宫博物院石鼓馆。在江南,一代文宗阮元任浙江学政和巡抚时,于嘉庆二年(1797)和嘉庆十二年(1807),两度据宁波"天一阁"所藏松雪斋(赵孟頫斋名)宋拓摹刻石鼓文,一嵌于杭州府学明伦堂壁间,一藏于扬州府学明伦堂。而在北方,民间摹刻的似乎唯有这栖身谁园七十年的"猎碣亭"了。

## 1922年(中华民国十一年壬戌)五十一岁

1月16日(农历十二月十九),过平遥遇大雪。与卫耀东坐在茅屋土炕上食鱼饮酒。鱼是出太原时新任冀宁道尹孙药痴送的糟鲥鱼,酒是卫耀东带的汾酒。作七绝《十二月二十九日大雪抵平遥同卫耀东痛饮是日为余生日》四首(选其二):

其一：五十年华百不如，豪情未减鬓毛疏。车尘马足成何事，万里山川万卷书。

其三：醇醪一斗荐髯苏，磨蝎宫中命不殊（自注：余与东坡同生日）。落拓如公成惯例，一生生日半江湖。

仲春，应"丽春兄"嘱书联："杨柳楼台梧桐庭院；鸳鸯池沼鹦鹉帘栊。"
按：上款"丽春兄嘱书。"下款"壬戌仲春，觳窟野人张瑞玑。"

温寿泉①来谁园，请张瑞玑为其父撰墓志铭。作《温名臣太公墓志铭》，文中记载辛亥革命佚事：

瑞玑与静庵交最深，知太公亦最悉……辛亥秋武昌起义，太原诸志士夜聚静庵寓，谋响应。漏将尽，议纷纭不定。太公入，以杖画地曰："事在必行，不行事且泄，诸君将束手受缚矣。"众大悟，议遂决。

按：碑石今藏洪洞县博物馆。

4月，爆发第一次直奉战争，直系曹锟、吴佩孚控制北京政府，提出"恢复法统"。

孟夏，书"抚松盘桓，乃瞻衡宇"。
按：落款"壬戌孟夏，觳窟野人张瑞玑。"钤印"衡玉""张瑞玑印"两枚。

---

①温寿泉(1881—1956)，字静庵，山西洪洞县人。1905年在日本与阎锡山等加入同盟会，参与策划辛亥革命太原起义，历任山西副都督、军政司长，北洋政府陆军部中将参议，河北省政府委员兼建设厅厅长，傅作义高等顾问，中央文史研究馆馆员。一生淡薄名利，与世无争。

张瑞玑胞弟张瑞琦篆额

1922年张瑞玑为温寿泉之父撰《温名臣太公墓志铭》

8月,作《覆卢永祥商榷国事书》,洞若观火:

> 子嘉①督办执事:辛亥之役,因公铸铁像一事,开罪执事,阅十稔矣。国事蜩螗,分道背驰,彼此相忘,未通一字。顷奉来函并商榷国事书,高谈雄辩洋洋数千言,不图执事学识猛进,一日千里,以武人越俎而降为政客,殆所谓放下屠刀立地成佛耶。来函共分三大纲:曰法律,曰自治,曰废督裁兵。窃以为法律二字已被军阀蹂躏殆尽,执事又军阀之佼佼者也。直皖战争以前,海内目执事为皖系,直奉战争以前,海内目执事为奉系,今执事又法律家矣,又政治家矣,何其善变也?以执事灵敏之思想,应世界变化之潮流,不待数年,执事将高唱社会主义矣。传曰:物之反常者为妖。以军阀而谈法律是反常也。说者谓执事身后必有一二寄食政客暗中捉刀,犹之灵鬼凭人、神巫传语,当局茫然不知。此言虽谑,而理或近之。执事于法律问题反复费词,斤斤置辩者惟黄陂复职一事,而于组织内阁、制定宪法,轻轻数语以归结之。此固国会之责也,自有八百议员依理据法讨论而解释之,勿庸执事鳃鳃过虑也。

> 至自治一事,则浙人治浙,鲁人治鲁,此定例也。执事以平民资格归鲁提倡自治,谁覆敢议其后者?若浙人无执事督办不能自治,是浙无人也。若中国各省非各得一贤明督军如执事者为之督办不能自治,是中国无人也。自治而加以督办头衔,是古今奇文也。自治督办而必借督军之势力,是中外笑史也。敢质言以告执事曰:浙人之学识经验均不在执事下,自治条理,浙人当与浙人商榷之,且与天下人共商榷之,亦勿庸执事鳃鳃过虑也。

---

① 卢永祥字子嘉,1919年8月任浙江督军。

至若"废督裁兵"一事,则今日督军唯一之特权也,吾侪小民原不敢妄参末议,然潮流所至,民意所趋,敢断言之曰:今日督军不裁兵,明日兵且裁督军矣。以执事之黠,当亦早见及此,顾沾沾自矜,以为已于六月十五日自行宣告废除浙江督军之职,是废督已不成问题。噫!是何废督之易也。若川、若湘、若黔、若滇、若桂、若粤、若奉,其督军之名均先后无存者,曰总司令、曰保安司令,与执事之号称督办,其名虽殊,而提倡自治一也,废除督军一也。执事试纵目四观,川湘各省之自治,其发展何如?川湘各省之司令,其威权视昔日之督军何如?川湘各省之人民视其已废之督军其感想又何如?则执事之与浙,浙人之与执事,可想见矣。

夫猛虎噬人者也,易其名曰大虫,而噬人如故;毒蛇螫人者也,易其名曰长虫,而螫人如故。今之督军虎也蛇也,废督者废其实,非废其名也。驱虎于山,放蛇于泽,屏而远之,使不为人害则得矣。若虎与蛇忽作人言,以宣于众曰:吾辈今为善类,不复噬人螫人矣。谁复信之?且执事裁兵计划纸上文字,言之固有声有色,然解散之危险如彼,安置之繁难如彼,恐延宕三五年未易实行。兵既未裁,则督军虽废而仍在,再迟数年,督未废兵未裁而吾民尽矣。留此一片干净土,任诸公武装焜耀纵横驰驱于其间,亦复有何意趣也?敢告执事并告我全国军阀曰:吾小民不堪命矣!诸公而心未厌足也,不废不裁,惟诸公之命是听。若天良主张,以为当废当裁,请即毅然决然废之裁之。勿饰词观望,自欺欺人,则四万万人同拜赐矣。狂瞽之谈,诸维亮察。

按:据1922年8月12日天津《益世报》录入。署名"赵城张瑞玑临汾侯元燿"。张小衡《先君事略》:"卢永祥者,本皖系将领,皖系失败,又与奉系合。直奉之战,奉军又败,则卢氏孤危。遂倡言废督自治,并著商榷国事亦多虞報事飢創廷虛也。于天屆督裁兵一事。且今日督軍唯一之特權也。吾儕小民。原不敢妄參末議。然潮流所至。民意所趨。敢斷言之曰。今日督軍不裁矣。明日兵且裁督軍矣。以執事之點。當亦早見及此。頃沾沾自喜。以爲已於六月十五日自行宣告廢除浙江督軍之職。是廢督已不成問題。是何廢督之易也。君川君湘君鄂君漢者粵者華者。喔。是其廢督之名。與執事之銜稱督辦。其名雖殊。而提倡目治一也。廢除督軍之名何。均先後儻存者。曰總司令。曰保安司令。則得矣。若虎與蛇。忽作人言以宜於兜日。吾日之督軍何如。川湘各省之人民。觀其已廢之督軍自治。其發展如何。川湘各省之司令。其威權視昔日之督軍何如。則執事之於浙。八之於執事。可想見矣。夫猛虎噬人者也。易其名曰大虫。而毅八之如故。毒蛇螫人者也。易其名曰長虫。而毅八如故。今之督軍。虎也。廢督者。非廢其實也。驅虎於山。放蛇於澤。屏而遠之。使不爲人害也。則得矣。若虎與蛇。忽作人言以宜於亂曰。吾衰今爲善矣。不復噬人螫人矣。離復信之。且執事裁兵計畫。紙上文字。青之固有聲有色。然解散之危險如彼。安置之繁難如彼。恐延宕三五年。未易實行。兵既未裁。而督軍離廢而仍在。再遷歎年督未廢。兵未裁。則督軍廢廢而仍在。留此一片乾淨土。任諸公武裝嬉煙。縱橫馳騁於其間。亦復有何忍越也。敢告執事。並告我全國軍閥曰。吾小民不堪命矣。諸公所必未慾足也。不廢不裁。以爲當廢當裁。聽。幷天良主張。勿飾詞觀望。自欺欺人。請即毅然決心。廢之裁之。則四萬萬人間拜賜矣。往醫之諫。諸維亮察。

1922年8月12日天津《益世报》载张瑞玑、侯元燨《覆卢永祥商榷国事书》

书，与海内名流函商。府君洞悉其隐，覆书辟之。""此文既出，海内传诵称快。而军阀中佼佼者，且自加圈点，叹为奇文。"十年前张瑞玑骂卢永祥为"盗贼"，十年后又把卢永祥等军阀比作猛虎、毒蛇，虎与蛇说得再好听，"谁复信之？"在民国史上，卢氏亦一代枭雄，遇上赵城张瑞玑，该他倒霉。章太炎《故参议院议员张君墓表》："后十年，浙江督军卢永祥伪称废督自治，又驰书痛诘之，皆谔谔不为孙辞。《易》所谓有'亢之象'者非邪？扬子云：虬哉虬哉，恶睹龙之志也欤！"

9月，代作《某会致参众两院电》。

北京参议院、众议院议员诸公钧鉴：昨阅各报载盐政讨论会，以"取消盐法越界为私"条文，请愿国会，并附有"越界为私"释义。查"破除引岸"之议，倡自久大精盐公司，景学钤者该公司之健将也。公司欲以资本专制垄断全国，处心积虑已非一日。去岁张謇、景学钤运动张弧、梁士诒等，以整理盐务为名，发行盐余国库券一千四百万元；密与稽核所洋员缔约签字，允废引岸，并先以缉私移归外人管辖。经全国舆论一致反对，始屏息无声。顾利之所在，心终不死，今又卷土重来，故为此朦胧欺饰之词，以巧遂其侵霸扩张之计。其言曰："不佞经此十余年之教训，不敢高谈破除引岸，亦不敢侈谈废除专商，惟应准许人民有选择购买之自由。"何其婉而善听也！试思引各有地，地各有界，既准越界，是破引地矣，破引地是废专商矣。百回百折，语不离宗，其所谓人民之自由购买者，盖为该公司之自由运销计也。措词虽巧，设计虽工，然图未穷而匕首已见。国人共见其肺肝，乃欲欺我国会明达诸公乎？

夫我国盐政数千年来，改革修整屡有变易，然其大旨注重厥有二端：曰民食，曰国税。以民食言，引商各有专地即各有专责，其盐价之高低,各视各运费之远近为率,引商不能独创价格,亦不能任便涨落。或不幸而航路阻滞,铁道断绝,风雨水旱之灾异,兵马道涂之梗塞,为引商者亦只得设法弥补,甘认赔累;既不敢弘涨盐价,亦不敢偶断民食,盖血本身家之所系,不敢不为久远之计也。若人人可越界运销,处常则散商争利,处变则引商负责,揆之情理,其势非能;不得已而引商退步,散商分据,一旦不虞则增价断食皆意中事,谁复从而维持之?且引商既破,交通便利地方,运销者皆争先恐后;险远各地无人过问,非时有时无,必忽昂忽廉,其流弊不知伊于胡底也。

  以国税言,我国除丁漕外,关税、盐税均归外人监理。民国元年谷利斯浦借款,民国二年政府善后借款,皆以盐税为担保品。越界条文如果取销,则引地既可乱销,盐税亦无专责,私盐、官盐、有税、无税势将无从稽查。所谓"天下皆官盐,天下皆私盐"之言将应之于今日矣。两淮之淮北,浙江之台州及福建各处,均变更旧章,收税锐减,此其明证也。盐税既减,不特中央入款更形枯竭,且恐于借款合同亦起交涉。该公司从前建议,以私稽移归外人之事行实践(按:原文如此,疑有误),图少数之私利,破全国之藩篱,稍有人心不出此。在该公司之意,以为利在必争,人皆可愚。使越界之议得行,即引岸之例立破,彼将挟其资本开土拓疆,操纵把持,无不如意。独不思引岸既破,引商亦乱,设东西国各亦争投资挤入,又将何法以制止耶?且盐商受损纵或不恤,其依附盐商生活之经纪劳动家,及与盐往来交易之银行钱店,必同时大受影响,金融恐慌,立时可致。该公司眼中除金钱外,于国家社会瞬不暇及,而但思巧词诓骗,以冀幸获,真可谓利令智昏矣。闻张謇等因筹办实业失败,亏累至二千余万,近欲擅借外债又为苏人反对,穷极智生,令其公司总董景学铃避破除之名,行攘夺之实,欲将全国盐商一网打尽,以之弥补其亏累,发展其经济,小人伎俩无聊已极。固知议员诸公早已洞见其隐矣,本会为国家计,为人民计,特掬诚奉陈,乞明察焉。

按:某会,待考。民国初盐政承袭旧制,盐商握有官方引票,划定专卖区(即引岸),阑入专卖区销售食盐即是越界为私。盐政讨论会,1912年由盐政改革派成立,南通状元张謇为会长。久大精盐公司是1914年7月成立的股份制企业,景本白(学钤)为董事长。1922年6月黎元洪复职担任总统,旧国会随之恢复。9月3日,盐政讨论会在中央公园(今北京中山公园)来今雨轩举办欢迎会,到会议员有百数十人。原拟提出改革盐政案,因不知众位议员的意向,乃用盐政讨论会名义先提出请愿案,要求"凡同一税率区域,不得援引'越界为私',以重民命"。此案并非明言废除引岸,只要求对"越界为私"加以司法解释上的限制。请愿书由会长张謇领衔署名。此案一出,淮浙盐商恐慌。淮商包围张謇,要求他宣言不承认盐政讨论会提案,张不同意。各省议会等团体或赞成或反对,函电纷驰。张瑞玑代某会作此,直指张謇等"故为此朦胧欺饰之词,以巧遂其侵霸扩张之计。"认为其计得逞,虽可"弥补其亏累,发展其经济",势必"金融恐慌,立时可致。"后曹锟逼黎元洪下台,盐政请愿案搁浅。

本月,为舅父大人贺寿,赠"齿德兼尊"匾。
按:上款"民国十一年九月大德望王老先生七旬大庆。"下款"亲友恭祝愚甥张瑞玑拜书。"

10月,作五律一首赠江瀚[①]:

---

① 江瀚(1857—1935),字叔海,号石翁,福建长汀人,近现代著名学者、教育家和诗人。曾任京师图书馆馆长、京师大学校文科学长,1922年阎锡山礼聘江瀚为山西大学诗学经学教授。

大雅销沉日,先生迥绝尘。荒亭传野史,汐社吊遗民。酒话灯前劫,家留世外春(先生筑舍晋祠,曰"难老庄")。西河经有托,绝学伫斯人。

五律一首奉答叔老,即希正韵,并颂道绥

张瑞玑,未定稿,十月十四

按:据江瀚所编近代名人给他的诗札手迹《片玉碎金》录入。郑逸梅说:"江瀚讲学山西,诸门人为筑居舍于晋祠旁,颜为难老别庄,以媲美俞荫甫弟子为乃师筑俞楼于西子湖头也。"[1]张瑞玑还以画相赠,《望海潮·画梅题词赠江叔海》当作于这个时期,上片句云"寒枝拗铁,老根蟠石,斑斑太古莓苔。碾玉生香,揉冰作骨,更无半点尘埃。"

10月28日(重阳节),冀宁道尹孙奂仑(药痴)派人送来津门醉蟹、潞州酒,张瑞玑画了一幅梅花并题七古一首回赠。赵炳麟[2]《柏岩感旧诗话》载此诗,录之如下:

风满书楼山满牖,主人闷坐过重九。驿使远道馈殊珍,津门醉蟹潞州酒。贫儿得金喜可知,解馋饱我老饕口。一寸眉峰起峥嵘,兴酣呼僮换大斗。酒后肝胆生槎枒,移灯伸纸揎两肘。破笔焦墨画梅花,但求适意不嫌丑。东皇太乙正酣眠,梦中惊扢花神走。起据玉案传天曹,雷霆檄文书蝌蚪。飞檄下界遍寻春,三十六宫春无有。天地萧瑟草木霜,春在谁园主人手。帝曰狂生汝来前,汝之狂妄无其右。汝

---

[1] 郑逸梅:《艺林散叶续编》1214条,中华书局,2005年,第139页。
[2] 赵炳麟(1876—1927),名竺垣,号柏岩,广西全州人。光绪二十一年(1895)进士,有"铁面御史"之称。1917年应阎锡山之邀,出任山西省实业厅厅长,擘画实施山西农林、矿务、畜牧发展。

1922年张瑞玑书赠江瀚的诗札

骨不媚气不柔,鼓舌摇笔动得咎。闲来腕底生春风,岂无桃杏与杨柳。姹紫嫣红汝无缘,甘向山中结寒友。人情杯酒伏干戈,世事白云变苍狗。沧海桑田都经过,南越北胡无汝偶。十年狂名落江湖,归来只有穷可守。倔强仍与造化争,笑汝颜甲十重厚。帝言未毕主人兴,掷笔再拜曰否否。人与梅花同风标,铁骨冰心不染垢。生来不解画牡丹,案头脂粉尘封久。帝言虽嘉违我心,请帝出门勿我诱。空山冰雪有长春,东皇恩泽誓不受。

按:《柏岩感旧诗话》卷三云:"衡玉官陕西时,有政声。豪侠好酒,醉后泼墨为梅花,豪放如其人。近年隐居赵城,筑别墅,颜曰'谁园',盖谓谁居此园,园即谁属也。余于孙药痂观察(奂仑)处,见有题自画梅花诗曰:风满书楼山满牖……"①

本年,应赵城县马牧村两等学校诸生之请,作《许蕉园先生德教碑记》,感慨"国家无养老之仪,乡里无尊师之典。"

壬戌□月,为许蕉园先生七十揽揆之辰,乡人亲族为先生捧觞祝嘏,而马牧两等学校诸生述先生捐赀兴学始末,请瑞玑为文以勒石焉。瑞玑喟然曰:"是殆所谓以老率学者乎?"先生名庭桂,蕉园其字也。前清增贡生,议叙蓝翎同知衔。工帖括,屡荐不售,乡居以提倡后进为职志,延名师设塾,使亲友子弟之聪颖者咸就学焉。科举既废,先生从子㒥需次江苏,归书请先生捐赀兴学,以为乡导。先生于光绪三十一年,禀县立案,于本村设高等小学校,民国二年改为两等

---

① 赵炳麟:《赵伯岩集》,近代中国史料丛刊第三十一辑,台北文海出版社,1973年,第2094—2096页。

学校。先后费逾巨万,皆先生一手经营。先生朝夕入校讲经析义,而尤注重国文,详为批校。校中诸生率皆文笔清爽不俗,先生之教也。今先生年届古稀,精神矍铄,于校事犹不稍懈。古所谓上老、庶老者,先生足当之矣。瑞玑尝谓三代学校之制已废,国家无养老之仪,乡里无尊师之典。晚近学子且唐突师儒,侪之贱役,此名教之忧也。今校中诸生尚能怀先生之德,殷殷不置,是今日学界之破例也,故乐为记之。

按:编著者即是马牧村人,读之亲切,惜碑已无存。

约本年,给赵城名中医刘启明书中堂联:"但见罗友送人作郡;常恐祖生先我著鞭。"上款"仲亮老哥指正。"下款"弟张瑞玑书。"

按:刘启明(1881—1973)是山西大学国学研究院院长刘毓庆教授的曾祖父,精于外科,重义轻利,与谁园张家关系密切。据刘毓庆《忆曾祖刘启明先生》:"曾祖父讳启明,字仲亮……他住着一孔不大的土窑洞,门窗向南,进门直对的窑后墙壁上,挂着一幅张瑞琦先生用篆书写的中堂,内容已经忘记。两边是张瑞玑先生用行书写的对联:但见罗友送人作郡;常恐祖生先我著鞭。"[1]刘教授曾作《代谁园主人言》:"潮头弄罢放歌归,浪漫心寒转似灰。且筑小园酣酒卧,管他身后属于谁!"[2]

## 1923年(中华民国十二年癸亥)五十二岁

1月4日(农历十二月二十九),作七律《五十一岁生日述怀》六首。诗

---

[1] 李长青、许光军主编《赵城名人史话篇》,2000年,第284页。
[2] 刘毓庆:《椿楸园韵语钞》,三晋出版社,2018年,第69页。

句有:"身世浮沉海上鸥,百年过半更何求。""江湖落拓竟何如,老去情怀未肯除。随我转蓬三尺剑,累人行李一车书。""风尘七尺气昂藏,错被人说作酒狂。""命坐凶星磨蝎宫,生辰偶与大苏同。"

春,山西财政厅仇曾诒(字燕天)到谁园,请为其父撰墓志铭。作《仇吉人先生暨德配张夫人合葬墓志铭》:

> 呜乎!昔与瑞玑同官关中相交最契者,十年以来凋零殆尽。乡宁吴少兰殁已五年,去年先生殁,今年怀仁马康侯又殁。瑞玑归里蜷伏,世俗酬应之文谢绝弗为,乃每一执笔,半为故人作哀挽铭诔之词,其悲感为何如也。铭曰:干戈满地,世路茫茫。我铭兹石,我心忧伤。

暮春,为郭芳亭著《铅笔画要诀》题词"圆规方矩"。

按:上款"癸亥莫春",下款"韡窟野人张瑞玑",钤"张瑞玑印"。

6月21日,应"□甫七弟"嘱书联:"妙德先生直造竹所;贞白居士乐闻松声。"

按:上款"书南史语应□甫七弟属。"下款"癸亥端阳后三日,韡窟野人张瑞玑。"钤"衡玉"印。

10月,拒收贿金,坚决反对曹锟贿选总统。据王作霖《先外祖父张瑞玑事略补充》:

> 1927年在一次饭桌上对我说:"你要有气节,任何人不要怕,大总统亦是人,有何可怕!人死不过咽气,穷不过讨饭。曹锟贿选总统,贿我以重金,我断然拒绝。"①

---

①王作霖编注《张瑞玑诗文集》,油印本,1988年,第258页。

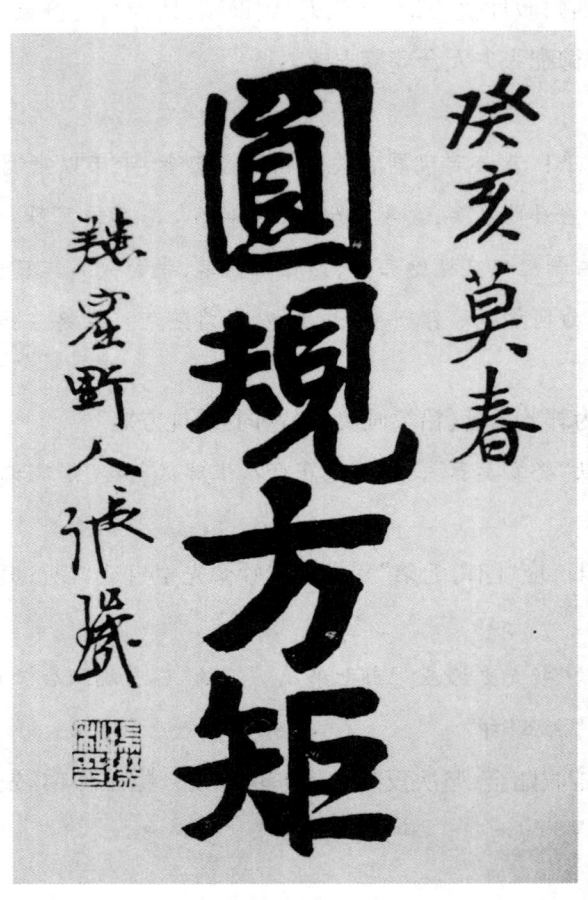

1923年张瑞玑为郭芳亭《铅笔画要诀》题词"圆规方矩"

11月,"平江志士"钟耐成不满曹锟贿选,与新婚妻子投钱塘江。张瑞玑作七古《大选告成,钟耐成遗书友人,与新夫人陈妙贞愤投钱塘江,作诗吊之》。诗句有:"人间有泪无处挥,洒作飞浪千尺雪。""中原妖火射天红,虺蛇嘘气欲成龙。""湖山依旧好歌舞,江心月堕冷无声。"

## 是年

孙中山就任陆海军大元帅。马晋(字康侯)、郭希仁去世。

## 1924年(民国十三年甲子)五十三岁

2月,居谁园。

作《癸亥腊月念九日为孙药痴观察三十九初度药痴作感怀四律遥寄因韵奉和》。

按:孙奂仑(药痴)时为冀宁道尹,治所在阳曲县,辖四十四县。观察,清代对道员的尊称。

其一:生辰又值岁除时,闲与梅花赋小诗。宦味酸盐寸心领,文章甘苦一灯知。看人打桨迎桃叶,随意填词唱竹枝。当日赐鞭佳话在,岁寒清节未曾移。

其二:浊醪三斗破宵寒,百感苍茫大地宽。甲子尚存夏正朔,优伶未改汉衣冠。绕床稚子争梨枣,隔壁诗人镂肺肝。书罢桃符静无事,黄庭一卷就灯看。

其三：十载并州腾政声，书生结习不谈兵。羡君天马出尘表，老我沙鸥寻旧盟。湿雾漫山容豹隐，腥波翻海看龙争。宜春帖子吉祥语，一瓣心香祝太平。

其四：花雕旧酿拔泥开，辜负杯盘少客来。南燕北鸿多别恨，酒龙诗虎几人才。临风揽镜吾衰矣，落拓登楼亦快哉。大地河山齐破晓，东皇吩咐放春回。

春，到太原。韬园诗社第六次雅集以"喜张衡玉至"为题分韵赋诗，韵从王安石《题西太一宫壁》(其二)中拈取。

韬园诗社盟主贾景德作《园馆燕集喜张衡玉至分韵得年字》：

画角严城裹，春风祓禊天。安车来汝颍，词客礼卿渊。中散声名久，东山岁序迁。包罗仍万有，契阔又三年。华国工新样，传家守久毡。风尘才历试，云路渐腾骞。靴版趋关陇，弦歌满渭川。劳心勤抚字，强项不拘牵。绿送园官菜，红开幕府莲。槃才方展布，国运遽迍邅。义甲南天起，兵氛北斗躔。一官当赤紧，三辅正烽烟。……记室依刘表，飞书让鲁连。群伦归藻鉴，一士荷周旋。解绶还推耳，传刀忽赠虔。冠从神武挂，膏惧楚龚煎。炉火宁堪距，渐台亦可怜。探怀陶毂诏，绝迹邓墟膻。扬跃回征雁，蛮方忆贴鸢。议郎无一语，汾水有高眠。驿路秦关迥，前驱弩矢肩。鸿沟分楚汉，蜺节下幽燕。醉卧长安市，人称有漏仙。举杯常兀兀，掉尾更涎涎。旧院乌楼曲，商声燕子笺。琵琶伤老大，丝肉斗婵娟。相见岐王宅，狂歌宝剑篇。江湖余转徙，莺燕各联翩。瀼上初营宅，成都旧有田。缥缈书万卷，水石屋千椽。……寰海钦公望，苍生苦倒悬。苞桑如可系，井邑自能全。红杏春明路，青云岱岳巅。不成探禹穴，伫盼返吴船（"时将入都，并为苏浙、泰山之游"）……草长春初暮，花明柳比妍。相逢拚一醉，风月正无边。①

**冀宁道尹孙奂仑作《韬园第六集喜张衡玉至分韵得三字》:**

并门柳色碧毵毵,旧雨来过暂税骖。握手心颜开几许,骋怀觞咏继重三。谁园缱绻情如昨,岱岳登临兴正酣(君将登临泰山)。来日送君东道去,波生春水怅桃潭。②

**按:从贾景德、孙奂仑诗可知,张瑞玑将赴京城、登泰山、游江浙。**

**山西大学教授张友桐作《韬园诗社第六集喜张衡玉至得兄字》:**

岭南诸子声觥觥,谁其健者吾家衡(晋人谓韩信岭以南为岭南)。兴来一作长安行,狂歌市上或怒瞠。颇忆当时国是评,帝秦声沸雷砰訇。鲁连意气九州横,座上不识辛垣平。排难解纷凭舌争,千金为寿王侯轻。此自洪流砥柱撑,世人哪复知其情。迩来世议益波倾,剥皮敲髓涸编萌。百政公然以贿成,孔方到处呼作兄。问君久作霍山氓,胡为翩翩游上京?君言浊世蜩螗羹,何用独醒还独清。奚囊有句他人惊,美人醇酒聊吾生。我谓君诗金石铿,商音激楚兼幽并。观周尼父栖皇征,龟山作操猗兰声。七十二君充耳英,何如沮溺来归耕。即今返旆晋阳城,酒载百觚书百楹。十年幸溢并州兵,诗坛旗鼓争先鸣。□□□□□□,出门倒屣欢相迎。③

---

① 贾景德:《韬园诗集》卷三,1943年印于重庆,第149页。
② 孙奂仑:《庸斋诗草》,贾景德1959年孟冬序,刊印时间不详,第10页。
③ 张友桐:《西陉草堂集》诗集六,1934年。

按：诗中张友桐问"你在霍山脚下做惯了平民百姓，还想要去京城干什么呢？"张瑞玑答："这个浑浊的世界，像蜩螗沸羹一般喧闹，我哪里能独清独醒呢？聊且美人醇酒度过残生吧，何况诗囊里还有惊世醒世之言呢！"

山西实业厅厅长赵炳麟作《韬园诗社第六集喜张衡玉先生至分韵得迹字》：

我昔与谁园，同作京华客。乐志在图书，砺节期松柏。议坛绝嚣讼，束身方白璧。世屯久不康，横流日愈迫。吏隐我随流，山居君晦迹。盘桓古赵城，筑此五亩宅。有时得旨酒，呼朋展吟席。醉后画老梅，虬枝撑八尺。兴来握毛锥，题句不拘格。岂徒意气横，此心独清白。今作太原游，对语情脉脉。韬园多胜流，迎君皆倒屐。世路虽崎岖，心香不阻陌。愿君醉莫醒，坐观天地革。①

冯振邦②作《韬园第六集喜张衡玉至以王荆公诗"三十年前此路，父兄持我东西。今日重来白首，欲寻陈迹都迷"分韵得此字》：

其一：寥天一鹤闲过，芦底睡鸥惊起。野鹜隔溪怅望，盈盈一池春水。

---

① 赵炳麟：《赵柏岩集》，近代中国史料丛刊第三十一辑，台北文海出版社，1973年，第2148页。

② 冯振邦（1884—1949），名司直，号天放，山西平定县人。1904年官派留学日本，抗日战争前曾任山西省立国民师范学校校长、省教育会会长、省教育厅厅长，1943年出任伪山西省省长。

其二：宇内一物空无，杯中周道如砥。我原不识先生，耳根所残只此。①

9月，第二次直奉战争爆发。

10月23日，冯玉祥、胡景翼、孙岳发动"北京政变"，囚禁贿选总统曹锟。

10月25日，中华民国国民军成立，冯玉祥为总司令兼第一军军长，胡景翼、孙岳为副司令兼第二、第三军军长。冯玉祥等决定邀请孙中山北上主持大计。

张瑞玑代作《国民军通电》：

我全国父老子弟举其生命财产，俯首听命于军阀权力之下者，十有三年矣。政见之战，党派之战，权利之战，地盘之战，私仇私怨之战，此伏彼起，前蹶后兴。国无安土，民无宁日，顾美其名曰救国、曰救民，而国与民之命不堪矣。位以贿得，政以贿成，党以贿结，文章言论以贿发，举道德廉耻一洗而廓清之。人心已死，国脉已绝，顾美其名曰依法、曰行政，而法与政之精神斩绝矣。自曹氏贿选窃位以来，新民国之秽史贻中外之笑柄，宵小弄权，贿赂公行。而吴佩孚者仗幸胜之威，跋扈恣睢，举军权、政权、财权、路权操纵于一人之手者数年，武力统一，昌言无忌，何其雄也。今未战而将领解体，一战而士卒齐溃，彼不可一世之概，已一败涂地矣。虽然，吴佩孚已矣，而环顾吾国伟人豪杰各树一帜，驱民以图一逞正自不少，是去一吴佩孚而尚有无数之吴佩孚以分扰吾民。哀哉！吾民何日脱此浩劫也。□□等本天良之主张，作停战之向导，以民命为重，以民意为归，指天誓日，无丝

---

① 冯振邦：《天放早课第二册》，石印本，1934年。

毫权力之见参杂其间。诸公爱国、爱民百倍□□等以上。频年以来干戈相寻,因政府之不良也,今政府已推倒矣;因政治之不循正轨也,今一切措置悉听公会议决,勿需以兵戎相见矣。敬恳诸公,各息兵祸,勿启战争,即速北上。或委派代表,公议改革,与民更始。□□等,武人也,摆甲听命,绝不干预。成败利钝,惟公等决之。至北京政府既经推翻,所有内政外交,□□等与在京诸公会议,公共维持,勿使停顿,以保现状。立国大计,静候公决。务请从速命驾,并电覆赐教,勿任翘盼。

10月27日,孙中山电复冯玉祥等人:"义旗聿举,大憝肃清。诸兄功在国家,同深庆慰。建设大计亟须决定,拟即日北上,与诸兄晤商。"11月13日偕宋庆龄等乘永丰舰离广东北上。

11月24日,段祺瑞出任中华民国临时执政,总揽"军民政务,统率海陆军。"

12月,直系军阀吴佩孚兵败后避居豫鄂交界的鸡公山。张瑞玑作七古《鸡公山行》嘲之。

按:诗中指斥其"将军一怒天地震,十万江山血模糊。"嘲讽其"酒酣抚颈作豪语,十万金钱一头颅①。"

本年,在京城,应四大名旦之一尚小云之请,作《云郎曲尚伶小云持扇索题作此遗之》:

茉莉花开茶正香,正阳桥畔月如霜。宝马香车宵络绎,大家争说

---

①诗人自注:冯玉祥悬赏购获吴佩孚。

看云郎。云郎世系名王族,焜燿胜朝功阀录①。衣冠门第久凋谢,绝世聪明拼度曲。珠喉一串逐风飘,红氍毹上斗纤腰。变幻雌雄无定相,令人错认郑樱桃。鸥矶江水雷峰月,一由凄凉声百折。山上蘼芜弃妇词,江边桃李杜鹃血②。艳名鹊起噪长安,古调新词万口传。云亭亲授桃花扇,园海新排燕子笺。台上震天喧战鼓,戎装能作旋风舞。桃花战马梨花枪,儿女英雄秦石柱③。旧部梨园鹊落英,云郎后起独成名。贞元朝士尽头白,灯炧酒阑和泪听。多情我是秦淮海,散尽黄金把愁买。狂名廿载落江湖,老死歌场心不悔。揭来载酒度桑干,半壁河山不忍看。文章慷慨陈同甫,词由苍凉辛稼轩。醉踏东华十丈尘,屏除弦管更无春。舞罢柘枝争拍掌,歌残金缕总伤神。眼底衣冠皆傀儡,人材编入伶官史。诸公衮衮竞登台,比较云郎应愧死。

按:1929年《戏剧月刊》第1卷第8号"尚小云专辑"刊登的这首诗,缺"旧部梨园"以下八句。上录《云郎曲》据北岳版《张瑞玑诗文集》,个别文字依《戏剧月刊》校正,如"宽"改为"宵","归"改为"妇"。《戏剧月刊》诗后有署名"丹奴"者写的一段跋语云:"民十三年,随谁园张衡玉先生同客旧京时,狐鼠凭城,国事日非,无聊岁月中,辄假饮酒顾曲以遣兴。旧京伶官辈出,先生独嘉赏云郎,云郎丐先生书荚,为作《云郎曲》一章以赠之。游戏之作,固未足窥先生格律之妙也。忽忽数年,云郎声誉日隆,而先生已归道山。每至舞台歌榭,景物不殊,举目有人琴之异。追念前游,曷胜于邑。丹奴志。"丹奴谓谁?待考。

约本年,作《代哺词——为于右任伯母房太夫人作》。

---

①诗人自注:郎为尚王可喜之后裔。
②诗人自注:《祭塔》《祭江》二剧除郎外他伶无敢演者。
③诗人自注:郎新演秦良玉极佳。

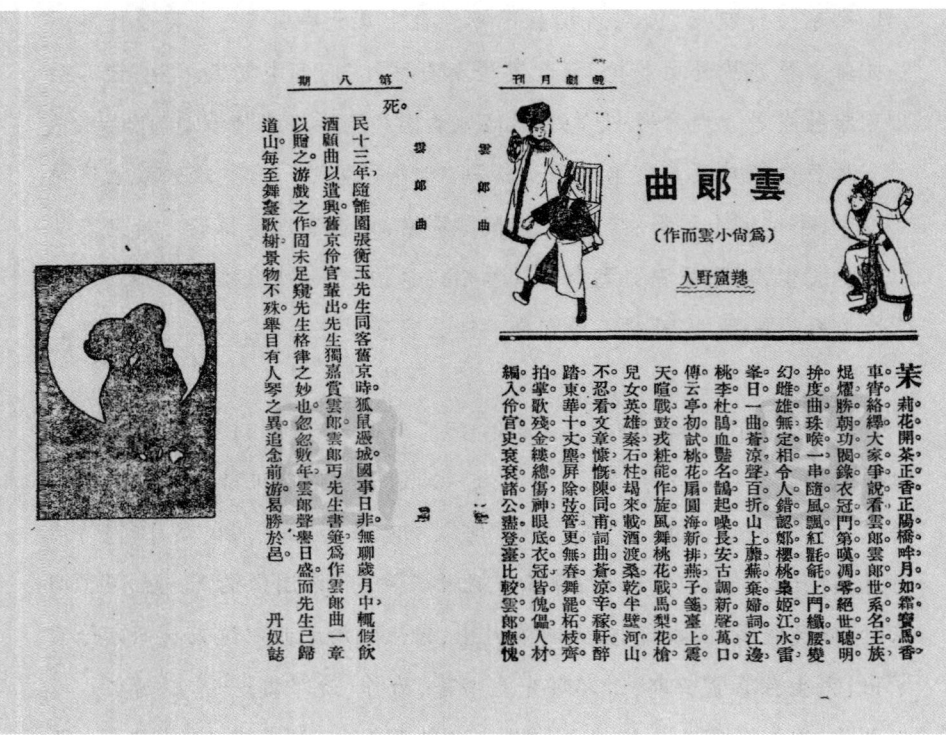

张瑞玑《云郎曲》，载上海《戏剧月刊》1929年第1卷第8号

按：诗中有句："儿之笔抵干戈，儿之文降妖魔。儿名满华夏，儿手挽山河。""儿身许国，勿为家谋。忧乐先天下，痛痒关九州。旷宇天开妖霾收，母兮儿分齐千秋。"于右任幼年丧母，母亲临终将其托付给房太夫人，房氏"卒于民国十三年五月二十八日"①。

约本年，应"水卿兄"嘱撰书一联："信步园林以诗酒自适；小颓风范惟丘壑独存。"

按：上款"水卿兄属"，下款"韢窟野人张瑞玑"。

### 是年

孙中山抵北京。钱能训病逝。

## 1925年（民国十四年乙丑）五十四岁

年初，作七律《代人寿段合肥》二首。诗人自注"中山、班禅均来京，极一时之盛。"诗中称段执政"拨尽残灰销浩劫，天开春域仗斯人。"

3月，孙中山逝世。章太炎《故参议院议员张君墓表》：

  自孙公薨，遂绝意政事。

4月初，段祺瑞临时政府成立临时参政院，张瑞玑被公推为参政。张

---

① 于右任：《先伯母房太夫人行述》，《于右任文选》，中国文史出版社，1987年，第204页。

小衡《先君事略》：

> 直系既败，段合肥执政。公推府君为参政，时孙段方谋合作。已而，中山卒于北京。府君知乱犹未已，乃旋里。自是不复出矣。

春，离京归赵。途中作《出都归途杂咏》十二首：

> 其一：削壁巉崖道百盘，轻车一路坐看山。西山日出东山雪，割断阴晴娘子关。①
> 
> 其二：初春天气似残冬，晓起披衣检竹笼。珍重花雕女儿酒，莫教触拔旧泥封。②
> 
> 其三：天涯到处容吾狂，不是诗场即酒场。自去自来无个事，青山横黛笑人狂。
> 
> 其四：绿杨深处望并州，落日春寒逼敝裘。省去故人千斛酒，马铃绕道过徐沟。③
> 
> 其五：投辖欢开北海樽，杯盘狼藉已黄昏。一声汽笛轻车快，稳载孙郎到太原。④
> 
> 其六：白莲汐社各风流，身似孤鸿辞旧俦。荒店潇潇断肠雨，诗魂梦绕酒家楼。⑤
> 
> 其七：冷泉关外酒旗风，古庙苍凉断涧东。我亦多情学儿女，中

---

① 诗人自注：由石家庄大雪乘正太车，过娘子关天晴无雪。
② 诗人自注：俞渭君兄弟赠八十年花雕陈酒三坛，载归。
③ 诗人自注：友人约赴太原，不果。
④ 诗人自注：孙药痴、吴山民、赵意空、赵伯之、席伯坚由太原来榆次，张澄秋大令设饮醺醉，澄秋扶药痴乘正太车送回太原。
⑤ 诗人自注：忆都门同社诸君子。

原事业让英雄。①

其八:红楼一角挂斜晖,驿路青山绕四围。柳眼回波向人笑,客随燕子带春归。

其九:襟边尘土鬓边霜,但有壶觞即故乡。多事还乡书一纸,安排春酿老妻忙。

其十:一身琴剑惯尘埃,野鹤闲云自往回。踏破春山芳草绿,驮书载酒又归来。

其十一:渐听乡音入耳真,故乡草木亦情亲。遥知倚槛丁香树,迟拆香苞待主人。

其十二:回首京华冠盖尘,风云台阁近残春。剧怜粉墨登场客,只有云郎②是可人。

按:2004年3月,编著者将《出都归途杂咏》第十二首及《云郎曲》,寄给尚小云之子、中国戏剧家协会主席尚长荣先生。尚先生复信:"张公文集中的两首赞美先严之作,犹〔尤〕为珍贵,这不仅是瑞玑公对先严之厚爱,也是对尚派艺术的研究之很重要的文献资料。"张瑞玑喜欢京剧,诗作还有《杨枝词为女伶杨玉楼作》《同孟平饮酒肆薄醉观女剧》《于郎小翠花持扇索题为题八绝翠号小卿》等。"小翠花"即京剧筱派艺术创始人于连泉。

4月10日,河南军务督办胡景翼(字笠僧)将军病逝,年仅34岁。闻之恸哭,作七律《挽胡笠僧》四首:

其一:讣书远到酒初醺,才哭中山又哭君。谁诅英雄归岱录,痛

---

① 诗人自注:过英雄祠,祠在灵石县,祀李靖、红拂、虬髯公。
② 诗人自注:云郎谓尚伶小云。

挥老泪洒嵩云。十年壮志成春梦,万里中原付夕曛。赖有擎天身后柱,撼山难撼岳家军①。

其二:江山百战一身经,横草功勋笑卫青。肝胆照人悬日月,声名入耳走雷霆。飞传河朔诸军檄,惊落关西大将星。手挽铜驼出荆棘,中州父老泪齐零。

其三:愤愤天公不可知,误人误国任庸医。竟无灵药起宗泽,那有遗财恤邓芝。三辅健儿望节钺,两河豪杰卷旌旗。床头遗命分明在,注意中心一着棋。

其四:桑海论交已十年,披肝沥胆薄云天。相逢戎马谈诗律②,小别幽燕兑酒钱。军梦不曾安甲帐③,义师宜欲按丁零④。箧中我有英雄传,夜雨孤灯意怅然。

5月,上海发生震惊中外的"五卅惨案"。

6月,被推举为赵城"沪案后援会"名誉会长,在大会上讲话。据乔丁珊《在太原、赵城和广州狱中的革命斗争》:

一九二五年,上海"五卅"惨案后,各地纷纷成立"沪案后援会",掀起反帝爱国怒潮。作为学生代表,我被派回赵城,组织了"沪案后援会"。组织起来之后,邀请张瑞玑为名誉会长。张是清末的进士,曾任总统府顾问,阎锡山财政厅长,是赵城比较有名的开明士绅。……张瑞玑亲临会场讲话,讲"欧洲战争亚洲血","前面走了狼,后门

---

①诗人自注:君遗嘱以岳西峰办军民各政。
②诗人自注:君能诗且最喜余诗,每见余近作,皆记诵无遗。
③诗人自注:君头伟硕,因过劳致不成眠。
④诗人自注:读如颠连。

进来虎",博得了听众的欢呼。①

初秋,应"心如兄"嘱书联:"我非郭林宗卿过茅季伟;远惭荀奉倩近愧刘真长。"

按:上款"书北史及世说语应心如兄属";下款"乙丑初秋,糨窟野人张瑞玑"。

10月26日(重阳节),作七古《重九日贾煜如招饮于韬园四瞻堂分韵得塞字》。诗句有:"去年春花满春陌,我来韬园醉春色。今年重九我重来,深巷新移五柳宅。入门一笑简寒暄,主宾脱略忘形迹。"

张友桐作《赠衡玉》:

别久今相遇,星河忽更移。持螯就君饮,絷马愿行迟。燕塞飞鸿日,并门落叶时。论文忆樽酒,谁与素心期。②

张友桐又作《送衡玉归里》:

汾阜相逢九月秋,黄花满帻暂勾留。诗坛主客纵横在,霸国山河表里收。多事手持散羌笛,虚声惊破靖边楼。故人且向隆中卧,霍岳峰前划九州。③

---

①张广祥编《洪洞县革命斗争回忆录——太岳一分区赵城县革命史料》,洪洞县委党史研究室印,2000年,第121-122页。乔丁珊(1904—1987),赵城城内人,黄埔军校第五期学员,抗战初任中共赵城县委书记。
②③张友桐:《西陉草堂集》诗集六,1934年。

初冬,为"及川先生"书联:"云间陆士龙日下荀鸣鹤;四海习凿齿弥天释道安。"

按:上款:"集世说及晋书语应及川先生属。"下款:"乙丑初冬,慭窟野人张瑞玑。"钤"野哉""衡玉""瑞玑私印"三枚。

冬,赵城出佛峡中阁重修,襄理其事。

按:出佛阁《重修中阁禅院纪念碑》:"襄理人……大总统府顾问张瑞玑。"

应赵城书法家马圣瑞之请,作《任智斋德行碑记》。

乡居时和易近人,化民成俗。张小衡《先君事略》:

> 府君里居,与乡人交,色温气和,煦如阳春。或时步田野,与农夫走卒絮絮谈里巷琐屑事。里党有纷争,则设酒食招请两造,婉劝曲解,俾皆释然而反。

本年,为平定"清授通议大夫吏部郎中军机章京前翰林院庶吉士孙先生墓志铭"篆盖,贾景德撰文,马骏书丹。墓主孙笃经(字孝如)系民国山西首批赴英留学生孙晋祺之父。拓片今藏国家图书馆。又为繁峙县"清修职郎谢公墓志铭"篆盖,吴人达撰文,孙奂仑书丹。

## 1926年(中华民国十五年丙寅)五十五岁

3月,国民军第二军第七师师长邓宝珊在河南驻马店兵败后,只身投奔张瑞玑,在谁园藏身一个多月。

1925年为民国山西首批公费留英学生、山西大学地质教授、平定县孙晋祺之父墓志铭篆盖,落款为"清赐进士出身前山西民政长张瑞玑篆盖"

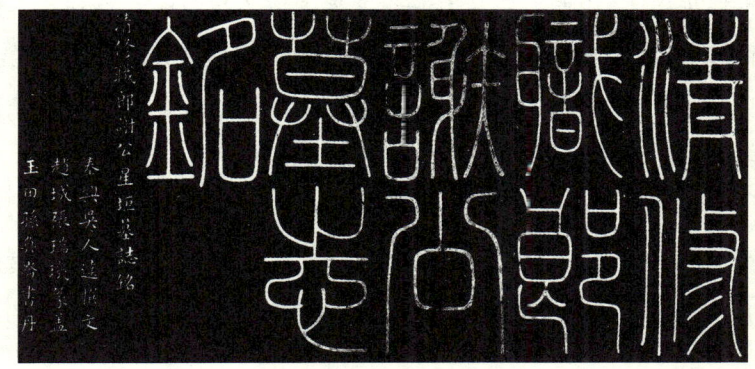

1925年张瑞玑为繁峙县清修职郎谢公星垣墓志铭篆盖

王作霖《先外祖父张瑞玑事略补充》：

> 1988年10月著名画家董寿平老先生提供：邓宝珊将军曾亲自告诉董老，1926年在河南兵败，邓只身化装至山西赵城投奔我先外祖父，在其家中隐居一个多月，始行返陕。①

按：邓宝珊从谁园返陕西后，担任国民联军副总司令（总司令为冯玉祥）。1937年任第二十一军团军团长，1948年任华北"剿总"副总司令，代表傅作义与中共谈判，达成和平解放北平协议。新中国成立，邓宝珊任甘肃省政府主席。据谱主曾外孙王宪（王作霖之子）告诉编著者：1937年太原沦陷，张瑞玑女儿张韵兰和女婿王乃寅一家逃难西安。在邓宝珊的安排下，参加了甘肃战地教育服务团，来到甘肃，先后在礼县、天水一带生活。1952年天兰线开通，举家迁到兰州。

5月，山西大学教授潘连茹（字泰初）到谁园，请张瑞玑为其父撰墓志铭。作《清阳城县训导陕西候补直隶州州判光宇潘公墓志铭》。

按：据国家图书馆所藏墓志拓片："前山西民政长总统府政治顾问世愚弟张瑞玑撰文；山西大学校长英伦皇家大学工科博士世愚侄王录勋篆盖；简任职存□□府军事处一等科员世愚侄陈凤标书丹。"陈凤标是董寿平舅舅，王录勋是张瑞玑任平河书院山长时的学生；墓主潘光宇次子潘连茹是民国山西首批公费留英学生，归国后任山西大学校工科教授。

约本年秋，作七律《书怀四首》。诗句有："垂老文章敛才气，安贫门巷少风波。判花课竹闲无事，一卷《离骚》供醉哦。""薄田秋稻都成酒"；"酒

---

① 王作霖编注《张瑞玑诗文集》，油印本，1988年，第258页。

量狂将吸东海";"坐拥书城傲列侯";"贪看青山独上楼"。

冬,刘守中①、李镜蓉来访谁园。一年后,刘守中、李镜蓉在祭文中感叹:"丙寅之冬,谁园一别。有要〔邀〕未践,竟成永诀。"②

按:被称为"近现代武侠小说之王"的还珠楼主李寿民,1934年在《国民第三军始末述略》文中写道:"刘允丞前辈(名守中,今中委,为陕军元老,与先师张衡玉先生为至交)……"③据周清霖《还珠楼主李寿民年表》,1920年李寿民入陕西靖国军总指挥胡景翼戎幕当记室。大约那时起,李寿民通过胡景翼、刘守中结识了张瑞玑,并执弟子礼。

仲冬,董寿平之父董维藩(字幼樵)病逝。张瑞玑捡出十三年前董维藩拿到谁园索题的两幅《太华冲雪图》,分题七古《董幼樵以其尊翁研樵太史〈太华冲雪图〉两卷索题,一卷为徐宝谦画,一卷为秦炳文画》,还给董家。

按:题诗共三十二韵,论及徐、秦画作及题咏者有:"手披两卷生百感,前辈风流迥不同。……画师立意各争奇,无锡秦老又最工。超然落笔无轮廓,乱麻皴借淡赭烘。当年名宿分题咏,搜奇斗尖一时雄。就中作者谁最杰,越缦堂主抱冰翁。读之舌挢不能下,笔未着纸才已穷。"越缦堂主即李慈铭,号莼客,越缦堂为其室名。抱冰翁即张之洞,字孝达,自号抱冰老人。谱主两处题画诗及跋语,稍有参差,应是秦画先题,跋云:"幼樵亲家老弟持其尊人砚樵先生《太华冲雪图》两卷索题,搁置十三年,今始捡出,作此诗,分题归之。闻幼樵已于前数日归道山矣。昔袁中郎与樗道人登太华,忽念旧游道人,为朗诵《金刚》"六如偈"。视余之悲感又何如也!丙

---

①刘守中(1882—1941),字允丞(亦作允臣),早期同盟会员,陕西富平县人。1920年任陕西靖国军总指挥。
②见谱主曾孙张七先生家藏《哀挽簿》。
③还珠楼主:《自家·还珠楼丛谈》,中国文史出版社,2018年,第99页。

1926年张瑞玑题董文涣遗存之徐宝谦《太华冲雪图》（今藏山西省博物院）

寅仲冬,蘬窟野人张瑞玑拜志。"拖尾钤白文"张瑞玑印"。徐画后题,跋云:"幼樵亲家老弟持其尊翁……闻纫樵已于前数日归道山矣,题毕怆然!"《金刚经·应化非真分第三十二》:"一切有为法,如梦幻泡影,如露亦如电,应作如是观。"谓之"六如偈"。1949年春,董寿平在成都取出箧中秦炳文《太华冲雪图》和诸公题咏,向辛亥老人、四川大学文学院院长向楚(1877—1961,字仙乔,曾任四川省代省长、教育厅长)索题。向楚在谱主诗后,题七绝《再为寿平题其先德砚樵观察〈太华冲雪图〉》。据《空室居诗存》(向楚著,黄稚荃辑解,四川大学出版社,1988年),董寿平持去索题的还有《抚膝肆书图》。上述两幅《太华冲雪图》及诸公题咏,今藏山西省博物院,系董寿平1962年捐赠。

本年,与赵城官绅、广胜寺僧,共议广胜寺上寺田产事宜,获得圆满解决。张瑞玑拟撰碑记,因病未能如愿。张瑞玑《恢复广胜寺田产碑记》:

> 至道珍,不守戒律,任意典当寺产,于是数千年之丛林古刹,遂堕坏于庸僧之手,不复有常住旧规矣。时先兄衡玉倦游家居,伤佛地之破坏,乃约同邑人士公邀僧人普照住持,嗣后不许西安寺僧人把持斯寺之权。普照任事后,以寺产微薄,不足供常住经费,发愿出外募化。普照去后,僧仁霖乃以挂单僧自称监院,始摄寺权,颇有意整顿寺产,亦略有恢复。嗣闻普照无归山之意,遂勾结近村细民,夤缘为奸利。日削月割,上寺田产几至荡然无余。大错已铸,惧邑人士之攻己也,乃借名募化,潜逃不归,上寺无住持者几近一年。尔时先兄衡玉复自都返里,以前者曾有整顿斯寺之举,数年之间不意为俗僧败坏至于此,亟乃复与邑人士并县署官吏重议恢复之计。公议拟请高僧法空为住持,法空未至之先,暂以韩大德为管理。是时也,适有游方僧心德挂单斯寺,廉知佛产破坏之由,发义愤具呈县署,恳请公判追还佛

产。时县知事为吴兴陈鉴殷君,继任者为寿阳傅益斋君,承审员崞县苏荣祖君,始终其事。此案发生,颇有困难点,不意堂判之时,不劳苦口劝勉,债权人皆异口同声大发义愤,均愿将各人所得上寺债权,或有质当,或无质当,完全布施归寺。此诚出人意料之外矣。斯事之兴,先兄衡玉实始终提倡。其间之委曲周折,幸遇官吏之廉明,游僧之义勇,诸债权人之慷慨好施,始能共成善举,非佛力默佑,曷可臻此!先兄衡玉曾以碑记自任,以病未果。今者法空已接住寺,常住之规已复,陈、傅二知事已先后调任去官,先兄衡玉亦于去腊痛归道山。际此不书,恐善举终归湮没。予虽不文,不敢不勉尽后死之责,爰将事之始末,直书勒石,俾垂不朽云尔①。

## 是年

北京发生"三一八"惨案,鲁迅称为"民国以来最黑暗的一天"。名记者邵飘萍被奉军杀害。张謇病逝。

## 1927年(民国十六年丁卯)五十六岁

3月22日(阴历丁卯二月十九日),为赵城进士乔海峰处理丧事。

---

①释力空:《霍山志》卷五《艺文志》,山西教育出版社,1986年,第104页—105页。

作《乔铁髯墓志铭》:

  呜呼! 穷亦人之常也,穷未必足以制人死。余独怪天之所以穷君,何其太酷也。生于穷,长于穷,一官赴陕以为稍可济穷矣,竟落拓不遇而更穷。然使留家庭隙地,尚有一息天伦之乐,则穷可安也。乃穷其身,穷其家,并穷其族党,举所谓窘苦孤独一切难堪之穷境,悉畀于君之一身以穷之,君欲不死得耶!

5月(阴历四月),开始咯血,寻愈。
初夏,应"毅臣兄"嘱书联:"武士奏兰陵王入阵曲;司乐作常山公平梁歌。"
  按:上款"书北史语应毅臣兄属";下款"丁卯初夏,慸窟野人张瑞玑"。

夏,田桐①、周道腴②北上太原,先期电约张瑞玑会于赵城火车站。抱病赶来,车已开走。据田桐1929年所撰《张瑞玑》:

  十六年夏,余与周道腴赴太原,过赵城,先期电约,会于车站。适余至而衡玉未往,余过而衡玉来,悒怅而归。

为赵城兴唐寺施洋10元。据释力宏《兴唐寺地界地亩暨传戒功德碑记》:

---

  ①田桐(1879—1930),字梓琴,湖北蕲春人,中国同盟会发起人之一。据郑逸梅《艺林散叶续编》,"历来显宦,对外书翰,辄由幕友代笔。直至民国时代,亦往往由秘书代之。如田桐代孙中山,饶汉祥代黎元洪……"(见该书第85页)。
  ②周道腴(1875—1964),名震鳞,湖南宁乡人,早期同盟会员,是徐特立的老师,新中国成立后,毛泽东对其礼遇有加,尊为祖师。

395

民国十六年夏间,住持妙舫公秉拂传授四众弟子大戒,各处善信所施功德襄此盛举……县长受川傅公、邑绅衡玉先生等均极端赞许。……功德主芳名列后:徐子澄施洋八百元;南佩兰施洋六百元……张衡玉、魏铭三……各施洋一十元。①

秋,病复发。张小衡《先君事略》:

丁卯夏,府君媾咯血疾,寻愈。秋,疾复作。时党军北伐,各方函电交驰,邀府君出山,或遣使敦促,已病不能出矣。

冬,病剧。老友赵意空(意空道人)系名中医,有《诊张君病意见书》。

老友张君衡玉,年五十六,患病半载余。其现状喘促咳血,头目不清,左膈痛,左半体俱不遂,舌苔后半厚腻,小便赤浊,膈膜痛极,时若有磊。喜按,痛灭则无,今渐移下至软肋处,不食亦哕(饱食气也),而不舒畅,饮食甚少,大便尚调。自觉上下之气关格不通,脉象右大左小,右关尤大,左寸关弦,左尺沉,六脉俱微数(六□)。

按此君早年嗜鸦片,自中年戒烟之后,以酒为命,酒渴则以茶继之,日日浸淫,积二十年之久。日在醉乡,加以纸烟时刻不离,湿热流毒下注则为痔,为下血,为腿痛(均曾患过);上冲则为咳,为喘,为痰,为肺膜痛,甚则见红。

人身饮食入胃,脾为胃行其津液,故曰脾气散精。今此精气非水谷之精气,乃茶酒纸烟湿浊之气,由脾上输于肺,故肺部先受,一定之理。

---

①释力空:《霍山志》卷六《杂识志》,山西教育出版社,1986年,第178页。

## 診張君病意見書

理事 趙意空

老友張君衡玉年五十六患病半載餘其現狀喘促咯血頭目不清左膈痛左半體俱不遂舌後半厚膩小便赤濁膈膜痛梢時若有瘀塊喜按痛流則稍可漸移下至軟脇處不食赤嗝氣也而不舒暢飲食甚少大便尚調自覺上下之氣關格不通脈象右大左小右關尤大左寸關弦左尺沉六脈俱微數六至

按此君早年嗜鴉片自中年戒煙之後以酒爲命酒渴則以茶繼之日日浸淫積二十年之久日在醉鄕加以紙煙時刻不離濕熱流毒下注則爲痔下血爲腿痛均暫上冲則爲咳爲喘爲痰爲肺膜痛甚則見紅

人身飲食入胃脾爲胃行其津液故曰脾氣散精今此精氣非水穀之精氣乃茶酒煙濕濁之氣由脾上輸於肺故肺部先受一定之理

肺旣受傷則呼吸困難呼出心與肺吸入肝與腎腎素彊猶可言也乃今春因家事不順心肝經大受激刺鬱結不散復日以酒攻肝金受濕濁之蒙蔽無處發洩遂乘肝木之虛而陵之故氣愈痛上下隔塞遂近於關格之症肺絡肺膜受傷肝又不能藏血咯血之症作矣幸塊暑雖似有形而有時不見且不拒按是肝氣痛而非瘀血痛可知肝之部位在右而其氣在左故左半自頭目以及腸足皆形不逐

前醫照金匱胸痺施治且多加溫藥顏覺有效而日久不惟不效而轉加劇所以效者以此症與痰相似飲爲陰邪得溫藥則暫開所以不效者濕氣化熱得溫養益劇也

總之濕爲本病肝爲兼症肝之消腸不升則腔經之火橫熾肺之濁陰不降則清肅之令不行一旦以蔽之升降失常而已

欲升肝陽而柴葛桂枝等類辛散燥熱之藥與濕熱咯血等症萬萬不宜而一味降肺利濕舒肝活血之藥亦屬平平服之僅僅不增病而已

竊以爲中焦者脾也大氣也即宗氣也今胃氣不開上下關格疼痛喜按脾也可知擎中則首尾相顧調脾氣醒脾濕安中宮佐以升淸降濁之品是或一道歟質高明

肺既受伤,则呼吸困难。呼出心与肺,吸入肝与肾,肝肾素强,犹可言也。乃今春因家事不顺,心肝经大受激刺,郁结不散,复日日以酒攻之,肺金受湿浊之蒙蔽,无处发泄,遂乘肝木之虚而陵之,故吸气愈痛,上下隔塞,遂近于关格之症。肺络肺膜受伤,肝又不能藏血,咳血之症作矣。幸块磊虽似有形,而有时不见,且不拒按,是肝气痛而并淤血痛可知。肝之部位在右,而其气在左,故左半自头目及腿足,皆形不遂。

前医照金匮胸痹症施治,且多加温药,颇觉有效;而日久不惟不效,而转加剧。所以效者,以此症与痰相似,饮为阴邪,得温药则暂开;所以不效者,湿气化热,得温药益剧也。

总之,湿为本病,气为兼症;肺为本病,肝为兼症。肝之清阳不升,则胆经之火横炽;肺之浊阴不降,则清肃之令不行。一言以蔽之,升降失常而已。

欲升肝阳,而柴葛桂枝等类辛散燥热之药,与湿热咳血等症,万万不宜。而一味降肺利湿,舒肝活血之药,亦属平平,服之仅仅不增病而已。

窃以为中焦者脾也,大气也,即宗气也。左升右降,赖以转旋,今胃气不开,上下关格,疼痛喜按,中焦之转输失职可知。击中则首尾相应,调脾气,醒脾湿,安中宫;佐以升清降浊之品,是或一道。敢质高明。①

二十四岁的董寿平多次到谁园拜望。他晚年为《张瑞玑诗文集》作序时写道:"先生病困床笫之际,予犹得屡聆教诲。"

---

①山西中医改进研究会《医学杂志》第41期,1928年2月30日。赵意空是该研究会理事。

外孙王作霦少年时常在谁园,奉侍左右,亲承謦欬。《先外祖父张瑞玑事略补充》:

> 1927年在一次饭桌上对我说:"你要有气节,任何人不要怕,大总统亦是人,有何可怕!人死不过咽气,穷不过讨饭。曹锟贿选总统,贿我以重金,我断然拒绝。"当时其言其声犹在我耳中。盖当时先外祖父自知病重特以嘱我,然我当时才十二岁,不知其言之深远,其心之沉重也。亦不知其身患重病也。以后在自己一生中遇到困难时,即以此语勉自己,使自己敢于向前奋进。①

张小衡《先君事略》:

> 至冬,病转剧。友人某过赵城,谈次,言某方及乡人之留京者,欲以先生长晋。府君犹嗔目大骂曰:"奴辈将以我为张邦昌、刘豫!"

## 1928年(民国十七年戊辰)五十七岁

1月6日,阴历丁卯腊月十四日午时,张瑞玑先生在谁园逝世。张小衡《先君事略》:

> 府君体素健,至是渐衰顿。然又强自矜持,每见不肖面有泣痕,即强笑谕之曰:"儿勿忧,吾貌虽瘠,而自觉精神渐加。儿勿忧,吾病

---

① 王作霦编注《张瑞玑诗文集》,油印本,1988年,第258页。

渐愈矣。"又屈指计曰:"十九日是吾生辰,计不过十日耳。儿可市鸡数十,吾病稍痊,届时当与戚友共欢饮也。"不肖昏愚,亦以为真可无虞也。一日,不肖奉粥一盂,侍府君饮。饮毕,扶之卧。卧未逾时,觉声息有异,遽扶之坐。则痰已充塞胸臆,汗出声嘶,历数时竟不能成一语而终。时阴历十二月十四日午时也,享寿仅五十六岁耳。呜呼痛哉!

5月2日,阴历戊辰三月十三日安葬。张小衡《先君事略》:

府君殁时,奉军已入固关、平型关,晋局危甚。戚友咸劝速葬。遂于十七年阴历三月十三日,藏于城东磨头村之祖茔。仓卒窆事,竟不及为志墓之文。呜呼,不肖之罪大矣!

按:张瑞玑与刘氏夫人生有一子一女。子尔公(1889—1957),字小衡(筱衡),保定军校毕业,曾任太原陆军学校教官,陕西督军署、晋绥军总司令部参谋。新中国成立后任西北大学教授、西北历史文物研究会副主任、陕西省文史馆馆员、陕西省第一届政协委员,历史地理学家兼古文字学家,在商周金文研究领域造诣颇深。女韵兰(1895—1967),字小苏,就学于乡宁吴庚,能文会画,尤善画兰竹。女婿王乃寅(字叔亮),赵城人,毕业于山西法政学校,曾在山西警备处任职。孙三人,祖望、祖武、祖贻;孙女三人,淑娟、淑贞、淑仿(亦作苏芳)。外孙四人,作霖、作霧、作雰、作震;外孙女一人,淑媛。

是年

东北易帜,南京国民政府实现了形式上的统一。

# 谱后

## "天丧斯文"

张小衡《先君事略》：

> 呜呼,府君之关系于国家者大矣！故殁时太原各报惊而载之,而晋阳报比之为"天塌地陷"云。

张瑞玑逝世后,各方人士到谁园吊唁或派人致祭者接踵而至。

据小衡之孙张七先生家藏三册《哀挽簿》,军政界有：黎元洪、宋子文、阎锡山、温寿泉、景耀月、田桐、张凤翙、陈树藩、井岳秀、刘允丞、刘盥训、侯元燿、郭宝清、贾景德、孙岳、徐永昌、商震、南桂馨、崔廷献、孟元文、赵戴文、杨兆泰、朱绶光、郭宗汾、冀贡泉、高容斋、马骏、陈受中、李鸿文、薛士选、梁上栋、杨澄源、冯振邦、吴人达、谷锦云、仇曾诒、陈凤标等。黎元洪时居天津英租界,挽词为"怀和长毕"。宋子文时任国民政府财政部长,挽词为"老成徂谢。"景耀月挽："古之智囊。"徐永昌挽："哲人其萎。"南桂馨挽："南极星沉。"赵戴文挽："雅范常昭。"马骏挽："谁园如故。"冀贡泉挽："河岳日星。"崔廷献挽："灵护乡邦。"

学界和教育界有：李亮工、王录勋、高时臻、张贯三、张友桐、许振甲、乔鹤仙、耿步蟾、兰承荣、张嘉琳、常克勋、池庄、王宪、冯纶、常乾、刘世勋、张金曜、韩仰斗、温承让、张之杰、武尽杰、王孟、赵效复、孙景〔晋〕祺、耿步

天丧斯文

衡玉老先生千古

受业王录勋敬挽

张瑞玑弟子、山西大学校长王录勋挽词

中国大佛人

衡玉老先生千古

三晋真名士

国民革命军第三集团军第六军军长丰玉玺挽

国民革命军第三集团军第六军军长丰玉玺将军挽联

蟾、李钟翘、张四科、兰锡魁、朱炳瀛、谷炳焘、李登选、姚守文、庞全晋、解洁身等。张瑞玑的门生、时任山西大学校长王录勋挽词为"天丧斯文",上款"衡玉张老夫子大人千古",下款"受业王录勋鞠躬敬挽"。

前来吊唁者还有:张煌、王庆祚、释妙舫、释恒徹、释明徹、马家鼎、任重远、马圣瑞、董寿平(揆)等。

1928年1月,时值晋奉战争,北方国民革命军总司令阎锡山在雁门关前线督师,特派吴人达前往谁园致祭。祭文如下:

> 维中华民国十七年一月□日,北方革命军总司令阎锡山特派吴人达,谨以清酌庶羞,致祭于前山西民政长张衡玉先生之灵曰:呜呼先生!丈夫处世,植品为先。珪璋特达,乃全其天。文章余事,因人而异。言而有物,亦传于世。奈何先生,文质兼之。鬓毛未衰,遽与世辞。繄我三晋,表里河山。名世代作,与世往还。河汾遗泽,孰扬其波。薪传安继,非公其它。先生约岁,目无黄香①。襟期雄迈,器宇轩昂。束发受书,卓荦颖悟。神与古会,不徇章句。南宫②再捷,久历名场。长安作宰,视民如伤。横览时事,直陈利弊。勿视巍巍,而荏其气。揽辔澄清,三年有成。度来何暮,生佛欢迎。世界沧桑,言归故里。管领度支,相助为理。汾浍流域,素号瘠贫。信民足食,实难其人。理财有方,今世刘晏③。酌盈剂虚,裨益非浅。为地择人,旋长民政。公提我挈,愿为骖靳。先生幡然,乃遁漕丘。白驹空谷,我心悠悠。洎任代议,为民喉舌。鸾鷟一鸣,百喙噤息。遨游京洛,非宴非豫。温公姓名,通于妇孺。苞桑六固,谲波玕腾。颂莽功德,划然骤鸣。章甫盈廷,众醉孰醒。先生怃然,接淅而行。虞芮不协,退赋

---
① 黄香:东汉时江夏人,少时博学能文,时称"天下无双,江夏黄童"。
② 南宫:指礼部会试。
③ 刘晏:唐代著名理财家。

阎锡山《祭前山西民政长张衡玉先生文》

西征。鸿沟不划,蛮触永争。蛮争不息,孰丁其凶。嗷嗷中泽,惟此哀鸿。目睹疮痍,潸焉出涕。上书当轴,一字一泪。回春有愿,点石无方。洋洋美水,中心彷徨。归游文瀛,草碧波绿。仰天呜呜,放歌当哭。深冀风雨,同此危舟。艰难弘济,后乐先忧。岂意先生,痼癖烟霞。南涉峻岭,甘食于家。子山萧瑟,栖迟小园。客来不速,有酒盈尊。藏书万卷,青碧缥缃。林泉散发,聱叟癖王。酒酣耳热,霜清月白。绮思泉涌,波澜壮阔。琼琚玉佩,大放厥词。动摇星斗,贼奢蛟螭。伸纸染翰,卑论宋唐。追逐齐魏,骨立锋藏。不买燕支,闲写素枝。暗香浮动,画中有诗。雕虫篆刻,无关大雅。射御游艺,聊资陶写。呜呼先生! 天生瑰材,以有为也。怀宝遽化,斯何为者。霍岭风凄,羲台日暮。我思先生,屋梁如晤。逝水不返,朝露易晞。失我诤友,潸我涕洟。有酒惟清,有椒惟馨。掬诚遥酬,庶几来歆。尚飨!

按:祭文及以下挽联、挽诗、挽词未标明出处者,均录自谱主曾孙张七先生家藏《哀挽簿》。吴人达即吴岷甫。阎的祭文是一篇散佚的民国前期山西政治史料,以下几点值得关注:①阎锡山称张瑞玑为"今世刘晏",对他执掌山西财政"理财有方"很满意;②张瑞玑继谷如墉之后被袁世凯任命为署山西民政长,除其个人声望,亦得力于阎锡山推荐("为地择人,旋长民政。公提我挈,愿为参靳");③张瑞玑晚年,阎仍希望他出山("深冀风雨,同此危舟");④阎视张为"诤友",敬重他。

同年2月初,上海报纸《兴华》报"中外大事记"刊登《国民党学者张瑞玑逝世》的消息,称为"民党才子""北方之学者宗焉"。

太原通信:民党才子张瑞玑,于旧年底在山西赵城本宅逝世,年五十七。瑞玑字衡玉,晚号窟野人,光绪间进士,分发陕西,授长安知县。不满清政,入同盟会,密与山陕志士谋革命于长安。晋中志士如景定成等,皆以陕西为逋逃薮,其所庇护全活者甚多。辛亥之役与有功焉。山西起义后,张为都督府总参议,袁世凯命北洋第三师攻晋,破之。君恨其不义,且军律亦紊,将其稗(裨)将卢姓铸以铁像。洪宪帝制发生,君力劝同人勿顺袁氏,作本事诗百数十首以丑之,一时脍炙人口。护法之役赴广,两院同人以老名宿待之,有"孤鸿海上来,池潢不敢顾"之概。南北议和,君充划界大使,旋以棘手辞职。近年以病归里。去岁,周震麟、田桐二人以公赴晋,约赴南京。君甚喜,以病愈为期。不料其不起也。生平嗜酒慷慨,作文千言立就,纵横恣肆,极其神妙。诗亦豪迈瑰奇。洞人腑肺,料事如神,有如亲见,北方之学者宗焉。①

同年2月,中国同盟会发起人之一田桐作七律《哭张衡玉先生》四首,刊登于上海良友图书印刷公司出版的《国闻画报》第二期。

其一:士元百里不羞能,本为亡秦会霸陵。慷慨侯生富屠狗,扶摇蒙叟自抟鹏。铜驼已上胡儿殿,铁像曾罗志士罾。纵酒不妨天地廓,坐中湖海聚高朋。

其二:太行南下气如虹,曲到黄河地势东。人近龙门奇复矫,天迎窟野为工。关中去后无明月,岭表来时有大风。公是青莲我非甫,一生狂放得毋同。

其三:燕京斗酒自称仙,洪宪能传瞬百篇。四海已归新禹贡,九重谁戴旧秦天。人间忝有新垣衍,地下教添鲁仲连。狭路倘逢袁世

---

①《兴华》,第25卷第5册,1928年2月,第40—41页。这是一份由美国潘慎文、胡金生等编辑的基督教刊物,上海华美书局发行,主要刊载基督教方面的文章和译述,也刊登国内外大事记等。

## 哭張衡玉先生

田桐

士元百里不嫌能。本為亡秦會灞陵。慷慨侯生富屠狗。縱酒不妨天地廓。坐中湖海聚高朋。鐵像曾羅志士嘗。太行南下氣如虹。曲到黃河地勢東。人近龍門奇復矯。天嚳窟野為工。關中去後無明月。嶺表來時有大風。公是青蓮我非甫。一生狂放得毋同。燕京斗酒自稱仙。洪憲能傳瞬百篇。四海已歸新禹貢。九重誰戴舊秦天。人間忝有新垣衍。地下敢添魯仲連。狹路倘逢袞世凱。也妨角力訟當年。炎朝曾向趙城過。相約參差一刹那。天星中描還文曲。人也蒼涼折太阿。鳳凰毛羽認修柯。驌驦風裁宜遠。我不哀時向無淚。為君老淚竟滂沱。

田桐《哭張衡玉先生》，1928年2月刊登于上海《国闻画报》第2期凯,也妨角力讼当年。

其四:炎朝曾向赵城过,相约参差一刹那。骐骥风裁宜远道,凤凰毛羽认修柯。天星中描还文曲,人世苍凉折太阿。我不哀时向无泪,为君老泪竟滂沱。

**辛亥革命后山西副都督温寿泉作挽诗①二首:**

其一:闻讯犹疑梦其真,春明回首怅前尘。功名壮岁传分陕,气节千秋耻帝秦。苍狗白云惊变幻,生龙活虎想精神。中原蛮触方酣斗,揽辔澄清更几人。

其二:一瞑不视意如何,浩劫茫茫孰止戈。死后应遇刘子骥②,生辰忍祝苏东坡③。酒醒上累沉无色,汾水西流咽不波。惆怅谁园花事好,开樽无复听高歌。

**国会众议院议员刘盥训"恸书"挽诗四首:**

其一:陡闻太白去骑鲸,绕室彷徨拍案惊。仪世清流才下寿,读书真种竟中倾。知君久拼刘伶死,愧我空扬管仲名。兵火漫天先撒手,伤心饭袋尚偷生。

其二:年少春风命世才,文章事业动人怀。关中名士称循吏,山右欧曾能理财。奸盗消融无物我,王侯啸傲等舆台。一封书落奸雄胆,亮节千秋色不灰。

其三:小筑谁园避劫尘,客常满座主常贫。一杯酒洗昂藏气,万

---

①挽诗书于白绢,题"仁兄先生千古,弟温寿泉"。
②原注:公与亡友翼若最契。
③原注:公与东坡同庚。

卷书怡隐逸身。□可照奸韶铁像,飕甘无口学金人。作人不使铃儿系①,呕出心肝未六旬。

其四:卅年胆[肝]胆到郊庠,风雨平沍子舍光。一榻上都惟我对,几篇下里和君忙。戏言墓碣文知己,回首鸰原惭拜香。阔别几时成永别,寝门雪夜泪汪汪。

山西省长公署秘书长、韬园诗社盟主贾景德作《哭张衡玉五首君自号飕窟野人》:

其一:岳岳谁园主,吞声死别难。屋梁才月落,汾曲又春寒。斫地成千古,弥天戢一棺。忍将注海泪,来为野人弹。

其二:才大难为用,文高不羡新。逃名甘酒隐,余事作诗人。随会终归晋,新垣柱帝秦。平生奇倔气,肝胆郁轮囷。

其三:官弃方州使,书藏万卷楼。凤雏宁百里,飕窟亦千秋。玩世狂何补,衔杯死不休。元龙湖海士,长揖傲公侯。

其四:活虎生龙气,如何苦病魔。盖棺心不死,作鬼恨犹多。有好皆为累,能容讵养和。西州余恸在,忍向赵城过。

其五:九日茱萸会,韬园敞盛筵。放歌惊四座,长别瞬三年。猿鹤悲尘劫,龙蛇厄岁缠。彭殇同一尽,不为鬼雄怜。②

民国后山西大学校首任校长李镜蓉(字亮工)挽诗:

---

①原注:某人以诗人誉君,君曰:"予只作人□□□,不愿系铃铛子。"可谓雅谑。
②贾景德:《韬园诗集》卷四,1943年印于重庆,第176页。

哭張衡玉五首　君自號慧崖野人

巖巖誰園主　吞聲死別難　屋梁才月落　汾曲文章寒斫
地成千古　彌天戢一棺　忍將注海淚　來為野人彈
才大難為用　文高不美新　逃名甘酒隱　餘事作詩人隨
會終歸晉　新垣枉帝秦　平生奇倔氣　肝膽鬱輪囷
宮棄方州使　書藏萬卷樓　鳳雛寧百里　虪窟亦千秋玩
世狂何補　銜杯死不休　元龍湖海士　長揖傲公侯
活虎生龍氣　如何苦病魔　蓋棺心不死　作鬼恨猶多有
好皆為累　能容詎養和　西州餘慟在　忍向趙城過
九日萊英會　韜園敞盛筵　放歌驚四座　長別瞬三年猿
鶴悲塵劫　龍蛇厄歲纏　彭殤同一盡　不為鬼雄憐

贾景德《韬园诗集》卷四《哭张衡玉五首》

嗜酒陶元亮,能文阮步兵。遭时良不偶,沉醉故伤生。
　　空慕羲皇世,常轻竖子名。斯人如可作,方与致升平。

**山西大学校文学院院长张籁作《哭衡玉》**,诗前小序云:"衡玉作古,李君亮工哭之以诗,余摘其首联续貂哭之。"①

　　嗜酒陶元亮,能文阮步兵。有才堪干济,无命到公卿。
　　世运纷如此,天心醉不平。闻君先作古,南望哭苍生。

**山西省长公署政务厅长兼财政厅长杨兆泰**②**作悼诗二首:**

　　其一:襟怀豪放真名士,文字纵横一霸才。痛饮胸中浇垒块,雄谈舌底起风雷。楼藏万卷书如故,诗积千篇劫不灰。旧画野梅余几幅,傲寒未肯报春来。
　　其二:窟犹有失野人,云山阻隔倍伤神。三年风雨常怀旧,千古文章不羡新。名重遍交天下士,才高曾现宰官身。关中父老多流涕,记得轻车再入秦。

按:题款"先生千古,愚弟杨兆泰顿首拜挽。"杨兆泰还有一副挽联:"新潮横欧亚而来,知酒国犹存拼教一醉完真我;豪气冲云霄以上,问诗篇无恙留待千秋付后人。"

---

①李文林编著《张贯三先生诗文辑佚》,三晋出版社,2013年,第50页。
②杨兆泰(1888—1936),字阶三,山西新绛县人。1928年3月代理山西省政府主席。

山西省议会副议长高洪①《挽张衡玉》：

戊辰二月春事长，花未转绿兵回黄②。退飞六鹢陨石惊，出门看天栗晴苍。哀哀群黎呼天只，千古丧乱宁由此。几无余地能聊生，稍有心人尽祝死。遽闻窟文星倾，老成凋谢不胜情。狂澜无端砥柱折，昏夜那复照珠明。张侯声名早烜赫，元龙豪气人啧啧。岂徒酒国号称皇，诗坛赤帜亦定霸。如苍生何弃如遗，海上骑鲸人然疑。十万琳琅庋谁园，儿孙赢得好家居。

张瑞玑在简城书院读书时的恩师韩峒撰挽联，继作挽诗二首。挽联：

我谓君友君谓我师，溯当年讲席相从呕心不减李长吉；
后余而生先余而死，幸今夏谁园共话咯血及见武乡侯。

挽诗：

其一，炼就金刚不坏身③，而今竟亦付消沉④。牢愁满腹何由畔，奇气盘胸未得伸⑤。不信刘伶为酒帝，偏教李贺作诗人⑥。他时重向谁园过，感念前尘泪满襟。

---

①高洪，字容斋，山西省长子县人。早期同盟会员，辛亥革命后被选为山西省首届议会副议长。此诗录自冯振邦《天放早课第二册》（石印本）。
②原注：奉军来晋掷弹方烈也。
③原注：君气体素健。
④原注：君以四月媾咯血疾，至腊月而殁，几八阅月耳。
⑤原注：君之才学见于世者一毫芒耳。
⑥原注：君才迄未大展，遂以诗酒自晦，非其志也。

其二，总计平生信绝伦，一门孝友蔼天真①。理财讵必师刘晏②，作宰常思借寇恂③。尽有文章惊海内④，若论书画亦传人⑤。最难洪水横流日，大节巍然终不磷⑥。

按：诗末云"前联意有未尽，因复为此，以补其阙。九原有灵，当必赞许，以为所言不谬也。兄垌再墨，时戊辰正月谷日。"

辛亥革命后陕西大都督张凤翙⑦挽联：

文章慷慨陈同甫；
词赋苍凉辛稼轩。

国民革命军第三集团军第六军军长丰玉玺挽联：

三晋真名士；
中国大伟人。

北方国民革命军总参议赵戴文挽联：

---

①原注：君笃于孝友，所为王太夫人、伯兄湇玉二志，尤为沈著，读者泣下。
②原注：君为财政司，光复数月，务持大体，不以搜括为能。
③原注：君宦秦中最多惠政，所去民思。
④原注：君上项城及卢总制二书，一时传诵。
⑤原注：君之书画亦自成一格，空诸依傍。
⑥原注：洪宪柄政，解散党部，人多瓦全，君独玉立。虽于时忌，卒以智免。
⑦张凤翙（1881—1958），字翔初，陕西西安人，辛亥革命后陕西军政府首任都督，新中国成立后任陕西省政府副主席。在挽联中张凤翙还写了一段话："以衡老旅京时所作长歌中语，苍凉百感，隐以自况。予既悲衡老之志，而又痛天夺吾衡老之速也，用撷此为诔词，读之不知涕之何存也。悲夫！"

生日继东坡,气节都为天下士;

高风怀北海,典型无复老成人。

山西省政府秘书长、文化名流郭宝清挽联:

义不帝嬴秦,排难解纷,从此仲连难再见;

才真横绝世,诗仙酒圣,应知李白是前身。

山西辛亥革命志士张煌等挽:

笔摇五岳,书读百城,三晋仰文宗,万派潮流归大海;

才重儒林,名标党史,九天堕星宿,千秋祀享配中山。

山西大学教授张友桐挽:

侠骨虽销琴韵未亡,寄我哀弦悲别操;

仙踪已去诗魂犹在,酹君醇酒读离骚。

山西大学教授乔鹤仙等挽:

豪气迈群伦,聊将诗酒写胸臆;

霸才横绝世,剩有勋名垂简编。

河东盐运使崔廷献(字文征)挽:

生怕伟人多,笔伐口诛戕除军阀;
　　死留浩气在,诗魂酒意游戏神仙。

**保晋公司主任董事兼总经理、书法家常旭春集杜甫诗句挽:**

　　周南留滞古所惜;
　　文采风流今尚存。

**赵意空挽:**

　　才大用为难,五千年上下盱衡,活龙生虎忽借风云离浩劫;
　　我来君竟去,六十日弥留辗转,只轮孤翼又将涕泪洒空山。

**《晋阳日报》原社长梁俊耀(字硕光)挽:**

　　道德文章冠一时,与表里山河并寿;
　　泥涂轩冕高千古,诚中华民国奇人。

**洪洞邑绅、张瑞玑同科举人柴如珍(汝桢)挽:**

　　才雄学博罕有其伦,忆同年宴赋鹿鸣三晋云山特生色;
　　诗圣酒仙极难多观,痛今日身骑箕尾一天星宿黯无光。

**洪洞邑绅、民国初参与重修古大槐树遗迹的贺柏寿等挽:**

　　是文学家是政治家高尚如君竟遗浊世登仙界;

衡玉老夫子晏在

周南笛滞古所惜

文采风流今尚存

愚弟常旭春挽杜门敬挽

保晋公司主任董事兼总经理、书法家常旭春挽联有诗酒趣有图书趣景行惟我空忆谁园问主人。

洪洞县警佐焦琴挽：

晋乘灿生光,谁不仰司马文章元龙品格；
道山竟归去,我弥痛霍峰减色汾水增寒。

翼城邑绅吉廷彦、王锦雯挽：

浩气凌当道,党抗袁廷铁铸卢像,若辈星握权勿视其巍巍,英雄胆识如君少；
逸情寄谁园,诗写江北酒醉岭南,斯人竟不寿岂惟我戚戚,老成凋谢举世悲。

"愚侄刘振业"挽：

翘首望谁园,诗中之圣酒中之仙旷世英才亦千古；
回眸观世局,彼则争权此则争利中流砥柱更何人。

下面几副挽联,摘自赵城民间抄本,未具撰者姓名：

挽党统于既断端赖中流砥柱；
却军阀以文章不愧桑梓福星。


清酒圣人浊酒贤人先生殆隐于是者；
李白仙才李贺鬼才我公其兼而有之。

惟先生声名远播,文章经济三晋人才称独步;
愧我辈庸碌无闻,继绪追踪故乡后起属何人。

胸有奇才著有奇文,发聩振诗咳唾动惊海内外;
出为名宦处为名士,流风余韵讴思已遍河东西。

1929年,中国同盟会发起人之一田桐(字梓琴)在上海主办《太平杂志》,连载其撰写的史料性笔记《革命闲话》,有一篇《张瑞玑》:

张瑞玑,字衡玉,山西赵城人也。光绪间,以名进士出宰陕西各县,时樊增祥为布政使,好文学之士,得衡玉大信任之。衡玉为人,寓矜庄于放荡之中,与物无竞,而胸有辨别。世俗官僚,亦乐与往还,物于物而不役于物者也。时纵酒吟诗,人以狂士目之,不深究也。同盟会成立,衡玉亦慨然与焉,不计其为官也。清之季年,宰长安。长安,首县也,东方逋客皆匿之署中。景梅九其一也。长安县署,遂为革命机关。辛亥光复之日,尚顶戴乘轿于市中。市人曰:今日民国也,尚顶戴乎?衡玉曰:然。则掷之,帽随手飞。众欢动,衡玉亦乐。陕人举衡玉任显职。时山西已独立,电衡玉归。衡玉在陕数年,好买书,得二百箱,载之俱归。抵家,行装尚未卸也。适清人起用袁世凯,锄杀吴绶卿禄贞于石家庄,遂陷太原,南至赵城。是师也,为曹锟所部之三镇。卢永祥、吴佩孚皆属之,纪律殊恶。河东各县,被劫掠一空。衡玉之书,亦在其中。三镇之兵,公然征发车辆至太原,转正太铁路,满载辎重,七日之间,络绎于道。衡玉愤甚,事后铸卢永祥铁像于赵城,作两手持银锭,胸腹怀之之状。永祥屡次婉商,以当时虽任协统,不在军中为词,未得衡玉之诺。十三年复以孙段合作为词,往请,犹未允。曰,非念既往,乃警将来。一夕,永祥党袖铁锤碎之。衡玉自元年任山西民政长,财政厅长,皆有建白。王年洪宪之役,在北京作诗嘲袁氏,凡百数十首,字字珠玑。数日之间,传颂殆遍。护法之役,以议员赴粤,所至诗酒与俱。广州市有小酒后,店号"妙奇奇"。衡玉曰,既言妙,又言奇奇,可味也,且试尝之,归挥诗十数首。旋南北议和,以陕西划界事,与于右任有龃龉。右任谓其不公,有似官僚。衡玉以受三镇兵劫,痛恨军纪之不良,不认无纪律者为革命军,然卒退让未反唇也。自是家居,益病酒,自号"羯窟野人"。羯者,无下颌之羊也,誓不复言之意。十六年夏,余与周道腴赴太原,过赵城,先期电约,会于车站。适余至而衡玉未往,余过而衡玉来,惆怅而归。十二月长逝,中国少一词人矣。九弟奇玉,学有根底。子小衡,精通地理,自视甚高。余时在太原,有《哭衡玉》长句四章云(下略)。①

1930年,长孙祖望出生。张小衡《先君事略》:

> (1929年)继娶白氏,前兵站司令太原白公和庵之侄女也。逾年生一男,继生一女。邑人喜相告曰:"张老爷有孙矣!"群醵资铸锁来贺。不肖为命之曰祖望,而字之曰衡荪。盖府君晚年望孙甚切,而竟不及见也。

1933年,时任太原绥靖公署参议官的孙奂仑,作《癸酉九日郭可阶贾煜如两先生招集净因禅院登高未至曾于广代拈韵得酒字》,诗中怀念张瑞玑:"谁园花草荒芜久"。

同年,释力空撰成《霍山志》,卷三《师范志·外护》有《张衡玉先生传》。

---

① 王杰、张金超主编《田桐集》,华中师范大学出版社,2011年,第386页。贾逸君《中华民国名人传》(1932年)、杨家骆《民国名人图鉴》(1937年)中的张瑞玑小传,均录自此文。

文仅百余字,有云:

（衡玉先生）以袁氏执政日非,辞归隐居谁园,赋诗写字以自娱。先生以民国之乱不止,皆由人心贪黩无厌,争夺权利所致。欲医此病,非人心向佛不为功。于是提倡佛教,延请化详和尚住持兴唐寺,法空和尚住持广胜寺。俾佛化由此发扬,国家借以蒙庥云。

1935年,公请张瑞玑入祀山西省三立阁。张小衡《先君事略》:

府君殁后七年,晋人公请与乡宁吴公少兰、猗氏刘公翼若,同入祀三立阁。皆府君道义之交也,平生情好如兄弟,至是联袂入祀焉。

张小衡《先君事略》又云:

呜呼,府君逝世几十年矣。邑之人遇有事焉,则相与叹曰:"吾辈素仰张老爷之庇荫,而不知今则无其人矣。"晋之人遇有事焉,则相与叹曰:"张先生若在,一纸电文足以了此,某方某方于我晋必不敢若是之酷也。"党国之老成者遇有事焉,则相与叹曰:"老衡若在,事必不至此。"

1936年初夏,时任太原绥靖公署参议官的孙奂仑公差南下,路过赵城,张瑞玑胞弟琦玉（也作奇玉）"邀饮谁园,忆及老衡,为之泫然"。孙在谁园作《南行草》七绝四首,拿给琦玉诸兄弟看。孙奂仑遗著《庸斋诗草》收录此诗,其一:"小别谁园二十春,重来游眺剧酸辛。依然无恙巢云阁,不见当年斗酒人。"其二:"乱后相逢各黯然,相看双鬓雪盈颠。危城未破诚天幸,十万牙签得保全。"①

　　孙奂仑到了乡宁,又作《乡宁游吾园感赋长句》:"出门怅惘神不怡,感怀触念谁园叟。叟亦谢世逾十年,老病凄凉余野妇。"②从孙诗可知,谱主逝世十年后,谁园藏书楼"十万牙签"(即十万卷书),依然在"老病凄凉"的刘氏夫人守护下完好无缺,谁园依旧是"四面窗轩书百城"。

　　1937年秋,太原绥靖公署秘书长贾景德,作《过赵城遂游广胜寺二首》③怀念张瑞玑。诗前小序写道:"丁丑十月初旬,中日交战,太原绥靖公署南迁,余来赵城好义村阅视行营,县人兰芳生处长约余来游。过故友张衡玉里第,悽怆不忍入。"诗中感慨"到门无复谁园④主,洒向西风泪已多。"又,本年贾景德作《平阳杂诗五十首》⑤,第十二首:"张五(衡玉)诗狂更酒狂,意空落笔不寻常。生离死别都无奈,关塞枫林总断肠⑥。"

　　1938年,时任太原绥靖公署参议官的孙奂仑,作《和贾煜如过赵城游广胜寺元韵》,"良友同游曾载酒"即怀念张瑞玑。

　　1949年2月,上海书店出版陕西革命先烈褒恤委员会编辑的《西北革命史征稿》,为辛亥革命先烈一百九十人立传,第五十八名即张瑞玑。

　　1968年冬,释力空撰《赵城人物志略·张瑞玑》(未刊稿)。

　　2004年,洪洞县委、县政府兴建小北门城市中心广场,安放了一尊张瑞玑雕像。

---

①原注:"老衡十万卷书楼无恙。"
②原注:"衡玉自号窟野人,常称夫人为野妇。"
③贾景德《韬园诗集》卷五,1943年印于重庆,第205—206页。
④原注:衡玉别墅名谁园。
⑤贾景德《韬园诗集》卷五,1943年印于重庆,第210页。
⑥原注:意空流寓赵城,近避难西安。

# 谁园遗韵

1932年，贾逸君编《中华民国名人传》，将张瑞玑列入文学类。文学类有樊增祥、陈三立、鲁迅、郭沫若、郁达夫、沈从文、徐志摩等。

1935年，伦明（字哲如）著《辛亥以来藏书纪事诗》，收藏书家一百五十五人，附录二十八人，山西有张籁（字贯三）、张瑞玑二人。伦明诗曰："晋水文章集百元，赵城带草绕谁园。"文曰："赵城张衡玉瑞玑，收蓄尤富，屋曰谁园，本省旧藏多并其中。"后薛愈编著《山西藏书家传略》（山西古籍出版社，1996年），为张瑞玑立传。

同年底，张小衡编定《谁园集》十二卷（诗文各六卷），跋云：

> 呜呼！此先君之遗集也。先君平生所作，多不留稿，或有之而为人携去。不肖随侍日少，每岁归省，始一藏弆，或他处转相抄录，积年始得此帙，其所散佚盖已多矣。先君殁后，曾登报征集，所收者寥寥无几。年来海内人士，争以先睹为快，函询面诘，每以不速梓行见责。乃仅就所藏者，先编为十二卷付印，又慨然以剞劂为任。因叹门衰祚薄，无力以扬先芬，而独赖一二知交以广其传，既钦高谊，益自愧耳。其有此集所无，而海内大雅藏有其稿，或诗或文，或俪语小品，或函电公文，如蒙抄送，俾得续辑成编，则尤不肖百拜而深祝者也。至集中

所载,不无时忌,戚友多以为疑。窃惟先君志在拯世,而遇时不偶,痛苍生之困苦,愤世居之纷扰,每形于诗文,以讥刺一切,虽在知交有所不顾。读之者无不重其文,而钦其人;受之者亦或悉其无他,而深谅其衷。且先君文章气节,名震一时。每一文出,津沪各报竞相登载,妇孺士庶皆能口诵。固不待斯集之行,而既已风传一世矣。殆不能讳,亦不必讳也。噫!不获亲侍吾父之音容笑貌,几十年矣。今重录遗稿,犹觉吾父英迈之姿,刚大之气,时时活跃于纸上也。呜呼痛哉!男尔公谨跋。

1936年1月,张小衡赴苏州拜访章太炎。章太炎撰《故参议院议员张君墓表》,4月1日刊登于章氏国学讲习会主办的《制言》半月刊第十四期,署名"太炎"。此文1991年收入卞孝萱、唐文权编《辛亥革命碑传集》(见该书第532页)。

1936年5月,刘成禺《洪宪纪事诗本事簿注》在上海《逸经》半月刊连载,第十九首咏张瑞玑:"和介流风柳下尊,都门去去默无言。燕诗并剪翻怜汝,春酒秋花尚有园。"刘成禺写道:

> 赵城张瑞玑衡玉,以名进士权长安县事。结同盟会,谋覆清祚。选参议院议员。帝制议起,衡玉留京,放浪诗酒,谩骂当时,侧目者将入以谋反之罪。予告之曰:"吾辈开党开国,自有不世之功名,何必葬身虎穴,与含香傅粉者争一日邪正之长耶!"衡玉大悟,日饰酒疯,得养疾归里。近搜遗翰,痛感人琴。

文后选录张瑞玑讽刺洪宪帝制、足资史料考证的诗作有:《幽燕杂感十四首》《放歌行寄郭允叔》《寒云歌观袁二公子演剧作》。

1937年，杨家骆编著《民国名人图鉴》，第一册"卷第五"收张瑞玑小传。

1945年初冬，赵城中学在谁园创办。山西省美学学会会长李翔德少年时读书于此，晚年作《赵城"谁园"记》。

1947年，赵城解放，中共赵城县委驻扎谁园。

1952年4月1日，陕西西北历史文物研究会副主任张小衡，通过山西省人民法院院长支应遴，转给山西省政府副主席王世英一封信，愿将谁园藏书捐献国家。王世英在集体办公时将张小衡的信念给大家听，当场交给省文教厅（时任文教厅厅长为池庄）办理。在场者对张氏父子十分敬佩。支应遴写给张小衡的复信中说："令尊公一生为官清廉，好学博古，为社会留此无价宝藏，功德诚无量也。"当月，山西省文教厅特派崔斗宸副厅长赴赵城张香菱女士家中取回这批藏书。5月31日，山西省人民政府文教厅致函小衡（筱衡）：

筱衡同志：

　　四月一日给王副主席函悉。我们为了慎重的保护"谁园藏书"，特派崔副厅长亲往赵城处理。业将张香菱女士家中所存书籍，全部运省，交省立图书馆陈列保管。此项书籍，虽年长日久，大部受潮湿及虫蛀，损失颇重，不过部分的尚算完整。此种慷慨捐献、化私为公的精神，与爱护祖国文物的热忱，殊堪嘉尚。除呈报中央备查并俟将书全部整理完毕再行登报表扬外，特先函谢！专此。致以敬礼

山西省人民政府文教厅
一九五二年五月卅一日（印）

据张小衡长子祖望回忆，山西省曾汇给他家五百元，被小衡退回。

同年6月,省政府王世英副主席拨出旅费,邀张小衡到太原,帮助省图书博物馆整理"谁园藏书"。7月,小衡抵太原。12月,小衡与省图书博物馆工作人员李梅贞、裴荃香、丁力军等初步整理出这批藏书,按经史子集分类,编就《谁园书目》,印有《整理总结》和《藏经说明》。赵玲玲《张瑞玑"谁园"藏书考略》(《晋图学刊》2008年第3期)对这批藏书记之甚详。

(一)经部大约92种,5542卷,1604册;史部272种,13522卷,3428册;子部大约105种,1929卷,1297册(另有平装书137种,703册);集部大约465种,12506卷,4475册(另有平装书105种,606册);丛部大约84种,14464卷,3894册。善本书有宋版《道德经》一函二册二卷,《庄子》三函二十三册十卷,《列子》一函八册八卷,还有《红楼梦》抄本八十回四十册等。经编著者考证,这部《红楼梦》八十回抄本就是著名的乾隆甲辰本。详见《张瑞玑:〈红楼梦〉甲辰本收藏者》(2019年3月7日《文汇报·笔会》)。

(二)佛经大约53种,159卷。

按:根据国家文物局指示,将国宝级文物《赵城金藏》152件,于1963年全部上交北京图书馆(即今国家图书馆)。另,《山西省古籍善本书书目》(1981年编定)收省博物馆馆藏经卷六种,其中有三种系张小衡捐献的"谁园藏书",这三种藏经是:金刻《赵城藏》,北宋刻《妙法莲花经方便品第三妙法莲华经第一》,明刻傅山评点之《五灯会元》。

(三)碑帖、字画一箱,然品种、数量未详。

1957年,张小衡病故。景梅九撰书挽联:"小学苦钻研,今古篆籀融会贯通,力尽精疲,总为大群忘小己;衡门久隐逸,栖迟偃仰继述志事,人亡物在,痛传举世丧衡钧。"上款"小衡廿兄尽右,一九五七年二月八号",下款"景梅九悲挽"。小衡生前曾冒险救过被阎锡山通缉的赵城农民"铖斧会"组织者乔丁珊(黄埔五期学员,抗战初任中共赵城县委书记)和进步青年郝克铭(历任中共洪赵中心县委书记、太岳区第二地委组织部长、国务院参事)。据郝克铭《我的回忆》：

> 1935年"铖斧会"事发,阎锡山密电"严查密拿",通辑乔(丁珊)和我,我们预先得知这个消息,还是张瑞玑之子张小衡透露的。原来旧时当官的到一个地方任职,必须和当地士绅勾结,通过士绅了解地方情况。县长杨斌接到阎的电报后便向张询问情况,张说这两个人听说过,但是孩子们长大了,近年来一无所知,他在出县衙门后碰见本城二等士绅刘海渥,嘱咐刘赶快告诉我们马上离开,乔躲在距城五里的村庄内,我躲进了文昌阁没人去的高楼上。天拂晓时,卫勋臣借遛早到城外告诉我："你家被警察包围了,赶快走！"①

1954年,洪洞、赵城两县合并,县治在洪洞,赵城县建制撤销后,成立赵城镇管理委员会,仍驻谁园。

1958年,赵城公社管委会成立,驻扎谁园。

1962年12月,中华书局出版中国科学院近代史研究所近代史资料编辑组编辑的《一九一九年南北议和资料》。书中朱启钤存《南北议和文献》中,收录张瑞玑赴陕划界电文九通及其他相关资料。

1967年,张瑞玑女儿韵兰去世。据王作霖编注的油印本《张瑞玑诗文集》的"编印说明"："(母亲)遗嘱我兄妹一定将先外祖父之遗作整理刊印,不至失传,以飨后人。"

1980年前后,张瑞玑遗稿入藏陕西省博物馆。据王作霖《先舅父张小衡事略》,小衡去世后,张瑞玑的遗稿,与小衡遗著一起留在小衡长子祖

---

① 张广祥编《太岳一分区赵城县革命史料》,1997年。土改时,张小衡作为开明绅士受到优遇。

1958年赵城公社管委会成立,驻扎谁园

望西安家中。"文革"时被抄走,后返还。王作霖说:

>先舅父的生前老友武伯伦,历史学家、陕西省博物馆长,对先舅父之遗著极为珍重,今幸失而复得,为妥善保存此批文化遗产,使其不再散失,特由古旧书店高峰先生出面经手,由博物馆以两千元作价买下这批遗著,其中并有先外祖父一部分遗著底稿。现存入陕西博物馆文史资料库中。

在这批入藏品中,张瑞玑遗稿有:《张老衡诗稿》(一册),《韹窟野人诗稿》(一册),《张瑞玑函电底稿》(一包),张小衡编辑的《谁园集》十二卷。此外还有张小衡遗著二十余种、一百余册。

1981年,《山西文史资料》第十九辑(辛亥革命七十周年专辑)《声斥卢永祥的几篇旧存文稿》中,收入张瑞玑《卢永祥铁像铭》《卢永祥铁像歌》《致第五混成协协统卢永祥书》《上袁内阁总理书》《再上袁内阁书》《致晋抚张锡銮书》六篇诗文,及张友桐《次韵衡玉卢永祥铁像歌》。搜集者为杨懋哉、刘昆山。

1983年,陕西省博物馆孙浮生整理《谁园集》诗六卷、增补两卷,由该馆刊印。集后附《张衡玉先生事略》(未具作者姓名),写道:

>君与东坡同生日,其天才超逸,豪迈不羁,嬉笑怒骂皆成文章,亦仿佛近之。君又尝自论,谓字不如画,画不如诗,诗不如人。论者以为定评云。呜呼!人中之龙,文中之虎,若而人者,今不可复见矣。

1985年,韩城市志编委会据中科院图书馆藏光绪三十二年(1906)抄本,铅印张瑞玑主持编修的《韩城县乡土志》,很受欢迎。

1987年,云南社科院文献研究所、民革云南省委文史委《护国诗词选注》(李自强、邹硕儒注释)，选录张瑞玑《幽燕杂感十四首》中"凤诏龙书隔岁颁"和"推枰敛手意茫然"两首。编选者在"说明"中写道："第一首谓袁世凯于1915年复辟帝制时，蔡锷、唐继尧、李烈钧等在云南宣布起义，通电讨袁。第二首写护国起义后，各省纷纷响应，袁世凯忧虑重重，坐卧不安，束手无策的情形。"

1988年，王作霈、王作雺、王淑媛兄妹自费油印《张瑞玑诗文集》，分赠亲友及京晋陕公共图书馆、高校等。经全国政协委员、著名书画家董寿平委托山西省一位领导关照，王作霈将《张瑞玑诗文集》(油印本)送到某出版社，准备出版。

1989年，董寿平为《张瑞玑诗文集》作序：

> 赵城《张瑞玑先生诗文全集》即将出版，其外孙王作霈教授嘱予为序。予向拙于为文，谢之再至。然复念吾家与先生两世姻谊，且自髫龄叩谒，以后十余年间在京、在晋，以至先生病困床笫之际，予犹得屡聆教诲。先生之德性、言行、文学、才识，素为国人所钦仰，感世者至深，迄今六十余载未敢或忘也。先生虽身为清廷命官，然早岁即接受民主思想，并与同盟会诸公多所往还，故关中辛亥革命义旗初举，即日参加革命行列，当此之时，先生已洞察袁世凯阴谋，致函数之。民国以还，以其超世之胆识，几度突破困厄，始终保持革命党人之气节。其刚正不阿之精神，渊博之学问文章，及纵横豪迈豁达之风范，尤为当时学子所崇仰。每先生之文见诸报章，莫不相互抄录传诵，启我后昆者至深。先生之德行文章，其将与霍汾并寿矣。
>
> 　　　　　　　　　　一九八九年洪洞姻世晚董寿平拜

同年，山西大学历史系教授师道刚为《张瑞玑诗文集》作跋。文中写道：

董寿平《张瑞玑诗文集·序》手迹

瑞玑先生与余先外祖康侯公(马晋)为清光绪二十九年癸卯科同年进士,又同官关中,故道刚于童髫时即已耳熟先生之遗闻轶事。比及稍长,于诸老辈处知先生之道德文章,堂奥深博,盖所谓以天下事为己任者也。顾非芜僻可能窥其一二。

…………

纵观先生一生大节,荦荦可数者,曰反清,曰抗袁,曰抵制军阀。此三事又可以"革命爱国"四字概括之。故此集不仅为先生诗文精魄之所存;亦为清末民初陕西、山西人民反对北洋军阀政治史之真实写照;为中国近代革命史上光辉之一页。以意识形态史言,为当时中国知识分子心态之最典型反映;以当代史料言,亦为一极珍贵之宝藏!昔者柳子厚云:"贤者不得志于今,必取贵乎后。"(见《与许京兆孟容书》)今之欲批判继承历史遗产者,必不容舍此集而不顾。"取贵乎后者"意在斯欤!道刚习史者也,幸得诵乡前辈之著述,默有会心,除惊诧其识论高卓,辞训雄深外,尤感其史料珍贵,足资考览。重念先生之殁已六十余年,辨章扬榷,固有待于后贤。而诵习是编者多,则风雨如晦,鸡鸣不已,又岂无闻风而兴起者哉!瑞玑先生革命爱国之精神不朽矣!

1991年,中国第二历史档案馆《民国档案》第一期"私家藏档"专栏,刊登王作霖提供、马振犊编选的《1919年南北议和期间陕西划界电文选》三十八通。

1992年,洪洞县政协举办书画展,展品中有张瑞玑手书联:"杨柳楼台梧桐庭院;鸳鸯池沼鹦鹉帘栊。"洪洞教育界耆宿、书法家燕森甫作藏头诗《赞张瑞玑遗墨》:"瑞徵山川气,玑得晶华春。大存国士度,师传赤子心。书艺梧桐老,文章鹦鹉群。永留后世颂,存芳飞烟云。"①

1993年,刘贯文等主编的《三晋历史人物》(第四册)由书目文献出版社出版,收入张瑞玑小传(见该书第64页)。同年,刘迈主编的《现代名人咏三秦》由陕西人民出版社出版,收张瑞玑诗《赠于右任》《至潼关》《关中感事》《挽胡笠僧》等。

1996年下半年,国内多家媒体报道西安发现《孙武兵法》八十二篇的消息,炒得沸沸扬扬。报道称所谓《孙武兵法》八十二篇,"是由清末及民国时期晋陕名人张瑞玑及其子孙四代精心收藏的"。考古学家吴九龙仔细考证了张瑞玑的生平和世系,写入《〈孙武兵法〉八十二篇考伪》(载同年12月17日《光明日报》),指出,"张瑞玑于书籍内行","从未拥有过竹简兵法"。

1997年1月11日,《人民日报》《文汇读书报》等刊登消息,指出"《孙武兵法》八十二篇纯属伪造"。

同年3月1日,上海《文汇读书周报》刊登卫洪平长文《张瑞玑其人》。时任山西省文化厅厅长成葆德和省图书馆馆长李小强见此文后,深为张瑞玑的伟岸人格、道德文章、遗赠惠泽所感,遂联系张氏后裔,策划出版《张瑞玑诗文集》。山西省图书馆曾多次查询原陕西省博物馆收藏的《谁园集》稿本及张瑞玑诗稿、函电底稿等,无果。该馆遂以王作霖编注的《张瑞玑诗文集》(油印本)为底本,增补加注,详加编校。

同年4月,中华书局出版山西省史志研究院编(主编乔志强)《山西通史》,第八章"辛亥革命在山西",述及张瑞玑致书张锡銮、揭举卢永祥部淫掠焚杀的暴行及铸卢铁像事,并引录张瑞玑部分诗文。

1998年1月,为考证陕西省政协所藏抄本"余杭章炳麟撰"《故参议院议员张君墓表》之真伪,卫洪平向章太炎弟子、山西大学姚奠中先生求教。

---

① 燕森甫:《三乐草堂诗歌集》,冯其庸题签,1993年。

洪平同志：

来示及附件，並悉。

今就《张君墓表》一事，说些意见：

先师晚年为文，志表、碑铭，皆自作也自代作。自作也，多为品望功德可佳者；其他那自作墓则推由钱世勋（厦君）代笔。似《张君》之部类，必为先师所自作。至此，篇即来件之底稿，当出于别人所抄，而非先师亲临。

拙外章先生《学术年谱》未涉及此事。而你所查全集，不知何时初版，真全与否。1937年《制言》所载先师《纪念专号》后附有《先达国专所习先师著述全目》。倘此次搬家后，此书尚在，尚览先者，故可姚乎此"墓表"作出确实证。甚恐！

大作以张瑞玑其人加一文，使读者对前贤有全面了解，甚好，极有意义。

了定，幸告为歉：匆匆，不尽。祝

好！

姚奠中 1988.2.10.

1988年姚奠中先生复函卫洪平，考定章太炎所撰《故参议院议员张君墓表》

姚先生2月10日复信:"先师晚年为文,志表较多。有自作也有代作。……似'张君'之节概,必为先师所自作。"经姚先生指点,很快在1936年4月1日《制言》杂志第十四期,找到署名"太炎"的《故参议院议员张君墓表》。

同年12月,王作霖、山西省图书馆编《张瑞玑诗文集》由北岳文艺出版社出版。这是张瑞玑先生的诗文集首次出版发行。

1999年10月,柴建国《山西书法通鉴》称张瑞玑"工书法。初出鲁公,又能熔裁诸家之长,劲逸飞动,不落俗程"。书中收录张瑞玑五幅书迹,各系以赏析文字,兹录于下:

其一,1916年《四十五岁小像自赞》。

此作绎展《瘗鹤铭》,并吸收《郑文公碑》《云峰山刻石》一路书法的笔意,大朴不雕,一派天机。起笔多用原笔,道实沉浑;运行中寓提按,练达中出留涩,所谓"一步三回头"是也。甚得内含刚健之趣,绝无风骚媚人之姿。转折处或圆厚,或方劲,任笔成形,妥协自然。结体以宽博为尚,然又随体布势,各具风致。或促长使短,或展短使长,俱能参差其势,妙合天籁。在字之内部安排上极尽变化,或稳坐如山,或奇峭欲倾,而又稳而不板,险而不崩。妙在藏机巧于质朴,寓隽宕于浑融。偶尔出于隶法,在稚朴的底色中又平添了几分通灵恣逸的机趣。这是一首四言诗,倾吐自己正道直行,不屑与卑鄙小人为伍的人生观。作者选择这种质拙古朴的书写风格,愈见其性情之孤傲,志尚之刚正。

其二,1920年《与郭希仁书》。

张氏书法以颜鲁公为胎息而习之最久。细味此作,其开博宏放之体势,雄强骏荡之气格,固是鲁公风范。但从此作也可看出他于魏碑也用过很深的功夫,使其字更显天真烂漫,劲拙可爱。在张氏遗物中有写给郭希仁信札多件,俱是尺牍佳作,都是他在毫无羁绊的心境下遨游翰墨的杰构,是高度情感化的作品。仰观此作,时或笔势牵绕,奔荡不拘,或又节律放慢,表现出深思熟虑的睿智。……只有发之以情感,形之以笔墨,才能创造出动人心魄的作品。张瑞玑此作又给我们提供了学习和创作的经验。

其三,1920年《"广胜禅院"题额》。

此四字苍雄奇伟,豪气弥漫,悬于广胜名刹山门上,愈见其地气象庄严。用笔大刀阔斧,方拙劲迈,似有揭天掀地之力。但却不乖张狠戾,有一种朴厚、温和的笔墨情绪深含其间。结字茂密宏博,雄阔无比,又有顶天立地之威仪。作者似欲将全身的精力倾注于点画行进之中,一笔不苟,大力推排,而又无一笔呆滞,给人以夭矫得力、风神秀逸之感。非端人正士、道德君子,断不能为此。

其四,1922年《与丽春书联》,联语"杨柳楼台梧桐庭院;鸳鸯池沼鹦鹉帘栊"。

此书作于1922年,张瑞玑52岁。字字仪态宏伟,精气饱满,用笔结字极得颜真卿及北碑《张玄墓志》一路的风神。可见高超的书法家笔下熔裁正浩渺而不可涯涘也。起运转收忽方忽圆,收放合度,撇拓相间,俊迈的点画中容汇着无穷的力量。结字不敧不侧,一以方严峻整为追求,映以势猛力足、浓艳淋漓的笔势,更见字字雍穆,端严可掬。

其五，1925年，《与心如书联》，联语"我非郭林宗卿过茅季伟；远惭荀奉倩近愧刘真长。"

此作书于1925年（乙丑），张瑞玑五十五岁，为张氏逝世前二年之作品。这副对联透射出安静闲雅、自然祥和的笔墨精神。用笔方圆兼出，笔道浑厚，从容不迫，无一些轻佻浮靡之感。尤以捺撇的收束，出锋短促，果断而含蓄，沉着而凝重，有锋短意长之致。结字则极密实，与厚重的运笔相得益彰，愈见字气完聚，密不透风。但虽笔厚字密，却一些看不出呆板滞塞之失。……通观全作，颇能给人以静制动、动静相乘的审美感受。①

2000年2月，太原日报刊登马斗全《被埋没的优秀诗人》。文末写道：

我的这位乡先贤，近代优秀诗人，因其诗文集此前未曾刊布，所以被埋没至今，致使近年论近世诗者，竟无一人论及张瑞玑诗。如今其诗文集得问世，张瑞玑必将卓然立于近代诗坛，其诗之可传，自不待言。

2001年5月，山西省史志研究院编的《山西通志·人物志》由中华书局出版，收张瑞玑小传（见该书第73页）。

2003年8月，时新著《晋阳诗踪》（山西古籍出版社），将张瑞玑列为

---

① 柴建国：《山西书法通鉴》，山西人民出版社，1999年，5条赏析见该书第348-352页。

"近现代晋阳诗词新的发展时期"一位重要诗人加以论述,称"他的诗的确代表了那个时代的晋阳诗词"。

2005年,商务印书馆出版《吴宓诗话》,书中《张衡玉旅店题壁诗》一文收录张瑞玑四首律诗(三首为佚诗)。吴宓认为,张瑞玑"吏治文章,有声于时",四首律诗"豪迈劲爽,肖其为人"。

2008年5月,赵城镇政府迁出谁园。

2011年7月,中华书局出版李新、李宗一主编的《中华民国史》,第三卷(彭明、周天度等著)数处引用张瑞玑电文,对其在南北和议期间赴陕划界的贡献作出历史评价。

同年10月,巴蜀书社出版《二十世纪诗词文献汇编》(诗部第二辑第四册),收张瑞玑诗一百四十九首。

2012年4月,谁园文管所成立。

同年8月,在一场连绵秋雨中,谁园藏书楼二层东北角巢云阁坍塌了。荒寂的谁园墙壁剥落,瓦砾满地,荒草萋萋,一片狼藉。

2013年起,赵城镇、洪洞县、山西省三级政府相继筹拨三百万元,由省古建专家制定方案,将谁园藏书楼及其附属建筑进行了保护性维修。

2013年,范凤书著《中国著名藏书家与藏书楼》(大象出版社),介绍了"张瑞玑谁园十万卷藏书楼"。

2014年,山西省地方志办公室编《山西民初散记》(山西人民出版社),收入张瑞玑《寄吴岷甫》《致内阁总理袁项城书》《再上内阁袁总理书》《致晋抚张中丞书》《致卢永祥书》五篇诗文。

2016年12月,降大任《山西史纲》(增订本,三晋出版社)《潞安受抚与卢永祥祸晋》《近世才俊与文艺》两节,载入张瑞玑。

同年12月19日,山西大学国学研究院与洪洞县赵城镇政府举行"谁园书院"揭牌仪式。首任院长由山西大学国学研究院院长刘毓庆教授担任。

2018年3月，山西诗词学会主办的《难老泉声》第一期"山西诗家"栏目，选登张瑞玑诗三十七首，其中绝句六首，律诗三十一首。

同年5月，谁园藏书楼前相传张瑞玑手植的石榴树竞相开花。谁园守护者，肆力于乡邦文献的解潭之发微信，与朋友分享谁园花枝之盛。

同年7月至9月，山西《映像》杂志连载卫洪平《张瑞玑先生年谱简编》。

2019年3月7日，《文汇报·笔会》刊登卫洪平《张瑞玑：〈红楼梦〉甲辰本收藏者》，引起红学界对张瑞玑的关注。

同年3月16日，山西省红楼梦学会发出《关于征集甲辰本〈红楼梦〉收藏者张瑞玑相关文献资料的通知》：

> 甲辰本的收藏者究竟为何人，是六十年来老一辈红学家一直关注而无缘弄清楚的问题。俞平伯、冯其庸、林冠夫等等先辈们，曾深入探讨甲辰本。俞先生将甲辰本的脂批于1956年已经载入《红楼梦脂批辑评》中；冯先生为甲辰本作长达万言之序，高度肯定该本在早期抄本中的桥梁枢纽地位；林冠夫在《红楼梦版本概论》中专题论述甲辰本。但是对于甲辰本的收藏者究竟为谁，对于他们来说，也一直是个解不开的谜。
>
> 虽然最近卫先生已经确定甲辰本《红楼梦》的收藏者应为张瑞玑，但对于了解甲辰本更多的详细情况还是远远不够的。所以借此契机，山西省红学会现向诸位红学爱好者红迷们，发出正式倡议：
>
> 望大家竭尽所能，广泛搜集有关洪洞赵城人张瑞玑的个人历史、藏书信息、捐赠图书信息等重要线索，以期尽快梳理清楚三晋大地与甲辰本之间的密切联系，并还原甲辰本《红楼梦》流传于世的来龙去脉，为《红楼梦》的版本研究提供更多的依据。

同年5月,《红楼梦学刊》第三辑载中国红学会副会长沈治钧《乾隆甲辰本〈红楼梦〉递藏史述闻》,作者认为发现张瑞玑为《红楼梦》甲辰本收藏者,"宛若一声春雷"。又品评其诗:"张瑞玑为一代名流,先前我对他已有所了解,读过他的诗。兹选抄三首……谁园诗激情澎湃,嘹亮警拔,古体行云流水,淋漓溥畅,近体对仗工稳而不板,使事熨帖而不涩,格调相当独特,仿佛刘宾客转世、刘后村重生,一读便会留下深刻印象。"沈先生还说:"大约六七年前,我在《雁影图》里抄引过《赠俞瘦石》,没料到作者竟是个红学中人物,竟是甲辰本原藏主。""张瑞玑或张衡玉之名,当年在《政府公报》《顺天时报》《民国日报》《申报》等刊物上屡见,活脱脱一颗政治明星。他嘴上讲不愿当英雄,实际上始终怀抱着一腔英雄情结。"

附 录

# 故参议院议员张君墓表

章太炎

君讳瑞玑,字衡玉,山西赵城人也。曾祖行简,清千总。祖登仕,县学生。考星,辽州训导。清宣统末,南方十二省举兵以黜清,山西、陕西皆应。时大总统袁公以清内阁总理,遣使与民国临时政府议和,宣言秦、晋群盗,不与南方革命比,不在议和数。临时政府苦与相持,不能得要领。而北军下山西者,已自娘子关突前,太原凶甚。君时以财政司长致袁公书曰:"执事言秦、晋群盗,瑞玑不敢辩。然奉执事令征群盗者,害且百倍于盗,执事视其焚略〔掠〕不禁,是残民也;逆天下之心,是树敌也;避南军之锋,专攻秦晋,是示怯也;朝议停战,夕谋进攻,是背盟也。残民不仁,树敌不智,示怯不勇,背盟不信。敬厉兵抽矢,以待执事。"袁公得书,立召其师还,秦、晋得完。当是时,北军势盛,临时大总统孙公愿以位让。而蒙古王公又驰书全国,请推袁公为元首。君再与袁公书镌之曰:"大总统者,国民所同推,非一方所得私举。孙公人望所归,天下翕然举为大总统可也,不能以其位私授之人。"及清主退,袁公卒当选,人无敢异议者,而君义声以是动天下。袁公自得二书,已深奇君,下令以君长山西,君已解职去。明年,被选为参议院议员。时被选者,多以馈遗声气得之,君独介然为众乐推,未尝自营也。

君本起州县,以清光绪二十九年成进士,分发陕西,知韩城、兴平、长

1936年章太炎为张瑞玑撰写的墓表

安、临潼、咸宁五县,皆有声。自八国联军陷京师,所在基督教徒张甚,有狱讼不得直者,主教必强辞为理之。县邑事役,教徒率扞不与,君下教禁讼辞自署教民,有事役无得避。主教怒,以告省大吏。大吏皆密谕君息事,君不为动。凡宰五县,所至,主教必戒其徒曰:"谨避强项吏矣!"知长安时,直巡抚幸姬生日,群吏皆贺,君独以疾辞。巡抚不怿曰:"适于今日病邪?"徙知临潼。适会城商人以苛征罢市,巡抚百方谕之,不能得,属君为说。君柴立市上,发片语,事立解。然巡抚忌益甚,曰:"吾擅方面,乃不如一县令尔。"会所属新丰镇有被劫者,即记君十大过,夺奉三月。未几,捕得盗魁刘光升鞫之,得与同劫及为囊橐者王炯耀、吴晋芳等,皆新军士也。即具狱上谒曰:"县所被盗,即帅府所部兵,兵能劫民,下吏夺奉记过固当。"巡抚惭,促竟其事,卒无如君何。在陕西八年,民称张耶〔爷〕,为良吏第一。

及中国同盟会之立,君以宰官私誓焉,与党人景定成等过从甚密。党人或读书县廨,西安将军闻,欲劾之。会武昌倡义,君亦返太原。长财政时,课校出入,无毫忽失纪者。山西财政之起,自君始也。方革命党起时,多自田间来,不习吏事,诸法家又务外铄,不与民意中,未有贞干如君者。而君用卒不竟,属长山西又不就,至于今吏道泯泯,斯亦民国之缺已。

初,君生时,母王太夫人梦巨物绕柱下,人以为龙祥。及长,治学徇敏,应事顾乐易,与昆弟四人友好无间。从政奏中,惠泽周渥。性轻财。既入民国,每国政有变,逋客往来秦、晋者,皆主君所居谁园,将迎馈赆,无不满志以去,盖异乎所谓龙性者。独其在官斩斩,震发百里,使强衙之徒回面奉法。及改革之际,处势亦急矣,而能两折袁公,抑其盈志。后十年,浙江督军卢永祥伪称废督自治,又驰书痛诘之,皆号号不为孙辞,《易》所谓有"亢之象"者非邪?扬子云:"蚖哉蚖哉,恶睹龙之志也欤!"

君素好学,自陕西归,载书百簏,为北军略〔掠〕夺皆尽。晚又得十万卷储之,戒其子曰:"所以遗女亦足矣。"善诗书画,自谓书不如画,画不如诗,诗不如其为人,盖笃论云。自袁氏败后,纲纪愈散,君数驰走南北。尝一至陕西,解客军之难。及孙公薨,遂绝意政事。以民国十六年冬殁,春秋五十有六。明年春,葬城东磨头村。乡人士德君,为祀之三立阁。配刘夫人。子尔公,以保定军官生,历陕西军署、晋绥总司令部参谋,山西清乡督办公署顾问。女适同县王迺寅。余素识君名,然不数见。二十五年一月,尔公辑其遗文得十二卷,因以事状来告。呜呼!拂士也,今不可得已,为表其隧。①

---

① 原载1936年4月1日《制言》第十四期,1991年收入卞孝萱、唐文权编《辛亥革命碑传集》。

# 主要参考文献

### 一、著作类

朱寿朋.光绪朝东华录[M].张静庐等校点.北京:中华书局,1958年.

大清德宗景皇帝实录[M].

韩城乡土志[M].抄本.1906年.

新常富著,赵奇英译.晋矿[M].山西大国民印刷厂,1913年.

赵圻年辑.空山人遗稿[M].1917年.

郭允叔文钞[M].郑裕孚抄,文蔚阁印,1919年.

景梅九.罪案[M].京津印书局,1924年.

张友桐.西陉草堂集[M].铅印本.1934年.

杨家骆.民国名人图鉴[M].辞典馆初版,1937年.

贾景德.韬园诗集[M].重庆印本.1943.

陕西革命先烈褒恤委员会编辑.西北革命史征稿[M].上海:上海书店,1949年.

孙奂仑.庸斋诗草[M].

中国科学院近代史研究所近代史资料编辑组编辑.一九一九年南北议和资料[M].北京:中华书局,1962年.

太炎先生自定年谱[M].近代中国史料丛刊第六十八辑.台北:文海出版社,1971年.

中国社科院近代史研究所近代史资料编辑组.辛亥革命资料类编[M].北京:中国社会科学出版社,1981年.

方汉奇.中国近代报刊史(下)[M].太原:山西人民出版社,1981年.

谁园集[M].陕西省博物馆,1983年.

刘成禺,张伯驹.洪宪纪事诗三种[M].吴德铎标点.上海:上海古籍出版社,1983年.

赵祖抃主修;吴庚,赵意空纂修.乡宁县志[M].山西省乡宁县志编纂委员会翻印,1985年.

张瑞玑诗文集(油印本)[M].王作霖编注.1988年.

林桶法.民国八年之南北议和[M].台北:南天书局,1990年.

刘大鹏.退想斋日记[M].乔志强标注.太原:山西人民出版社,1990年.

卞孝萱,唐文权.辛亥人物碑传集[M].北京:团结出版社,1991年.

胡景翼日记[M]南京:江苏古籍出版社,1993年.

山西史志研究院编,乔志强主编.山西通史[M].北京:中华书局,1997年.

董寿平,李豫.清季洪洞董氏日记六种[M].北京:北京图书馆出版社,1997年.

王作霖,山西省图书馆.张瑞玑诗文集[M].太原:北岳文艺出版社,1998年.

吴宓日记:第一、二册[M].吴学昭整理注释.北京:北京三联出版社,1998年.

伦明.辛亥以来藏书纪事诗[M].上海:上海古籍出版社,1999年.

柴建国.山西书法通鉴[M].太原:山西人民出版社,1999年.

山西大学百年校史[M].北京:中华书局,2002年.

孙奂仑修,韩垌纂.洪洞县志[M].民国版.洪洞县志编纂委员会,张青点校,2003年.

杨延亮纂修.赵城县志[M].道光版.洪洞县志编纂委员会,张青点校,2003年.

樊樊山诗集[M].涂晓马,陈宇俊校点.上海:上海古籍出版社,2004年.

温世霖.昆仑旅行日记[M].天津:天津古籍出版社,2005年.

陕西省志·人物志[M].西安:陕西人民出版社,2005年.

吴宓诗话[M].北京:商务印书馆,2005年.

樊山政书[M].北京:中华书局,2007年.

辛亥革命回忆录[M].北京:中华书局,2010年.

李新,李宗一.中华民国史[M].北京:中华书局,2011年.

文史资料选辑[M].合订本.北京:中国文史出版社,2011年.

王杰,张金超主编.《田桐集》[M].武汉:华中师范大学出版社,2011年.

谷丽娟,袁香甫.中华民国国会史[M].北京:中华书局,2012年.

郝平.丁戊奇荒——光绪初年山西灾荒与救济研究[M].北京:北京大学出版社,2012年.

赵炳麟.赵柏岩集[M].近代中国史料丛刊第三十一辑.台北:文海出版社,1973年.

## 二、报刊类

秦中官报[J].

暾社学谭[J].

宗圣学报[J].

政府公报[J].影印版.南京第二历史档案馆.

申报:第156—158册[M].影印本.上海:上海书店,1982年.

清末官报汇编[M].北京:全国图书馆缩微复制中心.

## 三、稿本类

刘盥训日记(手稿)[M].

张小衡.先君事略(手稿)[M].

哀挽簿三册(原稿)[M].

谁园书目(原稿)[M].

释力空.赵城人物志略(手稿)[M].

## 四、工具类

陈旭麓,方诗铭,魏建猷.中国近代史词典[M].上海:上海辞书出版社,1982年.

谭其骧.中国历史地图集[M].北京:中国地图出版社,1987年版.

民国人物大辞典[M].石家庄:河北人民出版社,1991年.

翦伯赞.中外历史年表[M].北京:中华书局,2008年.

# 图片索引

## 四色插图

003　张海先生题签
005　张瑞玑任国会参议院议员时的肖像(见《参议院议员录》)
006　张瑞玑任临潼知县时摄于华清池
007　张瑞玑四十五岁小像自赞
008　张瑞玑晚年与刘氏夫人
　　　张瑞玑之子张小衡
009　张瑞玑为女儿韵兰制作的梳妆盒(1908年)
010　张瑞玑任临潼知县时书四条屏(1910年)
012　张瑞玑书"信步小颓"联
013　张瑞玑书"云间四海"联
014　张瑞玑为洪洞县广胜寺山门题额(1920年)
　　　张瑞玑为太原"首义门"题额(1912年)
015　1926年张瑞玑题董文涣遗存之秦炳文《太华冲雪图》
　　　(今藏山西省博物院)
016　张瑞玑画《墨梅图》(1914年)
017　张瑞玑常用印章
018　谁园藏书楼

019　1952年山西省人民政府文教厅致张小衡的公函

020　1952年山西省图书博物馆整理的《谁园书目》

　　　谁园藏《红楼梦》甲辰本（影印）

　　　谁园藏宋版《道德经》

021　谁园藏何绍基题额的"猎碣亭"石鼓文

022　谁园南院影壁砖雕

　　　谁园嵌藏石鼓文的积古廊砖雕门额

023　谁园藏书楼院东侧砖雕门额

　　　谁园藏书楼院西侧砖雕门额

024　谁园藏书楼一层敞廊东壁上的"酒国"雕饰

　　　谁园藏书楼一层敞廊西壁上的"书城"雕饰

## 内文插图

005　张小衡《先君事略》手稿

038　美国加州大学洛杉矶分校东亚图书馆藏张瑞玑殿试策

049　《秦中官报》1904年第21期

070　《秦中官报》1905年2月第1期

073　《秦中官报》1905年2月第3期

093　《韩城乡土志·序》，1906年抄本（中国科学院文献情报中心藏）

112　刘盥训《老衡事略》手稿（临猗县图书馆藏）

118　1911年《晀社学谭》第一期，张瑞玑题写刊名并作发刊词《晀社记》

153　袁世凯任命张瑞玑为山西财政司长，1912年5月15日《政府公报》

158　1912年张瑞玑为推进机构改革覆实业协进会书（民国抄本）

162　《晋支部同盟会改组国民党员录》（中国第二历史档案馆藏）

167　1912年10月17日北京《民主报》刊登《山西财政司得人》

| | |
|---|---|
| 169 | 袁世凯任命张瑞玑署山西民政长，1912年12月30日《政府公报》 |
| 172 | 1913年张瑞玑为中译本《晋矿》题写书名并作序 |
| 174 | 1913年张瑞玑获得三等嘉禾勋章 |
| 180 | 1913年8月17日北京《顺天时报》刊登《张瑞玑启事》 |
| 183 | 谁园藏书楼砖雕门额"翔德圆""息艺林" |
| 193 | 1914年作《墨梅图》题跋 |
| 196 | 《先妣王太夫人墓志铭》（拓片） |
| 219 | 1916年7月12日《申报》载《晋人张瑞玑等致沈铭昌书》 |
| 270 | 1919年3月9日《申报》载该报总主笔陈景韩撰写的时评《张瑞玑》 |
| 278 | 1919年3月14日《申报》专电头条报道张瑞玑启程消息 |
| 284 | 1919年3月16日《申报》要闻栏载《张瑞玑出京时之陕局》 |
| 287 | 张瑞玑赴陕后自渭南发出的第一份电文译稿 |
| 290 | 1919年3月27日中华民国《政府公报》刊登张瑞玑赴陕划界电文 |
| 331 | 中国第二历史档案馆藏张瑞玑电文 |
| 349 | 1919年张瑞玑撰《说文声类分韵表·序》手迹 |
| 352 | 1920年夏在霍麓广胜寺致郭希仁书（陕西省政协文史委藏） |
| 354 | 1921年《来复报》第142期载《重修长安孔庙碑记》 |
| 361 | 1922年张瑞玑为温寿泉之父撰《温名巨太公墓志铭》胞弟张瑞琦篆额 |
| 364 | 1922年8月12日天津《益世报》载张瑞玑、侯元熉《覆卢永祥商榷国事书》 |
| 370 | 1922年张瑞玑书赠江瀚的诗札 |
| 374 | 1923年张瑞玑为郭芳亭《铅笔画要诀》题词"圆规方矩" |
| 382 | 1929年上海《戏剧月刊》载张瑞玑《云郎曲》 |
| 389 | 1925年张瑞玑为民国山西首批公费留英学生、山西大学地质教授、平定孙晋祺之父墓志铭篆盖，落款为"清赐进士出身前山西 |

　　　　民政长张瑞玑篆盖"
　　　　1925年张瑞玑为繁峙县清修职郎谢公星垣墓志铭篆盖
392　1926年张瑞玑题董文涣遗存之徐宝谦《太华冲雪图》
　　　（今藏山西省博物院）
397　赵意空《诊张君病意见书》（1928年）
404　张瑞玑弟子、山西大学校长王录勋挽词
　　　国民军第三集团军第六军军长丰玉玺将军挽联
406　阎锡山《祭前山西民政长张衡玉先生文》
409　1928年上海《国闻画报》载田桐《哭张衡玉先生》
412　贾景德《韬园诗集·哭张衡玉五首》
418　保晋公司主任董事兼总经理、书法家常旭春挽联
429　1958年赵城公社管委会成立，驻扎谁园
432　董寿平《张瑞玑诗文集·序》手迹
435　1988年姚奠中先生复函卫洪平，考定章太炎所撰《故参议院议员张君墓表》
446　1936年《制言》杂志刊登章太炎撰《故参议院议员张君墓表》

# 后 记

唐代史学家刘知幾说:"若不仰范前哲,何以贻厥后来。"(《史通·内篇 摸拟第二十八》)这些年我一直想把工作之余搜集的张瑞玑佚文佚诗,还有南北和议期间北京政府总代表矢启钤保存的张瑞玑赴陕划界电文(收入中科院近代史研究所《一九一九年南北议和资料》),《政府公报》《申报》登载的张瑞玑电文,与陕博本(1983年陕西博物馆《谁园集》)、王注本(1988年王作霖编注《张瑞玑诗文集》)、北岳本(1998年北岳文艺出版社《张瑞玑诗文集》)汇在一起,重新编目、校订、作注,出一部比较完整的张瑞玑作品集。几年前遇到一个机会,便动手做起来,中间又编了《张瑞玑先生年表》,打算附在集后。年表篇幅过长,不舍得删减,遂改为《张瑞玑先生年谱简编》,在《映像》杂志连载,引起不少人注意。北岳文艺出版社社长兼总编辑续小强了解我掌握资料的情况后,提议增补内容,"做成一本书"。我眼前一亮,当下就答应了。

我想起1996年下半年,海内外多家新闻媒体竞相报道西安发现所谓"《孙武兵法》八十二篇"的消息,被历史尘埃湮没已久的张瑞玑先生无端遭牵连,重新进入公众视野。据报道称,所谓《孙武兵法》八十二篇"是由清末及民国时期晋陕名人张瑞玑及其子孙四代精心收藏的";某些论者对张瑞玑缺乏基本了解,辞气之间有所贬损。幸有考古学家吴九龙先生仔细考证了张瑞玑的生平和世系,发现媒体消息的"背后隐藏着惊人的伪事",断言"张瑞玑于书籍内行","张瑞玑从未拥有过竹简兵法"(见同年

12月17日《光明日报》)。紧接着《人民日报》《文汇读书周报》转载中国文物报记者的权威报道，指出"《孙武兵法》八十二篇纯属伪造"。为了让公众更多地了解张瑞玑，我写了一万字的《张瑞玑其人》，发表在1997年3月1日《文汇读书周报》，由此促成了《张瑞玑诗文集》的出版。人们惊奇地发现，近代山西还出过这样一位特立独行的民主革命家，这样一位啸傲苍穹的铁肩诗人。进入网络时代，关注、研究张瑞玑的人越来越多，或崇仰其风骨伟岸，或敬慕其大材槃槃，或品读其诗文书画，或追踪其卓荦生涯——是该出一本张瑞玑先生年谱了，感谢续小强社长！

之后，夜深人寂，一灯相伴。我有时感到莽撞，甚至越做越"怕"，唯恐有什么闪失，愧对谱主，贻误读者。但是从未想到过放弃。就这样凭着一股蛮劲，苦不堪言、乐亦随之地挺过来了。其间幸运之神也来光顾：今年春节，女儿休完假准备返京，母女俩忙碌着，我在书房翻检资料，忽然似灵光一闪，被《红楼梦》版本研究者探寻了六十多年的乾隆甲辰本在山西的递藏关系跳到眼前。遂作《张瑞玑：<红楼梦>甲辰本收藏者》，登在3月7日《文汇报》"笔会"副刊，引起红学界对张瑞玑的关注。

回眸来时路，华发惊流年。书稿付印之际，我十分感念诸多师友和张氏后裔。少年时我跟着大哥卫建民做起文学梦，后来从政了，但工作之余最感兴趣的还是读书，偶尔也写点什么。张瑞玑诗文总是常读常新。搜集张瑞玑佚文佚诗、生平资料，探究其人生轨迹、思想脉络与辛亥鼎革之际的时代关系，成了我业余生活的一部分。大哥对我研究张瑞玑很给力，我也逐渐由张瑞玑个案研究，扩展到对清末民初中国史、山西地方文献和乡贤文化产生了浓厚兴趣。山西大学国学研究院院长刘毓庆教授学养深厚，节假日我常去椿楸园请益，加之他的曾祖父与张瑞玑相契，前辈风谊及其对地方人文的影响，成了我们颇感兴趣的一个话题。书稿杀青后，承蒙刘教授赐序嘉勉。近年致力于文化家族史和民国人物研究的苏华先生，知道我做张瑞玑年谱，把他想到的一些书目，连同张瑞玑的进士同年胡嗣瑗《直庐日记》等电子资料拷入优盘送给我,且坦率地对初稿提出意见。山西图书馆副馆长王开学二十多年来对我无数次的查询,总是春风拂面,有求必应,乃至不惮周折,联系国家图书馆、陕西图书馆、湖南图书馆、宁波"天一阁"等,屡有所获。谱主曾孙、西安张七先生,年初陪我一同到西安碑林博物馆和陕西历史博物馆,查询20世纪70年代末入藏陕西省博物馆的张瑞玑遗稿的下落,惜已无踪;又在陕丏师范大学长安校区他的寓所,拿出百年前张瑞玑在国会参议院的议员照、夫人刘氏的照片,还有张小衡《先君事略》(手稿)、各界名流吊唁张瑞玑的三册哀挽簿(原稿)、山西省人民政府文教厅1952年为捐献"谁园藏书"之举致张小衡的公函(原件)等珍稀资料。最近张七先生又找见一枚"老衡鉴定"的白文晶章,拓在宣纸上寄过来。谱主曾外孙、兰州王宪先生,二十多年前与我书函往来,提供了陕西省政协所藏章太炎《故参议院议员张君墓表》的抄本(复印件);不久前又通过微信告知,抗战初期太原沦陷后,谱主女儿张韵兰一家逃难中得到邓宝珊将军关怀的情形等。三晋出版社原社长兼总编辑张继红、于成龙研究者王毅鸣、夏县退休老教师陈习文,对初稿体例、文字校核提出宝贵意见。北京画院研究部研究员、顶堂三人怀一,热忱关注年谱出版事宜,对装帧设计给予友情帮助。我在搜集文字资料、图片资料过程中,还得到下面诸位的帮助:山西档案馆副馆长孔凡春,赵意空研究者郝岳才,谁园文管所所长解潭之,临汾市三晋文化研究会理事李国富,文瀛书院院长卫方正、槐荫草堂主人张根年,临猗县图书馆馆长荆福奎,洪洞县委党校原副校长张诚等。在此深致谢意!

张海先生、陈巨锁先生慨然题写书名,幸何如之!

责编韩玉峰、美编张永文精审不苟,并此致谢!

最后想要说明的是:(一)本谱是编著者业余研究张瑞玑的阶段性成果,倘有细心的读者发现个别史实与编著者前此发表的文章不尽一致,请依本谱。(二)谱主的政治活动、人生经历、诗文书画十分丰富,编著者虽穷搜多年,仍然会有一些存世的重要资料未能找到,只能留憾于此,期来日再补了。如蒙指津,深所望也。(三)限于编著者的学识和能力,错谬之处实属难免,敬请有关专家和读者诸君鉴谅赐教!

卫洪平

2019年12月6日夜于太原